互联网与金融系列丛书

互联网新思维体验

许可 左娟 苏晨辉 杨慧 著

EXPERIENCE THE
NEW THINKING OF THE INTERNET

经济管理出版社
ECONOMY & MANAGEMENT PUBLISHING HOUSE

序

一次互联网时代商业本质的再认识与再实践的体验之旅

一、智能互联时代的新商业图景

人类社会已经全面进入互联网时代，并且正在快速进入移动互联网的新阶段，在连接对象、交互媒质和功能应用三重维度的方向牵引下，网络技术驱动力、内容媒质驱动力、需求跃迁驱动力正交互作用，迅速把人类社会推向了智能互联时代。物联网、云计算、大数据等革命性的互联网技术应用一步一步把我们的经济社会塑造为一个智慧社会。人类使用的信息终端，从功能手机、智能手机、可穿戴设备、M2M 机器采集与传送装置到目前风险投资领域最为看重的虚拟现实、机器学习与智能机器人等，正把语音、数据、多媒体信息和各类人体生物数据等结构性和非结构性交互媒质，采集、聚合在一起，创造着从消费互联网到产业互联网的一个又一个神话。创造人类财富的主体——企业，现在和未来将在这样一个复杂、多元、生态和不确定的商业环境下开启自己的发展之旅，见图 1。

要想在这样的商业环境下体验与探寻企业的生存发展之路，剖析获取价值与创造竞争优势的本质规律，建构适应环境变化的有效商业模式，规避在互联网海洋中航行的浪潮与旋涡，就必须开启一次对互联网自身以及商业本质的体验之旅，积累感性和理性的认识，分享标杆企业成功与失败的经验教训，总结迎接互联网挑战的商业新思维，全面、深入地建立对互联网思维的系统认知，为越来越多加入互联网世界远航的企业提供指导和帮助，本书就是这样的一个航海罗盘。

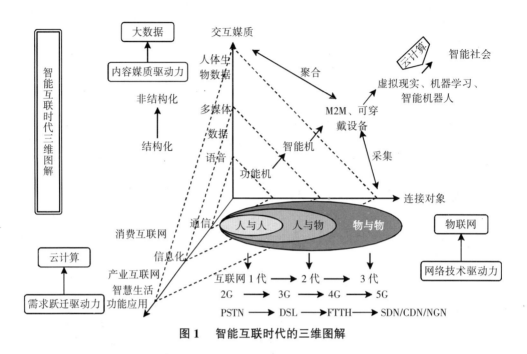

图 1 智能互联时代的三维图解

二、愉快开启互联网新思维的体验之旅

本书第一章取名"体验新内涵：新思维，新范式"，以对话的方式开启对互联网思维的认知，理清什么叫思维，什么叫互联网思维，什么又是本书所倡导的新思维。思维是人类社会对各种现象和问题的一种认知。互联网思维是互联网技术发展到一定程度，对商业层面逻辑运行的影响。互联网思维并非对传统思维的完全摒弃和彻底颠覆，也并不是因为有了互联网才有了互联网思维，而是因为互联网的发展及其对传统商业模式、生活模式和价值模式的大力冲击，导致这种思维得以集中式地持续爆发和广为关注。对于互联网思维，既不能魅化、神秘化，也不能泛化、庸俗化。互联网因其信息自由流动、多元交互、联接开放和人人参与的属性，更好地适应了当前这个时代的要求。从互联网中抽象出来思考问题和解决问题，积极适应并努力主导这种时代变化的方法、模式和理念，就是互联网新思维，比如"二八＋长尾"、注重用户体验、赋予用户权限、交互参与、社会化营销，等等。互联网思维体现着平等、开放的特征。平等、开放意味着民主，意味着人性化。从这个意义上讲，互联网是真正以人为本的经济，是一种人性的回归，互联网让商业真正回归人性。

本章节从对互联网本质认识出发，以全新的认知论去推导这一事物的商业属性，形成互联网思维的认知新范式。那么，互联网到底是什么？本书作者认为，互联网有四重属性，它首先是一种技术工具，其次是工具性能之上形成的业务模式，再次是业务模式催生的产业平台，最后是平台生态系统交互演化形成的网络社会。就像盲人摸象，很多人只看到了互联网的一个层面，因此本书作者更多的是希望向读者清晰传递这样一个四位一体的系统认知。由于互联网的四重属性，才最终让它成为了经济社会运行的新基础，而且它从形态上日益移动化，这种变革让其流动性加快，产生的加速度又反向影响互联网的进化速度，从而诞生了目前人类社会最诱人也最激动人心的商业新图景。美丽、深邃、浩瀚、多变的互联网海洋正吸引着越来越多的企业奋不顾身地投入、探索其未知世界的体验之旅。

本书第二章取名"体验新境界：撬动整个商业社会的新贵"，在第一章建立系统认知的前提下，重点介绍形形色色的互联网思维，这些思维通过互联网成功企业的领导人、各种互联网媒体的评论者、互联网经济的学者，在各种论坛、峰会和专著中提及，总结的方式也五花八门，构成了互联网思想的言论丛林。作为对四重属性的回应，互联网思维也在经历着自身的演变，从最早市场营销中的传播环节到整个销售再延展再到所有业务模式，最终扩散到企业和整个社会范围，它所波及的范围越来越广与程度日益加深，它所具备的影响力也日益扩大，并最终成为一个撬动整个商业社会的革命性洪流。互联网之所以能够成为这样的新贵，绝非偶然，根本上还是它自身所产生的价值所致，这种价值改变了人际关系、企业生产和管理的模式、商业交往的规则和社会运行的方式。因此，本书从价值视角建构了四维模型，全面解析互联网的价值体系，这也是本书新思维中何谓"新"的关键体现。作者想让大家体验的新，不仅仅是概念的新，更是思想认识的新。

本书第三章取名"体验新法则（1）：技术工具论与CMI-S三流替代模型"，从本章到第六章，作者分别从互联网四位一体属性的不同属性出发，解构其商业价值创造的机理，由此推导企业在互联网世界中的商业致胜法则，作为互联网新思维的核心内容。首先在本章中，作者从四位一体中的最底层——互联网技术工具属性出发，探讨其产生商业价值的基本原理，引导读者充分认识互联网是通过对资金流、物资流和信息流的有效替代来创造新的商业形态，产生新的价值来源。它成为商业社会新的运行基础设施，也被很多睿智、远见的企业家所利用，迅速积累商业资源，创造新的业态，实现快鱼吃慢鱼、以小博大的商业奇迹。本章用产业新空间、竞争新方式、销售新潮流、工具新形态四个新，描述互联网带来的变化，运用大量鲜活生动的案例，详细解读互联网企业运作的背后故事，比如著名的嘀嘀与快的打车大战、由余额宝引发的互联网金融热潮、零距离交互的新型销售方式、二维码、云Wi-Fi等，也同时展望了互联网技术性能发展给企业变革带来的挑战与机遇。抓住它，还是错过它，利用它，

还是回避它，就需要新思维来指导了。

本书第四章取名"体验新法则（2）：业务模式论与 CCV 战略价值定位模型"，笔者从四位一体中关键的互联网业务模式属性出发，剖析其商业价值创造的机理。首先介绍一个完整的商业模式包括的三个基本要素和三个基本过程（三相）：价值（商业目标）、概念（实现途径）、能力（盈利方式），价值递延、价值传递和价值分发。基于此，与具体的互联网业务模式结合，创造出该互联网属性下的价值创造逻辑，即增值服务（价值递延）、流量变现（价值传递）与电子商务（价值分发），并将互联网世界的参与企业分为传统企业、天生互联网化的企业和核心企业（三环），这些不同类型的企业擅长在不同的价值创造过程中占据有利地位。三环三相的价值定位地图最终成为了互联网世界各类企业进行战略定位和竞合策略选择的指南针。文中笔者通过大量实证案例，对企业通过选择合适的互联网业务模式，最终创造商业价值进行了生动有趣的说明，不仅图文并茂，而且引人入胜。除此之外，笔者也通过 CCV 模型，对企业如何进行互联网业务模式的成功选择进行了循循善诱的提醒：如何考虑业务模式的诉求点，是否要聚焦；业务模式的基点到底是什么？业务模式带来什么样的效应，其本源是什么，最近实践案例之一的腾讯公司，是如何成功地一次又一次实现了互联网业务的引爆式发展？看完此章，答案就会明了。

本书第五章取名"体验新法则（3）：产业平台论与 P-V-A 多边平台交易模型"，笔者从四位一体中另一个关键属性——产业平台属性出发，详细分析其价值创造的方式和途径。互联网之所以能够产生那么多让人意想不到的商业模式，根本上说是引入第三方交易，打破传统工业经济时代的买卖双方直接交易模式，实现价值在三者之间的相互传递。由于交易者在无偿让渡自身信息的同时免费获取直接服务，所以为互联网提供商获取后向收费产生了可能，并在这一原理下产生了多边平台交易模型，成为互联网经济的关键特征。这一经济运行特点决定了企业商业行为的重大变化——从竞争走向竞合，从对抗走向结盟，从产品直接交易中获利转向通过组建平台获取服务收费，从企业与企业的直接竞争转变为不同生态系统之间的竞争。本章节中作者引用了大量平台型企业成功运营的案例，解释 P-V-A 模型的强大理论效应，也用回归本质的理性思考，告诫被互联网冲击得头脑发热的企业家如何在产业平台中合理占位，构建自己的生态圈优势。

本书第六章取名"体验新法则（4）：网络社会论与 S-I 社交价值创造模型"，作者从四位一体中最高层级的网络社会属性出发，清晰推演其价值创造的逻辑过程。互联网社会是由网络上的各类节点（人、机器、可穿戴设备、物联网终端等）通过相互的信息媒质交互产生各种关系，这些关系创造了不同的群组，群组构成了网络社会的基本单元，群组相互交融演化，分分合合，围绕不同的兴趣主题或者商业目的进行固定或者非固定的组合，从而形成了社区和社会。关系就像工业经济时代的石油一样，已经成为网络社会的"基本能源动力"，关系所驱动的社交行为产生了不同的社交价值，满足着不同网络主体的商业和情感需求。S-I社交价值创造模型就是对这一思维的完整刻画，也基于此，形成了线下实体社会和线上虚拟社会两张地图，呈现了社交兴趣的新图谱。关系在不断被互联网企业深度挖掘着，对关系的利用，也不断地从个体客户延伸到企业社区，乃至企业的企业客户。基于关系创造的企业级应用产品，也不断释放着网络社会新价值。

到此为止，全书用了四章，系统全面地介绍了互联网四重属性下的四大价值模型，也配合进行了大量的企业案例介绍和论证，形成了企业在互联网商业世界如何竞争致胜的有效法则，这种从价值创造视角的致胜法则论述，成为全书互联网新思维的独特亮点。除了对互联网新思维的内容进行了生动描述之外，本书还对互联网新思维在管理上的应用进行了深入阐述，让读者不仅从中获取面对外部市场的商业运作经验，也汲取互联网新思维在管理落地方面的着力点，再一次从管理领域体验互联网新思维的强大威力。因此：

本书第七章取名"体验新威力：刷新管理思维的权威"，作者从冲击、转变、应用三个方面详细介绍互联网新思维对企业管理带来的变化，互联网的用户思维、颠覆思维、扁平思维、免费思维、体验与迭代思维、人本思维等，完全重构了企业的管理架构、模式、手段，重新建立了管理的方法论，垂直与控制、命令与分权的管理套路被扁平合作、分享竞合的套路所替代，企业从战略、产品、运营、管理四个不同的维度和层级里，都被互联网化了。互联网新思维让企业的战略选择走向平台化，产品融合化，资源配置众筹化，员工管理人本化，提升幸福感成为互联网公司在管理目标上的首要追求。互联网让世界越来越美好。

本书最后一章取名"体验新前景：布局当下，着眼未来"，笔者结合业界的各类信息和专业人士的判断，对互联网后续的种种可能演进和应用前景做了梳理和展望，互联网会越来越奇葩吗？互联网是不是日益线上线下融合化和本地生活化？互联网会把人人时代的胜利战果扩大吗？互联网的3.0时代又是什么？大数据、云技术、物联网、智能机器人又会给我们带来什么样的奇点临近？云社会、智慧生活、智能家居离我们有多远？产业互联网和家庭互联网会继消费互联网之后成为下一个黄金十年的蓝海吗？我们还有第三波、第四波暴富的机会吗？下一个马云、马化腾、李彦宏、雷军、周鸿祎、刘强东、张近东会是你吗？如果想找寻答案，就请跟随我们开启互联网新思维的体验之旅吧！

目
录

技术只是工具，互联网超越了技术本身和工具属性。互联网带来的不仅仅是科技进步和变革，它更深层次的意义在于，不断创新着、影响着、变革着、颠覆着传统的生产消费模式和社会生活方式。互联网带来的不仅仅是技术创新红利，更是模式创新红利和理念创新红利，也即互联网新思维。对于互联网思维，既不能魅化、神秘化，也不能泛化、庸俗化。

互联网世界的客户和现实世界的客户是一样的，他们都是人，只不过是通过现实世界还是虚拟世界来获得价值诉求的问题。互联网商业思想的核心：通过互联网对客户的需求进行引导、创造和满足，在这样一个完整的实现过程中，所有的参与主体在资金流、物资流、信息流中形成稳定的交易和流转关系，构成价值创造的闭环系统。互联网的商业思想就是对这些主体和关系进行分类和表述。

第三章 / **体验新法则（1）：**
技术工具论与 CMI–S 三流替代模型 ·························· 067

互联网作为一种技术工具，是利用互联网对传统企业产品和服务提供过程中的资金流、物资流或信息流实现不同程度、不同环节的替代，从而形成新的价值创造模式。

第四章 / **体验新法则（2）：**
业务模式论与 CCV 战略价值定位模型 ·························· 131

商业模式的本质就是创造价值的系统逻辑。从结构上来看，任何企业的商业模式都可以归纳为三个基本要素：概念（Concept）、能力（Capability）和价值（Value），即 CCV 模型。在互联网商业世界中，三种要素演化出三种基本的商业模式：增值服务、流量变现和电子商务。然而，这三种类型的商业模式却有着纷繁多变的面孔。

第五章 / **体验新法则（3）：**

产业平台论与 P-V-A 多边平台交易模型 ⋯⋯⋯⋯⋯⋯ 209

互联网最大的经济特性就是平台经济。互联网市场是由一类可称为平台企业的运营商提供平台商品与服务，两类或者多类用户通过平台实现交换行为的双边市场或者多边市场。因此，平台战略、平台领导、平台竞合、平台模式等就应运而生。

第六章 / **体验新法则（4）：**

网络社会论与 S-I 社交价值创造模型 ⋯⋯⋯⋯⋯⋯⋯ 265

互联网社会由网络中的个人、连接的各类上网设备、群组、社区和网络中存在的各种虚拟治理机构组成。它分为四个层级：人与设备、群组、社区、类型社会。"关系（Social Relation）"和"兴趣（Interest）"是互联网社会中的演化驱动力，就像工业社会中"石油"一样重要，他们的交互作用创造了互联网的网络社会价值。

第七章 / **体验新威力：**

刷新管理思维的权威 ⋯⋯⋯⋯⋯⋯⋯⋯⋯⋯⋯⋯ 297

"互联网和传统企业正在加速融合，互联网产业最大的机会在于发挥自身的网络优势、技术优势、管理优势等，去提升、改造线下的传统产业，改变原有的产业发展节奏、建立起新的游戏规则。"——百度李彦宏

第八章 / **体验新前景：**

放眼望去，互联网在技术和需求的双重驱动下，沿着一条双螺旋轨迹在上升发展。机遇与风险并存，红利与陷阱并存，控制与失控并存，但最终未来是光明的，生活是美好的。"这是一个最好的年代，也是一个最坏的年代。"——狄更斯

第一章

体验新内涵：

新思维，
新范式

　　技术只是工具，互联网超越了技术本身和工具属性。互联网带来的不仅仅是科技进步和变革，它更深层次的意义在于，不断创新着、影响着、变革着、颠覆着传统的生产消费模式和社会生活方式。互联网带来的不仅仅是技术创新红利，更是模式创新红利和理念创新红利，也即互联网新思维。对于互联网思维，既不能魅化、神秘化，也不能泛化、庸俗化。

新认识：对话互联网新思维

技术只是工具，互联网是超越技术本身和工具属性的。互联网带来的不仅仅是科技进步和变革，它更深层次的意义在于，不断创新着、影响着、变革着、颠覆着传统的生产消费模式和社会生活方式。互联网带来的不仅仅是技术创新红利，更是模式创新红利和理念创新红利，即互联网思维。对于互联网思维，既不能魅化、神秘化，也不能泛化、庸俗化。

相较于工业化时代，我们正跨入一个普遍性供给充足，个性化需求多样，差异化服务不断得到满足，寻求个人身份价值认同的新时代。互联网信息自由流动、多元交互、连接开放和人人参与的属性，更好地适应了这个时代的要求。从互联网中抽象出来的思考问题和解决问题，积极适应并努力主导这种时代变化的方法、模式和理念，这就是互联网思维，比如"二八＋长尾"、注重用户体验、赋予用户权限、交互参与、社会化营销，等等。当然，互联网思维并非对传统思维的完全摒弃和彻底颠覆，也并不是因为有了互联网才有了互联网思维，而是因为互联网的发展及其对传统商业模式、生活模式和价值模式的大力冲击，导致这种思维得以集中式地持续爆发和广为关注。

比如，"二八＋长尾"的思维。互联网使得交易成本、边际成本大幅降低，在传统规模经济中看上去需求量很少的产品，也会有人去生产和购买，并且这些传统规模经济中需求和销量看起来都不高的产品，它们加起来所占的市场份额却不少，长尾特征凸显。当然，长尾理论并非完全否定"二八理论"，并不是关键客户和主流商品的销售变少了，而是原来不在意的或无法在意的长尾在变长，原来边缘化的部分所占的市场份额在增加。互联网通过信息技术可以使得潜在需求变成有效需求，潜在客户变成实际客户。

再比如，赋予用户权限、交互参与的思维。根据社会学研究表明，赋予人们权限与选择，通过行动参与和自我决策建立起来的归属感，才是高黏性和高忠诚度的归属感。人只有在意识到自己对身处的环境能够发挥影响力时，才能

强化自身的存在感和对外在环境的依附感。自媒体、自金融以及厂商纷纷主动邀请消费者参与到生产和设计中来，这些都是赋予用户权限的表现。

互联网思维，更注重人的价值

互联网思维是怎么产生的？生产力决定生产关系，互联网技术特征在一定程度上会影响其在商业层面的逻辑。工业社会的构成单元是有形的原子，而构成互联网世界的基本介质则是无形的比特。这意味着，工业文明时代的经济学是一种稀缺经济学，而互联网时代的经济学则是丰饶经济学。根据摩尔定律等理论，互联网的三大基础要件——带宽、存储、服务器都将趋向免费。在互联网经济中，垄断生产、销售以及传播渠道将不再可能。

而且，一个网状结构的互联网是没有中心节点的，它不是一个层级结构。虽然不同的点有不同的权重，但没有一个点是绝对的权威。所以，互联网的技术结构决定了它内在的精神，是去中心化，是分布式，是平等。平等是互联网非常重要的基本原则。

在一个网状社会中，一个"个体"跟一个"企业"的价值，是由连接点的广度跟密度决定的。你的连接越广，连接越密，你的价值越大，这也是纯信息社会的基本特征，你的信息含量决定你的价值。所以，开放变成一种生存的必需手段，你不开放，你就没有办法去获得更多的连接。

所以，互联网商业模式必然是建立在平等、开放基础之上，互联网思维也必然体现平等、开放的特征。平等、开放意味着民主，意味着人性化。从这个意义上讲，互联网是真正的以人为本的经济，是一种人性的回归，互联网让商业真正回归人性。

在农业文明时代，最重要的资产是土地和农民，工业时代最重要的资产是资本、机器（机器是固化的资本）、流水线上被异化了的人。工业时代早期考虑最多的是被异化的人，因为人也被当作机器处理。人只是流水线当中的螺丝钉。

到了知识经济的时代，最核心的资源有两个，一个是数据，另一个是知识工作者，就是德鲁克在 20 世纪末讲的 Knowledge Worker（中文：知识工作者）。企业的管理也会从传统的多层次走向更加扁平、更加网络、更加生态的方式。让知识工作者真正能够创造价值，变成任何一个组织和整个社会最重要、最需要突破的地方。

互联网思维，堪比"文艺复兴"

在人类社会每次经历的大飞跃中，最关键的并不是物质催化，甚至不是技术催化，其本质是思维工具的迭代。一种技术从工具属性到社会生活，再到群体价值观的变化，往往需要经历很长的过程。珍妮纺纱机从一项新技术到改变纺织行业，再到后来被定义为工业革命的肇始，影响东、西方经济格局，其跨度至少需要几十年，互联网也同样如此。

公元14世纪，随着工场手工业和商品经济的发展，"以人为中心"的文艺复兴思潮在意大利各城市兴起，之后扩展到西欧各国，于公元16世纪在整个欧洲盛行。提倡人文主义精神，肯定人的价值和尊严，主张人生的目的是追求现实生活中的幸福，倡导个性解放，反对愚昧迷信的神学思想，认为人是现实生活的创造者和主人。文艺复兴运动带来了一段科学与艺术革命时期，揭开了近代欧洲历史的序幕，被认为是中古时代和近代的分界，马克思主义史学家认为是封建主义时代和资本主义时代的分界。

当下这场互联网革命和其背后的互联网思维，是由"产品经理"这类人的思辨引发的。最典型的产品经理就是苹果的创始人乔布斯。他并非拥有真正伟大的物质发明，个人电脑和智能手机都不是他的原创，他的伟大之处在于定义了"产品经理"这个角色，并把"互联网思维"运用到了极致。如今，这个思维已经不再局限于互联网，而是与当初人类史上的"文艺复兴"一样，这种思维在逐渐扩散，开始对整个大时代产生深远的影响。不只产品经理或程序员，所有传统商业都会被这场互联网思维浪潮所影响、重塑乃至颠覆，这笔宝贵的思想财富将会造福各行各业。

当今时代正处于第三次工业革命的"后工业化时代"，意味着工业时代正在过渡为互联网时代。工业时代是以大规模生产、大规模销售和大规模传播为标志的，企业和商家合伙向消费者倾销自己的产品和服务，尽管也会根据市场的回馈进行调整，但是有一个非常缓慢的周期。而在互联网时代，传统销售与传播环节已经变得不再重要，企业将直接面对消费者，消费者反客为主，拥有了消费主权，企业必须以更廉价的方式、更快的速度以及更好的产品与服务来满足消费者需求，"顾客是上帝"不仅是一种终端服务概念，而且是整个设计生产销售链条的原则。

互联网时代的商业思维是一种民主化的思维。消费者同时成为媒介信息、内容的生产者和传播者，通过买通媒体单向广播、制造热门商品诱导消费行为的模式不成立了，生产者和消费者的权力发生了转变，消费者的主权时代真正

到来。

任何一个大型技术革命，早期时候大家总是高估它的影响，会有一轮一轮的泡沫；但是中期时候大家往往会低估它的影响，觉得这些不过是概念而已。可当你觉得它是概念的时候，它已经开始生根发芽、茁壮成长了。

新本质：社会经济形态新基础

国际互联网（Internetwork，简称 Internet），始于 1969 年的美国，又称因特网，是全球性的网络，是一种公用信息的载体，是大众传媒的一种，具有快捷性、普及性，是现今最流行、最受欢迎的传媒之一。这种大众传媒比以往的任何一种通信媒体都要快。互联网是由一些使用公用语言互相通信的计算机连接而成的网络，即广域网、局域网及单机按照一定的通信协议组成的国际计算机网络。互联网受欢迎的根本原因在于它的（使用）成本低，使用的（信息）价值超高。

互联网具有以下优点：

- 互联网能够不受空间限制来进行信息交换
- 信息交换具有时域性（更新速度快）
- 交换信息具有互动性（人与人、人与信息之间可以互动交流）
- 信息交换的使用成本低（通过信息交换，代替实物交换）
- 信息交换趋向于个性化发展（容易满足每个人的个性化需求）
- 使用者众多
- 有价值的信息被资源整合，信息储存量大、高效、快
- 信息交换能以多种形式存在（视频、图片、文章等）

按照功能，互联网可以分为以下几种类型：

- 通信（即时通信，电邮，微信，百度 HI）
- 社交（Facebook，微博，空间，博客，论坛）
- 网上贸易（网购，售票，工农贸易）
- 云端化服务（网盘，笔记，资源，计算等）
- 资源的共享化（从形态上包括电子交易市场、综合门户、各类论坛等，从内容上看，有视频、音乐、文档游戏、新闻资讯等资源可以共享）
- 服务对象化（互联网电视直播媒体，数据以及维护服务，物联网，网络

营销，流量，流量 nnt 等）

互联网采用了"端到端透明性"的核心设计原则，即用户可以利用计算机、手机等终端的智能性产生各种信息，网络只是简单、"尽力而为"地传递信息而不做任何记忆与控制（见图 1-1）。

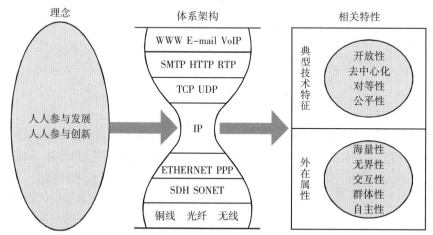

图 1-1 互联网的理念、体系架构和相关特性

资料来源：互联网技术发展白皮书 2007［R］. 北京：工业和信息化部电信研究院，2007.

互联网具有以下 4 个技术特征：

● 开放性——互联网支持端到端的业务与承载分离，提供标准的、开放的网络层接口，所有人都可以利用相关开放接口设计和提供任何业务和应用。

● 去中心化——互联网是局部自治的，没有集中的资源管理和控制中心。

● 对等性——互联网的网络节点与终端节点是对等的，终端节点之间也是对等的。

● 公平性——互联网对不同用户、不同业务和应用的流量都提供"尽力而为"的公平服务。

互联网的发展经历了实验科研、社会化应用启动和社会化应用发展三个阶段（见图 1-2）。在不同的发展阶段，互联网表现出不同的典型特征（见表 1-1）。

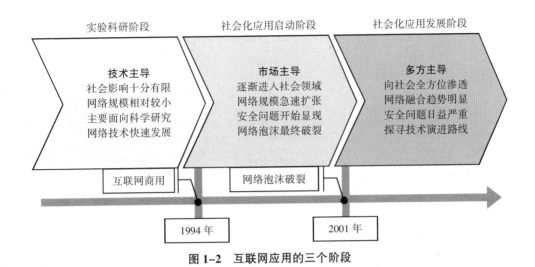

图 1-2　互联网应用的三个阶段

表 1-1　互联网不同应用阶段的典型特征

时间段 特征	实验科研阶段 1969~1994 年	社会化应用启动阶段 1994~2001 年	社会化应用发展阶段 2001 年至今
核心驱动力	技术	市场	多因素
用户特征	少量用户 （相互信任的科研人员和政府工作人员）	大量用户 （用户群多样化，用户间出现信任危机）	海量用户 （用户彼此不信任，机器间通信需求出现）
应用情况	应用于科研教育 （E-mail、BBS、FTP 等）	开始向各行业渗透 （Web 应用，VoIP）	全面渗透各行业 （Web2.0 应用，视频应用）
资金来源	政府科研基金	商业资本	商业资本为主
政府作用	资金支持	促进产业发展	发展与治理并重

资料来源：互联网技术发展白皮书 2007 ［R］. 北京：工业和信息化部电信研究院，2007.

新延展：从桌面到移动的进化

什么是移动互联网

移动互联网是以移动网络作为接入网络的互联网及服务。移动互联网包括3个要素：移动终端、移动网络和应用服务。

移动互联网十大业务模式：

（1）移动社交将成为客户数字化生存的平台。在移动网络虚拟世界里面，服务社区化将成为焦点。社区可以延伸出不同的用户体验，提高用户对企业的黏性。

（2）移动广告将是移动互联网的主要盈利来源。手机广告是一项具有前瞻性的业务形态，可能成为下一代移动互联网繁荣发展的动力因素。

（3）手机游戏将成为娱乐化先锋。随着产业技术的进步，移动设备终端上会发生一些革命性的质变，带来用户体验的跳跃，加强游戏触觉反馈技术，可以预见，作为移动互联网的"杀手级"盈利模式，手机游戏无疑将掀起移动互联网商业模式的全新变革。

（4）手机电视将成为时尚人士的新宠。手机电视用户主要集中在积极尝试新事物、个性化需求较高的年轻群体，这样的群体在未来将逐渐扩大。

（5）移动电子阅读填补狭缝时间。因为手机功能扩展、屏幕更大更清晰、容量提升、用户身份易于确认、付款方便等诸多优势，移动电子阅读正在成为一种流行趋势迅速传播开来。

（6）移动定位服务提供个性化信息。随着随身电子产品的日益普及，人们的移动性在日益增强，对位置信息的需求也日益高涨，市场对移动定位服务的需求将快速增加。

（7）手机搜索将成为移动互联网发展的助推器。手机搜索引擎整合搜索概念、智能搜索、语义互联网等概念，综合了多种搜索方法，可以提供范围更宽广的垂直和水平搜索体验，更加注重提升用户的使用体验。

（8）手机内容共享服务将成为客户的黏合剂。手机图片、音频、视频共享被认为是未来 3G 手机业务的重要应用。

（9）移动支付蕴藏巨大商机。支付手段的电子化和移动化是不可避免的必然趋势，移动支付业务的发展预示着移动行业与金融行业融合的深入。

（10）移动电子商务的春天即将到来。移动电子商务可以为用户随时随地地提供所需的服务、应用、信息和娱乐，利用手机终端便捷地选择及购买商品和服务。

互联网和移动互联网的异同

移动互联网产业的发展速度快于计算机和桌面互联网，在短短 5 年之内，已实现了后者十余年才能达到的目标。全球移动互联网用户已超过固定互联网用户，达到了 15 亿，在起步的 5 年内用户扩散速度是桌面互联网同阶段的 2 倍；移动应用整体数量在 3 年内超过了 140 万，App Store 在 6 个月内新增了 1 亿活跃用户（Facebook 耗时 4 年才实现这一目标）；全球移动互联网流量已经占到互联网流量的 13%，印度等部分区域甚至已经超过后者；典型互联网业务移动化趋势尤为突出，Facebook 近 30% 的流量来自移动设备，Twitter 的移动流量占比超过 50%，移动互联网的发展速度超出想象[1]（见图 1–3）。

互联网的价值到底在哪里？

移动互联网让互联网进入新的产业周期：一是互联网的接入终端形态发生变化，并成为产业的基本要素。二是互联网业务的发展重心、用户消费方式和业务组织模式发生了重大变化。[2]

移动互联网让移动通信产业发生颠覆性变化，其基本的业务模式、商业模式和资源发展模式受到巨大的冲击。应用商店模式成为移动通信（数据）业务的主导业务模式，以 I–Mode 和移动梦网为代表，以移动网络为中心的封闭花园模式被颠覆和超越，电信运营商在通信领域仅存的贴近用户和理解用户感知

---

① 互联网技术发展白皮书 2013 ［R］. 北京：工业和信息化部电信研究院，2013.

② 工业和信息化部电信研究院. 移动互联网白皮书 2011 ［R］. 北京：工业和信息化部电信研究院，2011.

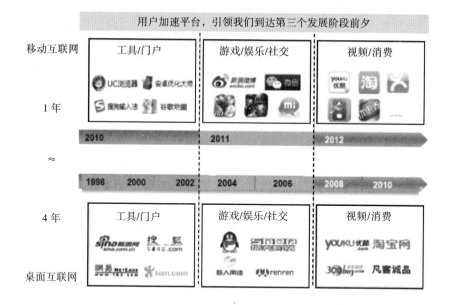

互联网新手，对网站充满好奇，
没有支付习惯

大多是互联网老手，非常挑剔，
付费习惯好，可能产生高额消费

图1-3 互联网和移动互联网的异同

的优势被颠覆，在新一轮的浪潮中逐渐被边缘化。不仅如此，移动运营商的命脉业务移动话音正在受到破坏性创新的威胁——移动终端的融合性让移动VoIP、移动即时消息与互联网服务融为一体，正在替代基本的移动通信业务，电信运营商原有的商业模式受到了巨大冲击；同时，移动互联网带动了移动网络流量的爆炸性增长，导致无线网络资源的加速消耗和服务质量的急剧下降。

移动互联网推动了移动终端产业跨越式发展，移动终端能力、形态与服务的关系都发生巨大变化。移动智能终端产业链在移动互联网的驱动下迅速进化，在谷歌、Android的影响下，移动终端操作系统开源、开放和免费的趋势风靡，极大地调动了开发者、硬件厂商的参与热情，终端系统软件、硬件适配成本大幅度降低，低端移动智能终端的成本迅速降低到 100 美元以下。

移动互联网改变了人们生活、学习甚至工作的方式。从人与终端的交互方式（如多点触摸）到终端对环境的感知能力（远远超过 PC 的多样化传感能力），从数十万个满足长尾需求的应用程序到能力飞跃提升的智能终端和平板电脑，从人与人之间的基本通信（移动 VoIP、即时消息）到基于社交网络的信息流动（如微博），移动互联网带来了全方位的变革与冲击，并逐步从个人和家庭延伸到商业计算领域。由于移动终端的普及率远高于 PC 终端，因此移动互联网的发展将大大加快整个社会，特别是边远乡村的信息化进程。

总之，移动互联网改善了整个社会使用 IT 技术的基本方式，扩展了虚拟世界和现实世界的互动方式和情境，改变了信息社会的发展图景，并带动了新一轮 IT 技术和业务发展浪潮。移动互联网成为信息产业发展的新周期已经成为共识。

新动向：垂直一体与水平扩展

互联网是人类智慧的结晶，是 20 世纪的重大科技发明，是当代先进生产力的重要标志。互联网深刻影响着世界经济、政治、文化和社会的发展，促进了社会生产生活和信息传播的变革。[①]

移动互联网仍处于早期发展阶段，从整个产业来看，移动互联网发展的大幕才刚刚升起。在过去的一年当中，移动数据流量、智能终端、用户、应用程序均处于高速发展状态，单看业务、终端、软件，移动互联网似乎已经逐步进入普及期，但整个产业的水平化趋势并未确立，垂直一体化趋势甚至在加强，产业处于发展早期的迹象其实更为显著——各大生态系统的垂直整合愈演愈烈，软件与硬件版本的短周期升级，用户需求的不断变化，移动智能终端边界的持续延伸都表明移动互联网尚处于发展初期阶段。

移动互联网把整个 ICT 产业拖入快速发展通道，产业迭代周期由 PC 时代的 18 个月（摩尔定律）缩短到 6 个月。过去 20 年间，微软和 Intel 所组成的 Wintel 阵营作为产业轴心，依照摩尔和安迪比尔两大定律，共同推动计算机产业以 18 个月为周期升级演进。移动互联网产业发展则呈现自身独有特色：移动芯片设计和制造的分离，SOC 模式与 Turnkey 模式，多样化的传感器件和交互方式等推动移动智能终端硬件平台的迭代速度已由摩尔定律的 18 个月缩短到 6~12 个月，甚至更短，软件平台尤其是操作系统近乎与其同步，IOS 和 Android 两大系统平台的版本升级也提速至每年一个大版本、数月一个小版本；同时，应用软件生态的跟进也在加快，不仅是应用种类、数量、下载量、使用量等各个方面均加倍递增，而且网络整体流量也在以每年 100%~200% 的速度增长。

在产业格局快速重塑的过程中，创新成为产业博弈的基石，速度成为产业

---

① 工业和信息化部电信研究院. 移动互联网白皮书 2013 ［R］. 北京：工业和信息化部电信研究院，2013.

博弈的关键。能否在众多的产业参与者中表现出差异性创新，并跟上移动互联网现有快速发展的节奏，成为移动互联网产业博弈的关键。不论企业的规模大小、积累多少，只要具备了上述条件就有脱颖而出的可能，而墨守成规、动作缓慢的企业则难逃被边缘化的命运。众多企业为了适应产业周期的快速迭代，移动互联网产品/服务生命周期的各个环节都相应缩短，由此引发业务技术创新、产品研发和推广、供应链管理、知识产权保护等所有关键环节的变化。

用户需求仍在释放，近 5 年内仍将延续当前的发展速度。移动互联网产业发展的根本是用户需求在驱动：在功能机时代，手机无须承载操作系统和较多复杂功能的应用，核心芯片等硬件可以数年不升级，主频由 100MHz 升至 200MHz 花费了十余年，移动终端市场的竞争更多地集中在外观设计以及供应链和渠道的管理上；而进入智能机时代，差异巨大的用户需求导致迥异的发展方向和速度，可自定义的智能化使用需求使得操作系统成为手机标配，进而对硬件能力提出了更高的要求。

移动互联网蓬勃发展，但盈利规模远未与其匹配。产业巨头纷纷进军移动广告与移动电子商务两大重点领域，试图掌控移动互联网领域的直接经济增长点。据统计，在广告方面，用户平均使用移动终端的时长占所有媒体的 10%，而广告收益仅为整体收入的 1%。

移动智能终端成为历史上渗透速度最快的终端产品。安迪—比尔定律重演，软件硬件循环升级，推动移动终端从功能手机时代的耐用品转换为智能手机时代的快速消费品。当前全球手机业已经进入了平稳发展阶段，此类耐用品的更替速度基本以硬件损耗周期为参考，其增长空间取决于覆盖人群的自然增长率和手机的更替速度，在市场成熟后手机总量趋于稳定。

新内涵：包容性的四位一体论

互联网的技术工具论

从技术上讲，互联网是由一些使用公用语言互相通信的计算机连接而成的网络，即广域网、局域网及单机按照一定的通信协议组成的国际计算机网络，从其出现开始，就逐步展现出对社会生活的巨大影响。

> **案例1　神奇的二维码，通向移动互联的商业应用场景**
>
> 二维码的应用可分为被读和主读，被读类应用是以手机等存储二维码作为电子交易或支付的凭证，可用于电子商务、消费打折等。主读类应用是以安装识读二维码软件的手持工具（包括手机），识读各种载体上的二维码，可用于防伪溯源、执法检查等。下面初步枚举了二维码的一些应用模式，因为主读一般是手机，其对于移动互联网的发展意义重大。
>
> （1）网上购物，一扫即得。国内的二维码购物模式最早起源于1号店。目前，国内一些大城市的地铁通道里已经有二维码商品墙，消费者可以边等地铁边逛"超市"，看中哪个扫描哪个二维码，然后通过手机支付，直接下单。如果是宅在家里，发现家里的米、面、油、沐浴露用完了，只要拿起包装，对着商品上的二维码一扫，马上可以查到哪里在促销，价格是多少，一目了然。而且，通过二维码购物，产品的二维码直接标示了产品的身份证，扫描后调出的产品真实有效，保障了购物的安全。将来，二维码加上O2O（网上到网下），实体店将变成网购体验店。因此，实体店可能更多的是要设在顾客方便的地方，如公交站、居民区，而不是商业中心。
>
> （2）消费打折，有码为证。凭二维码可享受消费打折，是目前业内应

用最广泛的方式。比如，商家通过短信方式将电子优惠券、电子票发送到顾客的手机上，顾客在消费时，只要向商家展示手机上的二维码优惠券，并通过商家的识读终端扫码、验证，就可以得到优惠。一次，海南蕉农在香蕉滞销时，与淘宝合作进行网上团购促销，网友在网上预订，网下凭手机二维码提货，成功化解香蕉危机。某次，在成都春熙路上的钟表文化节中，依波表举办了限时扫码活动，在规定的时间内在现场扫描二维码折扣，顾客就能以折扣价买走手表。目前，腾讯也推出了针对 iPhone 和安卓的微信会员卡，会员只需用手机扫描商家的二维码，就能获得一张存储于微信中的电子会员卡，享受商品折扣服务。

（3）二维码付款，简单便捷。近日，支付宝公司宣布推出二维码收款业务，所有支付宝用户均可免费领取"向我付款"的二维码，消费者只需打开手机客户端的扫码功能，拍下二维码，即可跳转至付款页面，付款成功后，收款人会收到短信及客户端的通知。在福州，有一家华威出租车公司开通了支付宝，打车到目的地后，顾客拿出手机，对车内的二维码车贴扫描，手机自动跳转到支付页面，然后按照计价器上的车费输入金额，整个付款过程只用了 20 多秒。在星巴克，可以把预付卡和手机绑定，通过扫二维码可以快捷支付，不用再排长队付款。

资料来源：神奇的二维码，通向移动互联网的 20 种商业应用场景.电子商务研究中心，微信公众号 www100ec.

案例2　宁波市出租车三种电召方式公布具体操作流程

固定电话

宁波市出租车统一电调热线 0574-5×××××× 目前为市话收费，根据乘客拨打时使用的手机或座机，电调系统将自动判断是否新老客户。

如果是已经使用过这种方式召车的老客户，那么电调系统将自动语音播报乘客的上次约车地址，请求确认；如果乘客这次的上车地址与上次一致，那么非常便捷，可以按"1"号键确认后，自行下单约车；如果不一致，那么就和新客户一样，选择"0"号键进行人工约车。

无论哪种情况，约车完毕后都请直接挂断电话，两分钟内系统会自动拨打乘客电话，进行语音播报结果。如果在系统回复召车没有成功的情况下，乘客可再次拨打电话寻求约车服务，并告知可以等候的时间，在等候时间内电调中心会持续为乘客安排。

网络

先通过自己的QQ在"找企业"中查找800066959。加为好友后，乘客以文字的方式把自己的姓名、电话、用车点通过QQ发送给电调中心，电调中心将会进行登记。

如果电召成功后，乘客等候5分钟左右，司机还未到，乘客可通过QQ或者拨打电召中心电话查询该车情况，电召中心会为其做后续处理。

手机

市民想下载手机应用软件"宁波通"，可以登录宁波通的官方网站http://www.nbtong.com.cn/首页进行下载。市民在众多功能中可以看到有一项"电召的士"，点击后系统会自动下载一款名为"手机召车"的应用程序。下载安装完成后，原本"电召的士"按钮上黄色的"等待下载"的箭头也就自动消失。

此后市民想要打车，只需点击"宁波通"的"电召的士"按钮，就可以进入电召主界面。选择"定位"选项，手机自动定位乘客所在地址；选择"附近"选项，系统将自动搜索周围车辆；选择"召车"按钮，并填写前往地点、姓氏等信息，周围车辆根据乘客发出的召车需求进行应答。若有车辆响应，则召车成功，若无车辆响应，则召车失败。

资料来源：宁波晚报，2013-12-20.

案例3　来往银行

对于中国邮政储蓄银行（以下简称邮储银行）来说，利用科技创新探索便民服务，践行普惠金融理念的探索早已开始。

邮储银行北京分行持续加快科技创新和产品创新的步伐。打造了包括网上银行、手机银行、电话银行、电视银行及ATM、自助缴费终端在内的种类齐全、覆盖面广、纵横交错的电子金融服务网络，成为连接首都城乡金融的重要通道。

邮储银行已经针对上班族、老年人、"三农"等不同人群的需求，推出了电视银行、微信银行、微博银行、易信银行、"金融夜市"、惠及农村的手机金融服务等个性化定制服务。

截至2013年年底，邮储银行资产规模达到5.6万亿元，营业网点近4万个，服务客户4.3亿。其中，电子银行客户逾9000万，手机银行客户数量达4000万，电视银行客户数量已达500万。

【创新】率先将"银行开进客厅"

邮储银行率先实现了网上银行、手机银行、电话银行、电视银行四大电子渠道全覆盖。

渠道的创新不仅仅是产品创新，而且还有服务创新，在渠道的建设上，可以延伸的除了空间，还有时间。对于邮储银行来说，人性化的服务是获得客户信任的一大法宝。

为了解决上班族工作日没时间跑银行的难题，北京首家"金融夜市"——邮储银行北京广安门支行自2011年8月正式开门纳客。同时，为了更好地服务百姓，特别是广大老年客户，在2012年年底，中国邮政储蓄银行北京分行"电视银行"上线。

据了解，邮储银行将"银行开进客厅"，成为北京地区首家推行电视银行系统的金融机构。电视银行让300万歌华电视用户享受到"家居银行"之便，足不出户就可享受"24小时不打烊"的自助金融服务。

至此，邮储银行率先实现了网上银行、手机银行、电话银行、电视银行四大电子渠道全覆盖。目前，邮储银行电视银行不仅能完成转账汇款、信用卡还款等传统业务以及电视支付、缴费等，而且还推出了外币业务、基金业务、理财业务、个人贷款查询等特色业务功能。

2014年2月26日，邮储银行北京分行电视银行智能电表购电业务成功上线，现在客户可足不出户地通过电视银行实现电费、水费、电话费等生活缴费业务，十分方便快捷。截至2014年2月底，邮储银行北京分行的电视银行客户规模已达70万户。

中国邮政储蓄银行副行长曲家文表示，邮储银行着力打造线下网点智能化、线上服务先进化的互联网金融平台，为用户提供优质、便捷的金融服务。

【进展】正与阿里巴巴洽谈"来往银行"

为了融入互联网金融大潮，抓住互联网用户社交化的发展机遇，将金融服务与社交平台结合，1月3日，邮储银行微博银行、微信银行和易信银行三款互联网金融产品同台亮相。

邮储银行正在与阿里巴巴旗下即时通信产品来往洽谈，不排除迅速推出来往银行。目前邮储银行微博银行和微信银行提供借记卡、信用卡和生活服务三大类服务，分别提供余额查询、明细查询、信用卡查询、还款、账户挂失和缴纳水、电、煤气费等多项服务。不过，考虑到安全性，借记卡的转账功能预计6月份推出。

除了操作便捷、覆盖面广之外，上述 3 款产品更是在安全可靠方面升级。对于账务类交易，用户可在邮储银行手机银行系统内操作，而且登录环节配有动态短信密码，一次一密。

【规划】将在农村布局互联网金融

邮储银行于 2013 年 7 月与通州区共同启动居民健康卡建设工作，率先向参与新农合的农民试点发行。

当下，随着互联网、手机的普及率迅速上升，为了更好地服务"三农"，邮储银行在拓展服务网络，弥补农村地区金融服务覆盖不足方面，力图加强打造包括 ATM、网上银行、手机银行、电视银行、微信银行等在内的多样化电子金融服务渠道。

近日，由邮储银行负责发放的北京地区首批居民健康卡就是上述理念的最新实践。这张特殊的银行卡除了具有普通银行卡的金融功能之外，还能够存储居民基本信息、电子健康档案、在医院就诊的电子病历等信息。

资料来源：先锋互联网金融，微信公众号 ucfweb，2014-3-27.

案例 4 零佣通

中山证券宣布与腾讯合作开发推出"零佣通"产品，提供证券交易零佣金的产品。此举将之前备受争议的券商"零佣金"从网络端转入移动端，互联网对证券业的颠覆也因此再次被深入推进。

"零佣通"主打手机开户零佣金，投资者在 3 个月推广期内，享有沪、深、美港实时股票行情服务的同时，可通过手机开立证券账户享有证券交易零佣金。

除"零佣通"外，中山证券与腾讯此次还推出基于互联网平台的"小贷通"金融服务。"小贷通"被定位于互联网平台的小额股票质押贷款，起点门槛低至 5000 元，两日内放款。拥有融资需求的证券投资者，在中山证券网站发起申请，即可通过股票质押获得贷款，利率适中，期限灵活。

与当前券商动辄百万元起点的质押贷款相比，"小贷通"贷款为中小证券投资者提供了十分便捷的融资服务。

资料来源：先锋互联网金融，微信公众号 ucfweb，2014-3-28.

案例5 娱乐宝

人人可投影视

"娱乐宝"平台上线了，网民只需出资100元即可参与热门影视作品的投资，首批投资项目开始接受预约，包括电影及大型社交游戏在内的5个项目总投资7300万元。

保险尝鲜之举

区别于眼下各类货币基金"宝"产品。娱乐宝首款上线产品来自国华人寿的一款投连险新品。保险资金通过信托计划投向文化产业，乃颠覆创新之举。

阿里巴巴深耕文化

依托于淘宝手机客户端，阿里巴巴数字娱乐事业群已正式发布娱乐宝平台。网友们出资100元即可参与热门影视作品的投资，而首批投资项目也在当天开始接受预约，包括电影及大型社交游戏在内的5个项目总投资7300万元。

借助投连险这一通道筹集"娱乐"所需的资金，阿里巴巴则在幕后从容操控投资的走向。未来，基于这一平台的资金将流向电影、游戏、电视剧、演唱会等多个领域。

案例6 未来属于刷卡还是二维码？——解读拉卡拉手机收款宝

3月13日，拉卡拉在上海召开拉卡拉手机收款宝上市发布会，正式推出了价格299元的移动智能的POS，并且提出了"重新发明POS"。非常巧合的是，紧跟着的3月14日，人民银行暂停支付宝虚拟信用卡的同时，一并叫停了线下二维码（含条码）支付。一来二去，线下收单市场成为IT圈的热点新闻。

收单业务是什么呢？做收单业务的目标并不是花钱的消费者，而是收钱的商户。如果商户愿意用你提供的收单工具供消费者付款，那么他们就会有手续费收入，这个收单业务就做成了。

拉卡拉是典型的刷卡派，它的产品总是需要和你手中的实体银行卡发生关系，不管是磁条还是IC芯片，总得刷一下或插一下。被叫停的支付宝二维码支付是网络派，它不依赖实体银行卡，只要你有支付宝的账户就能用智能手机完成付款。拉卡拉和支付宝这两个商家代表了未来收单市场的两种模式。刷卡还是二维码？这是一个很有趣的问题。

　　粗略一看，肯定是支付宝的二维码更"科技"和"未来"一些，银行卡看起来也很像需要被淘汰的旧时代产物。但是我认为，它们并非互相替代的二选一，而是将长期共存和互相借鉴的两种不同模式。二维码需要各种看起来不那么科技的办法来推广市场，拉卡拉也需要用互联网思维改造已经相当成熟的 POS 市场。

　　在科技圈待久了，常常会对市场有一种幻觉，认为科技含量更高的产品就一定是未来的方向，大家都该热情地拥抱新产品。可是中国仍然是一个发展差距非常悬殊的国家，如果你每个月的收入超过 2000 元，那么你已经超过了 70% 的中国人；如果你需要为工资缴纳个人所得税，那你就属于工薪阶层里最靠前的两千多万人。所以，当科技圈拼命升级新技术的时候，实际上有大片的市场被甩在了身后，对新科技感兴趣的也可能仅仅是少数人。

　　回想一下，身边还有多少地方不能刷卡消费，还有多少普通人不会用信用卡，拉卡拉手机收款宝可作为的空间仍然很大。对于那些之前因为刷卡和 POS 门槛太高而被排除在外的群体，跳过刷卡直奔二维码还是困难很大的，数量众多小商户之前被排除在刷卡收单体系之外，它们需要一个简单廉价的方式收款。

　　这款拉卡拉手机收款宝也是互联网改造传统收单产业的过程。与千元以上的传统 POS 机相比，这款定价 299 元的产品门槛要低得多。按照拉卡拉官方的说法，这个"重新发明 POS"的产品有三方面特点：一是重新发明了 POS 的形态，从传统机具向智能移动转型；二是重新定位了 POS 的价格，从普遍千元的高成本向百元的高性价转型；三是重新诠释了 POS 的功能，将单一的收单模式转变成以移动互联网技术为依托的智能产品。在之前两个多月的试销期间，拉卡拉手机收款宝的销售了约 10 万台，成绩相当不错。

　　回到开头提出的问题，未来属于刷卡还是二维码？答案是未来不重要，两者都需要拓展现在的市场，远没有到了只能留下一个的阶段。支付宝的创新虽然被暂停，但是可以预见的是，监管部门迟早会以这样那样的方式对新科技放行。同时，互联网和新科技也在反过来改造传统 POS，拉卡拉手机收款宝这样不停降低门槛的新产品仍然有足够大的市场，去服务好那些未曾享受刷卡交易等现代金融服务的人。

　　资料来源：赖家洲. 互联网金融（微信 2D：Webjinrong），2014-3-15.

互联网的业务模式论

互联网包括移动互联网的发展，不仅仅呈现出一种技术工具属性，对资金流、信息流、物资流进行替代，产生变效率的循环使用，同样有技术功能基础上衍生出诸多的商业服务产品和百变的业务形态，在老百姓日常本地生活服务中提供着巨大的便利。互联网通过汇聚买卖双方的交易信息开放提供给所有的需求者，实现了扁平化交易，降低了用户搜寻成本，减少了信息不对称带来的购买成本和信用建立成本，也为商家减少各种广告促销和品牌传播费用提供了无限可能。

互联网技术进一步和各种移动、固定信息终端中的通信上网模块等硬件设备融合，通过软硬一体的解决方案创造了更多前景。

案例 1 百度轻应用"轻拍"抢票，欲打造全新移动服务闭环

通过和约翰尼德普合作的营销，百度向外界展示了一个完整的票务垂类移动服务闭环：首先，手机百度给用户提供了一个移动互联网服务的入口；其次，拍照付通过用户拍摄的海报可以直接把用户指向商家页面，给予用户服务；最后，拍照付接入百度钱包，用户可以通过百度钱包在商家页面完成购买，给了用户一种全新的体验。

这种"入口＋服务＋支付"的解决方案已经让百度适应了用户对移动搜索的新需求。"未来，百度会为移动端的用户提供更多服务，让他们尽可能多地享受到移动互联网带来的便利。"百度相关负责人表示。

这说明，在用户数量突破 5 亿后，百度移动把重心转移到了移动服务上。如今，百度为超过 5 亿的用户提供了轻应用、相册、网盘、通信录、音乐、文库等多方面的移动服务。这些服务具备多元化存储、场景化服务、全平台覆盖、全方位开放等优势。

今年，百度移动开始聚焦高精尖的创新能力，百度轻拍即移动端颠覆性的体验突破，打开了一个全新领域的移动互联网入口，将引导行业进入更为广阔的发展空间。毋庸置疑的是，移动服务正在成为当今整个移动通信产业的关注热点，移动互联网的发展前景也不言而喻。从百度在移动领域如此领先的动作和积极创新的移动服务来看，移动端坐拥 5 亿用户的百度正在扮演着一个不断提供移动互联网服务的行业巨头。

资料来源：互联网金融，微信号 iefinance，2014-4-5。

案例2 京东启动O2O模式 为1万家便利店建入口

京东集团启动O2O模式，将为1万家便利店搭建入口，消费者在京东下单，便利店或者京东分拣和配送。

具体形式是通过京东平台上的便利店官网，消费者可借助LBS定位，在其旗下所有门店中找寻最近的门店进行购物。仓储体系共通，便利店可以在网上扩充品类建立线上卖场、生鲜超市、冷饮店等多类业态，甚至在未来还可以发展出预售模式，让商家按需进货和生产，最终实现零库存。

京东利用线下门店和其中央厨房、冷链、常温物流体系，提供低成本和高效率的配送服务，送货上门。京东联手便利店推出"1小时达""定时达""15分钟急速达""上门体验""就近门店的售后服务"等。

基于大数据的分析，京东协助便利店对用户进行定向EDM投递。此外，京东通过与社交、地图、搜索、本地生活服务等主流平台合作，引入外部流量资源，为商家提供全渠道流量解决方案。

京东方面称，京东最快将实现15分钟送达，现在准备与上海、哈尔滨、温州、西安、东莞等15座城市的万家便利店合作，快客、好邻居、良友、每日每夜等知名便利店品牌将在信息系统、会选体系、消费信贷体系及服务体系等方面与京东进行深度整合。

资料来源：和君互联，微信号hejunhulian，2014-3-19.

案例3 中移动服务放弃短信业务整合OTT

在世界移动通信大会（Mobile World Congress）上，中移动还正式发布了《下一代融合通信白皮书》，希望从运营商的层面直接整合手机终端的通信能力和移动互联网的体验。换句话说，就是运营商直接支持类似微信的OTT业务，自我革命。比如中移动整合之后的"新消息"功能，可以直接在手机的消息界面通过数据流量发送文字、图片、位置等内容，在没有数据网络的情况下才通过短信发送。这样的整合体验类似于苹果在iPhone上的iMessage功能。这也意味着中国移动终于下定决心放弃短信等传统业务收入，全面转向数据流量经营。

所谓"融合通信"，就是把手机中原有的"通话""消息""联系人"这三个主要入口从运营商的层面直接与手机整合，变为新通话、新消息、新联系。用户不需要单独安装其他任何应用，就可以直接像whatsApp、iMessage、微信等一样发送文字、图片、位置等富通信功能。

具体来说，"新通话"将基于未来 VoLTE 的优势为用户提供更新更好的通话体验。比如有高清音视频通话，还可以在通话过程中进行文字图片等其他内容的分享，以及一键发起多方通话等。"新消息"则是在手机中直接提供融合的消息界面，在手机原有的消息界面中，就能支持多种媒体格式的消息交互和群组通信，同时还能兼容传统短彩信功能，满足用户不同的使用情况。"新联系"则是运营商直接为用户提供更便捷的联系人管理，包括群组、个人名片、网络地址本等功能。

中移动做出这种改变的外部原因在于，人们的通信交流方式已经在发生着改变。随着移动互联网时代的到来，类似 whatsApp、iMessage、微信等的 OTT 服务提供的功能已经开始逐步取代短信语音。而中移动的内部动力在于，发展 LTE 4G 网络的需求。随着 4G 网络的大规模建设，LTE 以其高带宽、低时延等特性为移动通信提供了更好的网络基础。而移动自身也要推动用户语音短信消费向流量消费迁移。

资料来源：移动互联网资讯，微信号 ydnews, 2014-2-27.

案例4　拥抱时代变化的零售业弄潮儿

进入 21 世纪的第二个 10 年，传统零售行业开始面临着诸多的挑战，购物中心经营的压力持续增高。而位于东四环外朝阳北路、作为北京潮流新地标的朝阳大悦城的经营却是一片欣欣向荣的景象：2010 年 5 月开业，2011 年销售额突破 10 亿元，2012 年销售额近 14 亿元，刚过去的 2013 年更是站上 21 亿元的新高峰，销售同比增长超过 50%，客流超过 2100 万人次，同比增长 45%。

在近年来影响传统零售业经营的所有因素中，基于互联网的电子商务是最重要的因素之一。在众多零售企业还在面对互联网浪潮冲击的阵脚大乱之时，朝阳大悦城用积极拥抱互联网的态度，成为了"逆势上扬"的耀眼明星。

朝阳大悦城潮流法宝之一：大数据

在商业领域，新产品的应用和新经营模式的尝试前提，是对用户有足够的了解，大数据是最终决策的重要分析来源。因此在成立之初，朝阳大悦城就组建了一个数据团队。

朝阳大悦城的大数据布局分为顾客端和商家端两个部分。在顾客端，朝阳大悦城布局了数据化监测设备。商场的不同位置安装有将近 200 个客流监控设备，并通过 Wi-Fi 站点的登录情况获知客户的到店频率，通过与会员卡关联的优惠券得知受消费者欢迎的优惠产品，通过基于 POS 机系统对销售收入的分析、基于 CRM 系统对商户的研究和消费者调研，朝阳大悦城得以掌握顾客群的特质。数据团队还经过客流统计系统的追踪分析，通过提供 Wi-Fi、设置休闲水吧等方式改善了消费者动线，对消费者进行了有目的的引流，有效带动了新区的销售。

通过对车流数据的采集分析和数据监测，朝阳大悦城发现商场销售额的变化与车流变化幅度有将近 92% 的相关度，平均每部车带来的消费客单超过 700 元。为此，大悦城斥重金对停车场进行了改造，增加了车辆进出坡道，升级了车牌自动识别系统，调整了车位导识体系以及停车场附近的商户布局，提高了驾车客群的到店频率及用户黏性。

在商家端，数据团队通过对品牌商户日常经营状况的监测结果，总结分析了顾客青睐度、销售业绩增长与下滑。一般的购物中心习惯于通过主观上商户的销售业绩变化做出行为决策，但朝阳大悦城的与众不同之处在于通过大量的数据分析得出这些表面增长下滑现象的背后深层次原因，然后对症下药，采取措施更科学的办法帮助商户摆脱暂时所面临的困境。

朝阳大悦城潮流法宝之二：互联网思维

互联网思维的核心要点是用户思维，即"从用户角度出发"。对于商家来说，通过打动顾客的内心，来获取顾客黏度，这样才能打造"忠实粉丝团"。一般购物中心的节日活动更多采用简单的促销打折，而大悦城的活动却能直击人心。

在刚过去的 2013 年，朝阳大悦城创造了两个互联网思维的"经典案例"。

第一个案例是三八妇女节期间，朝阳大悦城推出的"你休假 我发薪"活动。大悦城通过微博、微信等新媒体方式向每天操劳奔波的北京女白领们发出了邀请，在 3 月 8 日当天来朝阳大悦城休闲放松半天，由朝阳大悦城支付她们这半天所损失的工资。此次活动有过万人参与，其中微博参与者 3000 多人，微信参与者 6000 多人。前 20 位女性会员如愿地领到了大悦城发给的"工资"，得到了惊喜和难忘的回忆。此次活动使朝阳大悦城在 3 月 8 日当天客流增长了 69%，销售额同步增长 78%，而整个活动的推广支出仅 3000 元。

第二个案例则是对"双十一"电商狂欢节的有效借势。在 2013 年的"双十一"来临之际，朝阳大悦城发起"正大光明抄货号"活动。活动规定，11 月 1 日至 11 月 11 日，大悦城所有商户全部公开商品编号，消费者可随意抄写。这与不少零售商谈电商色变、紧闭门户的行为大相径庭，坦然面对"线下试衣间"概念成为了新的舆论引爆点。朝阳大悦城同时要求商家实行4~6折的低折扣，造成线上线下价格相似的局面，有效减少了活动期间线下顾客向电商的流动。在2013年"双十一"的当天，朝阳大悦城迎来了6.6万人次客流，同比增长了57%，销售额达到538万元。"双十一"这个电商节日也成为朝阳大悦城互联网营销的竞技场。

朝阳大悦城潮流法宝之三：O2O布局

和一些传统商家拼了命地构建线上商城的做法不同，面对互联网的冲击，朝阳大悦城的O2O布局从另一个角度做起。

2013年8月，朝阳大悦城宣布将微信微生活卡与实体会员卡打通，成为了北京首家实现这一功能的购物中心。微信用户只要关注朝阳大悦城微信账号并通过微信二维码扫描，就会轻松成为朝阳大悦城微生活会员，而本身就已经是朝阳大悦城会员的微信用户则可以直接在微生活平台输入会员卡号，将二者进行绑定，然后就可以方便地通过微信进行打折或积分。

截至目前，朝阳大悦城微信会员卡用户数已突破17万，微信已经成为消费者获知商场信息及互动的主要平台。实体会员卡与微信打通后，不仅可以提升用户体验，商场方还能够更好地从会员的消费数据、阅读行为、会员资料了解消费者的消费偏好和消费习惯，从而更有针对性地提供一系列会员服务。朝阳大悦城现在已经根据超过100万条会员刷卡数据的购物篮清单，将不同喜好的会员进行分类，对会员进行了促销信息的精准通知。

朝阳大悦城潮流法宝之四：精益运营

"精益"一词由"精益创业"而来，它的核心思想是，先在市场中投入一个简单的原型产品，然后通过不断的学习和有价值的用户反馈，对产品进行快速的迭代优化，以期适应市场的需求。

中购委副主任邢和平曾在购物中心升级调整主题沙龙上提道："购物中心的调整并不一定是对原有定位的更正或是推翻之前的模式，而是在不同时期购物中心针对市场主动求变。对购物中心而言，前期的定位、规划、招商到开业只是起点，项目开业后伴随始终的业态调整和升级才是永恒的话题。"

经常去朝阳大悦城的顾客会有一种说不出的感觉，"总觉得哪里不一样了"。实际上朝阳大悦城通过对顾客行为分析、市场分析，已由全客层的社区中心逐渐向细分市场领导者的大区域生活中心转变，由综合性Shopping Center向情景式Lifestyle Center转变。伴随产品的升级创新，朝阳大悦城

在管理上也由粗线条向百货化、EBS 品类体系、数据挖掘等精细化管理转型。

资料来源：移动互联网资讯，2014-2-17.

案例 5 用户体验的 10/100/1000 法则

在研究用户需求上没有什么捷径可以走，不要以为自己可以想当然地猜测用户习惯。产品研发中心最容易犯的一个错误是：研发者往往对自己挖空心思创造出来的产品像对孩子一样珍惜、呵护，认为这是他的心血结晶。好的产品是有灵魂的，优美的设计、技术、运营都能体现其背后的理念。

有时候开发者设计产品时总觉得越厉害越好，但好产品其实不需要所谓特别厉害的设计或者什么，因为觉得自己特别厉害的人就会故意搞一些体现自己厉害之处，但那不是用户不需要的东西，所以就是舍本逐末了。

腾讯也曾经在这上面走过弯路。现在很受好评的 QQ 邮箱，以前市场根本不认可，因为对用户来说非常笨重难用。后来，只好对它进行回炉再造，从用户的使用习惯、需求方面去研究，究竟什么样的功能是他们最需要的？在研究过程中，腾讯形成了一个"10/100/1000 法则"：产品经理每个月必须做 10 个用户调查，关注 100 个用户博客，收集反馈 1000 个用户体验。虽然这个方法看起来有些笨，但很管用。

资料来源：移动互联网资讯，2014-2-28.

案例 6 雷军不会告诉你的那 10%"米"笈

2013 年是小米的战略转折期，他们从低端智能手机的产品供应商成功转变为年青一代人的数码生活的伙伴——小米手机（扩展到更低端的红米）、小米电视、小米盒子、小米路由器、摄像头和耳机等小米配件、米兔玩偶……围绕年轻人的生活方式，小米逐步展开产品的系列化，从单一产品供应商转变为综合解决方案供应商，小米的平台模式正式架构成型。

小米的真正战略意图是：以小米手机来聚集顾客，通过一系列的营销手段来构建顾客社区，呼应顾客价值观，深化与顾客的一体化关系，再围绕着顾客的生活方式成为综合供应商，小米的未来成长空间将不可想象。

接下来的成长只是战略步骤的问题：其一，小米可以围绕着现有顾客进一步扩展产品系列，看到哪一个领域市场空间足够，而竞争对手又墨守成规、不思进取，小米就可以先延伸到哪儿，反正是整合产业链，小米根本用不着考虑生产或采购的统一性，新领域的进入成本很低；其二，小米也可以在现有产品线下扩展用户，区域扩张则走向东南亚等海外市场，细分市场扩张则如小米向红米的延伸，未来随着这群顾客的成长，小米自然可以向中高端延伸，直接冲击三星或苹果。当然，更有可能的是两步同时进行。任何一种道路都没有市场上的障碍，小米需要做的只是发展管理能力，使其适应成长速度。

平台模式的威力就在此！有了模式，通过顾客口碑的传播力量，小米在2014年的业务成长并不很难。小米的战略意图也很清楚，要进一步抢夺年轻消费者，使其聚集到自己的平台上。所以，小米手机要在2014年供货4000万部，不是为销量，而是抢夺年轻消费者。

小米公司的关键点不在业务规模上，而是在打好平台模式的根基。只有如此，小米模式才不会倒塌，小米公司才有机会跟随顾客同步成长，成为行业领袖。雷军先生对这一点是非常清醒的，提出小米要"坚持三项基本原则"，恰是针对平台模式的三大根本点，也是小米持续发展的基础。

第一，小米始终坚持和用户交朋友。雷军先生说，和用户一起玩，给了小米持续奋战的动力和不断创新的源泉。"前几天我们举办的小米爆米花年度盛典上，很多和我们并肩相伴数年的'米粉'来到现场，回忆一起走过的日子，他们甚至会激动得流下眼泪。'米粉'一直在关注着我们，我们一定不能辜负这份厚谊"。

小米深知，用户是根本。企业的重心不是产品，而是用户。这个道理不再赘述，详见包政先生的文章《需求链竞争时代已经到来》。同样是做平台，小米和海尔是略有差异的。小米是在构建"用户的平台"，企业与用户互动以及用户与用户互动，最终企业与用户关系得以深化；海尔是在构建"员工的平台"，企业与任何在册或不在册的员工建立合作机制，激励他们成为自主经营体，独立去满足用户需求。

海尔有退化为中介的风险，类似集贸市场——海尔建立规则、出让摊位，让自主经营体摆摊，让他们与用户双向选择。地理上的集贸市场能靠位置的垄断优势维系顾客；海尔的平台靠什么维系顾客呢？如果没有统一的顾客基础，自主经营体很容易分散化，恐怕很难与组织起来的竞争对手抗衡。

与海尔相比，小米的用户平台更有力量。小米的业务重心是智能手机，但工作重心是小米网及其线下服务体系——这是小米深化顾客关系的有力武器。他们通过爆米花节、同城会、才艺秀等若干与产品销售无关的活动让顾客认识到小米理解他们的生活方式和价值观，与他们零距离。与顾客关系不断强化，小米就有不断整合产品的强大基础。所以，除了与用户一起玩，小米在2013年还建立了18家小米之家旗舰店、436家维修网点等，所有这些做法都是在不断强化平台的聚合力。

现在是粉丝经济时代，只有与用户交朋友才能有更好的生存基础。所谓粉丝经济，指的是我购买你，是因为我喜欢你，而不是你有特色。在信息爆炸的时代，消费者出于降低决策时间成本的考虑，会对信息进行选择性过滤，大量信息会被直接筛掉。但粉丝不会过滤你，只会过滤竞争对手。

第二，小米始终坚持产品为王。雷军先生曾说，"小米要追求超高性能和超高性价比，提供能让用户尖叫的产品，这是小米的立身之本，是小米一切商业模式、产品策略、营销方法成立的前提"。

用户是根本，产品就是基础，产品竞争力是争夺用户并强化用户关系的基础。小米以极致精神追求产品竞争力，这是从乔布斯那儿领悟到的，值得所有企业效仿。建立产品竞争力，需要做好两点：其一，走到顾客生活或生产方式当中去理解顾客需求，即进入顾客价值链；其二，在客户综合体验上超过竞争对手，即对标。

小米的成功告诉我们，决定产品竞争力的是综合体验，不是单一的产品特色。产品本身不是目的，而是用户解决问题或满足需求的手段。用户需要的不是产品，而是解决方案。解决方案的综合体验决定了顾客满意度，而且性价比还要很高。互联网最大限度地消除了信息不对称，使得品牌附加值趋于合理化，越来越靠近产品价值。品牌的最大意义不再是获得超额利润，而是获得顾客忠诚，让顾客产生持续购买，并推荐别人购买。

当然，奢侈品是例外。卖奢侈品卖的不是产品，而是卖特权。

第三，小米始终坚持与伙伴合作共赢。雷军先生曾说，"小米的成绩是和富士康、英华达、高通、联发科、英伟达等携手达成的，我们将跟优秀的合作伙伴一起开创行业新格局"。

卓越企业都是产业价值链的组织者。随着社会的专业化分工越来越发达，分工之后的协同也自然变得越困难。能把专业分工体系组织起来的企业，才有可能成为产业领袖。但组织产业链并非易事，组织者必须有能力带动分工体系创造价值，合理分配价值，才能维系合作体系的持续发展，即共赢。

合理分配价值是指价值链组织者掌握着价格制定权，有责任依靠价值分配规则来维系产业生态。价值分配是以价格体系来实现的，从零部件到用户的各级交付价格表现了价值在各个合作者（包括用户）之间的分配。

没有共赢的理念，任何企业都无法持久。常有人有"赢家通吃"的思想，认为谁成为价值链组织者，谁就掌握了价格制定权，也就有了价值分配的话语权，就可以为自己谋取最大利益。但过度谋私利，必然破坏合作生态，最终破坏的是整个产业链的生态基础。"皮之不存，毛将焉附"，最后大家一起灭亡。这样的例子不胜枚举。

创造价值的能力来源于掌控技术和资源，或者来源于掌控顾客。小米没有核心技术能力，但创建了顾客平台，掌控了顾客，进而"挟顾客以令诸侯"，成为价值链的组织者。

小米的"三大坚持"是商业领域的铁律。你的企业若能做到"三大坚持"，同样会在竞争格局中脱颖而出。

资料来源：白刚. 管理智慧. 微信号 shzb2010，2014-3-13.

案例7　万达电商O2O战略全解析

万达的O2O模式有3个关键词：智慧广场、大会员以及大数据，但更值得探讨的是万达布局O2O的初衷、整体架构，以及运转逻辑。

旺场与主动进化

是否年轻顾客群正在大量流失？线下零售由此遭遇客流危机？

这是一种业已形成的思维定式，实体零售危机论已蔓延多时，对此的回答有两个：一是城市化进程依然在推进，中国的大型综合购物中心不是富余，而是匮乏；二是多好的草原都会有瘦马，达尔文在物种进化论中有着明确的表述，"不是强者生存，也不是智者生存，而是适者生存"。

这是一种"旺场"逻辑，实现的手段是商业地产的数字化升级，出发点与着重点从来都是做强万达本身的商业实体资源，确保自己领跑于所有竞争对手。

亚平台生态与双边市场

一是基于地理位置自建平台生态的可能性。万达可以不依赖任何第三方平台，自建一个基于线下商业实体的生态圈。相比于线上互联网平台，基于地理位置的平台生态会面临商户与用户在数量上与多元性上的"瓶颈"，但其优势在于结合消费者行为轨迹、消费偏好、社交网络等数据，做好精准营销匹配，实现对区域内用户与商户两边市场的绑定效应。

二是找到平台生态无可替代的核心内容资源。马云为何要拉拢万达？其核心在于万达的商业帝国以体验业态为主，这是电商线上货架所无法取代的独有内容。换句话说，过去几十年的电子商务主要解决了延长购物时间的问题，但O2O模式的侧重点在于有效服务时间的延长问题，万达显然拥有马云们所没有的内容资源（体验业态、商户把控力、线下人流等）。

三是线上虚拟社区与线下商业世界的打通。通过社交化的分享，游戏化的奖励与刺激，打通用户在线上和线下的身份，提供更好的消费体验。

由此再对比万达的动作，就能大致梳理出一个万达O2O的架构图：从大框架来说，万达要建立一个基于地理位置与自有实体资源的亚平台生态，对接区域内的用户与商户这两大双边市场，以O2O方式实现生态圈内的绑定效应。它不依存于传统的线上中介平台，本身即平台。

从细分构成部件来看，万达的方向是构建"一个基础"与"三个平台"。所谓"一个基础"，就是商业地产本身的数字化升级，主要是通过布点免费Wi-Fi、室内导航、人流监测等，搭建智慧广场。

所谓"三个平台"，主要包括商家经营平台（为广场商家提供多渠道、立体式的营销信息发布手段，根据对顾客线上线下行为的捕捉和分析，触发点对点精准营销，简单理解就是帮商家开设一种新型的淘宝店铺，可以自主管理）；网站平台（除了自建的万汇网、万汇APP，万达还要向包括支付、大数据分析等第三方工具方提供接口）；以及大会员平台（绑定用户身份与会员卡、优惠券以及通用积分等，提升复购率与用户黏性）。

最终，万达会完成一个双边市场的平台搭建，O2O就成为了万达、商户与用户三角关系能够稳定运作的核心纽带。

不过，从长期来看，该双边市场的生态构建进程中会面临一些挑战，比如为商户提供类淘宝的管理系统，以及通过社交化与游戏化来提升用户黏性，都是万达此前并未触及的领域。

用户思维与O2O运转逻辑

分析万达O2O的架构不难发现，智慧广场只是基础设施，吸引和黏住用户则是决定平台良性运转的核心命题。

在过去的两年中，线下实体商尤其是百货商都在探讨一个进化方向，即泛渠道（Muti-channel）与全渠道（Omni-channel），很多人并不明白两者的核心区别。银泰网CEO林琛对此有过非常经典的论述："泛渠道是渠道思维，即渠道并发分裂；全渠道是用户思维，用户统一，渠道交叉。"

如何将"从用户思维出发"做到极致，将是决定线下零售商能否继续吸引年青一代，尤其是"90后"消费者的重要命题，这就需要结合类似极客消费（科技感体验）、价值观认同、可参与感、游戏化等新消费诉求。也就是说，O2O 是一个技术话题，但又不完全是技术话题。

从了解的情况看，万达是希望向用户提供一种全流程的 O2O 体验，以吸引和黏住用户，其运营逻辑偏重于大数据思维，模型大致为"海量人流——'大会员+大数据'运营——精准的营销与服务运营——用户体验提升"。

这套模型的运转最需要解决两个事关线下生意好坏的难题，一是顾客在哪里？二是如何让顾客再来？

线下实体商要想知道"顾客在哪里"，就要满足消费者关于"你是否更懂我"的心理诉求。万达正尝试从两个关键的触发点——免费 Wi-Fi 与万汇 App，来收集和优化用户画像。

首先就是在广场布局免费 Wi-Fi，从初期的试点情况看，该项改造大约能带来 10% 的客流提升，会员数量与交易额也会随之增长。除了吸引客流、增加会员，免费 Wi-Fi 的另一个作用就是更精准的用户画像，万达整合了包括美国 Aruba networks 公司等数家顶尖供应商的技术能力，室内导航的精准度可以达到 5 米，能够有效记录用户的行为轨迹和在每家店铺的停留时间。同时，用户在使用免费 Wi-Fi 时，跳出的 portal 页面，也会有手机号登录、成为万达会员等提醒功能，以此实现身份数据的打通。通过不断的积累和优化，万达就可以逐步将对用户的偏好分析做到较细的颗粒度。

另外一个触发点就是万达自推的万汇 App，它既是一张虚拟的万达会员卡，又是用户随身携带的卡包，集成了用户的消费记录、积分以及优惠券，这显然也是一个分析用户购买行为与品牌偏好的绝佳来源。此外，它还提供了找车位、室内导航等基础功能，背后同样可以比对用户的消费能力、品牌偏好等数据。

简单来说，未来的万达不仅可以知道每日的人流规模，更可以通过大数据的积累和分析逐步为用户做画像，从而实现更懂用户、精准推送等构想。

"让顾客再来"是解决"如何打动我"的难题。万达希望达到的效果是，为用户提供个性化以及场景化的精准营销，而非此前传统卖场惯用的推送方式，由此实现用户的"召回"和复购率的提升。

万达在郑州曾经做过一些新尝试，比如通过大数据的分析，他们发现有 20%~30% 的用户都会去两家店，一是优衣库，二是必胜客。于是，万达就联合这两个商家做起了联合促销。此外，万达也在尝试针对正在恋爱的年轻人，提供类似"逛街+吃饭+看电影"的长链条联合促销。类似的举动基本都是基于大数据分析，对用户的生活方式、行为偏好等数据进行归

纳梳理，并实现满足用户的精准需求。

同时，万达还在尝试一些场景化营销的方式。比如用户正在一楼逛街，当时恰好饭点，万达就结合用户的餐厅偏好，为其推送一些特价菜或会员折扣；同时，万达还在考虑试验"闪购"模式，在某些场次即将开演、观众不满员的时刻，以特价票的方式来拉动电影票销售。

当然，在大数据的运营中有一个核心问题在于颗粒度有多细，过于粗犷的数据是无法有效地指导经营行为的。不过，万达认为以地理位置为中心构建的平台，将比纯线上平台拥有一些大数据优势。比如，用户在一个卖场的消费选择基本在 20 个以内，需求相对精准，不断累积记录即可做出行为偏好的大致勾勒；另外，万达认为当你对某个用户的偏好拿捏不准的时候，最有效的方式是推送深度折扣，类似 1~2 折的低折扣对用户不是一种骚扰，而是价值信息的提供。

还有一个打动用户的运营难题在于，当用户不在店里时，如何打动用户前来购买呢？除了基于大数据分析的精准促销消息，万达认为积分消费提醒会员是一个高效的方式。

这就不能不提到万达大会员系统中一个重要组成部分"通用积分"，通过将万达自有产业资源、入驻商家联合起来做一个异业联盟，用户每消费100 元就有 1 个积分，1 个积分等于 1 块钱，随着用户消费的累计，积分就是可以用于再次消费的现金，而且可以在万达全国的店内使用。

补充一点，目前万达自有产业中的广场、百货、院线、大歌星等已经加入积分体系，未来还会将商业住宅、高档酒店，以及长白山等旅游城项目囊括进来，最终形成一个多业态运行的商业自循环体系。

在过去，万达并没有做全国统一的积分联盟，主要是由于时机不成熟，而 O2O 带来的商业地产数字化机遇恰恰提供了一次大举试水的机会。为此，万达不仅要改造传统的 POS 系统，还会在未来推出可以兼容所有主流支付方式的云 POS 系统，实现用户与商家在会员、积分、核销等方面的闭环打通。同时，万达还说服入驻商家加入这一个利益共同体，包括 ZARA、星巴克、优衣库等在内的国际品牌目前的态度较为积极，而另外一个利好在于，当绝大部分商家接受了积分体系，用户对通用积分养成了使用习惯，也会"倒逼"商家逐步加入万达的积分联盟体系。

按照万达的思路，当用户有足够额度的积分放在万汇 App 中时，万达可以在用户较长时间没有到店消费时，推送积分提醒，以完成用户的引流。

资料来源：和君互联，微信号 hejunhulian，2014-2-21.

互联网的产业平台论

每个时代都有自己的明星企业，但这个时代的明星企业往往都有一个共同点，那就是它们基本都是平台型企业，如苹果公司、Facebook、英特尔、沃尔玛、百度、腾讯、阿里巴巴、苏宁、分众等。这些企业都是以平台模式横行各个产业，无论互联网抑或传统产业，都形成了极具掌控力的商业模式。因此，"平台战略""平台领导""平台模式"等名词也成了企业追逐的管理概念。

互联网所创造的平台，有多种形态，可以是商务电子化销售的卖场（如淘宝、天猫），也可以是各种用户自己创造网上传播内容（UGC）的信息分享平台（如 Facebook），也可以是用户进行及时交流的社交平台（如微信），也可以是用户查找信息并进行广告的平台（如百度），苹果、谷歌等美国互联网巨头早已尝到成为全球技术标准平台领导者的"甜头"，并据此获得巨大专利红利，在移动互联网到来的时代，更是向移动智能终端界面延伸，构建新的产业平台。

互联网最大的经济特性就是平台经济。

案例 1　可穿戴设备的平台化或将成为移动互联网的新核心

谷歌公司负责安卓操作系统的副总裁桑达尔·皮查近日在美国得克萨斯州参加一个会议时表示，谷歌将在近期发布基于可穿戴设备的操作系统平台，全面进入可穿戴设备的操作系统市场。桑达尔称，这将是一个安卓系统开发者的工具箱，方便开发者开发出基于可穿戴设备的各种应用。

谷歌如此布局的意图就是为了掌控移动互联网的大数据平台，也是在下一轮商业浪潮中占据先机。

1998 年 9 月 7 日，在美国加州的一个车库，谢尔盖·布林和拉里·佩奇正式组建 Google 公司。时至今日，谷歌公司已经成为世界上最伟大的互联网公司之一。不过，成立至今，谷歌一直都在做一件事情，那就是互联网的大数据搜索。

不论是推出新闻、免费电子邮件服务 Gmail、街景地图等，其实都在做同一件事情，就是围绕大数据搜索的用户绑定与增值服务。

在移动互联网风生水起的今天，谷歌已经开始频繁出招、"软硬兼施"，先是推出可穿戴设备的谷歌智能眼镜，而后又是收购智能家居 NEST 公司，近日又是放言要发布基于可穿戴设备的操作系统平台。其实这一系列的动作所围绕的核心就是建立与掌控其在移动互联网时代的大数据平台，因此

谷歌选择通过安卓这一开放的系统平台来吸纳可穿戴设备的厂家与用户。

在 PC 互联网时代，我们对于互联网的黏性是按小时或者按天计算。以前，我们出差、旅行都会抱上个 PC，此时我们只要掌控 PC 端的数据平台就可以把控用户了。

但是移动互联网时代不一样，移动互联网时代是黏性的，是按分钟计算的，我们可以离开电脑，但是我们现在很多人是已经不能离开手机的。这就让我们看到移动互联网与 PC 互联网的最大区别，就是用户黏性时间被进一步缩短。因此，PC 互联网时代诞生了宅男，而移动互联网时代则诞生了低头族。

而当谷歌在推出穿戴眼镜后，带来了一个重要且颠覆移动互联网观念的改变，那就是原来用户的黏性不是从 PC 互联网时代的小时制，也不是移动互联网时代的分钟制，而是以秒为单位的用户黏性绑定。这是移动互联网时代一个新的价值入口。

我们穿的衣服、戴的手表、穿的鞋子、戴的眼镜，只要与人体生理需求直接相关的需求，都能产生数据，并且进行数据绑定，这是智能穿戴的伟大之处，也会取代手机成为未来的中心。

基于手机端的移动互联网还在路上，但更具颠覆性的基于人类生活、健康的智能穿戴已悄然崛起，下一轮的商业浪潮也已来袭。

资料来源：科技杂谈，微信号 keji_zatan，2014-4-3.

案例 2 海尔电商平台的自我"破坏"

当传统企业大呼要学习雷军的互联网思维时，9 年前大胆变革的海尔已走在实践的路上，当初不被看好的尝试正在发挥作用，而且它的"破坏"一点都不逊于互联网公司。

（1）农村包围城市的电商实验。与互联网企业相比，传统企业做电商有什么优势？海尔商城总经理孙超认为，海尔打通了全产业链，可以为消费者提供整体家电解决方案，在新品首发、物流配送、售后服务、家电定制等环节拥有比较大的差异化竞争力。全产业链布局、大家电送装一体化服务和全网渗透策略，是海尔电商线上圈地的重要手段。

尤其值得关注的是，海尔凭借国内数一数二的大家电物流装配团队以及成熟完善的经销网络，快速向中小城市、农村市场渗透，似乎是要在这个庞大而少有竞争对手的市场上成为第二个京东。据 2013 年的调查数据显示，海尔商城的访问用户有以下特征：高学历、高收入、网购经验多，多数来自三、四线市场。孙超解释说，这与海尔的用户特性有关，中国有2800多个县，海尔商城的物流配送覆盖了2500多个县，而农村市场是京东、亚马逊等难以覆盖的，所以海尔商城受到农村市场和三、四线城市用户的青睐，让他们体验到了网购的乐趣。此外，很多在大城市工作的白领，希望为老家的父母购置家电，只能选择海尔商城。

海尔日日顺物流总经理王跃峰说："别人都没有做，对海尔来说就是机会。别人解决不了，海尔有能力解决，这也是机会。"全产业链布局优势以及农村市场的"最后一公里"也许是海尔逆袭京东、打开农村电商市场的钥匙。

（2）全产业链布局：个性化定制C2B模式。"海尔集团的实网太强大了，每年1000多亿元的销售额，如果不转型互联网，实网就会成为包袱，有被淘汰的风险。但是如果采用了错误的电商策略，靠打价格战做虚网，对海尔的实网也同样是一个灾难。"海尔轮值总裁、海尔电器董事长周云杰曾经对媒体表达了海尔转型电商的困惑。所谓的"实网"，是指海尔十多年来建立的营销体系，"虚网"则是指电子商务。要解决"实网"与"虚网"之间的矛盾需要一条明晰的突破路径，而不是传统电商一味地打价格战，价格战对海尔这种实体企业巨头来说，是"杀敌一万，自损八千"。

什么是用户强烈需求，对手很难做到，而海尔做起来有核心竞争优势？海尔最终选择了个性化定制C2B模式，希望通过品牌创新来摆脱目前电商线上清仓、价格混乱的恶性竞争。目前，海尔商城个性化定制产品的销售额已超过了30%。

孙超表示，虽然很多电商希望推动个性化定制C2B模式，但大家电个性化定制并非易事，它既需要供应链在成本与订单量之间巧妙地平衡，又依赖用户消费习惯的路径养成。这就需要电商企业通过互联网聚合消费者分散的需求，优化供应链，精准锁定消费者，提前备货，消除库存，更为有效地管理上下游供应链。

海尔商城相关负责人表示，大家电个性化定制是未来趋势，与以往"蒙眼式设计，赌博式生产，压货于渠道"的低效率产销模式相比，预售定制模式在库存和价格上更有竞争力，消费者也因此能够获得比线下同类产品更高的性价比和附加值。

（3）大家电配送网络：无缝覆盖中国2886个区县。

除了全产业链布局带来的定制化C2B，海尔电商还有什么优势是京东

等电商不可比拟的？那就是海尔的物流配送。

目前，从中国的消费市场趋势看，消费增长潜力最大的是三、四线城市和农村地区，而这些地区电商仍处于起步阶段。因此，多年来海尔在三、四线市场进行物流布局，使其有可能释放这些市场的消费潜力。

据海尔提供的数据显示，目前海尔电商依托日日顺物流能够无缝覆盖中国2886个区县，支持乡镇村送货上门；其中，1200个区县可以货到付款，1500多个区县可以24小时送达。更为关键的是，海尔的大家电配送都是送装一体、免运费。相比其他电商，海尔是目前全国配送覆盖范围最广、货到付款覆盖范围最广的电商。"从网络覆盖的深度和广度来说，海尔的优势明显，这是其他企业无法复制的。"日日顺物流负责人表示。这正是马云果断投资海尔日日顺的原因。

2013年12月，阿里巴巴与海尔签约结成战略合作伙伴，阿里巴巴以28.22亿港币投资海尔电器，获得日日顺物流9.9%的股权。通过入股日日顺，阿里巴巴有望打破大件物流和三、四线市场物流的"瓶颈"。海尔有约26000个乡镇专卖店，19万个村级联络站，这种特殊的物流资源是任何一家电商都不具有的。

从发展规划看，3年后日日顺来自第三方的物流业务比例将达到50%。而缺少互联网基因的海尔，则可以与阿里巴巴合作进行网络化改革，由阿里巴巴为其提供互联网资源、技术上的支持，利用互联网手段对物流体系进行改造。

在基本上是空白的农村网购市场，却有7亿人口的消费能力，之所以发展滞后，无非是物流与本地化服务缺失。拥有物流先发优势的海尔电商未来或许是农村市场的潜在赢家。2013年，海尔的统计数据也许验证了这一点：目前，海尔商城的大多数访问用户来自三、四线市场。

资料来源：正和岛，微信号 zhenghedao，2014-4-3.

案例3　海尔产品制造平台重塑"互联网基因"

近日，海尔集团开始"再造"海尔兄弟。海尔通过"大画海尔兄弟"活动，以新形象创意征集的方式，来唤起人们对曾经的海尔兄弟的眷恋和互动。当然，你认为这只不过是一个噱头或者品牌秀而已吗？笔者恰恰不这么认为，透过这场形象秀的背后，我们能看出海尔的改变，以及传统制造业拥抱互联网化的决心和行动。移动互联网发展的尝试和创新能否给企业带来一种新的思维或者文化裂变？我们对海尔拭目以待，这也是海尔这次活动背后透射出的内涵之一。

或许我们还记得在不久前，业界传出海尔宣布将告别传统媒体硬广投放的新闻。其实这也可以看作是一个小小的信号，那就是海尔的观念在转变，引入更多数字化交互元素。那么为何海尔要这样做？说白了，就是海尔观察到了人群流动的方向。对于一个集科研、创新、制造、销售、渠道、市场的企业来说，人群流动是必须关注的，而且笔者认为，一个企业如果想从优秀做到卓越，就必须掌控这种用户习惯的转变，进而对自己的企业决策乃至企业文化进行改造。笔者认为从以下几个方面观察，更有利于我们看清海尔对未来的期许。

其一是人流趋向带来的交互化驱动。余额宝短短几个月时间可以吸引8000多万用户，超过5000亿元的资金，为什么？两个原因：一是银行的傲慢，自身的门槛和对用户三六九等的划分，让用户渐渐远离而去；二是银行把更高的利息给了特定的用户，普通用户或草根用户得到的利息几乎可以忽略不计。互联网金融恰恰没有这些制约和利益驱动。一视同仁，可以投资一元钱，更高地让利给用户，动辄五六个点的回报。那么，对于传统企业来说呢？用户的习惯和流动趋向的转移就必须迎合市场的这种转变，这恐怕也是为何海尔要选择摒弃传统媒介的硬广告，转而把更多的资金和精力放到新媒体和互联网媒体交互的原因。拒绝傲慢，没有门槛，而是通过互联网吸引用户参与企业生产（如广泛采集用户意见通过交互模式进行研发的天尊空调），甚至企业决策（如此次的"大画海尔兄弟"活动，将选出海尔兄弟的新形象）。在海尔的企业文化中，"交互化"已经成为企业转变和发展的一个支点。

其二是市场导向导致的创客化驱动。在笔者看来，"大画海尔兄弟"其实只是一个开始，如果够开放、够互联网，海尔完全可以顺着玩下去，把用户吸引进来，以一种互联网的方式，激起用户人人皆创客的野心。这次是设计新形象，下次假设是设计相关周边产品呢，还是游戏呢，甚至动画片呢？

服装界一直有一种说法，第一个穿牛仔裤的人是潮流和时尚，满大街都是牛仔裤，那就是盲从。对于企业来说，通过意见领袖对用户的市场驱动力卖东西，永远是最省时省力的。当初 iPhone 掀翻整个智能手机格局和模式，靠的就是创新和意见领袖引领。而海尔恰好有这样的机会，通过意见领袖"创客化"的引领，撬动文化产业这块新的"奶酪"。

其三是企业基因和文化积淀驱使的平台化驱动。随着互联网思潮的快速演变，尤其是移动互联网带来新思路和模式转变，企业的文化也被打碎重建了。移动互联网时代的巨头们在做什么？国内的BAT在构建自己的闭环，也就是自己的生态链。而海尔的转身其实也是要形成自己的闭环生态链。

海尔提出了并联平台自演进生态圈。具体体现在颠覆买进卖出的模式，吸引一流资源无障碍进入，以自演进出最佳体验。这种创新尝试也体现在此次活动中。海尔在活动中所做的，只是联合站酷网、淘米网这些优势资源，吸引设计师或者小画家们来到海尔搭建的平台上，发挥自己的创意，塑造出新的海尔兄弟。当然，这只是海尔平台化战略的一个小小示例，笔者相信海尔应该会有更大的野心。

在移动互联网时代，海尔看到了企业未来需要改变的方向，并在尝试和努力，这是令人敬佩的。当然，在"大画海尔兄弟"中，我们已经看到了这种互联网化发展思路的落实和执行，虽然只是一个开始。今后海尔能否继续沿着这条路径演进，这是更加值得我们期待的。

资料来源：马振贵. 价值中国，微信号 chinavalue，2014-3-21.

互联网的网络社会论

社会是由基本组成单元（人、家庭、社区、村落、城市和国家）组成的复杂关系体。互联网实现了人与人、人与物、物与物的全面连接，已经形成了虚拟的网络社会。互联网社会依托关系建立群组，只不过是基于网络的虚拟化群组。其所依托的关系不是线下实体社会的那些关系，而是通过信息的交互而形成的朋友关系、爱好关系、商业交易关系、信息传播关系等，这些关系是对线下实体社会关系的补充和延展，而不是简单的替代和颠覆，所以互联网社会是现代实体社会的发展和延伸，而不是颠覆和替代。

互联网是最大的信息交互网络。处于网络节点中的各类主体，包括人、连接设备、群组、社区、类型社会单元、网络运行和管理机构等相互之间在时刻进行各种信息的传递和交互，有些是有目的的，有些是无目的的，有些是自发的，有些是被动发送的。不管怎么样，信息的交互必然会带来连接关系，主体间会产生各种关联，这些关联有些是持续稳固的，有些是松散暂时的，有些是特定范围和时段的，有些是单对多的，有些是多对多的，有些是单对单的。各种各样的关联就产生了各式各样的关系，如情感分享关系、商业合作关系、资金交易关系、知识分享关系、秩序管理关系、工作协作关系、娱乐互动关系等，这些关系会随着网络的技术能力、交互主体的变化、外部的环境、时空关系的转换等而发生变化和演进，由关系带来了主体之间的相互作用，这些作用体现在互联网社会中的各种功能形态、应用服务和管理方式上。这些作用会以各种社会活动形式存在，以各个主体的行为方式存在，因此就会带来活动或者行为的作用结果，这些结果或者成效就是互联网社会的价值体现，是它存在的最大意义。如果互联网社会的各种关系活动所产生的效果是稳定的、可持续的且得到合法性认同的，那么互联网社会就是稳定态，如果是变化的、动荡的，经常发生诱发性或者突变性的调整，那么互联网社会就是不稳定的、混沌的。互联网社会的混沌是常态，稳定是暂态。

案例1 京东又出手了，这次是智慧社区

京东继与山西唐久大卖场开展O2O合作后，首次大范围推广这种全新的经营模式，该计划还有望在年底覆盖中国的所有省会城市和地级市。

京东签约万家便利店的同时，还和ERP软件服务商SAP、IBM、海鼎、富基融通、宏业、海星、长益等也签订了战略合作协议，共同实现零售业ERP系统和京东平台对接，升级零售业ERP系统，满足门店库存全渠道销售所需和所有交易环节、结算环节、物流服务环节、售后客服环节的可视化，支持京东电子会员卡和手机支付功能。

京东方面称，通过京东平台上便利店的官网，消费者可借助LBS定位，在其旗下所有门店中寻找最近的店面进行购物，且由于仓储体系共通，便利店可在网上扩充品类建立线上卖场、生鲜超市、冷饮店等多类业态，未来还可发展出预售模式，让商家按需进货和按需生产，实现"零库存"。

京东O2O利用线下门店和其中央厨房、冷链、常温物流体系改变了以往消费者光临线下商店的消费模式，转为直接送货上门，消费者在家收货。

同时，京东联手便利店推出更具个性化的物流服务如"1小时达""定时达""15分钟极速达""上门体验""就近门店的售后服务"等也让消费者体会到了O2O生活。

京东O2O还通过"内外兼修"的导入形式，为传统零售商进行引流。在内，京东基于大数据分析，协助便利店对用户进行定向EDM投递；在外，京东O2O通过与社交、地图、搜索、本地生活服务等主流平台的深度战略合作，大量引入外部流量资源，为商家提供全渠道流量解决方案。

京东O2O还实现线上线下会员体系共享，将积分优惠等活动打通，会

员所有订单都由京东统一下发给商家，再由商家或京东自营配送团队以京东统一服务标准进行"最后一公里"配送，并实现实时监控。

资料来源：和君互联，2014-3-25.

案例2 互联网金融与金融民主化

罗伯特·希勒的核心观点如下：

（1）金融是一种需要经常实验，并进行改进，以适应当前经济形势的技术。必须鼓励金融创新，增进金融的民主化，让更多人享受其便利，同时也要关注对人们有影响的风险。

（2）信息技术和金融应该互相融通，从而让人们的生活变得更好，并且应考虑使众筹这样的大众融资真正变成融资来源。

（3）任何新技术都有可能增加风险。应该鼓励金融创新，利用互联网让那些降低风险的金融交易的成功完成成为可能。

（4）目前，我们还在用公元前发明的硬币，或许应该有新东西来取而代之。比特币可能是一种泡沫，但是我们的确需要更好的支付系统。

（5）中国的慈善体系主要是针对公司的，需要有所改变，希望能够建立鼓励高财富净值的人进行捐赠的体系。

观点一：互联网是推动金融民主化的重要力量，要考虑是否将大众融资真正变成融资的来源。

互联网是推动金融民主化的力量：它可以消除地域差距，帮助人们学习，可以协助制定更精确的合同，一些众筹网站鼓励人们进行大众融资，而不是通过大银行或者风投公司获得贷款。人们都想简化金融，但信息技术其实可以让金融实现更复杂的功能——比如可以利用大数据来精细计算合同价值等。

信息技术和金融应该互相融通，从而让人们的生活变得更好。像大众融资就变得非常重要，我们现在要考虑是否将它真正变成融资的来源。这其中有互联网的贡献，可以看到全球各地成百上千万的人们参与这个机制中来，很多评论提供了各种信息。但我们也需要监管部门参与进来，以确保大众融资的机制不会被滥用。

观点二：金融民主化改善生活，要通过创新打破垄断。

自1789年法国大革命以来，最重大的事件就是通过创新打破相应的垄断。

一个例子是 1811 年纽约通过的《证券法》。在此之前，市场上没有准确的有限责任制的定义，如果公司出现亏损，股东需要承担连带责任，即使只持有失败企业的少量股份，也可能会损失自己的房产、积蓄，这使得人们害怕进行股票投资。直到 1811 年的纽约《证券法》破除了股东承担无限责任的规定，这时真正意义上的当代股票市场才成型。这个制度的重要性远远超过它的负面影响。

大多数人都只能观察到人生中的微小变化，所以对激进的金融创新所具备的巨大潜能没有深入地认识。这种无知使得人们很可能低估重大变革发生的可能性，从而变得极为悲观。

另一个例子是 19 世纪的"储蓄银行运动"。在此运动之前，普通人无法在银行开自己的储蓄账户。投资公司和各种共同基金也是历史上的金融创新，人们可以充分利用各种金融民主化的创新来改善自己的生活。

始于澳大利亚的学生贷款也是这样的创新，把实际的学生贷款偿还和未来的学生就业收入结合在一起，形成了新的风险管理的金融机制。

观点三：利用互联网技术促进金融创新。

任何新技术都有可能增加风险。19 世纪中期，由于机器的出现，鲁贝工人因为失业而捣毁机器。现在，我们认为他们捣毁机器是错的，因为机器让我们的生活水平得到大幅提高，而且不均衡现象并没有加剧。互联网也可能造成人员失业、加剧不均。但互联网也可以在政府不介入的情况下降低不均程度。

应该鼓励金融创新，利用互联网让那些降低风险的金融交易成为可能。金融和保险正是管理风险的行业，如果能够更好地控制风险，就能够降低不均衡的分化程度。火是一种风险，人的房子着了火，就会扩大不均，但是保险业的出现解决了这种问题。

人们要做的就是解决更多类似的问题，将人们从过度的恐惧和保守之中解放出来，拥抱不会伤害自己的风险，从而实现自我的满足。这包括提供保险、风险分散以及准备更完善的合同等。

就好像发明蒸汽机之时，瓦特因为"过于危险"反对利用高压蒸汽，但现代的涡轮机和汽轮机采用了更高压的蒸汽，危险性却反而更小。

2008 年的金融危机也是例子之一，我们正在修复金融系统，现在需要完善规章制度、优化程序，使用金融工具可以为人们所理解。

印刷机是 16 世纪发明，但其价值在一个世纪以后才显现出来。所以，现在的金融创新的价值也不会马上为人所知。

观点四：比特币可能有泡沫，但我们需要更好的支付系统。

比特币是一种新的电子货币，现在处于风口浪尖。比特币的价格取决于其故事的优劣和被人欣赏的程度。2013 年它从 10 美元涨到 1000 美元，这是经典的泡沫。

支付技术是一个有希望的新领域：人们都希望商品的价钱更准确，合同更为清晰，支付更方便。这也只是许多创新之中的一步而已。

比特币看似可以独立于政府来运作，但这也让其变成了投机者的天堂，造成了市场的混乱。从历史的角度来看，比特币是一种好货币。目前，我们还在用公元前发明的硬币，或许应该有新东西来取代之。比特币可能是一种泡沫，但是我们的确需要更好的支付系统。

观点五：让富人捐赠财富也是金融创新。

我们往往忽视了这样的金融创新：我们应该鼓励富人把他们的财富捐给社会，回报给社会。实际上，这整个想法就是一种发明。

历史上，收税系统对富人的征税税率很高。后来的创新之处在于，当对富人征较高的税率时，进行慈善减税。

有报告提到，中国 80% 的捐赠来自公司，20% 来自个人，美国正好相反。所以，中国的慈善体系主要是针对公司的，需要进行改变，希望能够建立鼓励高财富净值的人进行捐赠的体系。

美国刚刚出现的一个创新模式是"公益公司"。这是一种新的企业形式，介于非营利和营利机构之间。公益公司可以在章程中明确写明环保或者其他社会公益目的，作为公益公司的本质，这样的管理层会有更多社会责任感。

希勒认为，人并不完全理性，市场也会疯狂。对于金融业的未来，他认为金融是现代文明的核心，每个人都应该了解金融，而且应该有人不以赚钱为目的来投身于这个行业。如果设计得当，能够很好地管理风险，给予人们恰当、正确的激励，现代金融体制可以避免不平等和不均衡的现象，有助于实现一个良好的社会。

资料来源：先锋互联网金融，2014-3-28.

案例 3　互联网考验体制监管

如果说，近期互联网金融的监管政策调整，造成了中国金融领域的巨大动荡，那么类似的动荡即将在中国的更多政经领域重复上演。

对此，Michael J. Casey 在《华尔街日报》上如此评价："从中国央行莫名其妙地决定通过微博宣布注资行动，到该国最大的比特币交易所突然停止接受人民币存款，再到上周五有关存款保险计划的制订获得进展的消息，我们看到的是中国当局正在忙乱地进行金融系统改革的试验和试错。"

Michael J. Casey 认为，造成这一情况的根本原因是中国从投资拉动型经济增长模式，转变成以需求为主导的可持续增长方式过程中，金融行业市场化遭遇资本流动压力引发的矛盾所致。

以上判断有其合理性。但如果从另一个视角来观察，促使监管层出台以上举措也还有另一个必然原因：集聚庞大客户群之后，第三方支付等互联网金融产品，已在催化中国金融市场格局的革命式重构，不断涌现的新业务模式，令金融监管出现巨大法律真空。

在这个宏观背景下，比特币也好，二维码支付也好，虚拟信用卡也好，甚至比银行更激进的监管套利举动也好，都只是牵动金融监管政策大变的导火索。

（1）早已准备的战役。如果仔细梳理实际动作，中国监管部门其实并非仓促行动。

各个部委对互联网金融的调研，从 2012 年就已经开始，在 2013 年更加密集。在此过程中，包括副行长刘士余在内的央行各级官员，不断对行业进行摸底，但除了"非法集资"和"非法吸收公众存款"两条"红线"外，一直谨慎未有明确表态。

2013 年 12 月，央行向国务院提交了长达 90 页的调查报告，同时上报的还有由央行条法司牵头起草，工信部信息化司、财政部金融司、银监会创新部、证监会机构基金部、保监会发展改革部等部门参加讨论和会签的互联网金融监管指导意见草案。目前，该草案仍在反馈修改中，预计将在未来数月内正式出台。

显然，央行的意图已经跳出以传统线下监管思维监管线上支付的桎梏，而是着眼于将互联网金融完整、彻底地纳入中国金融制度体系和监管框架。

在这个过程中，监管层必须解决的三个难题在于：对互联网金融导致的流动性风险的准确评估，创新迭代节奏的快速反应，以及跨界融合带来的体制屏障。

其中，最值得关注的是第三点，跨界融合带来的体制屏障。

以支付宝为例，如果按照传统金融业的垂直监管体制，支付业务归属人民银行监管，而在支付账户与货币市场基金理财账户连接成为"余额宝"，就进入证监会的监管范围。如果支付宝进入更多领域，比如保险，乃至与线下的各个实体产业领域结合，催生新的业态出现，则将对更多的部委监管政策形成挑战。最近的一个例子是支付宝与财付通操纵的打车软件争夺战，这已影响到许多地市政公用体系的政策与市场，而二维码支付更已被紧急叫停。

因此，在央行牵头起草的互联网金融监管指导意见中，监管层将互联网金融划分了第三方支付、P2P、众筹、互联网理财、互联网保险五个方面，分别做出原则性规定，并提出适度监管、分类监管、协同监管、创新监管等监管原则。

但显然，以上分类仍然局限于金融领域，对互联网金融打通线下实体形成的融合业态仍预估不足——而后者已经在不断扩张演化。

而此展开的另一个问题则将进一步考验中国决策层的监管智慧。

（2）来自体制结构的冲击。中国是横纵两条线交叉的网格式行政体制，横为地域区划的国土和政治、行政管理权力分级，由省市区至地州县乡镇村，纵为垂直领域指导与监管权力的部委分置。

目前，从横向来看，有4个直辖市，23个省，5个自治区，2个特别行政区；从纵向来看，则国务院设置办公厅、国务院组成部门（27个）、国务院直属特设机构（1个）、国务院直属机构（16个）、国务院办事机构（4个）、国务院直属事业单位（17个）、国务院部委管理的国家局（22个）、国务院议事协调机构（33个），除办公厅、发改委和议事协调机构外，基本都是垂直管理体制。

在农业时代和工业时代的信息数据的统计、传递与分析效率下，这是最符合社会运行规律的合理行政体制设计。但在信息技术发展得到普及后，这一体制结构将受到冲击。

互联网带来的根本变化包括：信息数据的统计、传递与分析效率持续提升；信息数据透明度与可标识、可追溯程度持续提升；不同领域信息数据的交叉比对与协同效应持续提升。

这对行政监管提出的要求，越来越需要跨地域、跨领域的，大而全的全局统筹，以及更快速反应、更具普适的政策规则设计，才有望实现市场主体"法无禁止即可为"，政府"法无授权不可为"。

目前，尤其是互联网与物联网，冲击到一线金融领域，而且已蔓延到工业、农业、商业乃至整个社会经济的更多领域。

从近期的资本关注热点来看，教育、医疗、房地产都即将被互联网

"颠覆"，而从国际产业趋势来看，汽车等重型工业也将在未来数年内产生全面革命。

这些变革将有如下的特点：产业效率大幅提升、产品形态明显变化，商业模式全面调整，跨领域甚至跨行业的业态整合普遍化、常态化。由于"九龙治水"带来的平衡效应，互联网长期处于行业监管的空白地带，自身的后向商业模式也对传统领域极具破坏式创新力量。

与之相对应的是，在过去数十年来，各产业一直习惯于条块化的垂直监管体系，与相对封闭稳定的产业生态，直到现在为止，大多数的垂直领域，无论是产业本身，还是监管部门，都仍未做好直面互联网带来的信息流动性冲击的准备。

在这些领域完成政策补位之前，类似互联网金融的产业格局动荡与利益洗牌将在所难免。

至于再进一步，未来在多个领域跨界深度融合后，不同部门之间的权责利协调，将更加复杂而艰难，如果没有中央层面的顶层设计与力量统筹，就只能是一个无解之题。

资料来源：王云辉，虎嗅网，2014-3-27.

案例4 "花样年"智慧社区：用互联网思维重组物业公司

社区是一块未被开掘的金矿。

（1）理念颠覆：物管定位社区增值服务。传统的物业管理定位于物业的日常维护与管理，收入来源单一，物业管理全行业亏损严重，在这种情况下，花样年物业毅然采用了优质低价的收费做法。令人惊奇的是，花样年物业却从成立的第一年起就实现了盈利，年净利润增长率超过100%，他们的经验是在小区内开展个性化服务：物业管理终端战略。

彩生活通过挖掘社区服务的商业潜力，提供增值服务带来收入。花样年为业主提供100多项增值服务，包括代业主购物、购买充值卡、送桶装水、订送牛奶，甚至旅游服务、加油卡、百货公司消费储值卡、社区电信储值卡推广等，其建立了以网络为基础的社区网络服务项目，可以被不断复制。

彩生活业务共有若干模块，其中最具创新意义和最有价值的当属"房屋增值计划"。有类于房屋银行，房屋增值计划通过对房屋进行修缮、改造、经营，提高房屋整体租售价。为此，彩生活成立房屋增值部专司其职。

房屋增值部吸纳服务小区的中小户型房源，对其进行统一承租、装修，以及包装、策划、分租。有别于一般中介的是，房屋增值部不充当买卖双方之间的媒介，而只作为买卖双方专业服务提供者：为业主配置家私家电和代收租金，为租户提供酒店式服务及租金代付，起到一个酒店管理公司的作用。彩生活所掌握的房源存量可观，在房租定价时相应地有了发言权，在为自身积累了服务增值的一部分利润外，也为业主创造了更大的价值。

据统计，花样年物业所服务小区90%以上的业主享受了个性化服务，并且已经逐步形成了稳定的客户群。这说明了花样年的服务业主是乐意接受的。

"彩生活的物业服务价格是全行业最低的，如果按照市场价由开发商进行补贴的话，我们物管的净利润能达到30%。"花样年董事会主席潘军称。彩生活95%以上来自非花样年物业，2011年服务面积达2800万平方米，2012年达5500万平方米，服务人口约400万人。

潘军的宏伟目标是，到2020年，花样年彩生活服务的社区将超过10亿平方米，服务人口超过4000万人。他预计那时候人们的消费会翻番，假使每人每月社区消费2000元，一年就是2.4万元，4000万人的一年将消费上万亿元。

"如果能拿到1%的佣金，就是100亿，拿到2%，就是200亿。按天猫模式计算，收的是3%至5%的佣金，则是300亿至500亿元。这是一个多么大的金矿？"潘军将彩生活的社区互联网平台、社区配送系统与马云的菜鸟网络相比，"未来在社区层面，我们将和菜鸟网络竞争"。

（2）用互联网改造社区。"房地产5年后肯定不是我们最主要的利润来源。今年开发100多万平方米，等于生产了1.5万户人，每年都在帮物业生产客户。"花样年董事会主席潘军说。

过去十几年，开发商热衷于靠开发房地产销售赚钱，而仅仅将物业管理作为房地产销售的一个工具和卖点，甚至是一个贴钱的行业。潘军却认为物业管理的商业潜力无穷。"社区的消费才是真正刚性的消费。2012年，花样年服务平台——彩生活服务集团服务的人群约400万，400万人一年的总消费接近500亿元；我们不想让这500亿元的现金从我们门前流过"。

彩生活的设想是，打造一个零成本的未来社区，每个人的日常消费和生老病死都在社区里进行。家里需要什么商品，通过移动App或互联网登录社区服务系统都可以实现在线支付，社区商店负责配送和服务。

它们第一步就是将物业管理科技化。传统的物业是靠人服务，现在使用更多的是电子设备，保安、清洁等全部外包，节省人工成本约40%，并且通过规模化实现了采购成本的降低。在彩生活的社区里，没有水电部、没有保洁部，效率可以提高十倍，人员反而稳定。

彩生活还利用互联网平台及彩之云App系统，以社区为中心辐射一公里微商圈，集成包含衣、食、住、行、娱、购、游在内的各领域商户服务资源，时时推送更新活动信息。柴、米、油、盐等日常用品都可以从社区平台上买，买东西送积分，积分就可以抵物业管理费。在这个平台上消费到一定额度，物业就免费。

无论是E卡通，还是互联网平台、彩之云App，都可以持续积累住户消费数据，根据这些数据分析，彩生活可以更精准地为住户服务。

比如，它与光大银行合作发行了彩生活E卡通，这是一种集门禁、停车卡、储值卡于一体的社区卡。用户可以用它在线上线下刷卡购物。在此基础上，它们会不断推出新的产品。比如，每个月推一款水果，早上从产地直接采摘，晚上就送到业主家里，比超市便宜30%。推一个产品就产生上百万元的利润。

彩生活在做的是用互联网基因改造传统物业管理公司的事。它已经兼并了30多家物业管理公司，覆盖了全国45个城市。通过控制物管这个核心环节来做电子商务，显然具有巨大优势。

但花样年的挑战在于，它必须以比传统社区商业更低廉的价格、更好的服务来吸引消费者。花样年的优势在贴身、方便，这在对价格不敏感的富人小区也许会很受欢迎。但对于一般小区居民来说，价格仍是最主要的因素，周边的传统商业和京东、淘宝等电商都是花样年的竞争者。花样年需要更精细地挑选物品种类，所满足的应是住户即时的需求。

（3）社区金融的愿景。潘军更大的野心是，通过社区服务平台，打造"草根金融"：业主如果需要钱急用，或者银行定期未到期，通过一个专业的评估系统评估之后，系统可以确认是否能借钱给他；进而，帮助银行进行信用评价，或者通过自己的小额贷款公司，提供小额贷款给个体，收取利息或佣金。

潘军将之称为"基于社区消费的信用"。个体的信用数据如何采集？潘军的答案是通过业主的日常行为，包括交水电费、物业管理费、停车管理费是否准时等，这些记录都会输入IT后台。

采集数据是一个长期积累的过程，潘军透露，花样年从5年前就开始搜集用户数据。在这个平台上，平台、业主、小区内的生活服务商都会留下所有行为的数据。"现在银行做的小额贷款都是 50 万元以上的，几万元钱银行都不做，但这个市场需求又很大。"潘军说。

至于盈利模式，潘军认为要"遵循'大数法则'，当你能做海量的借款，比如每人借 4.5 万元，那么多用户就能借 1 个亿元贷款，这个利息、复利是很高的"。

潘军认为，社区的小额贷款几乎没有出现坏账的可能，因为业主有房产在小区；而对于那些在小区租房的用户来说，只要严格把关，也能将坏账率限制在可控范围之内。

社区金融也是花样年致力于金融服务战略的一部分，对于花样年来说，传统的房地产业务空间已经不大，其行业价值在降低。未来花样年将向以金融为杠杆、以服务为平台的金融控股集团转型。

并不只有潘军看到社区消费和社区服务的商业潜力，万科也在进行社区商业和社区消费的种种试验，包括建立自己的大数据平台。万科正在推进的第五食堂、社区菜市场等，也是整合社区消费和服务的手段。

万科总裁郁亮曾透露，万科亦有分拆物业管理板块上市的考虑。"长期依靠地产业务补贴物业服务不可行，物业必须寻找自己的盈利模式"。

资料来源：和君互联，2014-3-6.

第二章

体验新境界：

撬动整个商业
社会的新贵

　　互联网世界的客户和现实世界的客户是一样的，他们都是人，只不过是通过现实世界还是虚拟世界来获得价值诉求的问题。互联网商业思想的核心：通过互联网对客户的需求进行引导、创造和满足，在这样一个完整的实现过程中，所有的参与主体在资金流、物资流、信息流中形成稳定的交易和流转关系，构成价值创造的闭环系统。互联网的商业思想就是对这些主体和关系进行分类和表述。

时代来临，系统认知

互联网商业思维是一种基于互联网所产生的对外界事物的定式和认知，是一种新的思考范式。这种思维所固化形成的结果，就体现为互联网商业思想。那么，商业思想怎么理解呢？

商业思想其实是对客户商业价值的来源、实现过程与分配的完整认识，是对其规律性的表述。

互联网世界的客户和现实世界的客户是一样的，他们都是人，只不过是通过现实世界或虚拟世界来获得价值诉求。

互联网商业思想的核心：通过互联网对客户的需求进行引导、创造和满足，在这样一个完整的实现过程中，所有的参与主体在资金流、物资流、信息流中形成稳定的交易和流转关系，构成价值创造的闭环系统。互联网的商业思想就是对这些主体和这些关系进行分类和表述。

因此，互联网的商业思想包括互联网的价值来源，客户需求认知，互联网实现资金流、物资流、信息流三流流转的途径、方法和关系，互联网商业价值的初次分配和再分配。

丛林竞争，生态竞合

互联网商业思想的功能

所谓互联网商业思想，从互联网诞生之日起，各类互联网领袖人物几乎都曾有过各种观点。但究其观点的核心，我们从功能论的视角来看，可以认为互联网商业思想应该具有几大功能，那些观点都在解释以下几大功能。[①]

- 客户价值：公司是否能够向客户提供独特的或者比竞争者成本低的产品和服务？
- 客户范围：公司需要向哪些客户（人口结构上的或是地理上的）提供价值？哪些产品/服务可以包含这些价值？
- 定价：公司如何为提供的价值定价？
- 收入来源：收入从哪里来？哪些人何时为公司提供的哪些价值付款？每个市场的利润率如何？利润的决定因素有哪些？各种来源中哪些因素对公司提供的价值有关键影响？
- 实现：公司需要什么样的组织结构、机制、人员和环境执行这些活动？它们之间如何协调适应？
- 能力：公司拥有的能力是什么？有哪些能力缺口需要填补？公司如何填补这些能力的缺口？这些能力中是否有一些独特的难以模仿的因素使公司提供的价值与其他公司不同？这些能力的来源是什么？
- 持久性：公司哪些能力是其他公司难以模仿的？公司是如何持续盈利的？公司如何才能保持它的竞争优势？

---

① 赵大伟. 史上最全的互联网思维精髓总结. 北京宏业超世纪，2014-2-2.

形形色色的互联网商业思想

关于互联网商业思想，往往已经以"互联网法则"或"互联网思维应用"的面目出现过很多。大体上也是围绕着客户价值、客户范围、定价、收入来源、实现、能力以及持久性等来进行阐述。

关于客户价值与客户范围

互联网思维提倡的"用户思维"，即在价值链各个环节中都要"以用户为中心"去考虑问题，是互联网思维的核心。其他思维都是围绕它在不同层面展开的。没有用户思维，也就谈不上其他思维。为什么在互联网蓬勃发展的今天，用户思维显得格外重要？

互联网消除了信息不对称，还使得消费者掌握了更多的产品、价格、品牌方面的信息，市场竞争更为充分，市场由厂商主导转变为消费者主导，消费者主权时代真正到来。作为厂商，必须从市场定位、产品研发，生产销售乃至售后服务整个价值链的各个环节，建立起"以用户为中心"的企业文化，只有深度理解用户才能生存。商业价值必须要建立在用户价值之上。没有认同，就没有合同。

得"屌丝"者得天下。这主要是围绕客户范围提出的。从市场定位及目标人群选择来看，成功的互联网产品多抓住了"屌丝群体""草根一族"的需求，这是一个彻头彻尾的长尾市场。"屌丝"不仅体现在生活状态上，更是一种心态，他们身份卑微又追求认可，他们寻求"存在感""归属感"和"成就感"，在目前的国内大多数的网民中，这样的人群占据了绝大多数的比例。从另一个角度去理解，"屌丝群体"即人民群众，"屌丝"喜欢的就是"人民群众喜闻乐见"的。

"屌丝"群体喜欢什么、需要什么，只要你在中国做互联网，就必须重点关注。在中国，只有深耕最广大的"屌丝"群体，才可能做出伟大的企业。QQ、百度、淘宝、微信、YY、小米，无一不是携"屌丝"以成霸业。

兜售参与感。这主要是围绕客户价值提出的。在品牌和产品的规划层面，"屌丝群体"需要什么，我们就应该提供什么，"屌丝"需要的是参与感，我们就应该把这种参与感传递到位。

让用户参与产品开发，便是 C2B 模式。一种情况是按需定制，厂商提供满足用户个性化需求的产品即可，如海尔的定制化冰箱。另一种情况是在用户的参与中去优化产品，如服装领域的淘品牌"七格格"，每次的新品上市时，厂商都会把设计的款式放到其管理的粉丝群组里，让粉丝投票，其群组有近百个QQ群，辐射数万人，这些粉丝决定了最终的潮流趋势，自然也会为这些产品埋单。

让用户参与品牌传播便是粉丝经济。粉丝经济的要义就是制造粉丝，让粉丝自行组织来推动一切。我们的品牌需要的是粉丝，而不只是用户，因为用户远没有粉丝那么忠诚。

"粉丝"是品牌的一部分，牢不可分。在互联网时代，创建品牌和经营粉丝的过程高度地融为一体了。粉丝不是一般的爱好者，而是有些狂热的痴迷者，是最优质的目标消费者。因为喜欢，所以喜欢，喜欢不需要理由，一旦注入感情因素，有缺陷的产品也会被接受。所以，未来没有粉丝的品牌都会消亡。

专注，少即是多，简约即是美。这也是围绕客户价值来提出的。体现的主要是简约思维。简约思维是指在产品规划和品牌定位上，力求专注、简单；在产品的设计上，力求简洁、简约。在互联网时代，信息爆炸，消费者的选择太多，选择时间太短，用户的耐心越来越不足，加上线上只需要点击一下鼠标，转移成本几乎为零。所以，必须在短时间内能够抓住用户！

产品线的规划要专注。专注是指为了做成一件事，必须在一定时期集中力量实现突破。一个大而全的产品反而会让用户感到迷惑，不知道用来做什么好。从门户时代开始，互联网产品追求的往往是大而全，即一个网站或者一个客户端希望能满足用户的所有需求。但是这样的思维在移动互联网时代行不通。其实现在很多移动互联网应用都在将功能细分，比如Facebook就将拍照和聊天做成了单独的应用——但别忘了，单就拍照和聊天，做得最好的其实是Instagram和WhatsApp。在这一点上，国内的百度和豆瓣做得非常好。百度的做法类似Facebook，有一个大而全的应用，同时也将特定功能拆分出单独的应用，比如贴吧。豆瓣做得更加彻底，豆瓣并没有做"豆瓣应用"，而是推出了各种细分应用，满足不同用户的需求。

品牌定位也要专注。给消费者一个选择你的理由，一个就足够了。

在产品设计方面，要做减法。外观要简洁，内在的操作流程要简化。Google首页永远都是清爽的界面，苹果的外观、特斯拉汽车的外观都是这样的设计。

打造让用户尖叫的产品。这也是围绕客户价值来提出的。体现的主要是极致思维。就是把产品和服务做到极致，把用户体验做到极致，超越用户预期。互联网时代的竞争只有第一，没有第二，只有做到极致，才能够真正赢得消费者，赢得人心。用极致思维打造极致的产品。方法论有三条：第一，"需求要抓得准"（痛点、痒点或兴奋点）；第二，"自己要逼得狠"（做到自己能力的极限）；第三，"管理要盯得紧"（得产品经理，得天下）。

好产品是会说话的，是能够自行传播起来的，因为"一切产业皆媒体""人人都是媒体人"，在这个社会化媒体时代，好产品自然会形成口碑传播。

打造让用户尖叫的产品，往往强调"用户体验至上"。用户体验是一种纯主观，是在用户接触产品过程中建立起来的一种感受。好的用户体验应该从细节开始，并贯穿于每一个细节，这种细节能够让用户有所感知，并且这种感知要超出用户的预期，给用户带来惊喜。

关于定价与收入来源

这方面主要被强调的是"流量思维"。流量意味着体量，体量意味着分量。"目光聚集之处，金钱必将追随"，流量即金钱，流量即入口，流量的价值不必多言。

免费是为了更好地收费。互联网产品免费往往成了获取流量的首要策略，互联网产品大多不向用户直接收费，而是用免费策略极力地争取用户、锁定用户。淘宝、百度、QQ、360都是依托免费起家的。

免费模式主要有两种：第一，基础免费，增值收费；第二，短期免费，长期收费。

"免费是最昂贵的"，不是所有的企业都能选择免费策略，因产品、资源、时机而定。

坚持到质变的"临界点"。流量怎样产生价值？量变产生质变，必须要坚持到质变的"临界点"。

任何一个互联网产品只要用户活跃数量达到一定程度，就会开始产生质变，这种质变往往会给该公司或者产品带来新的"商机"或者"价值"，这是互联网独有的"奇迹"和"魅力"。腾讯若没有当年的坚持，也不可能有今天的企业帝国。在注意力经济时代，先把流量做上去，才有机会思考后面的问题，否则连生存的机会都没有。

放长线钓大鱼。将商业链进行纵向延伸，分为"前端依靠微利或亏损提供产品，发展用户圈地"——"后端在建立用户壁垒或基础上，再寻求盖楼卖房的真正盈利行为"，放长线钓大鱼是互联网特征代入传统行业的典型模式。

互联网将一大拨原先某些传统行业的根本服务变成了其免费的基础服务，例如音像、图书等。甚至很多互联网初期企业往往因此最终被更具互联网思维的同行给革了命。例如杀毒软件，早期的 EBAY 之于淘宝，游戏时长收费模式更迭为道具收费模式。当然，小米也属于典型的放长线钓大鱼例子。

大部分传统企业以产品价值为基础，商业模式招数简单，链层也较短，产

品线横向。例如传统家电，空调卖到消费者手中后"链条"即结束，寻求新的赢利点则横向再研发电风扇、电视。

关于实现

互联网商业思想关于业务和营收的实现，主要是在"迭代思维"和"社会化思维"的指导下提出来的各类实践。

"迭代思维"。"敏捷开发"是互联网产品开发的典型方法论，是一种以人为核心、迭代、循序渐进的开发方法，允许有所不足，不断试错，在持续迭代中完善产品。互联网产品能够做到迭代主要有两个原因：一是产品供应到消费的环节非常短；二是消费者意见的反馈成本非常低。

在移动互联网时代，用户对产品的容忍度更低。而一款移动应用软件在推出的时候可能只是接近完成的状态，这就需要通过快速的迭代开发来更新产品，不断地完善产品来留住用户。同时，通过更新产品也能唤醒一些沉默的用户，让一些原本下载了应用但使用次数非常少的用户给该应用多一次机会。当然，快速迭代也要从产品的功能、交互等方面出发，产品的核心功能应该在第一次推出时就基本完成，这也是保证应用在推出时能获得用户的关键。

这里面有两个点，一个是"微"，另一个是"快"。

第一，小处着眼，微创新。"微"，要从细微的用户需求入手，贴近用户心理，在用户的参与和反馈中逐步改进。"可能你觉得是一个不起眼的点，但是用户可能觉得很重要"。

360安全卫士当年只是一个安全防护产品，后来也成了新兴的互联网巨头。

第二，精益创业，快速迭代。"天下武功，唯快不破"，只有快速地对消费者需求做出反应，产品才更容易贴近消费者。Zynga游戏公司每周对游戏进行数次更新，小米MIUI系统坚持每周迭代，就连雕爷牛腩的菜单也是每月更新的。

好产品是运营出来的。一个微创新是改变不了世界的，需要通过持续不断的微创新才能改变。对传统企业而言，这里的迭代思维更侧重在迭代的意识，意味着我们必须要及时乃至实时地关注消费者的需求，把握消费者对需求的变化。

社会化思维。社会化商业的核心是网，公司面对的客户以网的形式存在，这将改变企业生产、销售、营销等整个形态。在社会化思维的指导之下，可以总结出两类实践：

第一，利用社会化媒体，口碑营销。社会化媒体应该是品牌营销的主战场，口碑营销的链式传播速度非常之快。以微博为例，小米公司有30多名微博客服人员，每天处理私信2000多条，提及、评论等四五万条。通过微博的互动和服务让小米手机更加深入人心。

但有一点要记住，不是用了社会化媒体就是口碑营销，口碑营销不是自说自话，一定是站在用户的角度，以用户的方式和用户沟通。

第二，利用社会化网络，众包协作。众包是以"蜂群思维"和层级架构为核心的互联网协作模式，意味着群体创造，不同于外包、威客，更强调协作。维基百科就是典型的众包产品。传统企业要思考如何利用外脑，不用招募，便可"天下贤才入吾彀中"。InnoCentive 网站创立于 2001 年，已经成为化学和生物领域的重要研发供求网络平台。"创新中心"聚集了 9 万多名科研人才，宝洁公司是"创新中心"最早的企业用户之一。该公司引入"创新中心"的模式，把公司外部的创新比例从原来的 15% 提高到 50%，研发能力提高了 60%。宝洁目前有 9000 多名研发员工，而外围网络的研发人员达到 150 万人。而小米手机的产品研发让用户深度参与，实际上也是一种众包模式。

关于能力

互联网商业思想与过去的管理思想的不同点，尤其体现在所谓的"大数据思维"及其指导下的商业实践。

大数据是互联网发展到一定程度后出现的。"缺少数据资源，无以谈产业；缺少数据思维，无以言未来"。大数据思维是指对大数据的认识，对企业资产、关键竞争要素的理解。

小企业也要有大数据。用户在网络上一般会产生信息层面、行为层面、关系层面三个层面的数据，比如用户登录电商平台，会注册邮箱、手机、地址等，这是信息层面的数据；用户在网站上浏览，购买了什么商品，这属于行为层面的数据；用户把这些商品分享给了谁，找谁代付，这些是关系层面的数据。

这些数据的沉淀有助于企业进行预测和决策，大数据的关键在于数据的挖掘，有效的数据挖掘才可能产生高质量的分析预测。海量的用户和良好的数据资产将成为未来核心竞争力。一切皆可被数据化，企业必须构建自己的大数据平台，小企业也要有大数据。

你的用户不是一类人，而是每个人。在互联网和大数据时代，客户所产生的庞大数据量使营销人员能够深入了解"每一个人"，而不是"目标人群"。这个时候的营销策略和计划，就应该更精准，要针对个性化用户做精准营销。

银泰网上线后，打通了线下实体店和线上的会员账号。在百货和购物中心铺设免费 Wi-Fi。这意味着，当一位已注册账号的客人进入实体店，他的手机连接上 Wi-Fi，后台就能认出来，他过往与银泰的所有互动记录、喜好便会一一在后台呈现。当把线上线下的数据放到集团内的公共数据库中去匹配，银泰就能通过对实体店顾客的电子小票、行走路线、停留区域的分析，来判别消费者的购物喜好，分析购物行为、购物频率和品类搭配的一些习惯。这样做的最终目的是实现商品和库存的可视化，并达到与用户之间的沟通。

打造开放合作的能力。一个人的成功离不开团队，公司要成就伟大事业少不了合作。

传统互联网在开放性上做得并不是很好，这很大程度上是受互联网发展的限制。因为那时候互联网并不成熟，一家传统互联网公司需要自己去包办各种工作。但是在移动互联网时代，很多工作都可以通过合作来达到效率最大化。

移动互联网的产业链比传统互联网更长，因此一家移动互联网公司需要和产业链中的上下游公司合作来完成很多工作。从移动游戏角度来说，上下游公司有研发公司、发行公司、平台公司，这三者是一个有机的结合，让每个领域的人都能做自己最擅长的事情。

这种开放合作带来的不仅仅是效率的提升，同时也有助于行业的成长。因为开放合作的原因，行业中的每个环节都能得到发展的机会，而每个环节的进步也会促进整个行业的进步。

关于持久性

在互联网时代，要保持核心竞争力及优势的持久性，通常有两种做法：一是打造一个强大的平台，二是善于和勇于跨界。另外，还需要善于快速转型。

关于平台

互联网的平台思维就是开放、共享、共赢的思维。凯文·凯利的《失控》这本书，讲述的外部失控，意味着要把公司打造成开放平台；内部失控，就是要通过群体进化推动公司进化，在公司内部打造事业群机制。

平台模式最有可能成就产业巨头。全球最大的100家企业里，有60家企业的主要收入来自平台商业模式，包括苹果、谷歌等。平台盈利模式多为"羊毛出在狗身上"，不需要"一手交钱，一手交货"。

一是打造多方共赢的生态圈。平台模式的精髓在于打造一个多主体共赢互利的生态圈。将来的平台之争，一定是生态圈之间的竞争，单一的平台是不具备系统性竞争力的。

BAT（百度、阿里巴巴、腾讯）三大互联网巨头围绕搜索、电商、社交各自构筑了强大的产业生态，所以后来者其实是很难撼动的，如360。

二是善用现有平台。传统企业转型互联网，或者新的互联网公司创业，当你不具备构建生态型平台实力的时候，那就要思考怎样利用现有的平台。

马云说："假设我今天是'90后'重新创业，前面有个阿里巴巴，有个腾讯，我怎么办？第一点，我如何利用好腾讯和阿里巴巴，我想都不会去想我会跟它挑战，因为今天我的能力不具备，心不能太大。"

三是让企业成为员工的平台。互联网巨头的组织变革，都是围绕着如何打造内部"平台型组织"。内部平台化对组织要求就是要变成自组织，而不是他组织。他组织永远听命于别人，自组织是自己来创新。

包括阿里巴巴25个事业部的分拆，腾讯6大事业群的调整，都旨在发挥内部组织的平台化作用。海尔公司近年来一直在开展"人单合一"，将8万多人分为2000个自主经营体，让员工成为真正的"创业者"，在海尔的大平台上自己寻找创业机会，同时配合内部的风投机制，或者员工自己到社会上组织力量，成立小微公司，就是要发挥每个人的创造力，让每个人成为自己的CEO。

关于跨界

互联网和新科技的发展，纯物理经济与纯虚拟经济开始融合，很多产业的边界变得模糊，互联网企业的触角已经无孔不入，零售、制造、图书、金融、电信、娱乐、交通、媒体等。

互联网企业的跨界颠覆，本质上是高效率整合低效率，包括结构效率和运营效率。

一是携"用户"以令诸侯。这些互联网企业为什么能够参与乃至赢得跨界竞争？答案就是：用户！

它们一方面掌握用户数据，另一方面又具备用户思维，自然能够携"用户"以令诸侯。阿里巴巴、腾讯相继申办银行，小米做手机、做电视，都是这样的道理。

未来十年，是中国商业领域大规模打劫的时代，所有大企业的"粮仓"都可能遭遇"打劫"！一旦人民的生活方式发生根本性的变化，来不及变革的企业必定遭遇前所未有的劫数！

二是用互联网思维，大胆颠覆式创新。不论是传统企业，还是互联网企业，都需要主动拥抱变化，大胆地进行颠覆式创新，这是时代背景的必然要求。

一个真正厉害的企业一定是手握用户和数据资源，能够纵横捭阖、敢于跨界创新的组织。你不敢跨界，就有人跨过来打劫；你不跨界，就有人让你"出轨"！

李彦宏曾指出："互联网和传统企业正在加速融合，互联网产业最大的机会在于发挥自身的网络优势、技术优势、管理优势等，去提升、改造线下的传统产业，改变原有的产业发展节奏、建立起新的游戏规则。"在这个过程中，互联网企业的"跨界"，将是其获取持续成长的最大动力源。

关于快速转型

尽早承认错误吧，一切就还来得及。

移动互联网的开发成本较低，这就意味着较低的试错成本。一款失败的产品并不意味着世界末日，因为公司还可以尽快开发下一款产品，甚至转型。

很多移动互联网公司在成功之前都有过无数次的失败。Rovio 在开发出"愤怒的小鸟"之前设计过 51 款游戏，这些游戏都没有获得巨大的市场反响，但是保证了 Rovio 能够活下来并且从过去的游戏中吸取经验——做游戏的经验和团队合作的经验。

另一个例子是 Instagram，这款应用软件一开始并非拍照分享，而是其创始人发现原来的模式行不通才换的。但是通过之前的尝试，他发现了用户拍照分享的需求，成功推出了 Instagram。

它的历史，它的世界

伴随着互联网用户需求从接入到内容、从资讯到娱乐、从被动到主动的变化，互联网的商业模式和商业思想也在不断演变。而随着新商业模式的出现，旧的商业模式并没消失，而是不断改变自己以适应新形势的发展。在这个过程中（见图 2-1），互联网商业思想也随之演进、升级。

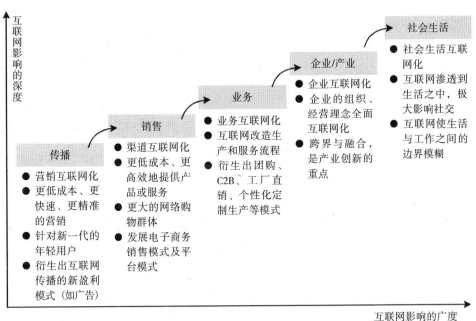

图 2-1 互联网商业思想的演进路线图

如图 2-1 所示，互联网商业思想可以概括为 5 个层面的逐步演进。这 5 个层面的演进体现了互联网对企业和产业影响的深度和广度的不断推进。

第一个层面是传播层面的互联网化，即营销的互联网化，通过互联网工具

实现品牌展示、产品宣传等功能。互联网实现的客户价值体现在可以实现更低成本、更快速、更精准的营销。主要针对的是新一代的年轻用户，他们最早接受互联网工具，最适合以互联网方式投放的品牌和产品传播内容。这是互联网的广告盈利模式。

第二个层面是销售层面的互联网化，即渠道的互联网化，体现为电子商务，通过互联网实现产品销售。企业能够以更低成本、更高效的互联网方式提供产品或服务，这时面向的是已经逐步发展壮大的网络购物人群。企业以电子商务的模式进行销售，同时电子商务平台也随之发展起来。

第三个层面是业务层面的互联网化，主要是供应链的互联网化。互联网改变了生产和服务流程，消费者参与到产品的设计和研发环节，衍生出团购、C2B、工厂直销、个性化定制生产等模式。

第四个层面是企业/产业层面的互联网化。随着互联网的影响深入，企业的组织架构、经营理念全面互联网化。而产业创新也围绕着互联网进行，因互联网而引起的跨界和融合是产业创新的重点。

第五个层面是社会生活层面的互联网化。互联网越来越多地融入人们日常的工作与生活之中。娱乐、购物、交流、学习都被互联网所改变。就连工作同生活之间的界限也日益模糊，因为移动办公和 BYOD（自带设备办公）成为了一种潮流。

这 5 个层面之间，其实与我们所提出的"四位一体"的互联网认知论，也是相符合的。

第一个层面的传播互联网化，与互联网作为技术工具的特性相符合。第二个层面的销售互联网化，和第三个层面的业务互联网化，实际上都在体现业务模式的转变。第四个层面的企业/产业互联网化，更适合我们从平台的视角去理解一个企业及产业被互联网所改变，并同其他企业及产业紧密连接起来。第五个层面的社会生活互联网化，与互联网的网络社会特性相符合。

模型视角，四维解析

互联网走到今天，也产生了移动互联网这样的 2.0 版事，它在经济社会发展中的作用和价值也比较完整地呈现出来了。

首先，从第一个维度看，它是一种技术工具，是一种信息经济时代最重要的生产和工作、娱乐、生活的应用技术，它对资金、信息、物资流具有高度替代性，也提高了整个信息交互的效率和价值。基于此，我们用 CMI-S 模型来解析互联网这一本质属性。

其次，从第二个维度看，互联网是一种业务模式，它包括各种各样的应用产品和商业服务，也从引入第三方付费，创造了一个新的商业模式和多边交易规则，从真格的工业经济时代买卖双方市场直接交易，没有免费的午餐到今天的免费模式，让渡部分信息资源和流动资源为交换广告价值，它体现为一种业务模式。

我们用概念—能力—价值（C-C-V）的三环三相模型来解析互联网的业务模式论本质属性。

再次，从第三个维度看，互联网的技术工具功能、业务模式功能将大量的产业内供需者汇聚在一个交互平台上，实现着商业资源的循环流转，为开发者、商家和用户创造价值平台型的企业也据此实现"系统锁定"，获取持续竞争优势。我们也因此用 P-V-C 模型来解析互联网的产业平台本质属性。

最后，从第四个维度来看，互联网在技术工具、业务模式、产业平台的基础上，从经济功能进一步向社会功能延伸，网状的结构和各类应用把人际关系连接得更加紧密。形成了网络社区和基于各种关系和专题的小型虚拟社会。因此，我们用 S-I 模型来解析互联网的网络社会本质属性。

最终，四个维度、四个模型构成了对互联网的系统认知。

第三章

体验新法则（1）：

技术工具论与 CMI–S
三流替代模型

　　互联网作为一种技术工具，是利用互联网对传统企业产品和服务提供过程中的资金流、物资流或信息流实现不同程度、不同环节的替代，从而形成新的价值创造模式。

本质溯源：资金、物品、信息的三流替代

互联网含义浅析

互联网的概念在不同文献中都有阐释，笔者理解的互联网涵盖了以下几个方面的含义：

"互"：交互。包括人与人之间的交互、人与机器之间的交互、机器与机器之间的交互，交互的内容包括各种各类的信息，个人喜好信息、地理位置信息、信用信息、家庭成员信息、职业信息、手机型号信息、MAC 地址信息、喜欢的品牌、喜欢的咖啡厅……传统的信息传播方式基本上是从信源到信宿的单向方式。一般来说，信宿只能"被动"地接收信源传播的信息。而在计算机网络环境下，信宿却可以"主动"向信宿传递信息，要求信宿根据自己的要求提供信息。

"联"：联接。包括各种联接，N 个元素之间能建立（N-1）（N-2）种直接关联，无数种间接关联。广泛联接，任意联接，包括不同地理位置、不同人群、不同职业、互相不认识的人……

"网"：网络，泛指多孔而状如网的东西。不同点之间构建的网络，纷繁复杂，多元化、高效、共享、资源丰富，信息量大。

从技术上讲，互联网是由一些使用公用语言互相通信的计算机连接而成的网络，即广域网、局域网及单机按照一定的通信协议组成的国际计算机网络，从其出现开始，就逐步展现出对社会生活的巨大影响，就引发了各类交流方式的变化。

在 PC 互联网时代，用户对于互联网的黏性是按小时，或者说按天计算。以前，我们出差、旅行都会抱上个 PC。而移动互联网时代的黏性是按分钟计算，我们可以离开电脑，但是我们现在很多人是不能离开手机的，用户黏性时

间被进一步缩短。PC 互联网时代诞生了宅男，而移动互联网时代则诞生了低头族。

三流替代模型概述

经济学上有个概念叫"替代效应"。某种商品的名义价格（Nominal Price）发生变化后，将对商品的需求量发生两种影响，其中一种是因该商品名义价格变化，而导致的消费者所购买的商品组合中，该商品与其他商品之间的替代，被称为替代效应（Substitution Effect）。

互联网创新业务有相当一部分是在走"替代路线"，也就是说，采用互联网技术，用一种新的方式去满足用户原本存在的需求，从而对传统业务产生替代。例如，视频电话被视频聊天应用所替代，传统语音和短彩信业务被微信这种应用的语音聊天、免费发送消息和图片功能所替代，纸质媒体被网络媒体所替代，语音被流量 VoLTE 替代，现金支付被银行转账、手机支付、二维码支付所替代等。

这种替代，实际上是将互联网作为一种技术工具，是利用互联网对传统企业产品和服务提供过程中的资金流、物流或信息流实现不同程度、不同环节的替代，从而形成新的价值创造模式（见图 3-1）。

图 3-1　资金、物资、信息三流替代模型

物流是物品流通的过程，即物品从供应地向接受地的实体流动过程中，将运输、储存、装卸、搬运、包装、流通加工、配送、信息处理等基本功能实施有机结合。1998 年，美国物流管理协会将物流定义为："物流是供应链流程的一部分，是为了满足客户需求而对商品、服务及相关信息从原产地到消费地的

高效率、高效益的正向和反向流动及储存进行的计划、实施与控制过程。"

资金流是商务往来活动中用做等价交易的货币的流动过程。

信息流是对有效信息流动过程的记录。它包括商务活动中信息生产方同信息用户之间的交流，如搜集检索、分析存储、利用及反馈的过程。

互联网技术的核心是信息的电子化、数字化，并在此基础上改变了信息的存储、传输和交互，改变了信息传播的方式，提高了信息流动的效率。因此，最先受到互联网影响和冲击的，一般都是以信息服务为主的行业，比如媒体、通信、零售等。现代经济社会活动的实质是人流、物流、资金流、信息流的聚集整合，所以互联网通过首先改变信息流的方式，对社会生活中各种物流、信息流以及资金流都带来了相当大的影响和替代。

在物流方面，互联网环境中，物流逐步具有信息化、自动化、网络化和柔性化的特点。比如京东商城提供 24 小时交付服务，提供实时追踪服务。

在资金流方面，在传统环境下，资金流通常以数字现金、银行为主体，包括现金汇票、银行划账等；但在互联网商务环境下，部分资金流以电子银行为主体，不仅包括现金汇票、银行划账，还包括各种虚拟货币支付、网上银行支付、第三方支付工具等，具有资金周转速度更快，资金流通范围更广，资金支付更方便，资金全球通用性高等特点。目前，产业出现了一定的"金融脱媒"趋势，利用云和互联网技术使资金供给绕开银行，直接送到需求方和融资者，形成资金体外循环。

在信息流方面，在互联网商务活动中，信息流的内容更为宽泛，其包含了商品信息发布，客户与需求检索，资金转移记录，物流进程，售后跟踪服务等信息，贯穿电子商务的销售推广、询盘合作、订单执行、支付清算等环节。不断发展的信息流可能从根本上改变网络上所分布的媒体的轮廓。当今时代，信息正越来越多地以实时流的形式散发出去，而不是专门的网页。实时信息流不会取代网页或搜索，但有可能彻底改变它们。目前，我们看到各网页已经将实时信息流作为一个新的用户界面，网页正越来越多地被设计为提供最新相关信息的地方。一些大型网站，如雅虎和美国在线，由于搜索和社交网络的兴起，都可能面临着被完全绕过的情况。

为了更好地阐释互联网技术工具论的互联网商业思想 CMI-S 模型，下面我们将分别从几个产业生态的三流变化详细地分析资金流、物资流、信息流三流替代模型。

产业新空间：互联网金融

2013 年被业界称为互联网金融元年。随着第三方支付平台成熟稳健的发展，P2P 模式在中国起起伏伏，互联网金融使传统金融边界日渐模糊。金融网销、互联网小贷、虚拟货币、理财 APP 都在不同程度地影响着金融行业。从我国电商、银行在金融业中的一系列行动不难看出，对传统金融业而言，互联网作为一种工具，已经全面对金融服务产生了颠覆。

互联网的冲击也使得提供金融服务的机构分为两大阵营：一个是以第三方支付、电商信贷、P2P 信贷等为主业，基于大数据、云计算、移动互联网、社交网络等技术创新平台的新兴企业；另一个是借鉴和整合了新的信息技术和技术平台的传统银行、券商、保险等金融机构。

在电商试点民营银行方面，阿里巴巴与万向合资"小存小贷"，腾讯与百业源合资"大存小贷"；在电商与银行合作方面，平安银行携手 eBay，招商银行牵手敦煌网，民生银行与阿里巴巴签订战略合作协议，中国银行与京东合作，获取客户在电商交易数据以评估房贷风险；在银行自建电商平台方面，交通银行"交博汇"，中国建设银行"善融商务"，中国银行"云购物"，中国农业银行"E 管家"，中国工商银行"支付＋融资"的综合电子商务平台，获得商家的经营数据，预测贷款需求和还款能力（图 3-2）。

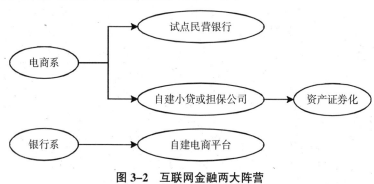

图 3-2　互联网金融两大阵营

互联网的本质是点对点的平等交互、分享，银行或其他金融机构的设置正是对这种高效对接的阻断。在传统金融领域，从银行融资的行为被称为间接融资，从证券市场融资的行为被称为直接融资。互联网金融则是对两者的否定，它走了第三条道路。

何为互联网金融？

互联网金融是指以依托于支付、云计算、社交网络及搜索引擎等互联网工具，实现资金融通、支付和信息中介等业务的一种新兴金融领域。互联网金融通过互联网、移动互联网等工具，使得金融业务透明度更强，参与度更高，协作性更好，中间成本更低，操作上更便捷。

从广义的金融角度上讲，具备互联网精神的金融业态被称为互联网金融。从狭义的金融角度来看，互联网金融则应该定义在跟货币的信用化流通相关层面，也就是资金融通依托互联网来实现的方式方法都被称为互联网金融。

金融服务实体经济的最基本功能是融通资金，资金供需双方的匹配（包括融资金额、期限和风险收益匹配）可通过两类中介进行：一类是商业银行，对应着资本市场间接融资模式；另一类是股票和债券市场，对应着资本市场直接融资模式。当前的互联网金融格局由传统金融机构和非金融机构组成。传统金融机构主要为传统金融业务的互联网创新及电商化创新等，非金融机构则主要是指利用互联网技术进行金融运作的电商企业、创富贷（P2P）模式的网络借贷平台，众筹模式的网络投资平台，挖财类的手机理财 App 以及第三方支付平台等。

当前国内主要的互联网金融模式有以下几种：

● 传统的金融借助互联网渠道为大家提供服务。这个是大家熟悉的网银。互联网在其中发挥的作用应该是渠道的作用。

● 类似阿里巴巴金融，由于它具有电商的平台，为它提供信贷服务创造的优于其他放贷人的条件。互联网在里边发挥的作用是依据大数据收集和分析进而得到信用支持。

● 常被称作 P2P 模式，这种模式更多地提供了中介服务，这种中介把资金出借方的需求方结合在一起。发展至今，由 P2P 的概念已经衍生出了很多模式。中国网络借贷平台已经超过 2000 家，[①] 平台的模式各有不同，归纳起来主要有以下四类：

---

① 吴晓光. 论加强 P2P 网络借贷平台的监管［J］. 金融监管，2011（416）：31-35.

第一类，担保机构担保交易模式，这也是相对安全的 P2P 模式。此类平台作为中介，平台不吸储，不放贷，只提供金融信息服务，由合作的小贷公司和担保机构提供双重担保。此模式最早是在创富贷平台创立的，由创富贷与中安信业共同推出产品"机构担保标"。此类平台的交易模式多为"1 对多"，即一笔借款需求由多个投资人投资。此种模式的优势是可以保证投资人的资金安全，中安信业、证大速贷、金融联等国内大型担保机构均介入此模式中。

第二类，大型金融集团推出的互联网服务平台。与其他平台仅仅几百万元的注册资金相比，陆金所 4 个亿的注册资本显得尤其亮眼。此类平台是由传统金融行业向互联网布局，在业务模式上金融色彩更浓。拿风险控制来说，陆金所的 P2P 业务依然采用线下的借款人审核，并与平安集团旗下的担保公司合作进行业务担保，还从境外挖了专业团队来做风控。线下审核、全额担保虽然是最靠谱的手段，但其成本并非所有的网贷平台都能负担。陆金所采用的是"1 对 1"模式，1 笔借款只有 1 个投资人，需要投资人自行在网上操作投资，而且投资期限为 1~3 年。

第三类，以交易参数为基点，结合 O2O（Online to Offline，将线下商务的机会与互联网结合）的综合交易模式。例如，阿里巴巴小额贷款为电商加入授信审核体系，对贷款信息进行整合处理。这种 P2P 小额贷款业务凭借其客户资源、电商交易数据及产品结构占得优势，其线下成立的两家小额贷款公司对其平台客户进行服务。线下商务有机地与互联网结合在了一起，让互联网成为线下交易的前台。

第四类，以 P2P 网贷模式为代表的创新理财方式受到了广泛的关注和认可，与传统金融理财服务相比，P2P 的借款人主体是个人，以信用借款为主。爱投资 P2C 借贷，在借款来源一端被严格限制为有着良好实体经营、能提供固定资产抵押的有借款需求的中小微企业。依托爱投资搭建的线下多金融担保体系，从结构上彻底地解决了 P2P 模式中的固有矛盾，让安全的保障更实际且更有力度。

● 通过交互式营销，充分借助互联网手段，把传统营销渠道和网络营销渠道紧密结合；将金融业实现由"产品中心主义"向"客户中心主义"的转变；调整金融业与其他金融机构的关系，共建开放共享的互联网金融平台。此模式发展的时间较短，平台的模式各有不同，归纳起来主要有以下三大类：

第一类，专业 P2P（Professional to Professional）模式。在专业的金融服务人员之间建立信息交换和资源共享的平台，在中间从事信息匹配和精准推荐，促进线上信任的建立和交易的欲望。专业 P2P 模式在本质上更符合金融监管的规则，符合当前金融机构自身发展的需求，也更符合互联网精神与特质。

第二类，金融混业经营模式。通过互联网平台对所有金融机构开放共享资源，为金融产品销售人员发布各种金融理财产品、项目信息，为客户打造和定制金融理财产品。在金融混业经营中使用的互联网平台则定位于服务500万金融机构和非金融机构及客户经理，并将囊括房产、汽车、奢侈品销售人员，提供一个开放共享、进行综合开拓交叉销售的平台，悬赏、交易、展示、学习以及管理和服务自己的客户。

第三类，金融交叉销售模式。打破理财行业的机构壁垒，通过平台上各类理财产品的展卖聚拢投资人资源，促进金融产品销售人员对产品的销售。金融产品销售人员可以在平台上进行内部的交流沟通和资源置换，在不同产品领域寻找并组建自己的合作团队，达成利益分享规则后，团队内共享投资人的资源，为投资人推介团队的内部产品进行资产配置，从而实现金融产品销售人员间的交叉销售合作，取得共赢。

互联网金融业中的三流替代

互联网金融改变了银行独占资金支付的格局，互联网技术改变并动摇了银行的传统客户基础；互联网金融改变了银行传统信贷单一的信贷供给的格局，网络信贷快速发展，阿里巴巴贷款已经累计为超过十万家小微企业进行服务。

以互联网为代表的现代信息科技，特别是移动支付、云计算、社交网络和搜索引擎等，将对人类金融模式产生根本影响。20年后，互联网可能形成一个既不同于商业银行间接融资，也不同于资本市场直接融资的第三种金融运行机制，可称之为"互联网直接融资市场"或"互联网金融模式"。

互联网对传统金融的影响，首先是金融业务自身的互联网化，即金融互联网，金融渠道从线下延伸到网上，包括网上银行、电子银行、网上证券等。其次便是互联网企业跨界做金融，利用规模效应、信息优势、效率优势和成本优势，将业务延伸到支付、理财、融资等传统金融领域，包括第三方支付、余额宝类产品、阿里巴巴小贷等、P2P、众筹这一系列互联网金融产品。最后便是互联网虚拟世界与现实世界的进一步衔接，打通线上线下闭环，促进线上金融领域与线下社会生活的深度融合，金融产品和服务多触点地嵌入日常生活场景，深刻地改变金融的业务模式和业态格局，包括打车中的移动支付、社交中的理财信贷等。

在互联网金融模式下，因为有搜索引擎、大数据、社交网络和云计算，所以市场信息不对称程度非常低，交易双方在资金期限匹配、风险分担的成本非常低，银行、券商和交易所等中介都不起作用；贷款、股票、债券等的发行和交易以及券款支付直接在网上进行，这个市场充分有效，接近一般均衡定理描述的无金融中介状态。在这种金融模式下，支付便捷、搜索引擎和社交网络降低信息处理成本，资金供需双方直接交易，可达到与资本市场直接融资和银行间接融资一样的资源配置效率，并在促进经济增长同时，大幅减少交易成本。

金融的核心有三点：资源配置、信息处理、支付手段。

• 在资源配置方面，互联网让每个个体都有充分的权力和手段，在信息相对对称中平等自由地获取金融服务。互联网金融的理想模式是，供给方和需求方直接交易。于是，出现了人人贷（P2P），个人之间通过互联网直接借贷，替代了传统存贷款业务；出现了众筹融资（Crowd Funding），通过互联网为投资项目募集资本金，替代了传统证券业务；还有利用社交媒体"验资"的贷款。这些业务都改变了传统金融业的资金流动方向和效率，不再是只能由金融机构去招揽个人或企业资金，然后放贷给需要的人或企业。

在供需信息几乎完全对称、交易成本极低的条件下，互联网金融模式形成了"充分交易可能性集合"，诸如中小企业融资、民间借贷、个人投资渠道等问题就容易解决。在这种资源配置方式下，双方或多方交易可同时进行，信息充分透明，定价完全竞争（比如拍卖式），各种金融产品均可如此交易。例如，在Facebook 的平台上，有 9 亿网民，已经发行了自己的货币，网民之间的数据、商品、股票、贷款、债券的发行和交易均可以通过网络处理，同时保留完整的信用违约记录（"淘宝网""腾讯"也有类似做法），形成最优价格，Facebook 上市的市值达 960 亿美元的原因，正是由于其中隐含的巨大价值。

• 在信息处理方面，社交网络生成和传播信息，搜索引擎对信息进行组织、排序和检索，云计算保障海量信息高速处理能力。信息处理是金融体系的核心。金融信息中，最核心的是资金供需双方信息，特别是资金需求方的信息，如借款者、发债企业、股票发行企业等，是金融资源配置和风险管理的基础。资金供需双方的信息通过社交网络揭示和传播，被搜索引擎组织和标准化，最终形成时间连续、动态变化的信息序列。由此可以给出任何资金需求者（包括机构）的风险定价或动态违约概率，而且成本极低。这种信息处理模式使互联网金融模式替代了现在商业银行和证券公司的主要功能。这就是互联网替代了传统的信息处理方式。

在互联网金融模式下，信息处理有三个组成部分：

一是社交网络生成和传播信息，特别是对个人和机构没有信息披露的义务，使得人们的"诚信"程度提高，大大降低了金融交易的成本，对金融交易有基础作用。比如，类似"淘宝网"的社交网络，商户之间的交易形成海量信息，特别是货物和资金交换的信息，显示了商户的信用资质，如果淘宝网设立小额贷款公司，利用这些信息给一些商户发放小额贷款，效果会很好。

二是搜索引擎对信息的组织、排序和检索，能缓解信息超载问题，有针对性地满足信息的需求。比如，抓取网页的"爬虫"算法和网页排序的链接分析方法（以 Google 的 PageRank 算法为代表）都利用了网页间的链接关系，属于关系数据。

三是云计算保障海量信息高速处理能力。在云计算的保障下，资金供需双方的信息通过社交网络的揭示和传播，被搜索引擎组织和标准化，最终形成时间连续、动态变化的信息序列。可以给出任何资金需求者（机构）的风险定价或动态违约概率，而且成本极低。

●在支付手段上，移动支付又具有颠覆性。以货币为例，除了手中现金，大部分货币以银行记账的形式存在，人们常说的货币，绝大部分是数字化的借记和贷记关系。这种记账关系以数字化方式储存于电脑中，非常便于以互联网的方式进行传输。广泛应用的智能手机的支付转账功能就借助移动互联网，部分替代了传统支付业务（如信用卡、银行汇款）。智能货币时代，现金已经过时，智能手机可能将变成 ATM 机直接转账。银行卡将无用武之地，互联网第三方支付工具足以担当重任，这也就是为什么支付宝与银联之间关系微妙的原因，支付宝事实上已具备网上清算的能力。

互联网金融模式下的支付方式以移动支付为基础。移动支付是依靠移动通信技术和设备的发展，特别是智能手机和 iPad 的普及。Juniper Research 统计，2011 年全球移动支付总金额为 2400 亿美元，预计未来 5 年将增长 200%。

随着 Wi-Fi、3G 等技术的发展，互联网和移动通信网络融合的趋势非常明显，有线电话网络和广播电视网络也融合进来。移动支付将与银行卡、网上银行等电子支付方式进一步整合，真正做到随时、随地和以任何方式进行支付。随着身份认证技术和数字签名技术等安全防范软件的发展，移动支付不仅能解决日常生活中的小额支付，而且也能解决企业间的大额支付，替代现在的现金、支票等银行结算方式。

互联网金融模式的支付系统具有以下特点：所有个人和机构都在中央银行的支付中心（超级网银）开账户（存款和证券登记）；证券、现金等金融资产的支付和转移通过移动互联网络进行（具体工具是智能手机和 iPad）；支付清算完全电子化，社会中无现钞流通；二级商业银行账户体系可能不再存在。目前，社交网络内已自行发行货币，用于支付网民间数据商品购买，甚至实物商品购买，并建立了内部支付系统。据一项调查，在中国，35 岁以下的城市青年，有

60%的人使用网上银行支付进行网上购物。①

互联网金融案例分析

在美国：2006年成立的 Prosper 公司有 125 万会员，促成了 3.07 亿美元的会员间贷款。2007 年成立的 "Lending Club" 公司，以 Facebook 为平台做会员贷款业务，到 2011 年已贷款 5.9 亿美元，利息收入为 5100 万元美元。2004 年，Google 在 IPO 时采用了在线荷兰式拍卖方法，而不是通常的投资银行路演和询价方式。

美国的洲际交易所（Intercontinental Exchange，ICE）在 20 世纪 90 年代成立时，就是要运用互联网技术来建立一个能源交易市场。发展至今，洲际交易所已经将纽交所合并而成为世界最大的交易所之一。在交易市场上，互联网还促生了 Ameritrade 和 Etrade 等基于互联网的股票交易平台，降低了交易费用，为散户进行股票交易提供了更多便利，对传统的券商交易平台产生很大的冲击。

Xoom 公司是美国一家颠覆传统线下汇款服务的在线汇款公司，2012 营收 8000 万美元，收入增长 60%，市销率为 10 倍，公司尚未盈利，在纳斯达克 IPO，市值达 8.1 亿美元。公司主要吸引力有，整个行业有超过 5000 亿美元的汇款市场转向网络和移动端，Xoom 公司网络覆盖了 30 个国家，可以提供不同的支付方式，2012 年毛利率为 67%，提升迅速。

在中国，金融业是一个资产总规模超过 150 万亿元人民币的高管控行业。由于体制因素等原因长期以来存在结构失衡，20%的大企业客户占用了 80%的金融资源，众多的中小微企业得不到充分的金融服务，成为制约它们发展的重要因素。互联网等现代信息技术的介入，降低了金融市场交易成本，提高了交易效率，强化了海量数据的收集、处理和挖掘，更打破了金融体系由少数机构垄断的局面。互联网已超越了金融产品营销渠道的形象，而是更深地融入金融产品创新、流程设计、模式改造中。

互联网在国内发展的 20 年里，十几家主流互联网公司的年收入总和不及中、农、工、建四大行的任何一家。2012 年工商银行的净利润是 2387 亿元，而阿里巴巴、腾讯、百度三家净利润总和不过 261 亿元。但这场金融游戏的传统规则，正在被阿里巴巴等互联网企业打破。

以 2003 年 10 月支付宝产品的推出为起点，阿里金融通过渠道和数据优势，

---

① 谢平. 互联网金融新模式 [EB/OL]. http://www.dinawulia.com.cn/Zixun/2012/06/25/184152.html, 2012-6-25.

建立了一套兼顾线上线下用户需求的创新业务模式。2013 年成立的阿里小微金融服务集团是中国第一家大型互联网金融服务集团，拥有包括小额贷款、担保、支付业务、金融零售业务（在线保险＋理财）在内的四大核心业务，产品有支付宝、余额宝、集分宝、网商贷、信用贷以及最新出现的娱乐宝等。除此之外，还覆盖众安在线、天弘基金、浙江小贷在内的三大控股公司以及 20 余个子公司。

阿里金融的核心商业逻辑中，基于搜索引擎、物流网、云计算、大数据、社交网络、移动互联网等技术，对商业中的三流进行了重新构建。其中，信息流包括平台扩张、平台孵化、平台协同；资金流包括支付、融资两大模块；物流包括关键仓储、信息平台。

阿里巴巴小贷、支付宝体系是从淘宝内部生长出来的，其生态圈形成了两个环：一环在企业端，以小贷为核心，帮助企业融资成长，同时通过资产证券化等方式让自身贷款规模增加，企业长大之后再通过与天弘甚至银行合作来提供一整套的资产管理解决方案。另一环在消费者端，以支付宝为核心，借助天弘基金把钱放在余额宝，同时推出理财＋保险产品。从单纯的消费到财富储值中心到理财中心再到消费支付，形成闭环。两环的底层保障便是支付宝庞大而稳定的账户体系，两环的连接点在于天弘基金，可相互渗透、交叉（图 3-3）。

图 3-3　支付宝体系

目前，阿里巴巴小贷主要有淘宝贷款、阿里巴巴贷款和支付宝信用支付三种贷款服务。其中，淘宝贷款主要面向天猫、淘宝以及聚划算的卖家，分为订单贷款（0.05%/天）和信用贷款（0.06%/天）；阿里巴巴贷款主要面对阿里巴巴中国站或中国供应商等 B2B 会员，主要提供固定贷（0.05%/天）、循环贷（0.06%/天）业务；支付宝信用支付是 2013 年 5 月阿里巴巴金融联合银行推出的面向淘宝、天猫买家的消费金融服务。

阿里巴巴利用平台业务和支付宝积累下的国内最为丰富的中小企业、用户消费数据库和信用记录，通过云计算平台对客户信息的充分分析、挖掘，确实观测和把握了对客户的信用水平和还款能力，解决了传统金融行业小额贷款存在的信息不对称和流程复杂的问题。在小微金服的内部有一个"数据车间"，负责汇总并分析商户在淘宝上留存的数据，包括交易增长与波动率、店铺星级与流量、广告投入、社区行为等。这些数据被打包进阿里巴巴所开发的数百个

模型中，包括客户分层模型、收入预测模型、破产概率模型、风险预警模型等，由模型来自动分析、自动放贷。

为有效地控制贷款的质量，阿里巴巴小贷建立了多层次微贷风险预警和管理体系，对贷款从申请到回收进行了全程监控，以实现贷前、贷中、贷后三个环节的紧密结合。贷前，阿里巴巴小贷根据企业在平台上的经营数据和第三方认证数据，判断企业经营状况，做出是否允许贷款的决策；放贷过程中，支付宝和阿里巴巴云平台将实时监控商户交易状况和现金流，提供即时风险预警；贷后，阿里巴巴仍将通过平台监控企业经营动态和行为，通过贷后监控和网络店铺关停机制，控制贷款风险。一旦发觉有违约风险的出现，阿里巴巴小贷还可以通过支付宝随时截断客户的现金流。

截至 2012 年底，阿里巴巴小贷以 16 亿元的注册资金累计贷款了 260 多亿元，累计服务企业 20 万家，单日利息收入 100 万元，不良率为 0.9%。阿里巴巴小贷被冠以了"最赚钱的小贷公司"的称号。

余额宝是支付宝和天弘基金于 2013 年 6 月成立的货币基金。"如果银行不改变，我们就改变银行"，2013 年阿里巴巴在国内引爆了互联网金融的创新。天弘基金对余额宝收取 0.3% 的管理费，支付宝收取 0.25% 的销售费，银行收取 0.08% 的托管费，余额宝盈利模式需要的"存贷差"只有 0.63%。与商业银行 3% 的存贷差相比，余额宝可以用比银行更高的利率揽存，并以低于银行贷款的利率贷出。其竞争力来自 3 个方面：一是揽存成本低；二是因贷款对象是较为优质的客户，不需要高利率去覆盖风险；三是货币基金不需要准备金，运营成本低。

天弘基金在 2012 年的管理资产还不到 100 亿元。借助余额宝，天弘基金所管理资产在半年之中一飞冲天，已经超过 4000 亿元，一段时间里每日的资金流入达到让人瞠目的 200 亿元，以此一举成为中国最大的基金。余额宝对基金业的冲击非常之巨大，华夏基金 16 年辛勤耕耘出的市场第一的规模被余额宝半年超越。

在余额宝被推出后，百度、腾讯、网易、新浪、京东等均先后跟进推出了类似业务，也包括铜板街和盈盈理财这类的创业公司。2013 年 12 月，由余额宝引发的互联网金融大战进入白热化阶段。诸多互联网公司以此为突破口，展开一个个令人眼花缭乱、五花八门的赔钱赚吆喝式的营销大戏。先是百度"百发"再推 8% 产品，随后网易理财、天天基金网、数米基金网等也纷纷推出收益率超 8% 的货币基金营销补贴活动，其中网易"添金计划"的补贴力度最大，预计投资者能拿到的年收益率超 10%。

互联网金融趋势简析

数据显示，2011~2013 年互联网金融领域共发生 90 起投资事件（表 3-1），涉及企业 78 家，其中约 40 家企业被天使投资或首轮融资。从时间序列来看，2013 年出现爆发式增长，对比 2012 年，该领域投资案例数增长率为 64%。虽然获得融资的第三方支付企业数据跟 2011 年相比出现明显下降，但今年各细分领域都有企业获得融资。[①]

表 3-1 　2011~2013 年互联网金融行业被投企业数据整理

互联网金融细分行业	投资总金额（US$M）	案例数
P2P	99.6	8
第三方支付	704.8	29
金融 IT 服务	60	11
金融搜索及咨询	51	10
金融网销	494.6	7
理财计算 App	53	15
虚拟货币	6.8	6
众筹融资	1	4
总计	1470.7	90

P2P 业务（Peer to Peer）业务开始部分替代传统存贷款业务。P2P 业务是目前互联网金融行业中风控难度最大的业务。在原理上，互联网金融最大的优势在于它的高效和透明，P2P 网贷的出现就是为了跨过银行等多余环节，甩开银行这一环节，借贷双方通过 P2P 信贷平台发布信息，自主成交，融资成本大幅降低，投资收益大幅提升。这种模式的产生源于利率体系的僵化和金融机构的过度垄断使得面向个人和低评级企业客户的资金供需匹配效率较低。P2P 的资金需求方是信用良好但较难从传统金融机构获得资金支持的个人和小微企业；资金供给方是希望能获得较为固定收益率的普通投资者。

行业先锋资讯 Lend Academy 的创始人彼得·伦顿说，通过 P2P，历史上第一次个人投资者可以很容易地接触到消费者信贷类资产，可以利用这些平台建立的算法向陌生人提供贷款。对于借款人，得到一个更便捷的申请途径和更低的利率，也能从中受益。

P2P 从本质上直接跨越了银行这个媒介，即借款人在平台上发布借款标书，

[①] 2014 年中国互联网金融行业投资研究报告 [R]. 北京：清科研究中心，2014.

说明自己的借款用途和信用状况，投资人觉得合适，就通过银行直接把钱打入借款人的账户，这种一对一资金来往模式的法律关系非常明确，投资风险自担。一方面平台无须承担风险，实现了自我保护；另一方面投资者也无须承担平台老板携款跑路的风险。欧美国家的 P2P 几乎都是这种模式。在我国，仅有拍拍贷等极个别 P2P 平台还在坚持这种模式，绝大部分平台都提供了本金甚至利息担保，资金也并非直接打入借款人账户，而是由平台经手。如此一来，P2P 平台实际上还是承担着与银行相同的资金匹配和风险管理的职能，并通过资金期限错配等手段来获利。

彼得·伦顿说，P2P 借贷在未来的几十年，或者永远都不会发展到股市一样大的规模。但随着消费者和小企业信贷的发展，不考虑抵押贷款或房地产贷款，这个市场将有 3 万亿~3.5 万亿美元的规模。如果包括房地产，市场规模将达到 10 万亿~12 万亿美元。而且，这个市场将逐步完善，会有数以百万计的投资者来投资这一资产类别。

在一个借贷流程中，P2P 信贷公司负责对借款人的信用水平、经济效益、经营管理水平、发展前景等情况进行详细的考察，然后将信息提供给资金出借人，并收取账户管理费和服务费等。现阶段，按照平台责任大小，可分为三种：第一种是无担保在线模式，以拍拍贷为代表；第二种是有担保在线模式，以红岭创投为代表，是现阶段的主流；第三种是线下模式，以宜信为代表。

截至 2012 年 10 月，美国最大的 P2P 信贷公司 Lending Club 公司自 2007 年成立起共完成了 8.3 万次交易，涉及金额近 10 亿美元；美国首家 P2P 信贷公司 Prosper 也完成了超过 6.4 万次的互联网金融交易，涉及金额 4.2 亿美元，每年的增长一倍以上，利息的浮动空间为 5.6%~35.8%，违约率为 1.5%~10%。

我国 P2P 信贷公司的诞生和发展与世界同步，2007 年 8 月中国第一家 P2P 信贷公司——拍拍贷成立。截至 2012 年 12 月底，全国 P2P 信贷公司总共超过 300 家，行业交易总量高达 200 多亿元，其中排名靠前的 15 家 P2P 类网站交易额占到整个行业的 45% 左右，接近 70 亿元交易额。除拍拍贷以外，国内宜信、人人贷等小额网络贷款平台都是提供此类服务的代表性平台。

第三方支付和手机支付业务逐步开始替代传统支付业务。第三方支付是目前中国互联网金融众多模式中较为成熟和拥有最大市场规模的一种模式，其起源于客户对网络交易便捷性和安全性的需求。自 1999 年开始，国内就有服务于交易的支付网关模式。2003 年伴随网络购物和电子商务的兴起，第三方支付队伍开始壮大。同年，阿里巴巴旗下的第三方支付平台"支付宝"首创担保交易付款模式，解决了 C2C 模式下买卖双方的诚信问题。迅速崛起的支付宝成为了至今中国第一大第三方互联网支付企业。截至 2012 年底，我国共有 223 家支付企业获得了支付牌照。

经过十余年的发展，第三方支付的业务范围基本完全覆盖互联网支付、银行卡收单、数字电视及移动电话支付等，并开始服务细分行业如网购、航旅、网游、电信、车险、考试等传统支付领域，还逐渐扩展到基金支付服务、供应链金融服务、资产管理服务、外汇结算服务等领域，现在开始布局手机支付这一未来战略重地。第三方支付公司的主要收入来自于商户服务佣金、广告收入、金融增值性服务收费等。

随着移动通信设备的渗透率超过正规金融机构的网点或自助设备，及其与互联网和金融的结合，全球移动支付交易总金额以年均 42% 的速度增长，2016 年将达到 6169 亿美元。手机支付系统 M-Pesa 在肯尼亚的汇款业务已超过国内所有金融机构的总和，且已覆盖存贷款等基金金融服务，而且它并未由商业银行来运营。中国第三方支付的发展速度也同样惊人，据统计，2012 年中国第三方支付行业市场整体交易规模突破 10 万亿元，达到 104221 亿元，其中第三方移动市场交易规模达 1511.4 亿元。银联商务以 45.9% 的市场份额领先，支付宝凭借其在互联网支付领域的绝对优势紧随其后，汇付天下、通联支付、财付通分别占据第三方支付行业综合第三、第四、第五的位置。

众筹融资替代传统证券业务。众筹是集中大家的资金、能力和渠道为小企业或个人进行某项活动等提供必要的资金援助，是最近两年国外最热门的创业方向之一。

众筹融资最早源于 2009 年美国的成立网站 Kickstarter，是指项目和投资者通过网络直接对接。任何人都可以将自己的创业构想发给网站，经网站审核后发布，网友自愿给予资金支持，回报则是相应的产品或服务。众筹网站从成功项目中抽取一定比例的资金作为报酬。2012 年 4 月，美国通过 JOBS 法案（Jumpstart Our Business Startups Act），允许小企业通过众筹融资获得股权资本，这使得众筹融资替代部分传统证券业务成为可能。根据《福布斯》杂志报道的数据，截至 2013 年第二季度，全球范围内的众筹融资网站已经达到 1500 多家。

另外，在美国还有一个零售经纪平台 Robinhood，以股票交易零佣金、不设最低预付押金来吸引个人用户在移动终端上交易股票，抢走华尔街传统的股票经纪公司 Schwab、E-Trade 等的市场。同时，它还有订单流付款、保证金贷款、现金流利息等盈利手段及其他免费增值模式。

中国创办最早的众筹网站是 2011 年 7 月上线的"点名时间"，截至 2013 年 4 月，共有 7000 多个项目提案，近 700 个项目上线，接近一半项目已筹资成功并顺利发放回报，其中单个项目的最高筹资金额为 50 万元。另一家网站 51 资金项目网是最先以信息匹配为特征搭建成功的一个平台。截至目前，该网站已

为 1200 余家中小企业融资成功，融资总额高达 30 亿元。

中国的众筹网站还处于发展的初期阶段，目前网站不允许以股权、现金、利润分享等形式作为回报，创意项目收益周期长、成功率低，阻碍部分资金进入。由于法律体系的不健全，创意产权保护、信用风险监管也存在一定的问题。

在虚拟货币方面，比特币可能是一种泡沫。比特币是一种新的电子货币，其价格取决于其被人欣赏的程度。2013 年，每个比特币的价值从 10 美元涨到 1000 美元，泡沫的性质很大。比特币可以独立于政府运作，但这也让其变成了投机者的天堂，造成了市场的混乱。从历史的角度看，比特币或许是一种好货币，目前确实需要更好的支付系统。

比特币（Bitcoin）是一种由开源的 P2P 软体产生的电子货币，是一种网络虚拟货币，其产生机制源自最初的规则，这种规则依赖于所有生产和寄存比特币的网络，是一种自动调整的算法——每 10 分钟向网络释放 50 个比特币（现在是 25 个），并逐步减半。比特币不依靠特定货币机构发行，它通过特定算法的大量计算产生，比特币经济使用整个 P2P 网络中众多节点构成的分布式数据库来确认并记录所有的交易行为。

比特币与现实货币的最主要区别实际上就是其去中心化的定位。不存在发行银行、不存在政府信用，开发者引出了概念和手段，之后比特币就进入了自生自灭、自我成长的阶段。没有一个集中的发行方，而是由网络节点的计算生成，谁都有可能参与比特币的制造；它的交易价格也很容易受外界影响而大幅波动。建立在使用者信用基础上的货币，意味着如果这一基础快速覆灭，那么比特币的价值将还不如白纸。

比特币被加速推广的重要因素是其作为流通货币，具备现实货币的流通方便、难以伪造、高度标准化几大基本要素，并拥有现实货币所不具备总量恒定、去中心化的优点。比特币在全世界流通，可以在任意一台接入互联网的电脑上买卖，不管身处何方，任何人都可以挖掘、购买、出售或收取比特币。根据程序算法，全世界比特币的总量到 2140 年将达到上限，为 2100 万个。

由于比特币不具备财务健全的发行机构，没有价值基础。这也是其可能成为泡沫的主要原因。比特币除了面临黑客攻击以外，世界各国政府都在不同程度上限制比特币的发展，特别是对目前拥有世界货币地位的美国来说，比特币实际上带来的不仅是金融稳定、黑市洗钱等问题，如果任由其发展甚至将威胁到美元的地位。

Ripple Labs：2014 年 3 月，在哈佛大学举办的 PYMNTS 创新大赛上进行了一场互联网金融领域的企业评选，该活动已经连续举办三届，在业内具有较高的影响力，今年参赛的企业包括 Loop、Lending Club、Bitcoin 等广为人知的互联网金融巨头。一家小型创业公司 Ripple Labs 却拔得头筹，同时赢得"最具颠覆性公司"和"最佳新科技"两个奖项。不久前，在 MIT Technology Review 评选的 2014 年全球五十大最智慧的公司中，Ripple Labs 公司也和特斯拉、谷歌、三星等大公司一同榜上有名。

目前 Ripple Labs 公司团队成员一共有 40 多人，其两位创始人均为互联网金融的鼻祖级人物，克里斯·拉森（Chris Larsen）是全球第一家 P2P 信贷公司 Prosper 和互联网银行 E-Loan 的创始人，杰德·迈克卡勒伯（Jed McCaleb）则是全球最大的比特币交易平台 Mt.Gox 以及电驴的创始人。他们在位于旧金山市区的四层小楼内，试图用一个叫 Ripple 的底层协议，让不同货币自由、免费、零延时进行汇兑，进行一场"价值网络革命"。拉森表示，"我一直希望开发全新的货币系统，从而让金融真正步入数字时代"。

Ripple 的自我定义为："Ripple 支付网络允许任何货币在任何人之间流通，它的建立基于互联网的基本理念：人人免费，人人可触及，不属于任何人，将整个世界链接在同一个网络内。"Ripple 不仅是一个协议系统，而且同时拥有自己的基础货币，即 XRP（瑞波币）。

比如：我们要给在美国的朋友汇钱。在过去，要先把人民币兑换成美元，并支付一定的电汇费用，两天后才到账。通过 Ripple，我们直接存入人民币，几秒钟之后，在美国的朋友就能收到相应的美元，而这一切完全是免费的。在美国的朋友即刻收到的这笔美元，并不是我们发出的那笔人民币，而是和股票市场类似，在我们放入人民币的同时，在世界的某个角落有人放入了一笔美元，双方在 Ripple 系统中自动"握手"，完成兑换交易。

Ripple 的崭新理念也吸引了无数风投的青睐，目前已经获得谷歌风险投资公司、安德森霍洛维茨公司、IDG 资本、FF 天使、光速创投、Bitcoin 机会基金及 Vast Ventures 公司的投资。

Ripple 协议已跨入了 SWIFT 2.0 时代。

SWIFT 是指环球同业银行金融电信协会，加入 SWIFT 的银行可以标准、快捷、可靠地进行不同货币之间的清算，目前全世界已有超过 200 个国家的 7000 多个银行在使用 SWIFT 协议。

Ripple 协议的面向范围则更大，它不仅可以处理现有的各国法定货币，同时可以处理包括比特币在内的虚拟货币，甚至可以处理商户积分、电话分钟数等有价物，搭建一个完全自由流通转换的"价值网络"。所以，拉森将 Ripple 协议称作"SWIFT 2.0"。

拉森说："最初，不同系统 E-mail 之间是不通的，只能在自己的系统内互发。而 SMTP（简单邮件传输协议）则让所有 E-mail 连通，http（超文本协议）

让所有的网站信息互通。Ripple 协议是在价值网络内做类似的事情，让金钱在不同系统之间快速和免费运转。这让转钱和汇兑就像发送 E-mail 一样便捷。事实上，人们现在已经在通过 Ripple 进行外汇交易、跨境划拨款项、转账支付。"

Ripple 网络是一个共享的公开数据库。这个数据库中有记录的账号和结余的总账。任何人都可阅读这些总账，也可读取 Ripple 网络中的所有交易活动记录。

在 Ripple 协议中，有两个核心概念，一是扮演终端的"网关"，二是扮演媒介货币的"XRP"。

网关是 Ripple 网络中资金进出的大门。Ripple 网络中的货币余额只能通过特定的网关来提取，相当于 SWIFT 协议中的银行。和传统的银行相似，但不同的是，任何访问 Ripple 网络的商家都可以成为网关。网关可以是银行、货币兑换商乃至任何金融机构。在 Ripple 人的眼中，未来的世界将由成千上万的网关构成。网关之间都是自动"握手"的，网关越多，参与的人越多，流转的货币越多，这个协议才能更繁荣。

目前，全世界仅有 15 家 Ripple 网关，现在的这 15 家网关并没有明确的分类，但今后网关将更趋向于按照地区货币种类分类，例如在 A 国的网关主要把 A 国货币端口做好。其中，中国占了三家，分别是瑞博汇通（RippleCN）、XRPChina 和 RippleChina。目前，这些网关都属于起步测试阶段，从 2013 年底的峰值数据来看，中国网关的资金流量每月大约为 6000 万元人民币。

目前，网关的质量把控还是个问题。Ripple 本身是一个底层协议，Ripple Labs 会给有兴趣的网关提供技术支持，保证他们所需的源代码。但 Ripple Labs 对这些网关并没有中央管理的职能，对他们的行为也不负责。未来将随着协议的成熟，由市场对网关优胜劣汰。

我国的 XRPChina 成立于 2013 年 5 月，创始人张银海希望借助 Ripple 成为中国乃至世界第一家非中心化的交易所，目前网关拥有 5800 多个注册用户。计划在 3 个领域拓展网关业务。首先是做通道业务，就像交易所一样，买卖各种货币和有价物；其次是利用 Ripple 免费快捷的平台做汇兑业务；最后是做资产管理，设计一些理财和证券产品，因为 Ripple 的账本是透明公开的，每笔账目都能找到始作者，因此做资金管理更加具有安全性。目前，汇兑业务和资管业务还在试验阶段，包括 XRPChina 在内的中国网关更多是用于虚拟货币交易平台。

疯狂瑞波币的设计并不具备货币的储藏价值，它存在的目的只有两个：安全和货币媒介。

在安全方面，与其他电子系统类似，在 Ripple 系统中恶意攻击者可以制造大量的"垃圾账目"试图造成网络瘫痪。为了保护网络不受滥用的巨量账目条目攻击，每个 Ripple 账户都需要持有少量的 XRP 储备才能制造新的总账条目。

目前，这一储备的要求是 25XRP（当前价值约 0.5 美元），同时每进行一次交易，就会减少 0.00001XRP（大约等于十万分之一美分）。这一要求对普通用户忽略不计，但可以防止攻击者制造海量的虚假账户在网络中制造垃圾。因此，销毁 XRP 制度可以让攻击者迅速"破产"，从而保护网络的正常运作。

在媒介货币方面，XRP 将全世界的货币和等价物串在一起。尽管 XRP 设计的初衷并不具备储藏价值，但随着发烧友对虚拟货币的追捧，XRP 的价格也在被炒高。2012 年从 1 厘 2 涨到 5 毛多人民币，相当于上涨了 300 多倍，比比特币的 89 倍还要惊人，也有很多人在网关平台上买卖 XRP。

拉森说，他最初是被比特币启发了灵感，认为可以做一些超越比特币本身的事。因此，他和迈克卡勒伯合作创立了 Ripple Labs，并且开发出 Ripple 协议。但 XRP 是 Ripple 服务系统的基础货币，是虚拟币的补充，而非竞争对手。

瑞波币与比特币的差异（可以画一张表更清晰）：和曾经高达 8000 美元的比特币相比，一个 XRP 目前仅仅价值 0.015 美元。比特币本身有储藏价值，而 XRP 只是媒介货币，在理论上人们持有 XRP 只是在两种货币兑换中的一瞬间。从算法和发行方式来说，比特币属于完全分布式，每个人都可以成为"矿工"挖掘比特币，而"挖矿"属于完全无意义的计算机运算；而 XRP 的算法和发行完全掌握在 Ripple 公司手中，任何人无法创造、篡改和复制。由于 Ripple 不使用挖矿机制，因此 Ripple 并不需要大量的计算机算力工作来确认交易，从而省下了大量的资源与能量。

从数量方面来说，比特币的总量在增加，而 XRP 的数量则基本固定。Ripple 公司创造出 1000 亿个 XRP，计划最终对外发行其中的 55%，并承诺永不增发。如前文所述，用户在每次交易时需花费 0.00001 个 XRP，这些 XRP 随着交易的进行自动销毁，因此长期来说，XRP 总量在以非常缓慢的速度递减。"总量不增意味着无通胀，一个数量有限的货币比数量不断变化的货币更加容易估值。"Ripple 公司网页上如此解释。

从货币的意义来说，比特币的野心在于取代被国家控制的法定货币体系，达到货币去中心化的目的；而 XRP 作为 Ripple 公司的基础货币，意在降低不同货币的结算费用，降低跨国交易成本。"在 Ripple 系统下，任何货币的交易都很便捷，但 XRP 是最便捷的一个，XRP 支付和现金支付一样便捷。"孙宇晨表示。

作为交易平台，Ripple 的涵盖范围也远广于比特币平台。"Ripple 协议支持任何货币和有价物，从各国法定货币到各种虚拟货币，甚至包括手机通话时长、商户积分等。相比之下，比特币平台只能允许比特币流通。"拉森表示。

道格拉斯·亚当斯的小说《银河系漫游指南》中写到了一种巴别鱼。如果你把一条巴别鱼塞进耳朵，你就能立刻理解以任何形式的语言对你说的任何事情，

就像同声传译机一样。

瑞波币成为"货币巴别鱼"的理想和现实之间还有未扫清的障碍。但从技术层面来讲，Ripple 是比 SWIFT 更先进的底层协议。不考虑监管因素，Ripple 至少从技术上能够让跨国跨货币汇款变得更加快捷、低廉。

假如 Ripple 人的梦想成真，对于各国而言相当于实现了货币可自由兑换。任何人想要兑换外汇，不再需要通过银行和外管局，只要随便登入一家 Ripple 网关即可自行操作完成。拉森表示 Ripple 协议在设计时考虑到了监管因素，目前正在和全球监管机构积极沟通，从而使 Ripple 符合各国监管门槛。

"Ripple 将主要成为金钱流通管道上的基础设施。我们不认为普通大众需要懂 Ripple。"拉森说，银行和金融机构将在 Ripple 上充当网关角色，就像现在他们在 ACH 和 SEPA 系统中作为网关一样。消费者可通过和现有的金融机构，以及未来的第三方应用来体验 Ripple。

"如果一定说 Ripple 将淘汰什么，那我想将是 SWIFT、ACH、SEPA 等类似的银行间转账协议。"拉森说。不久的将来会有这样一场革命，也许是 Ripple，也许是另一家类似的公司，但总会有人打破现在的货币流通方式。

互联网经济正塑造出日新月异的经济版图和商业生态，银行、互联网企业、生活服务商等正在逐步融合业务边界。可以预见，在这场互联网金融的变革中，谁能率先觉醒，找准定位，率先彻底融入互联网商业生态圈，谁将抢占转型先机，赢得未来的竞争。

在互联网跨界金融的领域里，众多的商业模式正在被探索中。有一些疑惑是所有人都渴望获得解答的：互联网到底会给传统金融带来多大的冲击？互联网跨界金融，究竟只是形成了与传统金融业态互补的新兴金融模式，还是以新手段替代传统金融的部分功能？是否会出现一种既不同于商业银行间接融资，也不同于资本市场直接融资的第三种金融融资模式，即"互联网金融直接融资市场"或"互联网金融模式"？

传统金融业如何应对

银行业

互联网企业已深入支付结算和信贷这两项银行核心业务，不甘退居后端的银行为增进客户黏合度，也向电商、移动支付等领域发展。一方面，个人和企业客户开始在网上或手机终端办理业务，电子钱包、网上银行渐渐代替传统柜台业务；另一方面，银行自营电商平台或与传统电商平台合作，销售银行金融产品，并介入面向个人的在线信贷服务和面向企业的全产业链融资服务及其他增值服务，如建行推出的"善融商务"，囊括了个人和企业两个平台，为他们提供全方位的金融服务。

商业银行要构建门户、商务、移动、社交结合的互联网金融生态圈。

门户金融方面：商业银行要依托互联网平台，要以手机银行为基础，发挥移动终端的便利性，建设内容丰富、流程简洁、使用方便的金融便利店。

电商金融方面：要促进银行与客户的深度融合，为核心企业和上下游企业提供覆盖销售、采购、融资等配套专业化金融服务，打造银行特色的商务金融新生态。构建供应链金融。针对上下游型企业，为其电商提供集供应链管理、多渠道支付结算、线上线下协同发展、云服务等于一体的定制化商务金融综合服务，帮助企业打通实体渠道与网络销售、订单采集与资金收付、生产经营与市场营销的平台，实现对自身以及供应链上下游企业财务结算、采购销售、营销配送等的全方位管理。企业商圈金融，商业银行搭建电商金融增值服务平台，为交易市场型客户提供全产业链电子商务销售和支付结算服务，以及在线融资、集团理财等配套金融服务。

移动金融方面：以拓展掌上银行移动应用为基础，以移动支付和移动商务为核心，把掌上银行打造成移动金融和生活商务的主门户。充分发挥移动互联网社交、位置、移动三大特性，搭建在线金融、移动支付、商务应用和营销资讯等业务应用群，建设"四位一体"的移动金融平台。加快研发 NFC、SIM、SD 卡多形态、多种模式的移动支付产品，与银联、终端厂商、技术提供商和硬件提供商展开合作，深度挖掘手机二维码、手机刷卡器（掌 e 付）等现场支付方式的行业应用场景，推进非金融 IC 卡模式的移动支付业务发展。

社交金融方面：搭建基于多方互动的自有社交金融平台，创造融社交网络、在线金融和创新服务于一身的客户体验，客户凭已注册的消息服务的手机号、微博、微信号等均可直接登录银行社区，并建立互动的好友圈。基于官方微信和微博，推出微信银行、微博便捷支付、微信便捷支付、微信电子账单、微信动账通知等功能和产品；在主流电商平台建立产品旗舰店，在线开放自有贵金属、理财产品、贷记卡等产品的申购、预约等业务办理，提供在线团购和在线咨询服务；推出面向企业财务人员的企业版微信银行、掌上银行客户端，将现有财务顾问系统移植到移动终端。

目前，邮储银行微博银行、微信银行和易信银行 3 款互联网金融产品已经同台亮相。正在与阿里巴巴合作的来往银行也即将与公众见面，未来将加快发展电子银行渠道，打造互联网金融特色银行，推出定制化的互联网金融产品。

证券业

目前互联网已成为券商和基金公司的新型营销和服务渠道。目前较为流行的做法有：第一，基金公司除借助商业银行网上银行和证券公司网上营业厅代销外，还自建电商平台或入驻已有电商平台进行直销，拓展基金销售渠道，面向更广大的投资群体，提供多样化营销方式。具有典型代表性的如天弘基金与支付宝合作推出的"余额宝"产品，实质就是基金公司通过与支付宝平台合作推出类似货币基金的投资产品的同时，利用支付宝平台作为其营销渠道；而支付宝平台则通过资金形态的转化，很好地实现了支付沉淀资金的合规要求。第二，券商通过嵌入电商平台或者自主开发电子商务，开展网上开户和理财产品网上销售等业务。截至 2013 年 3 月，经纪业务收入排名前 30 的券商中超过80% 已和天猫、百度以及京东等大型电商接触和沟通，探索与电商合作开展业务的可能性。

2013 年 3 月 27 日，中山证券宣布与腾讯合作开发推出"零佣通"产品，提供证券交易零佣金的产品。此举将之前备受争议的券商"零佣金"从网络端转入移动端，互联网对证券业的颠覆因此再次被深入推进。中山证券表示，"零佣通"主打手机开户零佣金，投资者在 3 个月推广期内，享有沪、深、美港实时股票行情服务的同时，可通过手机开立证券账户享有证券交易零佣金。"零佣金"指手机开户之后，在沪深交易所买卖交易股票、基金、债券时，仅收取交易所手续费、过户费等无法避免的规费，证券公司自身不收取交易费用。

规费是指证券交易监管费、沪深证券交易所证券交易经手费、登记结算公司过户费等费用总和。据悉，在证券交易中，证管费是直接交给财政，大概是在万分之零点二；交给交易所的经手费在万分之零点六，交给中国结算是万分之零点三，加起来差不多万分之零点九，这就是所谓的"规费"。

除"零佣通"外，中山证券与腾讯此次还推出基于互联网平台的"小贷通"金融服务。"小贷通"定位于互联网平台的小额股票质押贷款，起点门槛低至5000 元，2 日内放款。拥有融资需求的证券投资者，在中山证券网站发起申请，即可通过股票质押获得贷款，利率适中，期限灵活。与当前券商动辄百万元起点的质押贷款相比，"小贷通"贷款为中小证券投资者提供了十分便捷的融资服务。

保险业

截至 2013 年 3 月，国内的网络保险规模达到 300 多亿元，但网上保险直销占整个保险销售渠道的比例还不足 5%。平安集团作为应用互联网金融模式的引领者，除了建立自己的网上销售平台，也早在 2010 年入股电商网站 1 号店时，进行了一些探索：如将下属平安药网和平安医网嵌入 1 号店平台，并协助后者取得了"网上卖药"的牌照。平安本希望基于保险业务的信息网，构建属于自己的健康产业链，但由于计划过于创新，健康险的理赔数据和报销流程短时间难以与网络对接，又没有相应指导，计划并未实现。

竞争新方式："打车大战"的另一种解读视角

"嘀嘀" pk "快的"①

2014 年春节前后，在众多一线、二线城市生活的人们开始习惯用两个打车应用："快的打车"和"嘀嘀打车"。春节前后最火的事中不能忽略了嘀嘀与快的的"打车大战"。

有段时间，网上广为流传的有一个段子："如今打车分六党，嘀嘀党、快的党、嘀嘀快的党、电招党、路边招手党、迟迟打不着车转乘公交地铁党。"生动形象地反映了出租车行业的现状。"嘀嘀党"是使用嘀嘀打车软件的消费者，"快的党"是使用快的打车软件的消费者，"电招党"是通过电话预定出租车的消费者，这三者分别代表着腾讯、阿里巴巴和出租车公司的利益。

嘀嘀打车软件背后团队是北京小桔科技有限公司。从北京发迹，包括昆明、南宁等城市在内，覆盖城市有 23 个，全国乘客端下载量达 740 万，注册司机 13 万。根据艾瑞咨询统计，全国范围内，嘀嘀的实际覆盖人数和软件使用次数都处于打车软件市场的领先地位，市场份额已经超过 60%。2014 年 1 月 6 日下午，嘀嘀打车宣布独家接入微信，支持通过微信实现叫车和支付。

快的打车由杭州快智科技有限公司研发，在杭州，快的仍然是市场份额最大的打车软件。从全国来看，市场份额已超过 40%，覆盖城市达 30 个，是市场上覆盖面最广的打车软件。2013 年 8 月，快的打车接入支付宝，成为全国唯一一家可以通过支付宝在线支付全部打车费用的打车 APP，当月快的打车用户下载量超过一千万，司机数量超过 20 万。

---

① 快的打车和嘀嘀打车"烧钱大战"仍继续 ［EB/OL］. http://www.chinairn.com/news/20140312/115302636.html，2014-03-12.

打车大战开始，出租车行业出现了很大的变化——凡是用快的或嘀嘀打车和接单的用户及司机每单都会获得 10~20 元不等的补贴，"快的"更是一度保证，永远比同行"多补贴一块钱"，自此两方拉开了"请全国人民打车"的"烧钱"大战（图 3-4）。

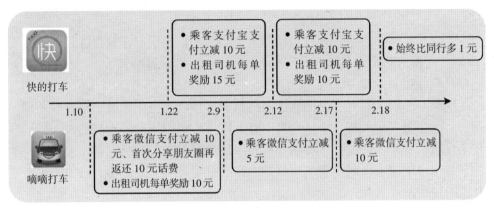

图 3-4 快的打车与嘀嘀打车大战

1 月 10 日，嘀嘀和微信投入 4 亿元进行第一轮推广。腾讯宣称，使用它投资的打车软件"嘀嘀打车"进行叫车，且使用微信支付，用户每单立减 10 元（每日 3 笔封顶），司机每单获得 10 元的奖励（每日 5 笔封顶）。

紧接着，阿里巴巴 1 月 20 日宣布，使用它投资的快的打车软件进行叫车，且使用支付宝钱包支付，用户每单立减 10 元（每日 2 笔封顶），司机每单获得 10 元的奖励（每日 5 笔封顶）。

这掀起了两大打车软件间价格战的序幕。

1 月 21 日，阿里巴巴方面突然宣布，将追加 5 亿元，用于提高对接单司机的奖励。阿里追加投入后，接单司机的奖励由此前一天规定的 10 元/单，增至 15 元/单（每日 5 笔封顶），用户奖励不变。此外，每天还有 10001 个随机双向免单机会，只要被抽中，乘客和司机都能获得当次打车款等额的现金返还，且免单金额上不封顶。

农历新年过后，腾讯又表示，嘀嘀打车将司机和乘客的奖励额度均降至 5 元，快的保持不变。然而，不到一周，在 2 月 18 日，"烧钱战"再度升级，嘀嘀微信宣布追加 10 亿元重磅出击，不仅将给予司机的奖励恢复至 10 元，乘客的奖励更是升至 12 元至 20 元。

从 1 月 10 日到 2 月 10 日短短一个月时间内，嘀嘀和快的两方总共"烧"了数十亿元。

2014年2月18日零时起，嘀嘀打车开启"游戏补贴"模式，使用嘀嘀打车并且微信支付车费，最高可获得20元补贴。快的打车2014年2月18日起升级补贴方案：使用快的打车并用支付宝扫码支付的乘客每单返现11元；司机用App收款，北京、杭州、合肥三地首单奖励50元。2014年2月18日，快的表示从下午1点开始，用快的打车以支付宝付款每单最少给乘客减免13元，每天2次。

此前，只有司机会得到打车软件的补贴，用户使用打车软件往往都是需要"加价"才能打到车，然而，此次却是打车软件哭着喊着贴钱给用户和司机，如此赔钱赚吆喝是为哪般？

这两个分别背靠阿里巴巴和腾讯的打车软件，因为出手数十亿补贴乘客与司机，迅速聚拢了人气。在这个移动互联网大数据的年代，人们的现实生活发生着巨大的变革。快的打车和嘀嘀打车用经济补贴吸引目标人群，通过支付构建了线上线下闭环，培养了用户习惯，拓展了移动支付，还为后续更多生活场景金融应用的导入搭建起支付入口。

出租车行业的三流替代

出租车行业的核心有三点：需求定位、信息调度、支付手段。

在手机里打开一款打车软件，直接说出出发地和目的地，剩下需要做的便是等待出租车的到来。在北京，这种新型的打车方式已经成为不少人出行的首要选择。

首先，从需求定位上，打车软件的主要特点就是需求匹配，信息对称。传统街边打车模式中，乘客只能等候，不清楚附近空车的情况，等候时间具有很强的不确定性；司机在行驶过程中也不知道客户在哪儿，空驶率较高；由于不清楚乘客准备去哪儿，交班前遇到南辕北辙的需求可能引发较高的拒载率。而应用打车软件后，客户需求一旦发起，其位置信息、手机号码，目的地信息均可以同时推送到司机端，客户能及时了解到自己的需求能否得到响应，从而有计划地调整自己的出行安排；司机可以及时地定位最近的客户需求，降低空驶率；同时也可以尽可能选择与交班方向一致的乘客，不会再有拒载的情况发生。

其次，从信息调度上讲，一方面打车软件与GPS定位地图、支付工具紧密结合，本身具备起点精准定位、即时追踪距离、智能推送功能，另一方面还构建了乘客信息交互平台。乘客可以语音对讲发单、手工输入发单、高峰期加小费，诸多创新功能极大地丰富了乘客与司机之间的互动；同时引入评价机制，通过让司机和乘客互评的形式来形成互信友善的氛围。提供服务的司机等同于

"卖家"，"买家"乘客可评价服务为好评，差评或违约；而司机对乘客，有一个简单明快的"违约"按钮。

最后，从资金流来说，与传统街边打车、电话叫车付现金不同，移动互联网提供了丰富的支付手段。嘀嘀打车通过微信支付直接与银行卡进行绑定，快的打车可以直接用支付宝支付；用户一定程度上省去了取款的麻烦，钱包功能被进一步简化；司机也可以避免假钞的困扰，也省去了找零的环节。

打车软件的发展

打车软件在英国和美国早有试水。英国的 Hailo 首先以提供出租车信息平台的模式获得 3000 万美元的风投。美国的 Uber 获得了亚马逊和高盛的投资，Uber 的服务很简单，用户在手机上通过 Uber 客户端叫车，司机接到订单后提供服务，打车费用从关联信用卡中直接扣除。日本从 2011 年推出智能手机的便捷叫车服务，乘客下载叫车软件，可以在手机上设定乘车的起始地，对于语言不通的外国乘客、残疾人等不容易用语言沟通的乘客来也非常方便，但这种服务有一些是需要另外付费的。

2013 年，中国社会科学院马克思主义研究院、华图政信公共管理研究院、社会科学文献出版社联合发布 2013 年《公共服务蓝皮书》，问卷调查显示，在全国范围内，打车难情况更趋严重，打车时间越来越长。2013 年，等待十分钟以上的情况达 68.60%。打车最容易的 10 个城市依次是天津、上海、拉萨、深圳、大连、长沙、南京、青岛、银川、南昌，天津打车便捷度位列第一。

北京市交通信息中心主任黄建玲表示，出租车的预约服务和叫车服务是一个发展的趋势，也是防止交通拥堵和节能减排很好的方式。"尤其是随着智能手机的普及，叫车服务从电话、网站向手机延伸已成为必然趋势"。

未来 3 年，北京市将继续实施出租汽车总量调控政策，不再增加数量，打车难将持续。截至 2011 年，北京出租车公司 200 多家，出租车总量 6.66 万辆。北京具有一些出租汽车叫车电话，比如北京市出租汽车调度中心的 961001，北京银建集团出租汽车调度中心的 96103 等；叫车成功后，每次收取服务费 3 元，由出租司机代收，叫车不成功不收费。已经入网电话叫车服务中心的出租车仅有 4 万多辆。

当"打车难"遇到移动互联网，打车软件迎来了"疯狂"的增长。国内第一款手机打车软件——摇摇招车上线 App Store 在 2012 年 3 月，创始人为王炜建。2012 年前后，嘀嘀打车、易打车、打车小秘和快的打车也涌现出来。相关机构发布的报告显示，截至 2013 年 5 月 7 日，安卓平台上 11 家主流应用商店

的打车类软件客户端总体下载量已超过百万，用户主要集中在北上广等一线城市。百度地图、阿里巴巴、支付宝、去哪儿网都对打车软件提供接入服务。

摇摇招车："小小的摇摇招车，有改变世界的梦想。"这一句话被印在摇摇招车办公大厅的主墙面上，该公司创始人兼 CEO 王炜建坦言，创业灵感来自于生活中的画面。王炜建介绍："我脑中总会浮现一些场景，当朋友聚会对方还没来时，你打电话问在哪，他总会说马上就到，其实还有好长一段距离，但当手机有了 GPS 监控功能后就能看到对方的位置。"2010 年移动互联网迅猛发展，他决定用软件来解决一些问题。作为最早一批打车软件，摇摇招车和同行们还担负着培育市场的工作。为了让司机师傅们接受这个软件，王炜建组织过一场又一场的宣讲会。2012 年 3 月，国内第一款手机打车软件——摇摇招车上线App Store，三天后，会员数量超过 5000；到 2013 年冬天，摇摇招车拥有了十几万的用户。

目前，打车类软件已超过 30 个，在广东地区就有嘀嘀打车、快的打车、摇摇招车、手机召车、e 达招车、大黄蜂打车、嘟嘟叫车等 10 多个打车 App（图 3-5），并已形成了"北嘀嘀，南快的"的大致格局，而这个新兴行业烧钱速度也飞快，据估算，仅这两家公司，一年支出就近亿元。

图 3-5　打车软件

打车软件经过长时间的用户争夺战之后，渐渐走上差异化服务的道路。除了都和百度、高德等地图软件合作，将打车服务内嵌到地图中外，还想方设法提供其他增值服务。

2014 年 4 月开始，嘀嘀与腾讯、去哪儿网、诺基亚等分别达成了深度合作，并在去哪儿网的新版手机软件中提供乘机助手服务。用户通过去哪儿预订机票后，系统会自动询问用户是否需要预订送机服务，然后将用户的出发地和目的地发送到嘀嘀打车的司机端。嘀嘀打车也是目前市场上唯一一款拥有Windows Phone版本的打车软件，还设计了诺基亚专属版本。

背靠互联网另一座大山阿里巴巴的快的打车则推出了支付宝付车费服务。此外，据媒体爆料，针对乘客单方面爽约问题，支付宝与华泰财险合作了一款类似于淘宝退货运费险的保险产品，将要置入快的打车。快的打车CEO赵冬透露，将来会考虑让乘客预付车费到支付宝里，做类似于淘宝的支付宝担保服务，但提前付费有门槛，需要筛选信誉高的司机。快的也是第一个增加"加价功能"的打车软件。下单时，乘客可以自愿选择给司机加小费。嘀嘀最多可以加价20元，快的可以加到50元，"但是乘客语音叫车时可以随便加价，加到100元都有。"刘师傅介绍。

当下，各路打车软件仍在各地加足马力，抢夺市场。刘师傅在广州做了8年的出租车司机。2013年4月，嘀嘀打车的地推团队主动帮他装上了嘀嘀打车软件，并赠送了车载充电器、数据线等小礼品。地推人员还就地手把手地传授如何使用软件接单。

随后，快的打车和大黄蜂打车也找上刘师傅。"刚开始的时候，嘀嘀不用接单，只要每天在线6个小时以上，每星期就可获得40块钱的话费奖励。快的也差不多。大黄蜂则是需每个星期累计挂满36小时，就有20元话费补贴。"由于大黄蜂司机端只支持安卓系统，刘师傅在另外一部安卓手机上装载了大黄蜂软件。

在数月之后，嘀嘀和快的改变奖励方式，要求司机接单后才可获得奖励。每接一单，最高奖励100元，最低10元。司机可以到嘀嘀广州分公司领取购物卡或者现金，也可以选择用来充话费，快的打车直接打到司机的银行账户上。

除了上述奖励措施，每周抢单数量第一的司机可获奖励一台彩电。推荐一个司机安装嘀嘀打车就有25元奖励，推荐一个乘客安装就有10元奖励。有了打车软件后，出租车的空驶率下降了，"不用到处乱兜找客"，司机接单也有了选择性。"比如交接班的时候就可以只接顺路的单，再也不怕被乘客投诉拒载了。"不少师傅反映。

交通高峰时期城市拥堵，打车难的问题并没有得到完全解决，司机能完成的单数和平时一样。非高峰时期，司机在手机上抢完单后，路边即使有客也不能拉，只能等着叫单的那位客人，不能轻易爽约。所以，大部分司机表示，还是会像以前一样主要拉路边的客，除非是看到顺路的单才会抢一下。为了不让司机或者乘客爽约，打车软件建立了诚信机制，爽约被投诉达三次，无论是司机还是乘客都会被封号。

打车软件面临的风险

目前打车软件主要面临的风险主要有三个方面，一是"用户地基"还没有打稳，二是安全风险，三是政府监管甚至叫停的风险。

目前打车软件的用户存在较强的不确定性。从互联网产品的使用出发，用户基数大，盈利模式自然便会出现，比如广告收入、通过司机用户抽成等。嘀嘀打车运营副总裁张晶表示，从"诱之以利"让更多的用户尝试使用，到"理性补贴"试探用户习惯养成，目前良性用户正在沉淀，然而真正能换来多少沉淀用户还难以判断。

如果仅仅从数字上看，"烧钱战"是卓有成效的。嘀嘀打车的用户突破了4000万，较活动前增长了一倍。用户黏性才是关键，未来一旦补贴停止，用户是否还会继续使用是打车软件所需要考虑的难题。

在"烧钱战"结束后，虽然快的和嘀嘀可能会经历一段下行期，但总体还是比较乐观，尤其对于司机用户而言，可以缓解信息不对称的问题。"以往司机看到路上有人扬招就会停下来，但他并不知道他会去哪里，有时司机正想下班回家，又想在回家路上拉顺路的乘客做点生意，但路上招呼的乘客所去的地方又是反方向，停下来后若不拉客又变成是拒载，而打车软件则很好地解决了这个问题。"

据快的相关负责人透露，快的实行了一个用户积分和等级模式，若补贴结束，用户可以根据积分兑换电影票、代金券等产品，而嘀嘀方面也推出了游戏战备补贴，如赠送时下微信游戏"全民飞机大战"中的高端战机一架等。

易观国际分析认为，预计在一年之内，打车 App 行业烧钱情况将持续，直到盈利模式更为清晰。"继续补贴一段时间或许是不错的选择，一来可以培养用户的支付习惯，等到用户认可并喜爱上这种不用找零的移动支付习惯后，也许打车软件的光明就不远了。"等到真正盈利可能还要至少两三年呢。因为需要时间来培养用户，积累大量数据。当用户量达到 20%~30% 时，可能会开始盈利，而具体时间现在还不好预见。

安全问题也是一个随时可能会被引爆的重磅炸弹。使用打车软件的过程中，由于出租车司机需要通过"打车软件"进行接单交易，就免不了在驾驶的过程中频繁使用手机，往往一辆出租车上会装 2~3 部手机，有的被吸在玻璃上，有的被摆在汽车前窗的下方，司机们一会按这个，一会按另一个，这种行为会让乘客对自己的安全感到担忧。

事实上，这种行为已经违反了现行的法律法规。2013 年新修订的《机动车驾驶证申领和使用规定》中也对此进行了明确：驾驶机动车有拨打、接听手持电话等妨碍安全驾驶行为的，一次记 2 分。而交管部门的统计数据也说明，在开车时打电话、发短信发生恶性事故的概率会暴增 20 多倍。

目前，各地政府也正着手规范打车软件使用情况及乘客加价行为。

近期政府已经有了介入打车软件行业的意向，快的打车 COO 赵冬说："各地政府都认为打车软件确实可以解决一部分打车难的问题，他们也想把这项便民服务做好，我们也在积极配合，接下来会做技术对接。政府建立一个统一的叫车平台规则，在这个规则下，各个软件再发展各自的用户。"嘀嘀打车的陈志伟说："更希望政府针对目前的恶性竞争起到监管和规范的作用。"

2013 年 5 月，深圳市交委甚至紧急叫停打车软件，称打车软件还不成熟，影响监管，但打车软件仍在深圳低调运行。部分城市确实已经不允许加价，加价的订单一般不超过 10%。

北京交通委运输局表示，为保证出租车运营安全，每辆出租车只允许安装一个手机叫车终端。2013 年 7 月，北京市出台了《出租汽车手机电召服务管理实施细则》，广告和此前的加价模式均被否定。另外，自由选择的小费改为统一的 5 元电调费，4 小时以上的预约打车小费则为 6 元，而软件运营商仍旧得不到分成，最终受益者是出租公司和司机。新规出台已经一周多，但正式被纳入政府统一管理的手机打车软件还未正式上线。目前，大多数使用打车软件的司机和乘客还可以自由选择"加价"。

2014 年 2 月，南宁市道路运输管理处也召开新闻通气会，明确表态不支持出租车司机使用"嘀嘀打车"等打车软件，称司机边开车边用手机抢单，安全隐患极大，而乘客为打车加价，司机收钱也属违规，涉嫌扰乱出租车行业市场。

2014 年 2 月，上海市运管处和交通执法总队联合下发通知宣布，从 3 月 1 日起，暂行禁止本市出租车在早晚高峰时段使用打车软件，直至高峰时段新增运力配置的方案出台。同时，禁止"的哥"在载客途中使用手机等终端设备，并规定租赁车辆禁止安装、使用打车软件。边开车边抢单、打车"加价"等行为都是违反相关条例的。上海将致力于促进电调平台和打车软件的合作，比如通过技术手段，使接单的车辆必须显示待运状态，司机无法在行驶过程中运用软件再次接单等来保证出租车行业的健康发展。

打车软件可能的盈利模式

在打的应用软件美好蓝图的背后，现实非常骨感——目前国内几大打的应用公司之中没有一家能盈利，同行之间的竞争却日趋白热化。

一位打车类软件公司的高管说："目前几乎所有的公司都在砸钱，拼市场。上游对出租司机进行奖励，展开各式各样的公关活动，吸引司机使用自家软件；下游对用户，公司又得采取各种奖励回馈措施。哪一样不需要花钱，但几乎所有的打车软件都还处于没有收入的状态。更谈不上盈利模式了。"

针对打车软件，出租车公司是否选择将这一块业务外包取决于企业边界变化后产生的利润如何分配，作为一个垄断行业，出租车公司可以通过简单模仿获得打车软件的利润，打车软件想从中获利就是与虎谋皮。

快的打车软件表示，一两年之内都没有盈利的计划；而嘀嘀打车软件则干脆承认，我们目前还看不清盈利模式。"但谁先收钱谁先死，这场仗没有打赢之前不考虑盈利"。尽管打车软件市场仍是一个吸金的无底洞，目前处于第一梯队的这两家公司都非常看好自身软件的前景。

易观国际不久前发布的《2013 年第 4 季度中国打车 App 市场监测报告》显示，快的打车市场份额达到了 46.7%，超过第二名的嘀嘀打车 3.1 个百分点，继续保持行业第一。报告显示，打车 App 市场按照累计用户数计算的前三名分别为快的打车、嘀嘀打车、大黄蜂打车，市场份额分别为 46.7%、43.6% 及 3.2%。其中，大黄蜂打车于去年 11 月被快的打车收购，因此快的打车的市场份额理论上已达 49.9%。

据悉，国内最早的打车软件摇摇招车在嘀嘀打车、快的打车疯狂"圈地"的挤压之下，已经停止了相关业务，面临转型。大部分打车软件之所以昙花一现，除了受到商业竞争之外，最重要的一点就是盈利模式不够清晰。

目前，打车软件的一个最大阻碍是人们长期以来形成的路边招手习惯，如何使出租车司机和乘客接受并习惯打车软件这种新型的生活方式，还需要打车软件厂商在服务上寻求创新，尽快找到盈利点，实现自身盈利。

专栏　国外打车软件经验借鉴

在国外，手机打车软件已经运营多年。国外打车软件盈利一般采用扣点方式，软件公司会根据出租车供求状况，向司机端收取 10% 左右的服务费或向乘客收取约 5% 的服务费。

美国纽约：ZabCab 软件将街头的黄色出租车纳入移动打车方式中。ZabCab 最出彩的地方是，它严格遵守纽约市的交通法规——司机在行驶车辆时禁止使用手机，只要出租车处于行驶状态，该软件就会把手机屏幕变成灰色而无从查看，只要车一停，司机就能精确地看到附近订单请求的所在位置。

新加坡：打车软件由当地最大的出租车公司研发，在司机确定接受订单后，车载顶灯会显示"预订"，即在到达预订地点之前不会接受路人扬招，同时打车软件在一段时间内也不会显示新的订单信息。

英国：Hailo 软件可以缩短出租车等待时间，乘客可以看到离自己最近出租车的实时位置。在付款时，乘客也可在手机上选择现金或信用卡支付，除了里程表上的金额，没有任何额外费用。

美国 Uber 盈利模式借鉴：2014 年 2 月 13 日，提供打车应用软件的美国 Uber 公司正式宣布进入中国市场。与嘀嘀打车和快的打车不同的是，Uber 是和当地汽车租赁公司合作，提供豪华车型的用车。用户可以通过手机软件一键预订车辆，手机软件即显示应召车辆预估到达的时间，该车行驶中的动态位置，车主的照片和电话号码，以及到达目的地的预计费用等。使用 Uber 车辆不需要支付现金，用户在注册 Uber 账户时绑定了信用卡，乘车之后费用在信用卡中扣除。Uber 的差异化战略也是国内同质化严重的打车软件们可以学习和借鉴的。未来的国内打车 App 市场最终将归于理性，Uber 的入华或将是一个契机。

据美国科技博客 ValleyWag 和 TechCrunch 披露，Uber 每个月会有 79000 名新的签约用户，2013 年全年净营收大约是 2.13 亿美元。2013 年 9 月，Uber 完成 C 轮融资，此轮融资获得 Google Ventures 和 TPG 等公司共 3.6 亿美元的投资，估值达 35 亿美元。此外，资本市场对 Uber 上市的呼声很大，未来两年 Uber 有望正式登陆资本市场，市值将为 50 亿美元以上。

除此之外，软件内容、定位的细分也许是打车软件在同质化的竞争下脱颖而出的法宝。

截至 2013 年 8 月，全国手机打车应用每日订单量达 34 万个，订单主要集中在北京、上海、杭州、广州等市场。在日均订单中，嘀嘀打车的份额占 59.4%，占据市场第一位，快的打车以 29.4% 的占有率排在第二，两大打车软件的订单占有率接近 90%。[①]

据市场机构预计，中国每年打车有 4000 亿元的生意，保守估计，调度服务一年可能有几十亿元的市场"蛋糕"，这还并未算植入广告等其他盈利模式产

① Alice，2013 年 8 月手机打车应用日均订单达 34 万，嘀嘀打车占六成［EB/OL］. http：//wireless，iresearch.cn/app/20131012/215004，shtml，2013-10-12.

生的利润。

嘀嘀打车和快的打车等各类打车软件正是基于移动互联网的需求定位、信息传送以及支付模式的变化，借助"打车大战"迅速积攒人气，形成客户的流量入口，为下一步的战略布局奠定了一定的基础。快的打车现在覆盖的 200 多个城市里，每天能产生 600 多万个订单，用 iPhone 和小米手机的出租车司机比比皆是。

中国现在的打车软件市场，以杭州为例，共有约 12000 辆出租车，每辆出租车每天平均接单 25 次，平均每单 20 元，每天的交易额就在 600 万元左右，而全国大概有 30 个与杭州差不多同等规模的城市，算下来每天有 1.8 亿元的交易额，按 1% 的抽成比例看，每天有 180 万元收入，一个月就是 5400 万元，这还是非常保守的统计，加上软件内嵌广告等其他收入，这其实是一个非常庞大的市场。

出租车行业一年营业额保守估计有 3000 亿元，一辆出租车的空驶率至少在 30%，如果打车软件能把空驶率降低 5 个百分点，整个行业的规模将提高 200 多亿元。

销售新潮流：一站式、双线型、零距离

销售行业的变化

销售行业是渠道中最终面向消费者的直接通道，不同的品牌也都会结合自身的行业特性、消费者心理等对渠道进行布局。由于销售业态种类的多元化和丰富性给消费者选择的机会也越来越多，导致销售商之间的竞争也在加剧。

当前主要出现的销售趋势有整合与专营共同发展，线下与线上的相互补充，触手可及与生动体验共存几大特点。

第一，从整合与专营共同发展来看，主要的现象是"一站式购物"与"产品专营"共同满足消费者不同的需求。

"一站式购物"：中国当前的消费者较为忙碌，特别是一、二线城市的消费者购物心理相比过去都发生了很大变化，多数人希望在一个零售终端能够实现"一站式购物"，这样既可以节省时间成本，同时可以有更多的选择。在这样的背景下，整合多种品类的零售业态就应运而生，其中大型综合商场、超级购物中心就成为了零售业态中一直存在的类型。消费者"一站式购物"主要的驱动力在于可以满足其生活中的全方位购物需求，而且产品品质有保证，在这样的零售业态中，日常消费品、家电、时尚与奢侈品品牌等都可以进驻。这样的渠道一旦形成连锁和品牌影响力，将在供应商的零售体系中占据比较大的话语权，因其综合性、地标性极大地吸引了消费者，并且吸引的都是当地最有活力和价值的消费群体。

品类产品、品牌的专营：当前消费者对产品的要求越来越精细化和专业化，希望能够有更多的产品可以比较和体验，并能够在购买中获得更加优惠的价格。典型的专营化零售业态的代表是家电零售和家装建材，例如国美电器、苏宁电器这样的家电连锁，以及类似宜家家居、百安居这样的家居建材零售商

场。消费者去这些零售业态中是由于产品本身的属性，例如家电、家居建材等产品都需要进行反复的比较。专营化相比而言更加灵活，可以在同一个品类中扩大产品种类，并且在和供应商谈判中取得谈判的优势地位。

现在日常消费品也开始出现专营化的趋势，典型的是化妆品，还有专营厨房用品的特百惠、专营生活类家居创意产品的合力屋，平价水果超市、有机食品的连锁等。2005 在广州开业的化妆品专营品牌娇兰佳人，如今已经在广州、北京、上海、重庆、成都、武汉等城市共开设门店 240 家，平均每天有超过 10 万消费者光顾娇兰佳人，经营单品超过 10000 个，涵盖了护肤品、彩妆、身体护理品、美发护理品、男士护理品、婴童护理品、化妆工具、日用品八大品类，荟萃了欧莱雅、欧珀莱、玉兰油、妮维雅等知名大众品牌，采用会员服务、开架自选的方式，让消费者有更自在的购物体验。

自有品牌零售的专营化有屈臣氏、海尔以及海澜之家等高端品牌。屈臣氏有大量便宜的自有产品销售。海尔专卖店主要销售海尔的 IT 家电产品，海澜之家也拥有自己的服饰专营店。除此之外，LV、GUCCI 等顶级时尚品牌以及很多中高档服装品牌都拥有自己的品牌专营店。

第二，零售业线下与线上相结合的趋势明显。

线上销售：随着人们生活方式、消费观念的变化，网络渠道将是未来零售业态发展非常重要的一部分。而线上和线下零售渠道的整合和协同也将成为企业和零售业态必须思考的问题。比如，京东商城的网络销售模式让以苏宁、国美为代表的传统家电零售商们感受到了网购带来的"寒意"。京东商城已连续 5 年保持每年 300% 以上的高速发展，2009 年的营业额近 40 亿元，注册用户超过 600 万，并以 46.7% 的 3C 网购份额成为中国最大的 B2C 电子商务企业，2010 年京东商城的销售目标将冲击 100 亿元。而在淘宝网，2009 年其 3C 数码产品的交易额是 450 亿元。网购的复合增长率呈倍速上升，说明消费者的购买习惯也正悄然发生变化。2010 年 8 月 10 日，中国邮政与 TOM 集团宣布成立合资公司运营新 B2C 商城"邮乐网"，主营服饰、个人护理、家居、保健、母婴及 3C 等产品，与传统 B2C 不同之处在于提供多种订购服务，线上包括互联网、手机下单；线下包括目录直邮销售、网点和 11185 呼叫中心下单，形成多渠道、全方位的立体营销网络。

线上与线下相结合：不是所有的产品和所有的消费者都适合或者倾向于网上交易，未来可能会出现线下渠道成为体验的终端，线上将是交易平台的模式，线上和线下渠道的功能形成相互的补充，从而满足消费者在购物行为中不同环节的关注点和需求。例如国美、苏宁等传统家电卖场抛出了"实体店 + 互联网"的虚实结合购物方式，并对其寄予了很大的希望，国美计划到 2014 年电子商务将实现 150 亿元的规模，占网购市场规模的 15%；苏宁则强调用 5 年时间使网上渠道占到苏宁整体销售额的 10% 以上，而京东商城也有计划在未来开设实体社区店，以解决其网络覆盖、物流配送和消费者体验的问题。银泰百货在 2013 年与天猫达成战略性协议，线下 35 个实体店参加天猫"双十一"大促，在十几个主要门店设置天猫银泰店商品专区，用户体验商品事务后可通过扫描二维码就在天猫银泰店预购商品。而在"双十一"当天，预购的商品就可在天猫完成交易。

第三，零售业的触手可及与生动体验将成为消费驱动力。

触手可及的便利性将成为一个重要的发展方向。要让消费者在产生需求的时候就能够非常便利地购买，实现消费者的需求与购买行为之间的无缝链接，拓展和延伸更多与消费者的接触点或者购买的渠道和方式。例如乐友专门针对母婴市场，首创了"直营店、网上商城和目录订购"三位一体的渠道，并将各条渠道设定为能为不同阶段、不同需求的用户提供更全面的商品服务渠道，乐友不仅提供一家实体店应有的各项服务，还特别增添了网络订单的服务，如果遇到门店缺货等情况，顾客让店员帮忙登录乐友网查询，如有货就可以当即下订单，享受免费送货的服务，在指定区域内还可做到"当天订货当天到"，十分方便快捷。

"体验消费"店的存在将越来越多。让消费者在体验中了解产品和品牌，点燃消费者的购物激情，激发需求成为零售店最重要的工作，为此零售企业要在店铺内外设计、装修装饰、商品特色、商品陈列、动线设计、服务方式等方面进行反传统的创新。例如，美国一个针对年轻人的服装品牌 A&F，其店面就被设计成一个酒吧的感觉，里面黑漆漆的，开着很响的音乐，灯光昏暗，工作人员都是美女帅哥，衣服很漂亮但是很昂贵，周末进商店要排队，因为顾客太多，所以买东西动作要快，这些都非常好地结合了年轻人的消费心理，从而可以极大地调动消费者的购买欲望。另外，索尼在北京东方新天地推出的直营体验店，就围绕不同娱乐生活方式和顾客体验来设计整体布局，其中包括颇具特色的数码影像拍摄区域、家庭高清影院体验区、耳机试听区域等，顾客看中一款商品后可以立刻试用，这种全方位的体验式服务极大地增强了品牌号召力，甚至在 VAIO 产品定制的服务区域内，消费者可以随意选择笔记本电脑的颜色和配置。

销售行业的三流模型

无论是最原始的杂货铺，还是即将到来的 O2O 互联网零售模式，本质上都

是要在生产商和消费者之间架起一座快捷、便利的桥梁，而行业的演变又始终在围绕物流、资金流和信息流三个要素的变化进行。

在传统商务模式中（图 3-6），从供需双方签订合同开始，基本需要进行多次信息流、资金流以及物流的交互，违约风险存在于多个环节，供需双方均不能有效地控制风险。

图 3-6　传统的商务模式

当互联网技术促进电子商务模式出现后，第三方交易平台将供需双方的信息集中到一起，并提供双方的信用分析评估，第三方资金平台负责监控客户、商家资金流，为交易双方提供资金保障。在这个生态圈中，物流、现金流、信息流与传统交易相比发生了巨大的变化（图 3-7）。

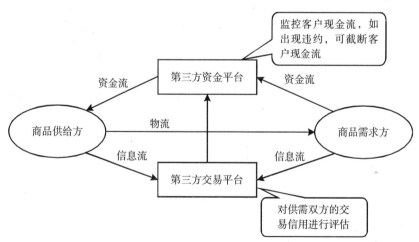

图 3-7　有第三方资金平台监控的商务模式

物流——商务的基础

物流是指物品从供应地到接收地的实体流动过程，它最根本的功能是保障生产。无论是传统贸易，还是电子商务，生产都是商品流通之本，为了生产的顺利进行都需要物流做支持，生产的全过程从原材料供应开始就要求有相应的物流将原材料采购到位。在生产过程中，需要原材料、半成品的物流过程，即生产物流，以实现生产的流动性；部分余料可重复利用物资回收，称回收物流；废弃物处理则需要废弃物物流，整个生产过程实际上就是系统化的物流活动。以现代物流网络技术为基础，在电子商务系统中，有效地通过信息流动，可以减少物流的中间环节、降低费用，优化库存结构，减少资金占用，缩短生产周期，且能降低成本来保障现代化生产的高效进行，提高产品竞争力。如果没有现代物流做支持，未将买卖双方在网上交易的商品实体保质保量地送到买方手中，电子商务将失去存在的意义。所以，物流是完成电子商务活动的基础。

资金流——商务的保证

资金流是以各种形态存在的货币流通而形成的资金转移过程。商品在供方向需方转移时，商品实体的流动表现为商品与其等价物的交换和商品所有权的转移运动，货币代表交换和所有权转移而进行的交易。在电子商务中资金流主要由电子货币形成，它通过信息工具以电子数据的形式进行资金的转移。因此，支付问题特别受到关注。安全、可靠的支付系统是支持电子商务顺利发展的基础条件。通过电子化的支付工具，在银行与客户、银行与银行间实现快捷、准确、安全、低成本的资金流动，完成交易双方的资金结算。在电子商务的交易过程中，利用网络和计算机处理业务并生成 应付款信息。通过电子通信设备在客户与银行、银行与银行间传输这些信息，经过认证机构的确认，完成资金的划拨与清算，这是现代资金流的商务运行特征。

信息流——商务的核心

信息流是对持续不断、周而复始的商品流通的客观描述，是物流、资金流运动状态和特征的反映。它以物流信息、资金流信息及二者交互信息为重点，还包含研发信息、决策信息、客户信息等与企业经营管理有关的信息的流动，形成对商品流通全过程的控制，满足经济活动的需要。在电子商务中，进行物流、资金流、信息流的整合。信息流最为重要，因其能在更高层次上对商务活动进行控制和监督，其作用表现为调节和控制物流、资金流的方向、流程、流量和流速，使之按照既定的目标运行。由于可以缩短信息流动的时间，信息流还可以降低成本、增加机会、提高服务效率、减少物流和资金流的传输成本。信息流还是企业沟通的渠道，通过企业间的信息交流，沟通供需信息，形成信息的集成和管理，有利于发挥资源的整体效益，实现共同的市场目标。

销售行业的三流替代案例

在钢铁销售行业中，上海钢联提供撮合交易，金融服务，物流整合三位一体的钢贸服务，成功地成为钢贸互联网的领先者。

钢铁行业是我国重要的基础产业，每年钢铁贸易额高达 5 万亿元以上。但随着基础投资的逐步减少，钢铁行业产销问题逐渐严重，钢贸行业受到了前所未有的压力。第一，交易难。钢贸行业的交易方式相对特别，其中涉及三个参与者，钢铁厂商、钢贸商、下游客户，钢铁厂商与下游客户一般没有直接的接触。这种交易模式导致了两方的信息不对称，随着近几年钢市持续低迷，钢价出现倒挂，钢贸商大批量倒闭，参与意愿也很低，钢铁厂商和下游客户完成交易的难度被动提升。第二，融资难。在交易中，钢铁厂商往往要求钢贸商先付清款项，下游客户则往往要求钢贸商先发货，一段时间后才付清款项。这给钢贸商带来了巨大的资金压力。第三，物流贵。总体而言，我国钢铁物流成本占到产品总成本的 20%~30%。大型钢厂业务量较大，议价能力较强，物流成本率在 10% 以上，而美国的钢铁行业物流费用率仅为 6% 左右。[①]

上海钢联通过我的钢铁网（mysteel.com）发布的 MySpic 价格指数消除了信息不对称性，撮合交易，网上融资业务减少融资困难，物流整合计划也得到顺利推进（图 3-8）。目前，上海钢联的布局已经取得一定成效，平台交易量和公

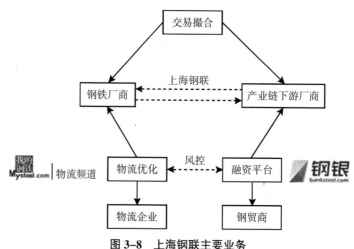

图 3-8 上海钢联主要业务

资料来源：宏源证券。

[①] 易欢欢. 寻找产业互联网的 BAT［EB/OL］. http://www.laohucaijing.com/news/8536.html./2014-03-11.

司收入的发展迅速，在钢铁垂直领域中占有过半的份额，在所有的垂直 B2B 平台中排名第二。

电商领域。电商是一个包含多种业务的复杂业态，需要形成的是更为复杂的生态体系。作为平台存在的大型电商需要同时服务好消费者和商家，这样才能可持续发展。现今的两大电商平台阿里巴巴和京东花费大量的时间打造了相对完善的商家管理体系、产品管理体系、供应链管理体系、支付体系、信用评价体系、流量分配体系、数据管理体系、营销体系等，支撑了平台上的购物生态。

阿里巴巴进行了"物流合作/信息整合"模式，在需求端，将阿里巴巴的大量客户发货信息汇总起来，并对订单信息进行初步处理；在供给端，将小物流公司的分散运送能力通过信息化系统整合起来，使小快递公司通过访问星晨急便"云物流"平台获得客户并通过这个平台取货、送货。阿里巴巴目前整合物流企业 3000 多家，200 万条线路，网点 3 万个，地域分布以长三角、珠三角为主，占 82%，代收货款占比 16%（逐年降低），准达率 78.5%。

Amazon 建立 24 小时物流，代替 Wallmart 部分业务。1999~2003 年，亚马逊重新整合物流体系，使外部运输成本占销售收入的比重，从 13.8% 下降到 9.7%，"订单执行成本"（主要是呼叫中心运营、订单处理、仓储、收发货及支付系统成本）占销售收入的比重，从最高时的 15% 下降到 9.1%。亚马逊的配送环节全部外包，美国境内部分外包给美国邮政和 UPS，国际部分外包给基华物流 CEVA、联邦快递；大规模建设"物流中心"来加强对物流环节的掌控，目前亚马逊全球有 49 个配送中心；亚马逊在美国 14 座大都市附近拥有配送中心，能够为 30% 的美国人提供当日送达服务，如果亚马逊能够在美国前二十大的都市附近都建立仓库，那么这一数字将被提升到 50%。[①]

在 3C 产品销售行业中，自 2013 年以来，苏宁云商公司更名、推进线上线下同价、上线开放平台、开展基金业务、成立商业保理公司、申请设立保险销售公司与银行……一连串动作让人目不暇接，10 月 16 日，苏宁云商副董事长孙为民表示："苏宁云商作为一家互联网零售企业，将持续在物流、信息流和资金流等三方面进行布局，实现'三流合一'。"

物流云。苏宁云商自成立以来，积累了上亿的客户资源、拥有遍布全国的 1600 多家门店资源和通达全国 2000 多个区县的物流网络资源。自 2004 年上市以来，物流建设与连锁开发等已成为苏宁募集资金的主要用途，2012 年苏宁云商定向增发 47 亿元，也是主要用于包括连锁店发展项目、物流平台建设项目、

[①] 陈粲然. 从农库开始，亚马逊正面临一场物流战争［EB/OL］. http://ec.iveseach.cn/others/20130822/209469.shtml，2013-8-22.

信息平台升级项目等。通过"云物流"系统，苏宁云商可以在顾客下单后的几秒钟时间里得到成本最低且效率最高的物流配送路线，而快递员根据手中的移动终端可以即时接收相应物流信息，准确、高效地配送物件。

信息流。苏宁目前的业务最主要就在于O2O模式的"苏宁云店"和智能家居，这两项业务的共同点就在于，通过对"大数据"、"云计算"和"移动互联网的运用"，实现个人消费、生活和互联网科技的完美结合。在苏宁云店，销售功能已经不是店面的唯一着眼点。集展示、体验、物流、售后服务、休闲社交、市场推广为一体的新型实体门店将成为"大数据""云计算"之下苏宁线下商店的新形式。全店开通免费Wi-Fi、实行全产品的电子价签、布设多媒体的电子货架；利用互联网、物联网技术收集分析各种消费行为，推进实体零售进入大数据时代。在智能家居体验馆，住户可以选择用密码、指纹、人脸识别等程序打开自家大门，进门后，大屏幕LED屏风可以展示电话留言、日程备忘等信息；在智能茶几上，住户不仅可以控制居住环境的各种模式，还可以实现和客人的游戏、互动。

资金流。从获得的牌照与资源看，苏宁已涵盖互联网支付、供应链融资和保险代理等业务。苏宁云商面临的资金流主要在消费者维度、供应商维度和以上两者的资金沉淀，而这三方面的资金则将衍生多种金融服务形式。在消费者方面，苏宁可以进军包括消费信贷、支付业务等，民营银行、易付宝与之高度契合；在供应商维度，苏宁2012年初取得的小贷公司资质以及苏宁银行可以满足其供应链融资需求；在维度的资金沉淀，委托理财等业务也可以开展。

"三流替代"下，销售行业要如何突破

传统销售企业在线下经营的是空间，主要优势是品牌、供应链、产业链、店面数量等；互联网销售中经营的是客户的时间，也就是如何让客户愿意在电商平台上花时间。互联网给商业带来最大的变化是，一切回归到产品本身。我们会发现供应链、原材料、生产加工工艺和组织方式变得越来越重要。

如果把传统渠道比喻成右手，电商比喻成左手，做电商其实就是左手打右手，左右手互搏是很痛苦的事。传统销售企业要想突破，注定需要来一场自我颠覆的革命。这个革命的内涵包括以下几个方面。

革老板思维。老板是企业的最终决策者，老板的思维境界和格局决定着传统企业电商的成长高度。在传统企业电商转型中，苏宁无疑是传统企业中电商革命最彻底的企业之一。而尚品宅配则是从2009年就布局家居电商，成立独立的新居网进行运营。

　　革组织架构。传统企业臃肿森严的组织架构是制约电商发展的组织"瓶颈"，做电商应该是扁平化的高效架构。在苏宁 2013 年的组织架构中，苏宁易购是以独立企业经营方式在运营。尚品宅配的组织模式主要是线上引来流量，把众多的个性化需求聚沙成塔，线下的 600 多家门店分布全国各地服务。

　　革管理模式。很多传统企业的管理都是军事化管理，强调权威和等级。电商企业必须平面化运作，其跟传统企业的区别主要是上班时间，干电商的都是辛苦活，周六上班或晚上加班一定是常态，一周五天制还准时上下班的电商企业，那基本上可以断定不是玩电商的。

　　革运营策略。在营销策略上，传统企业在线下的营销传播往往强调的是品牌的广度，而做电商需要的则是传播的深度，或者精准度。在 IT 运营策略上，需要更加灵活开发，远非传统零售渠道的 IT 系统所能支撑。电商企业的 IT 架构建议根据自身的需要来独立开发，而不是找第三方技术合作伙伴。

工具新形态：二维码、可穿戴、云 Wi-Fi 与彩票

二维码引发的各种三流替代

"二维码"已经不是陌生的词汇，这个黑白小方格组成的矩阵图案，只需用手机轻松一拍，就可获得意想不到的丰富信息。二维码营销方式因其创新性、互动性让"反感扰人"的传统广告变得"亲切宜人"。

二维码（QR Code）是一种比一维码包含更丰富信息的编码技术，目前在日、韩等国家，二维码应用已非常普遍，普及率高达 96% 以上。早在 2006 年，国内就开始二维码的商业应用，但由于当时智能手机并不普及，第一轮的二维码产业并没有真正形成。2012 年成为了中国的二维码元年，据统计，目前全国每月扫码量超过 1.6 亿次，移动运营商、IT 巨头已经抢得先机。

那么二维码究竟可以应用在哪些方面呢？二维码的应用可分为主读和被读，被读类应用是以手机等存储二维码作为电子交易或支付的凭证，可用于电子商务、消费打折等。主读类应用是以安装识读二维码软件的手持工具（包括手机），识读各种载体上的二维码可用于防伪溯源、执法检查等。下面初步枚举了二维码的 20 项应用模式。

对信息流的替代场景

网上购物，一扫即得。在韩国，零售巨人特易购（Tesco）公司在熙熙攘攘的地铁站里推出了"移动超级市场"，消费者们能够迅速地扫描选购需要的商品。晚上，当他们回到家中时，这些商品早已送达，凭借这一举措，特易购迅速成为了韩国在线零售业务的领跑者。国内的二维码购物最早起源于 1 号店。目前国内一些大城市的地铁通道里已经有二维码商品墙，消费者可以边等地铁边逛超市，看中哪个扫描哪个，然后通过手机支付，直接下单。如果宅在家里，

家里的米、面、油、沐浴露用完了，只要拿起商品包装，对着二维码一扫，马上可以查到哪里在促销，价格是多少，一目了然。而且，通过二维码购物，产品的二维码直接标识了产品的"身份证"，扫描后调出的产品真实有效，保障了购物安全。将来，二维码加上 O2O（网上到网下），实体店将变成网购体验店。因此，实体店可能更多的是要设在顾客方便的地方，如公交站、居民区，而不是商业中心。

资讯阅读，实现延伸。过去，报纸、电视以及其他媒体上的内容，限于媒体介质的特性，是静态的，无法延伸阅读，但是二维码出现以后，颠覆了这种界限，实现了跨媒体阅读。比如，在报纸上某则新闻旁边放一个二维码，读者扫描后可以阅读新闻背后的更多信息，如采访录音、视频录像、图片动漫等。如《骑车游北京》一书便设置了二维码，通过手机扫描即可快速登录书中所述网址，可以实现图书、手机上网的时时互动。另外，户外广告、单页广告都可以加印二维码，感兴趣的客户只要用手机一扫二维码，即可快速了解到更详细内容，甚至与广告主互动。2013 年"十一"期间，微博、微信上关于"沈阳中街惊现巨型二维码"的话题，被广泛转发、讨论。原来在沈阳中街步行街和朝阳街路口的楼体面楼体上，高挂一幅巨型二维码，手机扫描之后，进入一个名为《最美的》的手机风尚杂志，杂志以分享关于旅行、美食、热点话题等具有十足风尚感的文章，受到用户欢迎，据了解，仅十一长假期间，已有近万用户通过扫描二维码关注《最美的》杂志。相对其他传统营销方式，这种互动式的新兴媒体营销方式无疑是将来营销的主流。著名内衣品牌维多利亚做了一个很有范儿的户外广告，在模特前胸盖上二维码，广告文案更是赤裸裸的充满诱惑——"Real Lily's Secret"（Lily 的真实秘密），让你迫不及待地拿起手机拍摄二维码，原来是维多利亚的秘密内衣，真的如广告语所说的那样"比肌肤更性感"。

二维码管理生产，质量监控有保障。在产品制造过程中条码应用已非常普遍。二维码因为可以存储更多信息，因此在产品制造过程应用更为深入。比如，在汽车制造中，DPM 二维码（直接零部件标刻二维码，可用针式打标机、激光打标机、喷码机甚至化学蚀刻）技术现已在美国汽车行业得到广泛应用，美国汽车制造业协会（AIAG）还专门制定了相关标准，从发动机的钢体、钢盖、曲轴、连杆、凸轮轴到变速箱的阀体、阀座、阀盖，再到离合器的关键零部件及电子点火器和安全气囊。从而使得生产加工质量得到全程跟踪，同时由于跟踪了生产过程中的加工设备，使得其原生产线变成了柔性生产线，可生产多品种产品，并为 MES（制造执行系统）管理的实现提供了完整数据平台。

食品采用二维码溯源，吃得放心。将食品的生产和物流信息加载在二维码里，可实现对食品追踪溯源，消费者只需用手机一扫，就能查询食品从生产到销售的所有流程。在青岛，肉类蔬菜二维码追溯体系已在利群集团投入使用，市民用手机扫描肉菜的二维码标签，即可显示肉菜的流通过程和食品安全信息。在武汉，中百仓储的蔬菜包装上，除了单价、总量、总价等信息外，还有二维码，手机扫描后可以追溯蔬菜生产、流通环节的各种信息，如施了几次肥、打了几次农药、何时采摘、怎么运输。

二维码电子票务，实现验票、调控一体化。火车票上加入二维码，大家已经知道。由此还可以延伸，景点门票、展会门票、演出门票、飞机票、电影票等等都可以通过二维码都能实现完全的电子化。比如，用户通过网络购票，完成网上支付，手机即可以收到二维码电子票，用户可以自行打印或保存在手机上作为入场凭证，验票者只需通过设备识读二维码，即可快速验票，大大降低票务耗材和人工成本。在苏州拙政园、虎丘景区，由税务部门统一监制的二维码电子门票，一票一码，用后作废。而且，景点当天出售的所有门票都要先激活，即只有从售票处售出的门票才能通关入园。并且激活是有时效的，也利于控制人数，避免黄金周的爆棚。今年 5 月 17 日，在重庆武隆仙女山景区，使用二维码电子票，还可以享受 5 折优惠。

证照应用二维码，有利于防伪防盗版。在日韩等国家，个人名片普遍采用二维码。传统纸质名片携带、存储都非常不方便，而在名片上加印二维码，客户拿到名片以后，用手机直接一扫描，便可将名片上的姓名、联系方式、电子邮件、公司地址等存入到手机中，并且还可以直接调用手机功能，拨打电话，发送电子邮件等。目前，国内已有此类应用，如银河、灵动二维码等公司。其实，举一反三，身份证、护照、驾驶证、军官证等证照资料均可以加入二维码，不但利于查证，而且关键利于防伪。

会议签到二维码，简单高效低成本。目前，很多大型会议由于来宾众多，签到非常繁琐，花费很多时间，也很容易有会虫混入其中，混吃混喝混礼品。如果采用二维码签到以后，主办方向参会人员发送二维码电子邀请票、邀请函，来宾签到时，只需一扫描验证通过即可完成会议签到，整个签到过程无纸化、低碳环保、高效便捷、省时省力。省去了过去传统中签名、填表、会后再整理信息的麻烦，可大大提高签到的速度和效率。

执法部门采用二维码，有利于快速反应。最近，广州番禺区的管理部门启用了"出租屋智能手机巡查系统"，出租屋管理员在上门巡查时，用智能手机读取门牌上的二维码，即可及时、准确获取该户址的相关信息。同理，如果在商品、检验物品上附上二维码，政府执法部门人员则可以通过专用移动执法终端进行各类执法检查，及时记录物品、企业的违法行为，并且可以保证数据传输的高度安全性和保密性，有利于政府主管部门提高监管，规范市场秩序，提高执法效率，增强执法部门快速反应能力。

防伪隐形二维码，无法轻易复制。20 世纪 90 年代，国内的商品激光打标防伪曾经风靡一时，但现在非常普遍不再具有独特性了。目前，荧光粉等印刷技术的发展，一些重要物品开始使用隐形二维码，美国的科研人员也正在试图把这些隐形编码应用到玻璃、塑料胶片、纸质产品、银行票据上。这些隐形二维码用肉眼是看不到的，必须通过红外激光照射才能进行扫描验证。由于该技术生产过程比较复杂，造假者无法轻易复制。目前，此类二维码需要商家提供红外激光扫射设备，然后再让智能手机扫描验证，或者使用安装有红外激光摄像头的智能手机才能验证。推而广之，一些商业情报、经济情报、政治情报、军事情报等机密资料均可以通过这种方式加密。

高端商品用二维码互动营销，有助于打击山寨。世界著名葡萄酒之一的新西兰南极星葡萄酒，掀起了葡萄酒业应用二维码技术的新风潮，以南极星 Invivo 黑皮诺葡萄酒为例，只要用智能手机扫描产品背标上的二维码，就能立即显示出该产品的信息详情链接，点击链接，可以看到该产品的原产地、生产年份、葡萄品种、酒精度、产品介绍、获奖荣誉等信息。消费者在选购葡萄酒时能够更加轻松、全面地了解产品的各项信息，可以更好地与品牌互动，让购买变得简单有趣，而且可以准确辨识真伪，打击山寨。北寨村这一方水土的北寨红杏，移出村外栽培口味就改变。平谷红杏的包装箱上都印有可防伪的"移动二维码"，消费者掏出手机一扫描，就能查询北寨红杏的真假。

传情达意，二维码引领传情 Style。近日，中国邮电大学一个男生，以二维码为载体向女友传递情意，在明信片上手绘二维码"我爱你"，火了一把。如此的"传情 Style"引发了网友追捧。其实，这个二维码形成并不复杂，先将信息在线生成二维码，然后将图片放大后打印出来，最后将二维码绘制至明信片上。利用二维码传达情意，确实是一个技术性的 Style，有高科技含量但绝对实用，通过二维码表达一定比传统的文字更能打动对方的心。目前都市里一些时尚的咖啡店里，顾客扫描一下饮料杯上的二维码，还可以下载好听的铃声或音乐。Verizon 最近做了一个成功的促销活动，推动销量增加了 200%。店内顾客扫描二维码后，会在 Facebook 上分享他们的比赛信息。假如有朋友通过该链接购买了一台 Verizon 手机，原顾客就有机会赢得一台智能手机。Verizon 投入了1000 美元，而获得了 35000 美元的回报。此外，Verizon 还在 25000 名 Facebook用户中增加了品牌认知度。如果想对那个"特别的你"音乐传情，你可以通过Spotify 创建一个最现代、最潮的音乐杂锦。在 Spotify 上完成创建音乐播放列表后会生成相应的二维码，接着你可以向那个"特别的你"发送带有二维码的问候卡，对方扫描后就可以直接欣赏音乐杂锦了。

二维码点餐，个性化客户服务到家。如果你是一个餐饮店的老顾客，在二维码时代，你将能享受更加个性化的服务。比如，你到达一家餐饮店，用餐饮店的设备扫描一下手机上的二维码，立即就可顺利地点下自己"最爱"菜品，还可以获得今日优惠信息，如果有 VIP 折扣券、代金券等，系统可以自动为你计算应付金额。或者，你用手机扫描菜谱上的二维码，即可随时把点单传递到服务台或厨房，不需要服务员现场点单。用餐完毕，可以通过手机对菜品和服务进行评价，餐饮系统将自动为你积分。

招聘二维码，求职者可用手机来应聘。2013 年 11 月，在银川市举办的 2012 年冬季人才招聘会上，"二维码企业墙"吸引了众多求职者，使用手机上的"宁夏 12580 求职通"客户端扫描二维码，会自动连接移动 Wi-Fi 网络，求职者就能通过手机方便快捷地详细了解用工单位、岗位信息，并经由客户端投递简历。这些内容都是储存在求职通平台上，求职者刷二维码的过程实际上是利用手机调取平台上的信息，简单高效，当场就可以完成查询、应聘。

二维码进入医院，挂号、导诊、就医一条龙。对于患者而言，最烦心的莫过于挂号。采用二维码，患者可以通过手机终端预约挂号，凭二维码在预约时间前往医院直接取号，减少了排队挂号、候诊时间。二维码服务不仅解决了挂号的问题，而且，二维码结合到看病、支付等环节后，可以实现看病、付款、取药一条龙服务，不再让患者重复排队。另外，还能对医风医德进行评价，医患双方就能够加强沟通了解。目前，很多城市的大医院都至少已经采用了条码，相比以前，医疗信息化水平大大提高，医院运转的效率也大大提高了。

二维码旅游监督和导游，提高旅游服务的质量。最近，上海的旅游部门看中了二维码在旅游监督方面的优势，虹口区旅游部门设想，为辖区内旅行社运营的大巴车加装彩色二维码，游客用手机扫描二维码后，便能获悉自己所搭乘车辆的运营资质，是否黑车，是否接受年检，有没有肇事记录等信息。烟台、莱芜、威海等旅游部门纷纷推出二维码地图，如烟台二维码旅游囊括了烟台十大特色休闲之旅，市民和游客领取地图后，只要用智能手机对上面的二维码一拍就能看到详细的旅游景点、线路介绍，加油站、休息区、停车场等信息。

二维码墓碑，无限怀念到永恒。目前，大城市地价飞涨，"死不起"已经成为一种社会问题。如何能够缩小墓碑和墓地，减少活人的负担呢？二维码墓碑最早出现在英国多赛特郡，将二维码与刊登逝者生前资料的网站相链接，吊唁者只要扫描一下墓碑左下角的方块形二维码，手机屏幕上就会出现逝者生平资料、照片、悼词以及网站专属网页。进入网页，还能进一步具体了解逝者的详细资料，诸如视频、相片等。逝者的亲属还可以对网页内容进行更新维护，如献上自己的悼词等。①

对资金流的替代场景

消费打折，有码为证。凭二维码可享受消费打折，是目前业内应用最广泛的方式。比如，商家通过短信方式将电子优惠券、电子票发送到顾客手机上，顾客在消费时，只要向商家展示手机上的二维码优惠券，并通过商家的识读终端扫码、验证，就可以得到优惠。2012 年 7 月，海南蕉农在香蕉滞销时，与淘宝合作进行网上团购促销，网友在网上预订，网下凭手机二维码提货，成功化解了香蕉危机。2013 年 9 月，在成都春熙路上的钟表文化节中，依波表举办了限时扫码活动，在规定的时间内在现场扫描二维码折扣，顾客就能以折扣价买走手表。目前，腾讯也推出了针对 iPhone 和安卓的微信会员卡，会员只需用手机扫描商家的二维码，就能获得一张存储于微信中的电子会员卡，可享受折扣服务。

在 2012 年广州网货交易会上，美诺彩妆带来了一场精彩刺激的"抢钱"活动。为抓住分销商的心理诉求，美诺彩妆奇思妙想——现场发钱，不过发的不是人民币，而是独创的美诺财富币。美诺财富币将美诺元素和创意二维码融入美诺财富币，持有美诺财富币不仅可以享受分销支持优惠，用手机扫描、收藏美诺二维码，即可获取百元美诺彩妆淘宝天猫商城的兑换券，还可以在广交会现场登录美诺天猫商城，了解美诺彩妆品牌、产品等详细信息，方便快捷。

超市在中午的时候，人流量和销售量总是很低，于是韩国 Emart 超市别出心裁，在户外设置了一个非常有创意的 QR 二维码装置，在正常情况下扫描不出这个 QR 二维码链接，只有在正午时分，当阳光照射到它的上面产生相应投影后，这个 QR 二维码才会正常显现。而此时用智能手机扫描这个 QR 二维码，可获得超市的优惠券，如果在线购买了商品，只需等超市物流人员送到用户方便的地址即可。

二维码付款，简单便捷。近日，支付宝公司宣布推出二维码收款业务，所有支付宝用户均可免费领取"向我付款"的二维码，消费者只需打开手机客户端的扫码功能，拍下二维码，即可跳转至付款页面，付款成功后，收款人会收到短信及客户端的通知。在福州，有一家华威出租车公司开通了支付宝收款业务，打车到目的地后，顾客拿出手机对车内的二维码车贴扫描，手机自动跳转到支付页面，然后按照计价器上的车费输入金额，整个付款过程只要 20 多秒。

---

① 小小二维码的 20 种商业应用模式［EB/OL］. http://www.cyzone.cn/a/20131010/246004_4.html，2013-10-10.

在星巴克，可以把预付卡和手机绑定，通过扫二维码可以快捷支付，不用再排长队付款了。

星巴克等商店利用二维码简化与顾客互动的方式。顾客不用再排长龙等待付款，而只需把预付费卡和手机应用绑定，就可以更快捷地完成支付，还能更多地了解产品和商店的信息（图 3-9）。

图 3-9　星巴克的二维码利用

对物流的替代场景

管理交通参与者，强化监控。二维码在交通管理中可应用在管理车辆本身的信息、行车证、驾驶证、年审保险、电子眼等。比如，采用印有二维码的行车证将有关车辆的基本信息，包括车驾号、发动机号、车型、颜色等车辆信息转化保存在二维码中，交警在查车时就不需要再呼叫总台协助了，直接扫描车辆的二维码即可。以二维码为基本信息的载体，还可以建立全国性的车辆监控网络。

公交二维码，成为城市的移动地图。2010 年，杭州公交和杭州移动联合推出了公共出行二维码查询系统，这是二维码技术在公交领域的首次应用，该系统在全市的公交车站、公共自行车站布设二维码，市民扫描二维码即可看到一张所在区域的地图，随时获取周边景点、餐饮、娱乐、道路、公交信息和换乘信息，甚至可以马上查询到你乘坐的公交车离站点还有多远，或者还有几分钟可到终点站。因此，有了它，就像随身带了张城市地图，吃喝玩乐了然于胸。

如果继续列举，二维码的应用方式还有很多，比如二维码导览，在展品上贴上二维码铭牌，参观者拍下二维码后，耳贴手机就能听到展品的语音介绍。还有二维码婚柬，将二维码发到亲朋好友手机上，对方即可直接链接到网页上查看邀请函内容，确认是否出席。据业内预测，2012 年二维码市场规模将达到300 亿元，到了 2015 年，二维码市场将超过 1000 亿元，会有一万家公司进入二维码行业。可以说，二维码将成为融合移动互联网、电子商务、云计算等领域的下一个金矿产业。

二维码旨在解决移动互联网的"最后一公里"：移动互联网应用落地。我们看到现在二维码的应用已经很多，包括二维码购物、二维码查询、传情（文字、图片、视频、声音）、二维码寻宝、二维码看电影、二维码签到等。

在未来，二维码能做得更多，比如匆忙上班的路上拿出手机拍个二维码，回到办公室前美味的早餐已等在桌上；下班回家，链接手机二维码，便能在家中试穿最新上市的时尚服饰；出外旅行不再需要导游，拍下二维码便能穿越时空，感受动态现场讲解……

可穿戴设备中的三流替代

可穿戴设备（Wearable Devices）是把传感器、无线通信、多媒体等技术嵌入人们眼镜、手表、手环、服饰及鞋袜等日常穿戴中而推出的设备，可以用紧体的佩戴方式测量各项体征。[①]

从 2013 年开始，可穿戴设备就如同雨后春笋般涌现。从 BrainLink 脑波探测头箍、Google Glass 眼镜、MYO 臂环，到 Jawbone 手环、Galaxy Gear 手表、GeakRing 果壳戒指到 Sensoria 智能袜子，可穿戴设备的花样不断翻新。与此对应，参与市场角逐的主体也越来越多样化，既包括 Google、盛大等互联网企业，也包括三星、索尼等终端厂商，乃至 Intel、高通等核心元器件厂商……而就在2014 年 CES 国际消费电子展上，可穿戴产品也毫无悬念地与智能汽车、3D 打印一同成为焦点。

按照不同的功能，当前的可穿戴设备可以被分为六大领域——信息娱乐、医疗康体、运动健身、安全、军事和工业。在大众应用领域中，可穿戴设备主要满足用户沟通、娱乐、健康和安全等需求。其中，信息娱乐类产品主要满足用户随时的信息沟通及感官强化型娱乐需求，以智能眼镜、智能手表、智能戒指为代表；医疗康体类产品主要满足用户病理数据监测和一般性康体数据监测需求，以可穿戴心脏检测仪、可穿戴血糖仪、可穿戴脉搏监测器、环境污染监

---

① 可穿戴设备. 爆发前还要跨过多少坎儿？人民邮电报，2014-3-18.

测口罩等产品为代表；运动健身类产品主要满足用户运动健身数据监测和预警的需求，以运动手环、滑雪眼镜等产品为代表；安全类产品主要满足老人儿童定位、紧急救助呼叫等需求，以儿童定位手环、老人紧急呼叫可穿戴产品等为代表。

从目前的情况来看，四个不同的大众应用领域的发展情况和未来预期均不相同。

信息娱乐类产品，是可穿戴设备中定位最为时尚的一类，本应具有时尚饰品的作用。由于目前的硬件技术局限、产品设计局限、应用局限等使得现在的信息娱乐类产品更像个玩具，还没有挖掘出用户的必要性需求，无法让用户自愿穿戴。目前仍处于发展初期阶段，因此硬件技术层面存在很多限制：柔性材料尚不成熟，柔性屏幕距离第三代柔韧可弯曲要求还有一定距离，柔性电路和柔性电池也有优化空间，这使得手表等可穿戴产品在佩戴舒适性上大打折扣；低功耗传输技术目前以蓝牙 4.0 为主，应用场景有限，使得手表等产品在续航能力上饱受诟病；手势识别、脑电信号感应等体感技术尚不成熟，使得臂环、头箍等可穿戴产品的人机交互受到限制……例如，天气检测仪器生产厂商 Netatmo 联合 LV 和著名珠宝品牌设计师，共同推出针对女性用户的智能防晒手环 June。信息娱乐类产品专属 App 的数量有限。而且，由于缺乏统一的操作系统，因此不同产品之间的互通性很差，难以激发用户的使用热情。

医疗康体类产品，遇到的主要问题是进行数据采集和提供专业服务。可穿戴医疗设备可以通过传感器采集人体的生理数据（如血糖、血压、心率、血氧含量、体温、呼吸频率等），并将数据无线传输至中央处理器（如小型手持式无线装置等，可在发生异常时发出警告信号），中央处理器再将数据发送至医疗中心，以便医生进行全面、专业、及时的分析和治疗。

医疗康体类可穿戴产品可以分为病理监测和康体监测两大类型。其中，病理监测类由于涉及疾病的诊断，因此对设备采集数据的准确性要求很高。但是，目前的可穿戴血糖仪等一些可穿戴设备在"无创数据采集"技术，以及血糖、血压等数据采集的准确性上，并未实现突破。医疗康体类产品在可穿戴设备中属于最为典型的需要后续专业服务的产品。采集数据只是第一步，专业的病理康体数据分析，才能真正为客户创造价值。因此，中卫莱康专门成立了心电监测中心，为客户提供心电监测的个性化专业分析服务。这种服务中心的搭建需要时间，所以目前仍是一些产品的"瓶颈"所在。

运动类产品遇到的服务问题主要是用户需要有合理运动量提醒、运动数据分析、云存储等专业服务。对相关服务的需求，带来对产品集成多样化传感器的需求，这包括加速度传感器、陀螺仪、环境温度传感器等。这些需求目前尚未得到很好的解决。

安全类产品的最大挑战是安全保障的持续性和舒适性。首先，为了保证安全类产品定位功能的实现，安全手环等产品需要进行位置数据的无线传输，而 GPS、移动网等技术的功耗非常大，小型电池的容量又非常有限，这种矛盾使得安全类可穿戴设备的续航能力成为一大"瓶颈"。其次，产品的舒适性相当重要，安全类产品的一大用户群是儿童，而儿童对于穿戴的舒适性要求更高。从目前的可穿戴安全产品来看，体积较大、材料的舒适性不够等问题亟待解决。

可穿戴设备实现爆发和普及，要具备三大关键要素，即产品必要性（唤醒用户的必要性需求）、产业链成熟度（相关硬件技术成熟、操作系统相对统一、专属应用丰富）和商业模式完善程度（设备 + 云服务的商业模式最亟待完善）。2014 年可穿戴新品一共有 117 款，其中有 28 款智能手表，17 款智能眼睛，16 款智能手环，38 款智能佩饰，9 款智能织物。从客观来看，大众应用领域的可穿戴设备何时能够大规模爆发还难以判断，目前能够模糊看到两大应用模式。

一是可穿戴的简化版智能手机如人机交互便利、续航能力强的智能手表等。这种产品能部分替代智能手机的功能，真正实现随时随地（包括运动时、开车时）地进行无障碍沟通，因此有较为广泛的人群基础，容易在明星产品的带动下形成爆发。

二是专业的传感设备如医疗、运动健康等领域的可穿戴监测器。用户对健康的需求是相对刚性的，而且慢性病低龄化、老龄化等新变化也激发了用户的强烈需求，因此只要能够实现与专业服务的配套，并且拥有合理的价格，此类产品就能够实现普及。

对于可穿戴/移动医疗厂商而言，仅仅向患者销售设备是不够的，更重要的是通过医疗监测的大数据探索新的商业模式。目前，可穿戴/移动医疗在美国已经发展出不同的商业模式，通过向医院/医生/药企/保险公司收费实现盈利。例如，作为专注于糖尿病管理的移动医疗公司，WellDoc 通过向保险公司收费盈利，已有两家医疗保险公司表示愿意为用户支付超过 100 美金/月的"糖尿病管家系统"费用；作为远程心脏监测服务提供商，CardioNet 通过向保险公司和科研机构收费盈利，除服务患者外，监测数据还可以提供给科研机构用于研发；Epocrates 拥有美国排名第一的移动药物字典，通过为药企提供广告和调研服务、向医生销售精装豪华版 Epocrates 盈利；Zocdoc 为患者提供免费预约服务，通过向医生收费盈利；Vocera 可帮助大型医院实现快速而有效的通信，通过向医院收费盈利。

可穿戴医疗设备未来可以探索的商业模式包括以下 8 种。

设备销售——向用户收费：让用户产生依赖感，产生不同于智能手机的全

新用户体验；在可穿戴设备的设计上，注重美观和时尚，使可穿戴设备时尚界追逐的热点；用白金/翡翠等制造或点缀可穿戴医疗设备，将其打造成奢侈品，从而以较高的价格向用户出售。

软件销售——向用户收费：可穿戴和医疗设备厂商可以建立类似 iTunes 的健康软件平台，销售基于监测数据的健康指导/游戏软件，获得销售提成。

个性化的服务——向用户收费：可以为用户提供个性化的远程服务，根据可穿戴医疗设备收集的数据，由三甲医院的医生通过视频为农村的脑瘫儿童提供康复指导；由健身教练通过视频向减肥者传授量身打造的健身操。

精准的广告投放——向企业收费：通过对用户监测的云端"大数据"的分析，向用户提出有针对性的改善建议，为相关厂商进行精准的广告投放。例如，若监测数据表明用户失眠严重，可向用户推荐有助于睡眠的灵芝胶囊等保健品；若监测数据表明用户血脂/血糖超标，可向其推荐减肥产品或健身卡。

研发服务——向科研机构收费：类似 CardioNet 的商业模式，可穿戴设备厂商可充分利用云端"大数据"，为药企、医疗器械公司、研发外包公司、高校研究机构等提供研发服务。

帮助医院建立数据中心——向医院收费：可穿戴医疗设备厂商可以帮助医院建立数据监测中心，为医院提供患者远程监控服务、预约服务及自动分诊服务，按照联网会员的数量向医院收取服务费。

医生再教育——向医生收费：个体化监测积累的大数据可以通过分析和归纳成为医生再教育的一部分，医生未来的知识不仅来源于书本，更来自大数据分析后得到的应用性极强知识。医生可以自主从大数据库中发现问题并寻找对策，这将成为医生获取知识的重要途径。

与保险公司合作——利润分成：我国鼓励商业保险机构经办医保服务，在基本医疗保险支付压力越来越大的背景下，商业保险发展潜力巨大。可穿戴医疗设备厂商可以通过和保险公司合作获得广大的客户群（利润分成）。保险公司一方面可减少长期保费开支，另一方面可采集医疗大数据开发个性化的产品。

云 Wi-Fi 技术中的三流替代

云 Wi-Fi 技术介绍：云 Wi-Fi 系统是计算机网络与无线通信技术相结合的产物，它以无线信道作为传输媒介，提供了传统有线局域网的功能，并具备有线网络无法相比的可移动、漫游等特性，能够使用户真正实现随时、随地、随意地访问宽带网络。

在政府和企业网领域，WLAN 技术作为新的宽带数据网接入技术得到了越来越多的青睐，许多城市和地区都已经开展"无线城市"的建设。在数字化办公、商业、医疗、教育、酒店、餐饮服务等众多领域，随着 WLAN 的需求、技术、产品和应用不断成熟，无线网络已经进入全面普及时代。WLAN 如今在企业及城市中已无处不在，不少人已将其视为有线网络的取代者。在大企业中，移动性、BYOD 和 IT 消费者化推动着 WLAN 强劲发展。

在国际市场上，互联网服务提供商如谷歌、微软、雅虎等公司尽管目前还未有大手笔的动作，但都对 Wi-Fi 表露出极大的热情，随时准备伺机而动。谷歌在 2009 年宣布为美国维珍航空公司免费提供 Wi-Fi 服务，微软与移动广告商 JiWire 合作在机场和酒店提供免费 Wi-Fi，雅虎则从 2009 年底开始在纽约时代广场为市民提供一年的免费 Wi-Fi。

对于诸如咖啡厅、西餐厅等娱乐休闲类中小企业，WLAN 产品具有更强的吸引力。随着人们生活水平的提高，以及商务人士人群的增加，到娱乐休闲场所办公、休闲消费的人群也日益庞大，使得这些企业生意日渐红火。由于手机和笔记本电脑普及率的不断提高，所以到娱乐休闲场所办公、休闲消费的人群对无线上网需求的日益迫切。

云 Wi-Fi 的主要优势有：按月支付，降低企业一次性投入的成本，打消企业消费顾虑；随处访问，云 Wi-Fi 无线网络满足固定的和正迅速增长的移动用户，为智能手机人群和平板电脑用户提供无缝、稳定的用户体验；投入降低，企业无需对解决方案所涉业务管理、计费、认证系统进行投入，云 Wi-Fi 的管理平台提供全面的 WLAN 业务管理平台，通过网络设备管理和用户管理的深度融和和联动，在统一的平台上实现了用户、网络的集中管理；故障定位容易，云 Wi-Fi 提供全面的 7×24 小时云平台管理服务，通过云管理平台马上定位故障，专人负责、可迅速恢复网络连接；安装便捷，免去或最大限度地减少网络布线的工作量，一般只要安装一个或多个接入点设备，就可建立覆盖整个区域的局域网络；易于进行网络规划和调整，对于有线网络来说，办公地点或网络拓扑的改变通常意味着重新建网，重新布线是一个昂贵、费时、浪费和琐碎的过程，无线局域网可以避免或减少以上情况的发生；易于扩展，云 Wi-Fi 的配置方式，可以很快从只有几个用户的小型局域网扩展到上千用户的大型网络，并且能够提供节点间"漫游"等有线网络无法实现的特性。

在 Wi-Fi 上开展增值服务上，其蕴含的商业价值目前还无法衡量，除了电信运营商以外，一些专注于这个新兴行业的互联网企业已捕获机遇，并开拓出更具盈利前景的模式。2013 年 2 月，Dell Oro 集团曾经发布过一份市场报告，预测到 2017 年，WLAN 市场营收将会超过 110 亿美元，比 2012 年增长将近 50%。

随着客户需求变化和外部环境的发展，企业 Wi-Fi 网络将从最初的自建自维转变为依靠专业的提供商，提供品牌、安全、稳定的 Wi-Fi 网络。迈外迪致力于通过创新性的产品和商业模式，提升中国咖啡厅 Wi-Fi 应用的水平。通过将迈外迪自主专利 Wi-Fi 路由器安装于咖啡厅现有的有线网络上，在对现有网络最小改动的基础上，实现咖啡厅 Wi-Fi 网络从简单的直接连接、直接上网的模式，升级到提供包括用户认证、品牌传播、营销推广在内的企业专用 Wi-Fi 网络。

移动终端 Wi-Fi 使用率的增长源于以下几个方面。

第一，随时随地地使用移动互联网的需求。目前互联网已经越来越成为人们生活中不可缺少的内容，通过互联网办公、娱乐保持与世界同步，成为现代人的生活方式，而传统 PC 束缚了人们随时随地使用网络的自由，虽然笔记本电脑已经可以满足人们移动办公、娱乐的需求，但是终究还是携带不便，因此灵活便携的移动终端便成为移动互联网的理想载体。

第二，移动终端的丰富。随着移动设备技术的不断成熟，种类的不断丰富和价格的不断降低，使得移动终端设备得到了极大的普及，越来越多的人开始通过移动终端使用 Wi-Fi 网络服务。

第三，Wi-Fi 手机国内使用环境的逐步开放。近两年来随着移动互联网需求的增长，目前关于国内手机 Wi-Fi 使用解禁的讨论越来越多，虽然还没有开放 Wi-Fi 手机禁令，但是很多 Wi-Fi 手机通过兼容中国无线标准 WAPI，基本上绕开了这一禁令，使手机 Wi-Fi 上网成为趋势。

云 Wi-Fi 提供商主要有几种模式：一是前向收费，靠向应用者销售云 Wi-Fi 设备等硬件并提供后续的技术支持获得收入；二是后向收费，免费提供云 Wi-Fi 设备，广泛布点后建立平台，搜集大量用户数据，通过广告等后向模式获得收入；三是前后向结合收费，对于应用者，通过设备销售和服务进行收费，搭建平台搜集云 Wi-Fi 使用数据，并进行精准广告的推送，从而实现前后向结合收费。

专栏1　迈外迪云 Wi-Fi 广告营销模式

迈外迪是一家致力于商用 Wi-Fi 网络架构和媒体服务的提供商，为商家免费提供无线路由器和相应的管理和技术维护等服务。

迈外迪（WiWide）成立于 2007 年 9 月，总部位于北京，在上海、深圳设有两大运营中心，已经成为中国领先的商用 Wi-Fi 网络架构及媒体服务提供商，曾入选具有科技创新风向标美誉的《红鲱鱼》2010 年亚洲科技

100 强。2010 年迈外迪实现销售 1000 多万元，已基本实现财务平衡。其开创了 Wi-Fi 无线网络新媒体这一崭新的精准网络准营销模式，以共赢的理念与广大商务场所合作，向其免费提供一流的商用云计算 Wi-Fi 无线网络服务。产品服务涉及 Wi-Fi 无线网络服务方案、Wi-Fi 无线网络设备提供、安装维护及 24 小时电话技术支持等。目前，迈外迪的客户已遍布全国各地，尤其是环渤海、长三角和珠三角等经济圈。中国咖啡厅连锁排名 TOP50 中的 48 家已与 WiWide 签约。每天，迈外迪通过 6000 多个热点向 20 多万用户提供安全稳定的 Wi-Fi 网络服务。

为咖啡馆、西餐厅等休闲场所的客人免费提供 Wi-Fi 上网服务，把所有 Wi-Fi 点结合在一起，占据上网入口，交织成一个强大的广告平台，打造出另一种模式的广告营销。在小小的上网登录页面上，迈外迪吸引了奔驰、宝马、IBM、联想、摩托罗拉、诺基亚等国际品牌成为其广告客户。

迈外迪的模式非常清晰，通过其合作伙伴，先是免费为店面提供 Wi-Fi 设备和架设，占据消费者无线上网的接入口，在消费者登录 Wi-Fi 上网时，登录界面是迈外迪设置的导航首页，类似一般的互联网广告，迈外迪则通过导航首页的广告位和流量获得收入。

为了吸引更多商家接受它的服务，迈外迪初期把发展目标瞄准了规模效应明显的连锁餐厅和咖啡馆。这些连锁餐厅和咖啡馆为了吸引消费者到店内消费，基本都提供免费的 Wi-Fi 服务，不过大多数安装的是家用式 Wi-Fi 设备，在稳定性和安全性以及技术方面存在不足，而迈外迪免费提供的商用版 Wi-Fi 服务和技术正是广大商家所欠缺的。

在经营一年半后，迈外迪聚集了近 2000 家店面，也直到此时才开始卖出第一单广告。经过 4 年的发展，如今的迈外迪与咖啡馆、西餐厅、中式连锁快餐店等 6500 个店面形成 Wi-Fi 联盟，而国内咖啡馆连锁排名前 50 家中有 48 家已与迈外迪签订合作协议，每天为超过 20 万人次提供无线网络服务。截至目前，在迈外迪官网上罗列出来的合作品牌包括麦当劳、COSTA、哈根达斯、汉堡王等近 60 家企业。

迈外迪的主要特征

第一，迈外迪通过动态带宽的技术手段防止用户通过 Wi-Fi 网络进行大量下载，以免影响其他用户的上网体验。通过与金山毒霸合作，把云查杀内置入 Wi-Fi 路由器，防止恶意网站对上网用户造成影响，保证了 Wi-Fi 上网的安全。

第二，迈外迪与新浪微博展开深入合作，以后在迈外迪覆盖的热点地区用户将可直接输入自己的新浪微博账号即可免费上网，提供 Web 网页窗口接入模式，用户连接网络后便弹出欢迎页面，新浪与迈外迪将联合开发一款专属于手持移动终端的窗口欢迎页面，使用户体验更加丰富。用户不仅可以输入自己的新浪微博账号免费上网，还可以看到有谁来过这里，并自动关注该店的官方微博。在用户发布微博后，微博内容包含用户上网的商户名称，在推荐自己喜爱的美食的同时也进一步推广了商户品牌。

第三，由于 Wi-Fi 上网点的用户都具备一定的区域性，LBS（定位服务）将帮助迈外迪吸引周边商家在它的广告页面上插入小广告和促销活动，与 LBS 的结合或将成为更快的盈利渠道。迈外迪网页有一定的互动性，能够同时对用户所处的地理位置进行准确定位，在广告的效果上将会更加精准。用户在某家咖啡厅里用微博账号接入 Wi-Fi 网络之后，可以显示他的好友中有谁曾在什么时候也曾光顾过这里，于是就会留下有关这个咖啡厅或者周边商铺的消费体验。

专栏 2　星巴克的云 Wi-Fi 解决方案

2010 年 7 月，星巴克宣布在全美境内近 7000 家咖啡馆免费为顾客提供无限制的 Wi-Fi 接入服务，其中电信运营商 AT&T 为咖啡馆的 Wi-Fi 供应商，雅虎则和星巴克合作开发星巴克数字网，顾客在品味星巴克咖啡的同时，可以自由访问各种免费或付费网站，享受到高附加值的数字网络服务。

在星巴克 Wi-Fi 模式中，运营商提供 Wi-Fi 服务分流手机上网带来的数据流量的爆炸式增长，保证了良好的用户体验；连锁商家铺设 Wi-Fi 网络吸引消费者到店内消费；互联网服务提供商看中的是其中蕴含的广告商机，三家围绕 Wi-Fi 结成了利益同盟。

在中国市场，星巴克多年前自行搭建了 Wi-Fi 网络提供免费上网服务，近年来随着 CMCC-Starbuck 这一名称取代了原本星巴克自身的网络，通过与中国移动在华东地区的全面合作，星巴克以包月付费的形式为它的宽带和服务埋单，来店消费的客户通过手机短信获得上网账号，享用免费的 Wi-Fi 服务；而移动则负责提供整套网络服务方案，包括硬件架设和网络铺设。星巴克与中国移动的这种合作模式将逐步推广到它在全国约 230 家分店，同时双方还将开展基于品牌的全方位合作，涉及手机导航、积分兑换、手机支付、手机邮箱等业务，而上述星巴克的移动支付模式也有望在未来推广到中国市场。

彩票业即将发生的替代

预期 2014 年彩票行业在新渠道的拓展和新彩种的创新上将有所突破，如果政策能将移动端销售彩票正式开启，则彩票行业正式进入"移动互联"时代。有数据显示，2013 年国内互联网售彩金额约 350 亿元，同比增长 51%，快速增长的互联网用户以及手机网民数量、智能手机普及率的提高为互联网彩票提供了庞大的用户基础，未来 5 年互联网彩票市场将向千亿规模跨越。[1]

目前，我国互联网彩票存在电商平台、门户类网站、专业垂直类网站和产业链延伸类网站四大平台系统。

电商类平台是目前互联网彩票销售中最大的巨头，淘宝和腾讯是目前最大的销售平台。淘宝彩票成立于 2007 年，定位于大电商系统的营销互动工具，用户基础庞大、便捷，2013 年代售金额达到 65 亿元；QQ 彩票的前身是菠菜娃娃，2011 年被腾讯收购成为其全资控股子公司。

在门户网站方面，有"人民网 + 澳客网"、"百度 + 乐彩网"以及其他垂直类彩票销售网站，其中人民网和新浪网旗下的彩票销售平台 2013 年销售量分别有 18 亿元、38 亿元左右。互联网彩票行业的崛起有望在研发环节向民营公司和机构开放，引入竞争机制，充分鼓励彩种的创新和开发，同时每年将受欢迎的彩种留在市场上，将不受欢迎的彩种淘汰出市场。

受我国彩票垄断销售支付的限制，只有第三类企业在互联网彩票销售中拥有相较于其他两类企业更大的优势，也最有可能率先获得相应牌照。

据报道，鸿博股份在 2013 年业绩快报中披露其互联网彩票的销售收入及净利大幅增长，是 A 股中唯一拥有彩种研发和审批经验的公司，如果其彩种研发破冰后，预计将在互联网彩票中分得更大蛋糕；随着信息技术的蓬勃发展，东港股份已渐次涉足高端印刷与互联网相结合的相关业务、智能 IC 卡和电子票证业务，未来将以大数据平台为载体，转型为综合服务商。

---

[1] 先锋互联网金融，2014.3.17.

出路 or 绝路：企业变革的机遇与风险

除此之外，互联网技术变革在各行各业都或多或少地引发了行业的物流、信息流、资金流三方面替代，在此不能一一全部列举。在互联网引发的各类"三流替代"中，各传统行业只有充分理解并应用"互联网思维模式"去适度调整战略方向、营销手段、商业模式等，才能在激烈的市场竞争和技术演进中寻找出新的突破点。

首先，企业必须重视信息流的作用，信息流带来的数据金矿在传统意义上很难被理解。但作为互联网技术的核心，各类信息本身就存在重要的意义。无论是提供云 Wi-Fi 技术的迈外迪公司，还是已经成长为互联网巨头的阿里巴巴，均对互联网信息数据进行了深度挖掘。迈外迪公司针对云 Wi-Fi 上的客户数据进行精准广告推广，阿里巴巴集团的阿里妈妈应用淘宝网上的各类信息流，打造了面向全网客户的开放式网络营销平台，日均 PV 覆盖 50 亿，优质商品展示 3 亿个，引入品牌商家 600 万家，2012 年获得分成 30 亿元。沃尔玛主要的供应商与沃尔玛的计算机系统联网，能更加详细地知道销售情况，制订生产计划。

其次，物流方面策略的变化。沃尔玛花费了大量的时间和精力来考虑货物到门店的实际配送，他们试验了如何才能最有效率地为货车装货，也就是货车本身的效率。亚马逊物流成本的降低为其提供了新的促销空间，它不断降低免运费门槛，以此来打击竞争对手。免运费订单的最低额度从最初的 99 美元降到 49 美元，2002 年进一步降至 25 美元。2005 年，亚马逊又推出一项会员服务，即一年支付 79 美元，就可以享受无限量的免运费两日内送达服务，以及折扣价的次日送达服务。亚马逊坚持推广物流促销计划，数据显示公司从客户处收取的运费，1999 年时相当于运输成本的 105%，2004 年时降至成本的 68%，2010 年降至成本的 48%。

最后，在安全保障的情况下，尽可能地接纳多种不同的支付方式；结合产业实际产生的各类可能性，改变资金流入流出的方向，形成新的商业生态和盈利模式。其一，从支付方式来说，目前的支付方式不仅有现金、支票，储蓄卡、信用卡、银联在线支付，还多了支付宝、微信支付等第三方手机支付方式，还有比特币、瑞波币等虚拟货币，部分产业生态中存在的 QQ 币、游戏币支付等。各类企业需要从自身发展出发，尽可能地接入多种支付方式。其二，由于信息流的变化可能出现各类资金流的变化。比如提供云 Wi-Fi 服务的迈外迪公司，免费为客户提供网关及服务，为其品牌广告收入的来源布局；在亚马逊的电子书销售中，亚马逊为其 3G 版 kindle 直接与 AT&T、Sprint 签约了流量协议并为 3G 版网络付费，用户无需另外负担网络流量费用就可以享受电子书 3G 网络下载服务。在这种情况下，资金的流向将或许存在无限可能，结合产业形态，寻找到对自身发展最优的商业模式，将成为未来各类企业的重点关注方向。

第四章

体验新法则（2）：

业务模式论与 CCV
战略价值定位模型

商业模式的本质就是创造价值的系统逻辑。从结构上来看，任何企业的商业模式都可以归纳为三个基本要素：概念（Concept）、能力（Capability）和价值（Value），即 CCV 模型。在互联网商业世界中，三种要素演化出三种基本的商业模式：增值服务、流量变现和电子商务。然而，这三种类型的商业模式却有着纷繁多变的面孔。

业务模式注解：三环与三相

互联网思维是一个大而宽泛的概念，从企业的层面谈及互联网思维，至今也没有一个明确的定义，这是因为需要首先对提及互联网思维的企业进行区分，然后才能站在它们各自的角度上对这个概念的含义进行诠释。互联网思维从本质上来说就是商业模式创新（Business model entrepreneurship），是一种心智模式（Mindset），它还是逃不开商业模式的 3 个基本要素的。这里提出了一

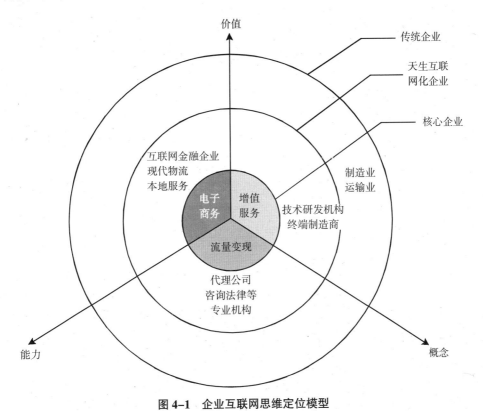

图4-1 企业互联网思维定位模型

个三环、三相的"企业互联网思维定位模型",不同类型的企业都可以根据已知的自身类型来确定自己进行互联网思维的方向和模式。

三环:互联网时代的三类企业

互联网企业的异军突起已经让所有的企业为"触网"急得像热锅上的蚂蚁,从两个著名的"互联网对赌"就可以看出,面对互联网企业的来势汹汹,无论是传统企业,还是非传统企业都对今后互联网思维对于各个行业将要掀起的滔天巨浪拭目以待。这两个著名的"对赌"都是传统行业(地产业和家电制造业)与互联网行业的领军人物之间进行的,我们有理由相信,这样的"对赌"不仅仅只是噱头,更揭示了在中国各个行业、各类企业的商界精英们对于互联网和互联网思维是日益重视的。

案例 中国经济年度人物颁奖典礼上的两次著名的对赌

在 2012 年 12 月 12 日,年度"CCTV 中国经济年度人物"揭晓典礼上,同为获奖者的阿里巴巴董事会主席马云和万达董事长王健林,在颁奖现场围绕"电子商务能否取代传统实体零售"展开辩论。两人还为十年后电商在零售市场份额能否过半设下亿元赌局。

皆为第二次成为央视年度经济人物的马云和王健林,前者被称为在虚拟世界纵横捭阖,后者则被描述为在实体经济领域开疆破土。在颁奖现场设置的辩论环节,两人就"电商能否取代传统的店铺经营"这一话题展开辩论。

"我一定说电商会胜",马云的观点简单直接。

马云指出电商不可能完全取代零售行业,但也会"基本取代"。他进一步表示,今天电子商务不是想取代谁,不是想消灭谁,而是想建设更加新颖的、透明的、开放、公正、公平的商业环境,去支持更多的年轻人成长发展。

"但是我不认为电商出来,传统零售渠道就一定会死",王健林的反驳基于 3 个观点:一是电商份额目前仍然很小,二是零售渠道有独特的存在价值,三是零售商会采取措施积极应对。王健林举例说,美国前十大电商都是零售渠道。

王健林补充说,所有新的商业模式一出来,必然对传统形成冲击。但传统产业生命是最强的,不然的话,商业不会存在 2000 多年,"所以我一定要坚守传统产业，但是在传统产业基础上尽可能去创新，也包括向马云学习"。

王健林和马云设下了一个亿元的赌局。"2020 年，10 年后，如果电商在中国零售市场份额占到 50%，我给马云一个亿。如果没到，他还我一个亿"。在大半个 2013 年里，这个赌局都成为热点话题。

时间到了 2013 年 12 月 12 日，还是央视年度经济人物颁奖晚会现场，去年此刻曾经上演对赌好戏的王健林与马云，再一次站在了赌局面前，而且赌额见长了，从 1 亿元攀升到了 10 亿元。不过，这次的主角成了董明珠与雷军。董、雷两人双双当选新一届的年度经济人物，为他们颁奖的正是王健林与马云。新赌局，还是王健林与马云，不过这次他们只是见证人。

12 月 12 日晚，当董明珠与雷军同台站在一起时，当谈到小米手机在互联网上的营销模式时，董明珠首先向雷军发炮："现在这个大数据的时代，格力的电商模式也是新型的商业模式，所以它和实体经济的实体店的同步发展，是很正常的。我想问雷军，当然我们俩都是来自珠海，我们俩是朋友，但今天不能不在这儿掐一下。第一个问今天在座的有多少人用小米？第二个问题，在手机里面谁是真正的老大？第三个，我想问雷军，如果全世界的工厂都关掉了，你还有销售吗？"

在这个过程中，雷军插空解释了所谓的"小米模式"，雷军这样说，"小米的盈利模式最重要的就是轻资产，第一，它没有工厂，所以它可以用世界上最好的工厂。第二，它没有渠道，没有零售店，所以它可以采用互联网的电商直销模式。这样的话没有渠道成本，没有店面成本，没有销售成本，效率更高。第三，也更重要的是，因为没有工厂，因为没有零售店，它可以把注意力全部放在产品研发，放在和用户的交流上。所以，小米4000 名员工，2500 人在做跟用户沟通的事情，1400 人在做研发。所以，它把自己的精力高度集中在产品研发和用户服务上。"

董明珠根据雷军的介绍，进一步指出："他做营销确实很出色，但是他要感谢那么多工厂在为他服务，一个群体为他服务。所以我觉得我们取得成绩的时候，不要忘了别人。"然后，董明珠终于忍不住开炮了，"我是讲时代是在发展的，IT 行业大数据的时代，应该随着时间在变化，我们格力在 23 年前，我觉得那时候拿一个大哥大很大，像奖杯一样大的手机，大家都引以为豪，但今天的手机变得很小，证明我们在变。格力从成立那个时候到今天，如果那时没有现在这么现代，就想到这样，那我们就叫腾云驾雾、空想。所以我们要脚踏实地做。到了今天大数据到来的时候，格力，像我们这样制造业的企业坚守什么、发展什么是很重要的。所以我觉得雷军做得虽然不错，雷军刚才台后就跟我杠起来了，他说我相信五年以后我超过你，我就没回应他，我现在在台上说不可能。"

雷军忍不住接招，进一步解释："董总绝对营销比我好。我简单地总结一下，我觉得第一个，格力是我非常尊重的企业，董明珠也是我非常尊重的企业家。她在传统制造和传统的消费电子领域做得非常好。但是今天在互联网时代，用互联网的基因重新做消费电子的时代已经开始了，小米就是这个方向的典型代表。那么它的优势在什么地方呢？第一，它跟用户群最贴近，极其强调用户体验和口碑。我们为什么不做广告？最重要的就是希望在这样的情况下，测试我们产品的品质和口碑。我觉得第二，因为它是轻模式，所以它的成长速度快。第三个，并不因为是轻模式，实际上我们有 2500 人的服务团队，1300 人的 7×24 小时的呼叫服务，这样的服务我们下的功夫是蛮大的。我最后总结一句，小米模式能不能战胜格力模式，我觉得看未来五年。请全国人民作证，5 年之内，如果我们的营业额击败格力的话，董明珠董总输我一块钱就行了。"

心直口快的董明珠，迅速点火，并进一步将战火烧大："我告诉你说，一块钱不要在这说，第一，我告诉你不可能，第二，要赌不是一亿元，我跟你赌 10 个亿。为什么？因为我们有 23 年的基础，我们有科技创新研发的能力，而且我们保守了过去传统的模式，把马总请进来，世界就属于格力，你只有一半，不行的。马总你说呢？"

雷军拉上了边上观战的马云与王健林，跟董明珠的赌局接上了："刚才董总跟我挑战 10 亿元人民币，你们觉得打不打赌。好，我们请马云担保，请支付宝担保。"

对于小米没有自己工厂的模式，董明珠继续炮轰："我觉得手机消费品和我们这种家电产品有很多的不同，比如手机抓在手上，我用半年就坏了，那是你的问题，你拿到手上，可能扔了、摔了，所以自己负责，而厂家不负责任。一样，小米电视坏了，拿来修，我赚你维修费，格力是 6 年免费服务，你敢做 6 年免费服务吗？如果小米像你这种只抓营销，没人买你的空调。"

然后，董明珠还因为格力拥有自己科技队伍及强大的研发能力，她表示："我们是中国制造，中国创造。格力肯定是赢的一方。"而雷军则针锋相对，表示："我们是中国创造，你是中国制造。所以 10 亿人民币，我们必胜。"

旁观的马云在董、雷对决局之中，他选择站在董明珠一方，马云表示："我觉得我一定要选择的话，我选择站在董总边上。因为我觉得没有传统的制造业，没有什么传统企业和非传统企业，只有传统的思想。所以，一个企业，我在董总身上看到的是企业家的精神，互联网创业的思想。所以，雷总，确实，小米这两年进步非常了不起，像我们这样的新经济企业，不仅成长快是必需的，但做得久才是最艰难的。所以我刚才说 3 年小米这样，13 年的小米这样，23 年的小米这样才是真正了不起的。我们这样的企业在高速发展当中如何活得更长，活得更好。而且数字经济，虚拟经济，没有实体经济强大的支撑是没法走出来的。所有的数字都是因为有实体，只有实体成长了，数字才会好看，这些数字才是扎实的。当然我刚才听见雷军讲的也非常对，我们不仅要会制造，还要会营销，但是在我公司里，我觉得营销肯定不是最好的产品，最好的产品是我们的员工，我们的员工有互联网思想，我们的员工有精力，扎扎实实的精神，这个企业才会走得更长更远。我觉得阿里巴巴以前全力以赴改变大家对互联网的看法，但是未来几年，我们就是想帮像董明珠格力空调这样的企业，能够把传统企业注入新的东西，让传统企业有互联网的思想，这样的话合作起来，所谓的新经济，其实现在大家模式的争论也好，虚的说实的不好，实的说虚的不好，因为他们两人纯粹斗嘴。我个人觉得新经济就是虚实的结合，只有虚和实的完美结合，才能作为新经济。否则就是垃圾经济，肯定会倒下来。"

不做善茬的雷军，则进一步解释小米必胜的原因，他说："其实传统的品牌企业，第一点，它所面临的是要经过层层渠道、专卖店，其实它跟用户非常非常远。董总其实一年也见不了几个用户，而且经过了四五个层级以后，用户的差距非常大。还有一个非常大的问题，就是通过很长的渠道以后，库存全部在路上，这样的话有极大的风险，因为极有可能库存最后会造成非常大的问题。第二点，她做的事情实在是太多了，这么多事情使她不能够真正专心在把她最擅长的事情做好。像小米只做两件事，产品研发和用户服务。所以，只有把这两点做好，才能真正把品牌和业务做好。所以，我有足够的自信在未来的 5 年时间里面，我们营业额会超过格力。"

狡猾的马云尽管站在了赌局中董明珠这一边，却还是留了一个后手，他说："我自己觉得往往看对手的时候，最好看对手强在哪里，要比对手弱在哪里更有胜的把握。所以我自己更喜欢看到对方，就是小米的营销确实做得不错，但是营销是很容易学的。第二个，我也相信 3 年很有机会小米超过格力的销售额，假设格力不跟我合作好的话。"

说到赌局，回到开篇王健林与马云的那场对赌，当所有人都在翘首企盼最终的结果时，结果王健林却在前几天宣布不玩了，对赌取消，败了看热闹的人好多兴致。不过，有了董、雷赌局，一切又变得好玩起来。王健林与马云的对赌，热闹了大半年，董、雷对赌，出结果就在三五年。这不算太久，很快就能看到，好戏开始了。

资料来源：新浪科技，中国企业家网。

然而，互联网思维是一个大而宽泛的概念。当海尔首席执行官的张瑞敏和小米科技的总裁雷军分别提到"互联网思维"这 5 个字的时候，其背后的复杂含义却是非常不同的。这是因为他们背后所站的企业行业不同，类型不同。互联网思维与企业获得成功的经验一样，是无法复制的。所以，想要从之前纷繁复杂、浩如烟海地提及"互联网思维"的报道中学习什么是互联网思维，首先要明确这些观点是由何种企业提出的，这样才能供类似的企业进行借鉴学习。就如海尔和小米，一个是曾经率先走向世界、创造辉煌战绩并力图在互联网大潮中完成完美转身的民族品牌，一个是勇于不断创新、挖掘客户需求、引领着行业发展的新生力量，二者在成功的方面固然有很多相似的要素，然而二者成功的路径一定是大相径庭的。美国社交理财投资网站 Cake Financial 创始人史蒂文·卡朋特（Steven Carpenter）日前在知名科技博客 TechCrunch 上撰文，探讨了互联网公司的 3 种类型。本章的重点不是指导某个特定公司如何盈利，你可以将它看作互联网业务模式的指南。本章也首先将互联网企业分为 3 种基本类型。了解了这 3 种类型以及具有代表性的基本业务模式，你就足以了解 95%的互联网公司。优秀的风险投资者对这些知识非常熟悉，所以在与投资者会面前，你一定也要对自己的业务领域有所了解。笔者想表达的两个重点是：第一，要获取营收，不同公司需要开展的活动是不同的；第二，要了解这些活动并不困难。

按照企业与互联网结合紧密的程度，可以将中国市场上的现有企业分为 3 种类型。当这三类企业提到"互联网思维"的时候，实际上是立足于各自企业的本身，看如何能够运用互联网的特性，让企业更快、更好的发展。从本质上来说，就是借用互联网进行价值创造、再创造。换句话来说，"互联网思维"大潮就是一种商业模式创新大潮。

用各种 Logo 做成的图片，见图 4-2（三个同心圆，中间是 TABLE，中层是电商物流、本地化服务企业、视频、在线游戏企业等，外层是传统企业）。

论坛/论坛聚合　社交游戏

社交网络

视频分享

商务社交
网络

博客/博客
聚合

音乐/图片
分享

社会化商务

社会化
书签

电子商务

问答

签到/位置
服务

百科

微博

消费点评

即时通信

RSS 订阅

图 4-2　Logo 做成的图片

核心企业面临的挑战

第一类，也是互联网的核心类型企业，互联网企业，或者称为核心企业，它们是以互联网为主营业务的企业，拥有互联网的核心技术、人才，肩负着互联网的建设与创新，创造了众多基于互联网的新模式，引领行业的发展。在这类企业中，"BAT"是公认的第一梯队：B 代表百度，其以搜索引擎技术起家并以其为中心发展了庞大的核心技术群；A 代表阿里巴巴，其以庞大的电商平台和领先第三方支付技术建立了一个结构复杂的交易生态圈；T 代表腾讯，抓住了用于沟通的需求，积累了规模巨大的用户基础，并以此为核心发展成了一个集通信、游戏、电商、支付、门户等为一体庞大帝国。除此之外，老牌互联网企业新浪、搜狐、网易等也属于这一类型。

核心企业所面临的最大问题就是难以创造百年老店。尽管互联网行业和传统行业相比还处于少年时期，除了亚马逊有着 19 岁的"高龄"之外，其他互联网公司总是让笔者觉得起起伏伏，转瞬即逝。显而易见的例子是，可口可乐和麦当劳、宝洁屹立山头几十年，可雅虎呢？MySpace？开心网？福布斯最近有文章猜 Facebook 可能活不过 5 年。原因并不新鲜：新的社交产品形式起来了，Facebook 跟被它淘汰的 MySpace 一样，难以适应。这恐怕也是 Whatsapp 这个仅有 50 人的小企业能够卖出天价的原因。这个话题貌似有点儿残酷。互联网企业可能天生就没法"基业长青"。每一次创业、每一种模式引领风潮三五年。做百年老店一直是传统行业企业家们孜孜以求的，在互联网里可能就是个笑话。关键问题是，如果互联网 CEO 们都以基业长青为目的，都向那些曾经基业长青的传统公司学习管理，这会不会反而有损其竞争力？

我们已经对互联网的突变习以为常。网景、MySpace、51job 和开心网说倒就倒下了。互联网的特性甚至已经深入并且改造了传统行业。摩托罗拉、诺基亚说倒就倒下了，而且苹果也会步人后尘。因为造就苹果的"突变"理论也会反过来埋葬苹果，跟乔布斯是否去世无关，不断地出现断点是这个行业的本质。信息社会从软件到互联网再到移动，这个本质会体现得越发的明显。

案例　亚马逊：互联网的长寿者

其实它的成功远不限于这三点。

第一，贝佐斯的经营理念是"尽快形成规模"（Get Big Fast）。

因为在 1994 年已经有几家公司在网上销售图书，当时并没有吸引更多网络用户的关注。正如一些分析家所言，"在这一阶段，盈利并不能说明什么。投资者能够理解，在行业的早期增长过程中，保持高速增长和占有市场份额具有极为重要的战略优势"。这些观点曾经受到市场的推崇，也曾受到来自各方的指责。但是，贝佐斯不为所动，继续扩张企业的规模。

第二，亚马逊商业模式的一个核心因素在于顾客中心（Customer -centric）。

尽管传统企业经营的精髓是"顾客总是对的"，但是贝佐斯仍然把它作为自己企业的主桌。亚马逊的做法包括：设计顾客为中心的选书系统：亚马逊网站可以帮助读者在几秒钟内从大量的图书库中找到自己感兴趣的图书；建立了顾客电子邮箱数据库：公司可以通过跟踪读者的选择，记录下他们关注的图书，新书出版时，就可以立刻通知他们。建立顾客服务部：从 2000 年早期开始，亚马逊雇用了数以百计的全职顾客服务代表，处理大量的顾客电话和电子邮件，服务代表的工作听起来十分单调，比如，处理顾客抱怨投递太慢，顾客修改订单，询问订购情况，甚至是问一些网络订购的基本问题。正是这些看似不起眼的服务工作使得亚马逊网站在历次零售网站顾客满意度评比中名列第一。

亚马逊研究顾客购书习惯，发现读者无论是否购买图书都喜欢翻阅图书内容。因此，为了满足读者浏览某些图书内容的需求，亚马逊网上书店独创了"浏览部分图书内容"（Look Inside the Book）服务项目，从而吸引了大量读者上网阅读。

第三，横向开拓和垂直挖潜。

2001年曾经有许多投资机构建议，亚马逊网上书店与其他巨头企业合并。当时，美国在线与时代华纳的合并引起了市场的轰动。贝佐斯并没有接受这些合并建议，但他选择了横向联合。比如，贝佐斯搭建的交易平台为玩具商（Toys "R" Us）和电器经销商（Circus City）服务，同时他接手了美国第二大图书销售商（Borders）的网站运营，巩固了自己在网络图书销售市场上的地位。与此同时，亚马逊网上书店开办了6个全球网址，分别设在美国、加拿大、英国、德国、法国和日本。这样，通过当地语言网站，可以更好地为不同语种的消费者服务。

从2002年开始，亚马逊网上书店开始推出办公用品商店和服装商店。如今，亚马逊网上书店销售的服装和鞋类超过500个品牌，这得益于它积极推行"商家项目"，即与各种商家合作，不断开拓产品与服务的空间。

目前，亚马逊网上书店已经不限于销售图书，它销售的商品包括：服装、服饰、电子产品、计算机、软件、厨房用品、家居器皿、DVD、录像带、照相机和相片、办公用品、儿童用品、玩具、旅游服务和户外用品等。另外，企业和个人可以通过亚马逊的网站，销售新的或者二手货，以及自己的收藏品。亚马逊可以收取固定的费用、销售佣金，以及对特别商品按件收费。2003年9月，亚马逊联合L.A. Clippers Elton Brand和体育用品商推出了体育用品商店，经销3000多种畅销品牌，覆盖了50多种体育项目，同时支持各地的青少年体育俱乐部开展活动。

资料来源：互联网商业模式，百度百科，http://baike.baidu.com/view/1531169.htm.

天生互联网化企业面临的挑战

第二类，笔者称之为天生互联网化企业（Born-internet），这类企业虽然不是将互联网的设计、建设作为主营业务，却能在互联网这片肥沃的土壤中扎根生长的，企业天生依托于互联网进行业务发展，如果离开互联网，企业将无法进行正常运营，甚至于不复存在。例如，专门发展互联网金融业务的小微互联网金融企业，数量庞大的网游、页游公司，各类互联网营销代理机构，kick-starter.com 这样的众筹网站，以及对互联网大数据进行云处理、数据挖掘、数据分析和咨询的技术和咨询公司。

天生互联网化的企业所面临的最大挑战就是如何保持自己的反脆弱性（Antifragile），如何 Power-by-internet。畅销书《黑天鹅》的作者在他的重磅新书《反脆弱性》中提出这样的概念：在面对不确定性时，仅仅保持坚韧不变是不够的，还需要能在逆境中受益。在传统的金融领域，我们看到网上系统的更新周期是一个季度，就要形成一个大的升级。支付宝多长时间升级，一周升两次级，所有的互联网产品都是基于基本的理念，或者是不得不这样做，基于用户为中心的快速纽带。因此，从这个角度要进行反思，互联网可以帮助所在的企业是否可以将周期缩短，这是非常重要的能力。所有的互联网企业和产品天生必须是开放的，没有政策保护，没有独特和独一无二的资源，竞争门槛其实是最低的。必须是一个开放式的、用能够用到的资源，别人能做的事情，我就不要做了，别人做不好的东西，就交给他来做，互联网有这样的规律。

举例来说，互联网所有的产品对用户有极丰富和准确的洞察。所有的互联网产品都可以洞察消费者，因为知道消费者的所有行为习惯，不是通过传统的方式，通过调研公司，而是通过网络调研。这是互联网对消费者的洞察能力，或者是把控消费者的能力非常强，而且这些数据都是实时的，比调研得到的数据更准确。互联网可以准确地知道，一个消费者在产品页面上停留的时间是多长，去了以后，是否有购买，是否有购买竞争对手的产品，有没有回过头来再买你的产品，今天只有互联网可以做得到，对于天生互联网化企业而言，真正要思考的问题，利用互联网去促进 Enable 全面全流程的改变，或者是加强你的链条，从前瞻的用户洞察到产品的设计，到新品的发布，再到整个网络的销售，售后全流程的抓取，都运用到互联网的能力，必须将互联网打通吃透。

案例　eBay 的困惑

eBay 的最忠诚浏览者是各种收藏者，他们收藏的物品可谓千奇百怪，要成为 eBay 的购买者，您必须首先注册。注册需要个人的姓名、电子邮箱、邮寄地址等简单的信息。最重要的注册环节在于了解和接受用户协议，熟悉交易过程中自己的义务和责任。

注册之后，新会员需要建立自己的 eBay 网页，罗列自己拍卖的物品，它们竞卖的数量，自己购买的物品，eBay 账户的平衡状况等。eBay 的成员可以用自己的网页提供支付信息，许多会员拥有 eBay 收费的信用卡。

其中，eBay 的一个重要特点在于，eBay 鼓励所有的购买者和销售者都填写在线反馈表，所有这些反馈都公开在网站上。通过这些顾客反馈记录，包括赞美的和抱怨的，其他会员就可以以此来评价是否与有"污点"记录的会员进行买卖。

除此之外，eBay 仅充当一个拍卖中介，没有存货，也不对拍卖之后的物品享有所有权，更不介入买卖双方的资金转移。当然，eBay 对自己的中介服务是要收费的，收费标准也十分复杂，小件物品的收费在每件 0.30 美元到每件 3.30 美元之间，而大件物品比如汽车和房地产，则收取销售中介费，一般按照销售价格的 5% 收取。另外，eBay 也按照顾客要求，对特定交易的物品收取服务费。

其实，欧米代尔根本没有想到会创建一个大企业。他只是把自己的网站看作一个"大实验室"——对电子商务的实验室，他只是对"市场有效理论"着魔，希望供需平衡，实现真正的价值。1996 年 6 月，欧米代尔辞去自己的工作，全身心投入 eBay 的建设中。为了弥补自己管理方面的不足，他雇用了一个工商管理硕士帮助自己进行战略的分析和计划。

1997 年，欧米代尔面临一个选择。是卖掉 eBay 还是寻求外部融资？一家大媒体公司愿意支付 5000 万美元购买他的公司，因为他的实验还没有完成，欧米代尔开始寻求风险投资的支持。到 1997 年 6 月，一家著名的风险投资公司——基点投资公司（Benchmark Capital）同意投资 500 万美元，这样 eBay 就可以支撑将近一年。当务之急，eBay 还需要公开上市才能保障投资者的收益，维持企业的持久发展。

eBay 面临的挑战在于：

首先，挑战来自任何保证网站的安全运行。大量的会员涌入给公司网络的平稳运行带来困难，特别是偶尔的黑客进攻和病毒的侵入。最初的几年，eBay 只有一台服务器，一旦遇到麻烦，只能转变到网下拍卖。这极大地影响了 eBay 的声誉，尤其是 1999 年 6 月 10 日，eBay 有将近 24 小时处于关闭状态，尽管 SUN 公司承担了部分责任。1999 年下半年，一系列的网站关闭，随之而来的是股票价格的下跌。

其次，挑战来自如何保证网站拍卖的物品是合法的。正如惠特曼所预见的那样，一些有害社会的物品，包括武器在内的物品出现在 eBay 上。2000 年 5 月，法国法院裁决雅虎违反了法国法律——禁止出售任何与纳粹有关的物品，而 eBay 立刻开始对自己的拍卖物品进行清理，包括几个月前删除了一个成员出售自己肾的广告。

再次，挑战来自如何杜绝电子商务面临大量的网上欺诈。为防止网上欺诈，eBay为此聘用了前联邦审查官来主持对欺诈案件的审理，同时开发了软件跟踪一些大宗交易，但是欺诈的事件屡禁不止。到新千年结束时，联邦贸易委员会（FTC）被众多拍卖欺诈搞得焦头烂额。在2000年，联邦贸易委员会接到近11000件与网络拍卖有关的投诉，而3年前，类似的投诉只有100多件。2001年夏天，国家反欺诈信息中心报告拍卖欺诈是互联网上欺诈中最容易发生的类型。根据独立机构的调查发现，各种在线拍卖欺诈占了所有网民受骗中的76%。

最后，挑战不仅仅来自上面各个方面，最大的挑战来自竞争。同样，竞争也来自多个方面的竞争。比如，在线拍卖模式受到来自雅虎和亚马逊的挑战。雅虎很快把在线拍卖推广到日本，并且成为日本最大的在线拍卖网站，而亚马逊则汲取了eBay的经验，弥补了一些漏洞，例如，亚马逊首次推出对购买250美元以上用户，实行还款保证。因为网络拍卖的交易量一般比较小，亚马逊的策略在于吸引买卖双方守信，积极交易。在亚马逊的进攻下，eBay也被迫采取了类似的策略。

另外，传统零售商和批发商对eBay的威胁更大。处理换季商品和积压库存商品是传统零售商们头痛的事情，如今，JC Penney、Sharper Image和Lands' End都开始推出自己的网上拍卖网站。

资料来源：互联网商业模式，百度百科，http://baike.baidu.com/view/1531169.htm。

传统企业面临的挑战

第三类，也就是传统企业，这类企业离互联网较"远"，它们原本将自己的产品或服务放在传统平台上进行发展和创新、在传统渠道中进行销售，然而当互联网大潮全方位冲击着传统行业的经营模式的时候，传统企业不得不利用互联网进行用户需求挖掘、研发技术更新、销售模式创新等全面转型。

随着互联网快速的发展和普及，传统企业做互联网或者通过互联网来传输业务，不再是我们所理解的狭义概念，而是所有的企业都要互联网化。阳光保险以"我要上春晚"主打形成金融业黑马。然而，最近有转向，停止了大众媒体操作，取消品牌管理部门，要用互联网思维搞线上线下，搞互动体验。中国家电品牌教父的张瑞敏也开始在海尔集团做互联网思维的转型，"从此不做硬广"成为让传统广告界很揪心的一个传说。"传统制造企业以生产能力为中心的体系正在消解，海尔不再只是一个制造工厂，而在构建一个生态系统。从研发到生产，从营销到售后，从电商到物流，海尔已进入一场全员性质的互联网模式革命中，它席卷了全海尔 8 万名员工，没有人可以置身其外。"这是海尔高管对海尔公司互联网化的宏大描述。

"互联网化"将是未来传统企业的发展趋势。随着互联网快速的发展和普及，传统企业做互联网或者通过互联网来传输业务，不再是我们所理解的狭义概念，而是所有的企业都要互联网化。互联网已经成为我们的生活必备品。在商业层面，互联网在改变各行各业的生产力水平，互联网背后隐藏着诸多和不同传统行业结合的连结点。

互联网发展至今，对传统企业的促进作用可以分 3 个阶段来看，首先是信息化，接着就是营销的互联网化，最终是企业的全面互联网化。企业互联网化是企业通过种种手段使得企业的生产关系，管理模式能够基于互联网先进技术进行充分的变革，企业互联网化应该包含更深刻、更广泛的内容，涉及企业的营销、采购、管理、用户模式等多种方式的转变。

商业领先者苏宁公司正处于全面向互联网转型的关键时期，公司将要彻底转型互联网服务商。苏宁将加速互联网化的连锁店的定位与功能变革，过去单一销售功能的实体店，全面升级为集销售、展示、推广、体验、服务等功能为一体的综合性经营平台。"经过 3 年的发展，我们日益感受到线上线下两大渠道必须融合。"孙为民表示，苏宁将全面转型互联网零售，不仅是实体店和虚拟店的融合，而且要从企业的底层结构和经营模式上实现向互联网公司转型。

传统企业互联网化，一方面是企业内容的互联网化，包括建立网站、尝试电子商务等；另一方面则是网络营销的广泛应用，借力互联网实现企业再造的新目标。互联网核心企业和天生互联网化企业在营销和渠道方面已经积累了大量经验和资源。业内人士表示，当今的互联网发展水平已完全有能力替代传统经济活动中的某些环节，并随着科技的不断进步而发挥更大的作用。互联网核心企业，对于传统企业互联网化来说必然起到重要作用。互联网企业是否应主导传统企业的互联网化？对于完全竞争市场，中小企业众多、行业集中度低的行业就需要第三方企业来主导，这时候，互联网企业有明显的优势。而对于寡头垄断市场，这些市场中的行业存在有绝对掌控力的企业，肯定由行业中的龙头企业来主导，外部的互联网企业更多的是在他们的主导下提供技术支撑。

相比之下，传统企业的局限性明显，更多的是只针对自身行业做互联网化，而互联网企业则没有明显的约束，重要的是选择合适的行业。双方不存在谁主导谁的问题，而是交融状态，在传统企业互联网化进程中，双方相互借力，跨越传统樊篱。

互联网加速信息的传播，信息日益走向透明化。而今后是移动互联网的时代，任何企业都会通过终端连接到互联网，将出现更为开放的平台，为所有企业提供一个接口。移动互联网发展迅速，交易平台将更加完善，基础数据将更加丰富，数据挖掘程度也将不断深化，信息从企业个体信息走向平台共享信息。移动互联网已跨越了产业之间、产业链上下游之间的壁垒，使企业与企业、产业与产业之间相互融合。

信息社会正在颠覆掉工农业社会的规则和价值观：节俭不再是美德而是罪恶，百年老店不再有意义，世界会突变而不是渐变，英雄能够塑造历史。

三相：业务模式的三个基本要素

业务模式

商业模式涵盖了企业从资源获取、生产组织、产品营销、售后服务、收入方式、合作关系等几乎企业的一切活动。不同的学者对商业模式的定义并不一致。笔者对商业模式的定义是，商业模式是随着互联网经济的兴起而出现的一个全新的企业研究视角，其内涵是企业选择经营对象、经营方式、实现收益的一系列商业规则，通俗地讲就是指企业从何赚钱和如何赚钱。商业模式这一概念是随着网络企业的兴起而产生的一个全新的企业研究视角。虽然任何企业都面临选择经营对象、经营方式以及实现收益等一系列问题，但是商业模式是随着网络企业的出现和兴起才被大量引用和研究的一个概念。在网络企业出现之前，对企业的研究不是从商业模式的角度进行的。随着商业模式理论体系的发展，这一视角完全可以发展成为一种综合的企业管理理论体系，并适用于对所有企业的分析、研究。

明确其内涵是企业选择经营对象、经营模式和实现收益等的前提。根据这一定义，企业商业模式可以分解为经营模式、客户模式和收入模式 3 个方面。经营模式是指企业的经营业态和方式，即是提供产品还是提供服务以及如何提供产品服务的问题；客户模式是指企业所服务目标对象的定位，即为谁服务的问题；收入模式是指企业获取经营收入的方式。从逻辑上看，经营模式、客户模式和收入模式这 3 个模式是互相依存、互相制约、互为补充的关系，共同组成完整的商业模式，缺一不可。企业正是依靠这种整体性结构的创新和优化来实现企业发展和盈利的。这一定义提供了商业模式创新方法研究的框架模型。商业模式的概念内涵丰富、头绪繁多，商业模式分解为 3 个核心环节之后，为研究商业模式创新方法、创新实现路径等商业模式创新领域的关键问题提供了一个全新的研究框架。这里对商业模式创新方法研究也主要基于这个框架进行的。

商业模式创新，是指企业家创办新企业而采用不同于以往企业的商业模式或者企业根据经营环境和内部资源的变化而改变和丰富其现有商业模式的实践活动。这里研究网络企业商业模式创新方法，需要明确界定网络企业商业模式创新的一些相关概念。

互联网的兴起对所有企业的商业模式都是一种崭新的机遇和挑战。在新的网络环境下，传统企业的商业模式会发生一些改变，也有全新的商业模式被创造出来。具体来说，网络时代的商业模式创新可以分为三类：一是传统企业的商业模式被改造，即传统的商业运作模式可以通过网络技术提供的方法和手段进行改造，形成商业模式创新；二是产生新的商业模式，与传统的商业模式进行竞争；三是新经济所提供的全新的商业机会形成新的商业模式，即传统企业无法企及的领域，用传统商业模式无法实现的手段向消费者提供全新的产品和服务。广义地说，这些变化都被称为网络时代的商业模式创新。

本书研究网络企业商业模式创新问题，与广义的网络时代的商业模式创新的概念并不完全一致。网络时代的商业模式创新是指在网络背景下以所有企业为主体的商业模式创新。网络企业商业模式创新是以网络企业为主体的狭义的商业模式创新。

Applegate（2001）[①] 将商业模式视作复杂商业活动的结构、结构中基本元素的联系以对真实世界的响应方式。他通过对 59 个来自各行各业的企业的研究得出，商业模式的本质就是创造价值的系统逻辑。他认为，从结构上来看，任何企业的商业模式都可以归纳为 3 个基本要素：价值、概念和能力（如图 4-3 所示）。这个模型对于互联网思维来说也颇为适合。

第一，价值要素讨论的是企业的价值从何而来，也就是企业为谁服务、满足这些人的什么需求，为什么要提供这类产品或服务。互联网思维在价值维度上的含义是企业的商业目标的确定。企业要在互联网的大环境下，重新审视现有客户定位和客户需求。新的技术可能会使客户定位发生转移，也可能会使新的客户需求暴露无遗。例如，在没有互联网技术的时候，人们寻找饭店可能仅仅是依靠口碑和已知饭店的远近；在互联网定位技术被大众点评这类的网站成熟使用之后，人们会依托商圈来进行基本定位，再综合多种因素进行最后目标商家的确定：口味、服务、特色，是否提供上网服务，是否有停车位等。而这后者中的多种因素是只有依托于互联网的技术才能显现出来的。

[①] Applegate, Lynda M. "E-business Models: Making sense of the Internet business landscape." Information technology and the future enterprise: New models for managers (2001): 49-169.

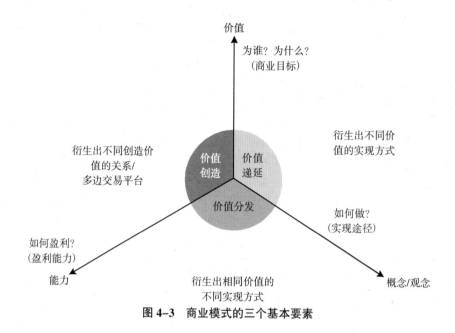

图 4-3 商业模式的三个基本要素

第二，概念要素讨论的是企业如何向客户/用户提供产品或服务，也就是企业如何满足上述人群的需求，如何形成价值。互联网思维在概念维度上的含义是企业的实现途径，通过什么样的互联网技术、模式能够把想法实现成价值。同样一个想法或者点子通过传统的途径实现和通过互联网的途径实现会出现截然不同的两种效果。马路边上随处可见的路边摊的煎饼果子和黄太吉的煎饼果子就是很典型的对比例子。

第三，能力要素讨论的是企业如何保持盈利，也就是企业的盈利能力。互联网思维在能力维度上的含义是企业如何通过互联网平台、互联网工具进行价值兑现的过程，也就是价值的兑现过程的设计和壁垒的建立。现在，第三方支付工具和支付体系逐渐成熟，互联网金融业愈演愈烈，企业可以足不出户通过多种在线交易方式进行资金的回收，因此企业可以把业务做得更远、更快、更及时。

互联网思维下的业务模式类型

当然，这 3 个要素只是解析任何商业模式的基本维度，要想进行商业模式创新，也就是进行互联网思维，是需要将不同要素结合起来看的。这样，维度与维度之间交叉的区间就形成了 3 个企业可以进行创新的思维扇面：价值—概念扇面，概念—能力扇面和能力—价值扇面。3 个扇面分别代表了企业进行互联网思维的三种思路：

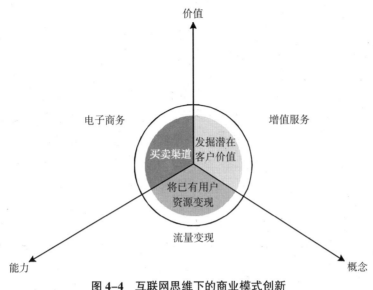

图 4-4 互联网思维下的商业模式创新

第一种思路，以价值为出发点，寻找不同的概念。也就是在现有的用户群体基础上衍生出不同的价值实现方式。用户不变，用户身上的价值点也不变，不同的只是有些已经被开发出来而有些没有；客户的价值是永远不会被穷尽的，技术越先进，沟通越充分，暴露出来和能够被实现的价值越多。那些没有被开发出来的潜在价值会为企业带来新的创新增长极；企业通过对这些没有开发出来的价值进行开发，可以保持企业创新的动力来源。举例来说，当我们刚刚开始使用博客的时候，大家用的是一样的界面结构和一样的颜色。但是渐渐的，一些用户对于页面个性化装饰的需求就显现出来，这就出现了后来的会员服务：会员可以通过定期缴纳一定的费用，获得装饰页面的特权。企业可以通过提供这种特权进行收费，这样的商业模式，在互联网思维中，可以被称为增值服务。如果你提供的是增值服务，你会以尽可能合算的成本吸引尽可能多的潜在消费者，让他们付费使用你提供的服务，然后你再让他们尽可能久地继续付费。这个类别中的大多数初创企业都采取了"免费增值"策略，即免费提供一些基本内容或服务，希望能将一小部分免费用户转化为付费用户。"免费增值"绝不是获取客户唯一的方式，但它通常是最符合成本效益的手段，当服务是建立在成本低廉的媒体或第三方基础设施供应商（比如 Amazon 的 S3）上时，为一个新用户提供服务的可变成本微乎其微，支付和金融服务公司就属于这一类别，因为他们提供一些免费或收费服务，并按比例对每笔交易的收取佣金。提供收费订阅服务的公司，新银行或投资公司以及支付服务公司是这个类别中的典型。与媒体公司相比，它们通常需要更多的资金来创办公司，但扩大规模的成本可

能不会很昂贵，因为他们有消费者支付的现金可以利用。

第二种思路，以概念为出发点，诉求不同的能力。也就是在企业实现价值途径相同的前提下，衍生出不同的价值兑现方式。即使做的事情一样，获取利润的方式也有所不同。举例来说，腾讯有 8 亿 QQ 用户，如何将这 8 亿个 QQ 号转化成商业利益，通过 QQ 的电脑客户端的右下角弹出窗口进行广告插入或者发直邮给 QQ 邮箱，这可能是最没有效果（因为用户可能连看都不看就关掉或删除，甚至采取忽略或不理睬对策）的一种方式，能够收取的费用也相对较低，但是通过用 QQ 号进行在线有奖活动的注册，并在活动中用一种较为趣味性的方式将产品的特性传递给用户，这可能就是一种高效的宣传方式，能够收取较高的费用。例如，平时通过 QQ 给出的链接进行的对于某产品的有奖问答就是很好的一种广告形式。企业可以通过将已有的用户、已有用户价值的实现兑现成或多或少的实际利益，这样的商业模式，在互联网思维中，可以被称为（用户）流量兑现。就是媒体公司提供免费内容，收集购买意愿，这样它们就可以出售广告，提供受众可能会感兴趣的产品或服务的销售线索（Lead），或者追加销售订阅服务或数字商品。大量的互联网初创公司都属于这个类别，因为这类公司的启动成本通常是最低的，不过它们扩张规模的成本却不低。在搜索、游戏、社交网络、新媒体、视频和音频，以及销路拓展（Lead Generation）领域中创建应用程序的公司是典型的媒体公司。

第三种思路，以能力为出发点，开发不同的价值。也就是企业已经搭建好兑现商业利益的基于互联网的平台，但是需要在现有平台上尽可能最大地开发平台的利用率，让多种价值在此平台上得以兑现。电商就是典型的例子。从最初淘宝网只有 C2C 的小型交易平台，到现在淘宝—天猫王国汇聚了众多 C2C 和 B2C 商家，在这个巨大的交易平台上进行交易的产品也从最初的实物产品变成了琳琅满目的各种类型产品（包括有形和无形的）和服务。这种为了促成买卖双方在互联网上进行交易而收取服务费用的商业模式，在互联网思维中，可以被称为电子商务。如果你销售的是装在仓库里的，可通过快递公司发送的产品，或者是可以在现实世界中购买商品和服务的优惠券，那么你运作的就是一个商务公司（Commerce Company）。这类初创公司从每笔交易中获取收入，它们需要做的是在仓储、退货和客户服务，以及销售和市场营销方面提高效率。

综上所述，就像商业模式离不开 3 个基本的要素：价值、概念和能力，实际上"互联网思维"无非也离不开这 3 种类型的商业模式：增值服务、流量变现和电子商务。然而这 3 种类型的商业模式却有着纷繁多变的面孔。它们并不相互排斥，一家公司可以利用它们中的一个或多个获取营收。举例来说，流量变现中的广告服务，就包括了硬广、软文、植入性广告、炒作、线上线下活动等不同的操作模式。而电子商务现在也形成了多种方式的组合：买卖的可能有有形产品（大到精工机械，小到鸡毛蒜皮）也可能有无形产品（在线金融超市）；使用的可以是实际货币的电子账户（支付宝），也可以是虚拟货币（Q 币、Q 点系统）。

为了更好地说明业务模式的内涵，下文总结了 13 种常见的业务模式及其关键指标。

案例　13 种常见互联网业务模式及其关键指标总结

在介绍每种业务模式时，都会谈到 3~4 个关键指标。当然公司也需要在其他很多方面表现良好，但对于公司建立可持续经营的业务而言，这 3~4 个指标最为重要。这 13 种常见的业务模式是（排名不分先后）：

- 搜索（Search）
- 游戏（Gaming）
- 社交网络（Social Network）
- 新媒体（New Media）
- 市场（Marketplace）
- 视频（Video）
- 商务（Commerce）
- 租赁（Retail）
- 订阅（Subscription）
- 音乐（Music）
- 销路拓展（Lead Generation）
- 硬件（Hardware）
- 支付（Payments）

类型 1：搜索

作为一个搜索公司，你需要尽可能广泛地接触寻找产品和服务的消费者。你可以生成的查询越多，用户就越可能点击你的付费链接。

关键指标：

- 每月独立访问量（Monthly Uniques）
- 每月查询量（Queries Per Month）
- 点击付费链接的用户百分率（Percentage of Users That Click A Paid Link）
- 每次点击收入（Revenue Per Click）

这些指标是相互依赖的，比如你所需要的每月独立访问量是多少，这主要取决于你每次点击的平均收入。假设在你的公司，5%的搜索者会点击付费链接，而平均每次点击收入是 0.35 美元，那么你每月需要有 250 万个可带来营收的点击，才能获得 1000 万美元的年营收。在这一类型中，Hunch 是个很好的例子，它结合了传统搜索元素与新型服务（Hunch 使用个性化引擎），提供更准确的产品推荐，因此它有更高的转换率和每次点击收入。

类型 2：游戏

网络游戏公司提供免费的游戏产品，吸引一定比例的用户购买虚拟物品。Zynga 公司就采用了这种业务模式。

关键指标：

- 每月/每日平均用户（Monthly/Daily Average Users）
- 付费用户转化率（Conversion Rate to paying user，通常为 1%~2%）
- 用户平均月消费（Average Monthly Spend）

要获得 1000 万美元的年营收，游戏公司每月的用户必须至少达到 500万。像 Zynga 和 Nexon 这样的社交游戏公司通过用数字产品替代实物产品的方式，把传统的媒体元素和商务结合到一起。

类型 3：社交网络

社交网络公司围绕分享体验和共同兴趣创建内容，它们通常可以从广告和赞助商那里获得收入，也能从付费服务中盈利。像 MyYearbook 或 Dogster 这样的社交网站，它们关心有多少独立用户，展示了多少广告印象（Advertising Impression，广告印象是指广告信息接触受众成员的一次机会），可以出售多少盘存（inventory，指一定时间内广告的整个浏览次数），以及广告主支付的平均费率。为了弥补通常较低的 CPM（每千印象费用），这些公司需要有数百万用户和较高的重复购买率。

关键指标：

- 独立访客（Unique Visitors）
- 广告印象（Ad Impressions）
- 销售率（Sellthrough Rate，即已经销售的盘存比率）
- 每千印象费用（CPM）

类型 4："新媒体"平台

在所有的初创公司中，最难界定的类型也是最难预测其最终成功与否的类型，就是新媒体平台公司。它们通常都被认为是社交网络公司，但与后者不同，这种公司是围绕着新技术支持的体验创建内容。比如 Facebook、Twitter 和 Foursquare，它们需要让消费者改变目前的行为与消费方式：Facebook 提供了一种让我们对我们的社交圈中的最新情况保持了解的方式，Twitter 提供了一种与新闻人物和当前事件直接互动的方式，Foursquare 则让我们随时掌握朋友和家人的下落。

关键指标：

- 独立用户（Unique Users）
- 行动（Actions，如发送 Twitter 消息，签到）
- 从行动中获利的百分率（Percentage Monetizable）
- 每千印象费用（CPM）
- 每次行动成本（CPA）

在这种业务模式中，关键因素包括：你的服务可以吸引多少人（包括创建内容和消费内容），你可以说服多少人改变他们的行为以创建新的内容（状态更新、发送 Twitter 信息、签到），以及你从这些新行为中获利的百分率。如果你能说服人们使用新工具并消费内容，你就可能快速成长起来，用很少的资金赚取 1000 万美元。这种公司面临的挑战是，它们通常是热门产品驱动的（Hit-driven）、赢者通吃（Winner-take-all）的企业，需要大量资金来扩大规模，而且它们还需要说服媒体策划者和广告主投入资金来建立新的广告形式。

类型 5：市场

这种公司在网络上将买家和卖家联系在一起，实现在现实世界中很难达到的高效率。领先的在线市场是 eBay。市场吸引尽可能多的人出售自己的商品，对商品上架只收取象征性的费用，因为商品越多，平台就能吸引到越多的买家，从而提高达成交易的可能性，为公司带来更多的佣金收入。由于市场的网络效应，这些公司要达到临界质量非常困难，往往需要花费很长的时间。但是一旦做到这一点，它们往往就能长期盈利。一些较新的市场，比如像 AirBnB 这样侧重于高价位商品（超过 100 美元）的公司，扩大规模的速度可能比传统市场更快一些。据分析，一个典型的市场需要拥有 200 万种上架商品，月销售总额达到 1250 万美元，才能够实现 1000 万美元的年营收。

关键指标：

- 上架量（Listings）
- 上架费（Listing Fee）

- 销售额（Sales）
- 佣金（Commission）

类型 6：视频

虽然视频制作成本已经一路下滑，制作优质视频内容仍然需要适度的投资和高水平的技术。视频领域已经出现了自由职业视频制作人，他们制作和编辑各种主题的专业视频，每 5 分钟收费是 200~300 美元。作为一家视频公司，一旦你能掌握视频的制作，接下来就要尽可能广泛地接触到可能的观众。在网络媒体中，视频的广告费率属于最高的一个档次（CPM 为 15~20 美元），但观众每次只能看一个广告，因此广告的展示次数至关重要。你的观众越多，对于网络媒体买家而言，你就越重要。大多数媒体买家甚至不会考虑你视频，除非你能保证让他们的广告能接触到数千万的观众。假设 CPM 为 8 美元，那么互联网视频公司需要每月 1.2 亿的视频观看量，才能实现 1000 万美元的年营收。

关键指标：

- 独立观众（Unique Viewers）
- 广告印象（Ad Impressions）
- 销售率（Sellthrough Rate，即已经销售的盘存比率）
- 每千印象费用（CPM）

类型 7：商务

网上销售实物是一个比较成熟的业务模式。随着谷歌在过去十年中的崛起，电子零售商在通过免费 SEO（搜索引擎优化）网页和付费关键字增加流量方面变得越来越聪明。社会化媒体现在也通过 Facebook 和 Twitter 汇集流量，例如，Groupon 就从 Facebook 和 Twitter 获得了 50% 的流量。像 Threadless 和 ModCloth 这样的公司则使用另一种创新方式，通过提供独特的社区体验来提高客户的忠诚度和重复购买率，同时维持较低的营销费用。一旦你让潜在消费者看到了商品，你就需要尽力促使他们购买商品。由于免费和低成本的销售渠道的存在，推出电子商务业务变得非常简单，但是因为业务开展、客户服务和仓库管理非常复杂，所以这些公司实现盈利也可能需要数年时间。

关键指标：

- 独立访问量（Uniques）
- 转换率（Conversion Rate）
- 人均消费（Average Spend）

- 毛利率（Gross Margin）
- 购置成本（Acquisition Cost）

类型 8：租赁

像 Chegg、Zipcar 和 Rent The Runway 这样的租赁公司类似于商务公司，为用户提供数字或实物商品。最大的不同之处在于，这些公司销售的不是所有权，只是短期使用权，所以库存周转频率、平均出租费率以及出租频率是这种业务的主要指标。关键问题是，一项资产需要周转多少次才能达到收支平衡点。

关键指标：

- 独立访问量（Uniques）
- 转换率（Conversion Rate）
- 平均出租率（Average Rental Rate）
- 重复购买率（Repeat Purchases）
- 客户购置成本（Customer Acquisition Cost）

类型 9：订阅

订阅公司以每月、每季度或年度为单位提供收费服务。它们可以提供内容(音乐和视频)，信息（金融，新闻），使用服务（LinkedIn）或数据服务（Box.net）。无论你提供什么样的收费服务，最重要的指标都是 LTV（customer lifetime value，客户终身价值）。LTV 不仅涵盖了客户流失率（每月客户群以多大的比例停止付费），也显示了你有多少资金可以用于客户购置。一旦订阅业务进入成熟期，它们的盈利能力和稳定性都十分惊人（例如 Netflix），因为它们知道如何积极而高效地获得一个新客户。这种类型的公司如果要确保盈利，在市场营销上的花费就不应该超过 LTV 的 40%。像市场一样，订阅公司往往需要数年时间才能扩大规模，但如果他们拥有了 5 万订阅用户，他们的长期前景就会很不错。

关键指标：

- 独立访问量（Uniques）
- 转换率（Conversion Rate）
- 客户购置（Customer Acquisition）
- 客户流失率（Churn Rate）
- 客户的终身价值（Life Time Value）

类型 10：音乐

消费音频/电台初创公司很难盈利，因为音频广告的费率属于最低档次。这是由于音频广告不容易导致购买行动，而且显示广告又往往被忽略（运行音乐应用程序的浏览器标签页常常被在不显眼的地方）。另一个困难是，音频公司不容易获得成本适宜的内容：往往难以获得歌曲版权，而且成本也太高。音乐网站 Pandora 的例子显示，创建一个可持续发展的音乐业务也是可能的，但需要巨大的规模（超过 1000 万用户）来达到临界点。如果你每月能吸引 1000 万独立听众，并以每千次 2 美元的费率向每个人展示平均 40 个广告，再加上你可以将免费用户中的 1% 转换成为某种形式的付费用户，然后再从这些用户那里挤出额外的 2.5 美元，那么你就可以实现1000 万美元的年营收。

关键指标：

- 独立访问量（Uniques）
- 广告印象（Ad Impressions）
- 每千印象费用（CPM）
- 转换率（Conversion Rate）
- 追加销售价值（Upsell Value）

类型 11：销路拓展

销路拓展公司需要做好 4 项非常困难的工作：吸引巨大流量；让人们点击产品广告；获得较高的转化率；提供价值足够高的产品，以便能让公司获得足够多的营收。成功的销路拓展公司或者提供像金融服务这样的专业产品，或者是能够吸引回头客。但金融服务公司也面临挑战，因为客户不会轻易改换信用卡公司，也很少在一年中新开几个投资账户。

关键指标：

- 独特的访客（Unique Visitors）
- 观看的产品广告（Offers Viewed）
- 转换率（Conversion Rate）
- 每次行动成本（Affiliate Cost Per Action）

类型 12：硬件

也许硬件公司的业务模式才是最传统的一种：它们制造实物产品，并通过在线和线下渠道销售产品。零售价格减去商品销售成本，再减去市场营销成本，就是硬件公司的利润。很多硬件公司现在都把硬件和服务捆绑在一起。在未来几年中，硬件公司会获得大幅增长，原因是：中国的制造成本在继续下跌，能够满足个性化的小批量生产；远程软件更新更加容易；可以在设备上捆绑独特服务。总之，这是一个值得关注的领域。

关键指标：

- 销售量（Units Sold）
- 毛利率（Gross Margin）
- 市场营销（Marketing）

类型 13：支付

支付服务公司通过系统对每笔交易收取小额费用，因此这类公司最重要的指标就是使用服务的客户数量和交易的平均数额。假设你收取的交易费率是3.5%，那么你需要每月有 100 万客户，每个客户平均支付 25 美元，才能实现1000 万美元的年营收。

关键指标：

- 独立用户量（Unique Users）
- 平均支付额（Average Payment）
- 交易费（Transaction Fee）

资料来源：百度文库→专业资料→IT/计算机→13 种互联网公司模式。

业务模式诉求：聚焦，再聚焦

当这三类企业提到"互联网思维"的时候，实际上是立足于各自企业的本身，看如何能够运用互联网的特性，让企业更快、更好地发展。从本质上来说，就是借用互联网进行价值创造、再创造。换句话来说，"互联网思维"大潮就是一种商业模式创新大潮。

何谓好的互联网商业模式？互联网商业模式是没有一个固定模式的，只要能给顾客提供长期价值的，就是一个好的模式。简单来说，就一个长线来说，收入大于付出，而能细水长流，能很清楚地预见未来的发展模式就是好的模式。反过来说，若长线发展是一个未知数的模式，就不是一个好的互联网商业模式。例如，你的企业官方网站能顺应网络的发展需求，如你所锁定的顾客群所需要的是短信的服务，或只是能沟通的平台等，就应该去研究这群人所能享受到的服务，这方面的例子在过去很多的主流网站上都可以看到。但是有很多公司就想颠覆这个想法。创新固然很好，但是要创新就要往顾客群的需求去创造。打个比方，你将自己互联网企业放对了地方，就容易成功。

看看今天有很多的门户，垂直型网站、电商、游戏都是顺应这方面的需求发展起来的。而我们也可以看看有很多所谓的企业网站，我们就搞不清楚他们要做的是什么了？感觉就是自己做给自己观赏的一个网站。近年来比较流行的"病毒式的营销"，这种营销方式的基本概念就是能让顾客群相互并很愿意地去介绍相关的服务及网站。要好好地发挥出这种病毒式的威力，就是必须要有给顾客群认同的服务产品和内容等。让顾客不断地享受到相关的服务及所带来的便利等。这样的模式才能细水长流，而不是搞个宣传活动，将顾客带来网站，就开始一直给他们销售资料，给他们发邮件，投射大量相关及不相关的广告。

门户网站模式是互联网最早的商业模式，曾经辉煌一时。随着互联网宽带化、大众化、个性化、移动化的不断发展，新应用层出不穷。带有 Web2.0 和 Web3.0 特征的服务已经越来越多地进入网民的视野：RSS、SNS、Tag、Blog、

P2P、LBS、C2B、O2O、APP……这些一度只在专业人士的小圈子里出现的概念已经成为众多网络用户的应用。那么，这些纷繁复杂的业务模式的背后，支持互联网企业选择的标准是什么？是价值。还是跳不出商业模式的基本核心——价值。

业务模式论核心：价值和竞争优势

Applegate（2001）认为，商业模式的本质就是创造价值的系统逻辑。那么从业务模式的角度来看，互联网思维实际上是看如何利用互联网来创造价值。互联网思维的核心还是摆脱不了商业模式的核心：价值。然而，"价值"（Value）的含义却在互联网时代拥有了新的变化。

价值，泛指客体对于主体表现出来的积极意义和有用性。可视为能够公正且适当反映商品、服务或金钱等值的总额。根据新古典主义经济学（比较流行的一种经济学理论），物体的价值就是该物体在一个开放和竞争的交易市场中的价格，因此价值主要决定于对于该物体的需求，而不是供给。因此，如何让自己的产品或服务被更多的用户需要，是提高产品或服务的价值的最根本途径。而做到这一点，可以说企业拥有了竞争优势。

从根本上来说，战略管理的目标是确定、建立并保持竞争优势。竞争优势（Competitive Advantage）这个概念指的是一个企业能够为顾客创造超出其他竞争者所提供的价值的能力。对企业来说，拥有竞争优势能够使其持续创造比竞争者更高的利润。

持续的竞争优势从哪里来？在管理学界有一个传统的分析范式，意思就是要获得竞争优势，企业需要提供满足如下标准的产品或服务：有价值（Value），产品或服务能够提供更卓越的价值；产品或服务是稀缺的（Rare），无论是从质量上还是数量上说，其他竞争者不能提供相似的产品或服务；难以模仿（Inimitable）：本公司产品或服务是难以模仿的；不可替代（Unsubstitutable）：本公司的产品或服务没有任何一家其他企业的产品或服务可以替代。举个例子，惠普公司是打印机市场的领先者。显然，这意味着惠普公司在这个市场中拥有竞争优势。惠普公司在打印机市场上提供的产品和服务满足了上述的四项标准。最近，惠普公司以 12 亿美元的价格收购了奔迈（Palm）公司，试图提高其在智能手机市场的竞争优势。但是，它在智能手机市场举步维艰，因为到现在，它的智能手机产品仍不能满足这四项标准。

然而在现在的互联网大潮下，这四个标准都发生了翻天覆地的变化。下面将具体分析这四个维度给企业获取持续的竞争优势带来了以下这些新的挑战。

卓越价值

卓越价值本质上来说就是竞争优势的一个方面。什么叫卓越价值？就是本企业提供的产品或服务的价值对顾客来说，高于其他竞争企业的产品或服务那部分价值。苹果公司国内的手机生产厂商同样都可以生产手机，那么为何苹果的新品可以卖到 5000 元以上，而国内的手机厂商却始终将产品的价格定 2000~3000 元，正是因为苹果的手机可以带来其他手机所不能替代的操作体验和与各种第三方 APP 的紧密贴合。近几年，苹果公司推出了多个卓越的产品，例如 iPad。因此，苹果公司因为其能向顾客出售价值更高的视频、音频或其他可视化产品而具有竞争优势。卓越价值有时也指相对优势（Comparative Advantage），因为相对于其他企业，该企业能够提供更好的价值；有的时候也指独特能力（Distinctive Competence），因为品质更卓越的产品或服务是独特的竞争力的结果。

互联网时代的卓越价值从哪里来？企业和企业之间的比拼不再是简简单单的产品质量的比拼，拼得更多的是产品或服务的定制化的程度、用户的细节体验感受等；企业不仅仅只满足用户的使用价值，还要对用户身上所潜在的、最人性化、最根本的需求进行挖掘并满足。Nike+的跑步软件在苹果商店取得了巨大的成功，但是它的几个技术核心基本功能（定位和分享）实际上在之前的地图软件和社交软件上已经实现。但是 Nike+将这两个需求结合到一起，挖掘出了人们乐于建立相同爱好的社交圈并进行交流的需求进行了满足。除此之外，同样的用户在不同的情境下也会显示出不同的价值：在上班的空闲时间，他可能对社交的需求比较高，更倾向于使用各类的基于电脑或手机的社交软件；而在下班回家的路上，碎片化的时间较多，则会倾向于使用手机游戏打发时间；吃饭的时候需要定位和评价功能（大众点评）；睡觉的时候需要舒适和健康（身体指数监测和帮助睡眠的音乐）。谁能更精准地将产品送到有需求的用户手上，让用户在需要的时间、需要的情境下使用，谁能更快地占领更多比例的用户，谁就是赢家。最近刚刚进入尾声的打车软件大战就是一个很好的例子。

稀缺性

对于已经拥有竞争优势的企业来说，没有其他企业有能力提供更多数量或更好质量的产品或服务。如果其他企业有着相同的能力，就能提供和它相同价值的产品或服务。你可能会问，"还有多少其他企业有着相同的能力？"如果这个回答是零，或者企业能够相比于其他企业给顾客提供更高价值的产品或服务，显而易见这个企业就拥有竞争优势。然而大多数的竞争优势都是暂时的，因为竞争者会不断地试图从市场领导者手中夺取竞争优势。特别的，竞争者会试图模仿市场领导者。

在互联网大潮下，产品或服务的稀缺性似乎很难保证。今天市场上，企业能够提供的产品的功能越来越接近，就像每一类产品都有它在不同公司的"胞弟胞妹"一样——微信和易信，嘀嘀打车和快的打车，小 3 传奇和 2048。稀缺性再也不是建立在对生产的原材料和生产工具的占有上。我国台湾地区就有为大陆地区手机厂商提供定制服务的企业，大陆地区的厂商只需要设计好手机的功能，找准手机的用户定位，设计好独特的外观，剩下的只需要将制定好的规格发给台湾地区的制造商，会由他们将除了外壳之外的所有部件制造和组装出来。在这样的情况下，产品本身的使用价值趋于同质，用户的特定需求信息的获取，以及与产品相随的服务成了建立持续竞争优势壁垒的来源。从根本上来说，也就是信息成了最重要的无形资产。在信息的基础上建立的稀缺性优势将是长久的。从这个角度上来说，嘀嘀和快的的超额补偿并不是表面上的赔本生意：实际上，花 20 元之内每人次的价格购买顾客的消费数据——家庭住址、上班地点、用车习惯、用车时间等，这在后期进行大数据挖掘分析后，销售给需要的广告商实际是一本万利的。

另外，人力资源也成为稀缺性来源的重要方面。员工直接参与产品的设计，以及为用户提供服务，同样的人在不同的激励条件和企业文化下会有不同的行为，导致服务等增值性价值质量有所不同。高技能、跨界的人才更加的稀缺，特别是产品跟着人走的互联网市场，一个有着数年工作经验的产品经理带着团队出来，就可以立刻做出一个与原公司产品媲美的产品出来——例如著名交友软件"陌陌"的诞生。这样的"嫡出"竞争者随着行业人才流动速度的加快出现得越来越快，因为他们有着核心的技术、概念甚至客户，其他的生产资料、原材料——只需要在网上购买和寻找就行了。正是因为百度内部专门做客户端的资源稀缺，根据百度的战略，资源也不会向客户端方面倾斜，因此百度的客户端一直以来都表现得差强人意。

案例　为什么百度做不好客户端？

这就像问"腾讯为什么做不好搜索"一样，容易被引导成基因论，一说就是百度没有做客户端的基因，腾讯没有做搜索的基因。这种基因论是一种懒人理论，不求甚解。在百度的战略计划中，客户端是做战略防御的，是为搜索服务的，因此必定是边缘化的部门；瞎干、瞎折腾，200 多人要做十多款客户端软件；会多、效率低、执行力差、落地少；不尊重人，文化上不宽容。

百度是一个靠搜索吃饭的公司，客户端软件一分钱都不要，任务就是当搜索的铠甲，保护搜索。百度本来都不重视，但3Q大战以后，百度感觉到360成为第二大客户端公司以后带来的压力，感到了威胁，于是开始提高客户端事业部的战略地位。但说实话，即使提高了战略地位，本质上仍然是边缘化的部门。第一，百度核心业务的事业部都在百度大厦办公，客户端事业部是在软件园的首创大厦，是百度租的，这个大厦容纳了百度大多数边缘化的事业部，那意思就是最边缘化的地方。第二，负责客户端事业部的是副总王梦秋，王总的主要任务是抓大搜索，怎么会把精力放到客户端上呢。所以，客户端不管怎么提高战略地位，都不会产生一个主抓客户端的副总，客户端怎么样都还是一个副业。2013年8月，360借助浏览器做搜索，一下子抢走了10%的市场份额。这次刺激够大的，百度应该考虑设立一个主抓客户端的副总了。

百度把客户端当作一个副业来干，结果就是瞎干、瞎折腾。客户端事业部有200多人，包括开发和运营，做的产品五花八门，浏览器、影音、输入法、阅读器等。其中夭折了不少，原来和金山合作做电脑管家，做不动后来砍掉了。百度压缩刚开始上项，360压缩就出品了，结果压缩半途而废。还有著名的聊天工具百度HI也宣布over了。

百度下意识地把客户端当成是服务搜索的工具，一切围绕着搜索转。但是，因为不是核心业务部门，公司不愿意花大价钱请真正的牛人加盟，结果管理人员的水平一般，烂泥扶上墙，不会干活的人硬当leader。因为客户端事业部的负责人主抓搜索，客户端是副业，所以就会把客户端当成一件特别容易做的事，喜欢一下子就上很多项目。一个200多人的队伍同时开发10多个产品，还包括电脑管家这样的产品。要知道，腾讯是用了800多人做电脑管家做安全，结果都做不过360，百度一个区区200人的队伍，就想把所有的客户端产品都做起来，这根本不符合逻辑。

所以，客户端事业部乱立项，立项了又做不起来，模块改来改去，会开了无数次解决不了问题，这些都把开发人员搞得心力交瘁。客户端事业部还有个不好的习惯，每天开发人员都要站着开例会，跟餐厅服务员每天被训话一样，感觉非常不好，不受尊重。

"有一次，有一位同事突然暴怒，非常激动，我们问原因，他说早上上班的时候在电梯里看到领导，向领导问好，领导只是微微点点头，都没有正眼看他，他感到非常愤怒。这位同事做事认真，脾气也很好，我们都很难想象他能为这样一件小事暴怒。一个星期以后，他就提出要辞职。我们问为什么，他说他参与的项目被改来改去，眼看着就要走入死胡同却没办法。项目做不好，晋升就没有希望。我一下子就理解了，那天他突然暴怒，那位领导的冷漠其实是一个导火索，一下子把他长时间积累的怨气直接给引爆了。因为各种问题，客户端事业部的离职率特别高。结果，百度客户端事业部一位副总监终于忍受不了，跑到 360 做云盘去了。"百度的一位员工这样说道。

所以，百度客户端事业部出现一个怪现象，百度自己做客户端没什么成绩，反而是外来团队做产品做得出色。比如百度影音是网际快车一个高管带着团队整体进驻百度，百度的人基本上插不进去手，怎么做是原先团队说了算，百度影音反而做得不错。如果百度的人接手管理，早死了不知道多少遍了。再看其他产品，像浏览器、下载、输入法，都是百度自己的人在管，要不就是死了。另一个曾经在百度工作过的员工这么评价："我在百度客户端事业部工作了一年就不想再干了，到一个外企工作了。我把我的职业目标定位为：哪里能帮助我把客户端软件做好，我就到哪里工作。在进入百度之前，我在另一家做客户端的公司工作。说实话，百度的薪酬高，但做客户端软件的氛围远远比不上其他企业，在百度干客户端，基本没什么长进。"

资料来源：虎嗅网，http：//www.huxiu.com，2012-9-13。

难以模仿性

拥有为顾客提供稀缺的卓越价值的能力仅仅只能带来短暂的优势。企业需要尝试避免竞争者对这种能力的模仿，也就是建立壁垒使其他企业通过模仿建立起竞争优势变得更困难。这些壁垒包括各种各样的障碍，从有形的，例如规模，到无形的，例如企业文化和公司声誉。

腾讯（Tencent）享有着无可厚非的竞争优势，是因为它有着强大的学习能力和吸收能力。当这些能力为腾讯创造了可见的卓越价值时，你可能会问"其他公司真的很难复制这一特点吗？"如果仅仅是靠买断小型创业企业的开发技术团队、模仿其他公司的产品度日，腾讯的竞争优势可能会很快消失。但是在长时间内一直都能买到受欢迎的产品的开发技术团队并进行管理、维护和再创新吗？只要这件事对其他的企业是件难事，腾讯就拥有竞争优势并从中受益。

快速学习和不断创新显然已经形成了腾讯的优势，但是其他方面的特征同样也会帮助腾讯建立优势。举例来说，腾讯强大的资源整合能力和基于 QQ 号的用户群的高黏性，这会让竞争者更加难以模仿。

此外，有些优势存在的时间比其他更长。法律保护就能延长存在，例如专利。许多科学专利授权时间达 17~20 年。微软、苹果、谷歌这类的公司之所以能一直处于风口浪尖之上，就是因为它们的手中攥着大量的先进的技术专利，保护利润的同时对市场发展的控制力极强。类似于品牌识别这样的优势能够持续更长的时间，需要数年时间才会消失。例如微软虽然收购了曾经辉煌一时的 NOKIA，一提到这个名字，人们对其昔日手机大佬的印象还历历在目。

在互联网时代，由于信息的高度开放和高速流动，模仿的速度越来越快，对企业提出的学习能力和吸收能力的要求也越来越高。在互联网企业之间，一般都是 2~3 年为一个工作周期，时间到了就会选择伺机跳槽，以获得更高的待遇和头衔。如此高速度的人才流动带动的还有知识、专利和产品的迅速流动。例如，仅仅是去年一年，以《剑灵》为代表的新世纪大型多人在线网络游戏就一下在市场上出现了 4~5 款，人物造型风格相同，场景相似，甚至派别的设定和任务线都能找到共同之处，说明利用模仿的时间压缩不经济而建立起来的临时性壁垒存在的时间越来越短。然而，产品可以模仿，服务模式可以模仿，学习能力的本身却是无法模仿的，企业之间的学习能力存在差异，这将是加大今后互联网企业和企业互联网化结果分化的最重要的因素之一。

不可替代性

除了之前提到的这些特点，能够随着时间持续的竞争优势还需要不太可能被替代。替代（Substitution）指的是利用其他方式满足顾客需求的能力。我们用如下的例子来区分替代和模仿：歌蒂梵（Godiva）巧克力以其质量和独特的口味闻名。他们的巧克力有着其他公司的巧克力所没有的口味和柔滑。歌蒂梵所拥有的专门知识，帮助他们创造了独特的高品质的风味，使得其他公司难以复制或模仿歌蒂梵巧克力的口味和质地。然而，如果歌蒂梵要持续其竞争优势，顾客必须觉得难以找到能够和歌蒂梵巧克力一样满足他们对于甜蜜的口味和柔滑的质地的需求的替代品。然而替代品也有分同质性的和异质性的。对于喜欢吃肉类食品且来者不拒的人来说，不仅来自不同地区的牛肉互为替代品，牛肉和羊肉之间也互为替代品，因为食客的胃口有限，替代品是同本公司产品一样会消耗需求的。

在开放的互联网情境下，无论同质性的还是异质性的替代品都越来越多，人们的可选择项越来越多，且比较成本成指数下降：举例来说，对于晚上下班后这段时间的消磨，在有一定的消费预算前提下，你既可以选择上团购网站挑选吃喝玩乐之处，也可以选择大众点评这样的平台来选择心仪之地；吃完晚饭之后，既可以去 LIVE HOUSE，也可以玩桌球游密室，也可以看电影。这些需求都可以通过互联网进行导流，年轻人也乐意将夜生活的安排交由手机的各种客户端进行预约、计划和购买；但是如何让顾客将最终的消费放到自己的企业范围之内，这是每一个互联网企业、天生互联网化企业，乃至最重要的、亟待互联网化的传统企业需要思考的重大问题。这就是为什么近期掀起了一波又一波的 O2O 模式浪潮。

甚至，意想不到的替代品可能成为终极杀手——因为它们能改变用户的习惯！苹果推出的全触摸控制模式之后的短短两年之内，风靡了全球十几年的全键盘手机很快就从市场上消失了，这颠覆了诺基亚、摩托罗拉、索爱等一系列手机大佬的市场份额，改写了整个时代；DOTA、英雄联盟等游戏出现之后，MOBA 游戏迅速取代 MMORPG 游戏在市场上的大佬地位，甚至撼动了暴雪、世嘉、EA 等一系列老牌游戏公司伫立多年的市场地位。

总的来说，在互联网时代，资源、信息流动速度上升，企业面临的迭代效应越来越严苛：对人才和资产的控制能力要求更高，因为知识、信息成为独特资源的核心；速度的重要性越来越凸显，"一步慢，步步慢"再也不仅仅是一句耸人听闻的告诫，而是发生在身边血淋淋的现实。试错成本可能会变低，因为出路可能变多了，但是试错行为的频度却大大上升：大企业可以通过强大的资本、现金流能力来不断地论证新产品、新服务；小企业呈现出一股前仆后继、争先恐后的"无脑冲锋陷阵"景象——因为留给他们缜密思考的时间越来越少，经常是"一边干，一边想"，等不了充分思考的结果出来，别的企业就已经先干出来并占领大部分的市场了。因此，我们可以看到，互联网的发展呈典型的周期性趋势，且每一个周期围绕着不同的核心问题，每一个周期的时长都在缩短——前几年曾经有"网游潮"、"电商潮"、"团购潮"、"页游潮"、"视频潮"，现在有"移动应用潮"、"手游潮"。大企业挥动着冲锋的旗号，而一将功成万骨枯，无数的小微公司在一波又一波的热潮中崛起又消失。在这其中，用户才是王道，所以互联网时代的可持续竞争优势的来源，除了高灵活性的企业战略、动态的学习能力之外，还有对高黏度用户群的占有。

业务模式基点：颠覆整个价值系统

　　"互联网思维"一词被炒得很火，从字面上来看，"互联网思维"是一种思路（Mindset），然而本质上，它仿佛是一头"盲人摸象"故事里的大象。这个含义宽泛的词汇从不同的角度来说特指不同的含义。从价值的角度来说，就是借用互联网（包括广义的和狭义的）来进行变革创新和传统价值链的打破。"互联网思维"所指的变革应当是一场深刻的变革，是推动人类文明进步的重大改变。"互联网思维"是主动还是被动的一种思考模式？这很难说。但是，这绝对是企业在感受到互联网带来的巨大商业潜力和竞争压力之后所爆发的一次商业思潮。互联网深刻地改变了企业的竞争环境，所以无论是企业主动地预测到这次变化还是被动地为了生存要适应这个变化，企业都会不约而同地加入高喊"互联网思维"的口号的大军之中去。

　　在互联网情境下，企业价值创新的来源，无非如下几种：第一，由于技术创新带来的突破性变革，带来从未见过的产品；第二，由于开发出更多客户需求带来的渐进性变革，与之而来的是新颖的服务；第三，由于在原有商品的重新组合上带来的模式变革，带来新颖的消费感受。有新价值的出现就可能出现利基点，可能诞生新企业甚至颠覆整个行业的面貌或者导致行业洗牌重构。2014年春节期间重磅推出的微信红包功能，从功能上乍一看和支付宝的账户转账功能没有什么区别，但是却在用户和业内引起了巨大的轰动，这个爆点就是它添加了一项"群红包"功能：只要你绑定银行账户并往红包里塞入一定金额的钱，设定好允许多少人（假定数值为N）抢这个红包，系统就会将这个金额以随机数额不平均的分配成N个红包。抢到红包的人玩笑着在朋友圈晒"手气"的同时，吸引了更多的人加入这个游戏中去。虽然这些红包的金额都只是在几元、十几元，但却实现了更多的价值：比如沟通、娱乐性。为了进一步加大微信支付的市场，微信前脚刚从红包大战中跨出来，后脚就加入了情境支付的打车大战中。在嘀嘀打车和快的打车的诞生之前，人们习惯在路边等待或者打电话到 96103/96106 这类的地方性叫车服务台预约车辆。打车大战之后，几乎人人都在手机叫车，除非是特别短途需求。甚至 96103 等电话叫车服务几乎已经在北京销声匿迹了。正如朗涛公司的 CEO 韦尔奇所言，只要改变客户体验，企业就不难转型；若要是转型，必须彻底地改变客户体验。

案例　真正的转型意味着彻底改变客户体验

我最大的烦恼之一在于，为什么许多机构谈起"转型"时总能夸夸其谈。难道任何品牌设计的转变都能被称为"转型"？因此，有个颇具争议的问题，什么样的改变才是转型？是否不论品牌改变的影响是瞬时性的还是最终性的，不论其影响的大小，都可以归为转型？

转型在字典中的定义是：一种在外形或是特性上的彻底、重大的改变。这种描述在我看来至少传达了两个基本含义。

如果不是彻底的转变，那么这种改变力量或许不足以实现转型。换句话说，如果转变不能够被广而告之，经过一番深思熟虑并被彻底的执行，那么它可能只是处于一个改变状态，但还不能称之为让人有所察觉的"转型"。而"彻底"意味着必须具备一定的转变规模。但一些小创意若是能很好地执行也能产生改革性的影响，比如 Google 推出了 Google Instant 功能，它被称之为公司成立 12 年来最重要的革新之一，它可以根据用户浏览记录和习惯，帮助用户预测搜索内容并实时展示搜索结果。

如果不是重大的改变，那么可能没有足够的力量实现转型。如果一种品牌不能吸引我们的注意力，那么它不太可能改变我们的行为，或者不太可能让我们在做出决策时延长考虑时间。因此"重大"改变是必要的，否则它就不是转型。

比如家电品牌戴森（Dyson）就是转型的一个例子，它实现了"外形或是特性上的彻底和重大的改变"。这个品牌的核心就是转型，这种想法是基于戴森对普通台扇进行的改良工作：戴森台扇有许多个性化设计，比如安装弹簧，用户可以推拉环孔把风扇调整到自己喜欢的高度和角度；比如远程控制的遥控器呈弧形，并且可以吸附在其他物品上，避免用户丢失等。

有许多方面可以证明戴森的"空气增倍机"（Dyson Air Multiplier）堪称革命性的产品。首先，戴森将产品命名为"空气增倍机"，而不再是简单的"风扇"，这就不会让人对产品产生思维定式。当然你不能只是改变产品的名字，但这是一个"可大可小"的问题，比如 MP3，又比如 iPod，或是联邦快递（FedEx）的命名，你便能有所启发。

其次，彻底性。"空气增倍机"实现了技术上的革新，通过一个 1.3mm 的孔让空气加速，从而让周围的空气形成气流。这种设计让戴森风扇相比普通风扇的工作效率提高了 15 倍。毫无疑问，该产品的创造经过了一番最细致和详尽的思考。同时，该产品还做了其他许多改良工作，比如改进叶片的设计、解决产品安全问题……

最后，戴森风扇有着精致的设计，无论放在家里或是办公室都是一种视觉点缀。想想这种感觉多好：实用性商品也能变得优雅、好看、特别。

该产品带来了怎样的影响？整个夏天，《每日电信报》（The Telegraph）都在报道戴森"空气增倍机"供不应求，戴森不得不将其马来西亚工厂的产量增加 1 倍。在英国，伦敦最大的百货商店约翰路易斯（John Lewis）销售的几千台风扇中，"空气增倍机"的销售数量占到了 1/3；而在马莎百货（Marks & Spencer），该机器的销售翻了四番。为什么它的价格是普通风扇的十几倍，却如此抢手？原因就在于该产品真正具有变革性。

资料来源：选自《哈佛商业评论》2014 年第 3 期，文/安德鲁·韦尔奇（朗涛公司执行总裁）。

除了前文所说的价值，互联网还通过改变交易成本而改变了商业环境的地貌。交易成本（Transaction Costs）又称交易费用，是由诺贝尔经济学奖得主科斯（Coase，R.H.，1937）所提出，交易成本理论的根本论点在于对企业的本质加以解释。由于经济体系中企业的专业分工与市场价格机能之运作，产生了专业分工的现象；但是使用市场的价格机能的成本相对偏高，而形成企业机制，它是人类追求经济效率所形成的组织体。由于交易成本泛指所有为促成交易发生而形成的成本，因此很难进行明确的界定与列举，不同的交易往往就涉及不同种类的交易成本。交易成本有 6 个来源：有限理性、投机主义、不确定性与复杂性、少数交易、信息不对称和气氛。互联网通过同时对着 6 个方面进行的改变而对交易成本进行改变。下文将对这 6 个因素分别进行分析。

第一个因素，有限理性（Bounded Rationality）：指交易进行参与的人，因为身心、智能、情绪等限制，在追求效益极大化时所产生的限制约束。互联网通过社交的形式构成一种易于情绪化消费的情境，且这种交流的频度越来越高：通过朋友圈晒物品的共鸣，可能会激发你去购买某种东西的欲望；甚至原生态广告在不知不觉之中就激发了你的某种消费意识。当你购买了一个微博里大家都在晒的东西并洋洋得意时，你可能恰好忘记了你自己究竟是否需要这件东西。

第二个因素，投机主义（Opportunism）：指参与交易进行的各方，为寻求自我利益而采取的欺诈手法，同时增加彼此不信任与怀疑，因而导致交易过程监督成本的增加而降低经济效率。拿电商平台来说，虚假广告和钓鱼网站频繁的出现，货品的质量问题也是让网购者头疼的一大事情，所以电商平台不得不投入大量的资源对交易的过程进行监督。这就是为什么天猫的商品一直比淘宝平台中的同样商品价格要贵的原因，因为投入了大量的资源用于对商家可靠性的认证。

第三个因素，不确定性与复杂性（Uncertainty and Complexity）：由于环境因素中充满不可预期性和各种变化，交易双方均将未来的不确定性及复杂性纳入契约中，使得交易过程增加不少订定契约时的议价成本，并使交易困难度上升。互联网加速了不确定性的发生，多方交易的特点也提高了交易过程的复杂性。今天可能是盛极一时的产品，明天可能就会被新产品所取代，或者是某一次特别的公共负面事件，没有及时做好危机公关就可能很快葬送了一个品牌的前景。

第四个因素，少数交易（Small Numbers）：某些交易过程过于专属性（Proprietary），或因为异质性（Idiosyncratic）信息与资源无法流通，使得交易对象减少及造成市场被少数人把持，使得市场运作失灵。在互联网时代，很难再建立起垄断性市场，由于学习能力和吸收能力的加快，企业同质化竞争越来越严重。就算是互联网巨头，他们在各自的市场上也有着为数众多的竞争者，根据用户的类型进行各自利基市场的分割：大公司面对大众用户而小企业可能会独占某一个垂直市场。比如在用户 Cookies 保护的方面，Duckduckgo.com 主张维护使用者的隐私权，并承诺不监控、不记录使用者的搜寻内容，因此创立初期吸引了一部分小众的追随者；然而这也是以牺牲了便利性为代价的，所以绝大多数人还是会继续选择 Google.com 或者 Baidu.com 进行搜索。但是"棱镜门"事件之后，公众对于个人信息的保护意识增强，越来越多的人选择了该搜索引擎。

第五个因素，信息不对称（Information Asymmetric）：因为环境的不确定性和自利行为产生的机会主义，交易双方往往握有不同程度的信息，使得市场的先占者（First Mover）拥有较多的有利信息而获益，并形成少数交易。在互联网时代，信息不对称带来的交易成本实际上是在不断下降的。购买任何产品都可以在开放的网络环境下进行查找和论证。甚至不是货比三家而是货比几百家，更有"惠惠购物助手"这样的插件帮助用户轻松地比较各个电商的相同产品价格，以及产品近期的价格走势。如果对产品的使用特性不了解，网上都可以查到，甚至在街上遇到心仪的产品，也能通过扫码等方式立刻获取这个产品在网络上的价值，然后对比价格进行购买决策。

第六个因素，气氛（Atmosphere）：指交易双方若互不信任，且又处于对立立场，无法营造一个令人满意的交易关系，将使得交易过程过于重视形式，徒增不必要的交易困难及成本。互联网在拉近彼此距离的同时也拉远了彼此的距

离：交易的双方可能都不知道彼此的真实身份。曾有学者通过实证研究得出，在虚拟的游戏世界中，信任很容易建立，也更容易被瓦解。因为不信任而需要付出的成本较低——只要花点时间去寻找同质商品就可以了。

由于价值的不断被创新以及交易成本的改变，互联网打破了原有的价值分配结构，也就是打破了原来的价值链。迈克尔·波特将企业的内部价值链分为了5个主要活动和4个支持活动（如图4-5所示）。主要活动（Primary Activities）指的是直接与产品或服务创造相关的活动，这些活动将产品或服务带到顾客手中并将其留在顾客手中。支持活动（Support Activities）可以促进产品或服务的生产以及产品或服务向顾客的转移。管理者应该评估这些活动为产品或服务增加的价值，以理解企业竞争的能力。一件产品或一项服务的绝对价值是一个有多少顾客愿意购买这项产品或服务并为其付钱的函数。如果一件产品或一项服务的价值超过了其成本，企业就能获得利润。为了决定在公司内部价值链的哪个环节添加利润，管理者需要理解价值链的下述9项活动：进料物流、生产、发货物流、营销和销售、售后服务、采购、技术开发、人力资源管理、企业基础设施。每一项主要活动都与成本有关。如果做得好，顾客愿意花比它们的成

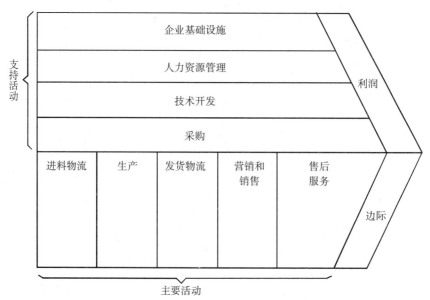

图 4-5　价值链

资料来源：Source: Based on The Free Press, a Division of Simon & SchusterAdult Publishing Group, from Competitive Advantage: Creating and Sustaining Superior Performanceby Michael E. Porter. Copyright ©️ 1985, 1998 by Michael E. Porter. All rights reserved; RobertM. Grant, Contemporary Strategy Analysis. (Oxford, UK: Blackwell, 2002); R.E. Hoskisson, M.A. Hitt&R.D. Ireland, Competing for Advantage (Mason, OH, Thomson-Southwestern, 2008).

本更多的钱，就能提高公司的行业地位和盈利能力。这些不同活动的重要性随着顾客的偏好变化而变化。例如，在时尚行业，顾客总是想要最新生产的款式、颜色、面料。此处就需要重视进料物流和发货物流以确保产品能够更快地送到顾客手中。而每一项支持性活动都会影响到主要活动的实施情况，从整体上影响到企业内部的价值传递（图 4-5）。

在企业内部供应链中，互联网全面和深刻地影响着每一个主要活动和支持活动。举例来说，技术开发围绕着专业知识和这项专业知识所需的工具、设备进行。互联网技术影响着企业内部技术开发的过程和结果，例如云技术、大数据、远程技术等的应用，在提高了工作效率的同时，也实现了很多过去无法实现的产品或服务。尽管技术开发集中在产品开发或者流程创新，技术和企业如何使用这些技术的也会影响 5 个主要活动。因此，技术能力在价值链中发挥了关键作用。此外，由于所有的活动都和人有关系（人还会设计和实施自动流程和设备），人力资源的获取、培训、评估、报酬和开发在 5 个主要活动中都有。有能力的且有积极性的人力对于企业的所有活动都有着深远的影响，因此人力资源管理是一种关键的支持性活动。在互联网时代，人员的质量更加至关重要。他们的专业能力是能够提供高品质产品和专业化服务的基础。因此，在价值链中的这项因素决定了一个服务类企业的存亡。互联网还有可能实现其中一些活动的替代，如雨后春笋般出现的大量的外包型企业，其设计、生产、销售、财务都是通过远程外包给其他专业公司进行，企业本身只有一个办公室、两三个人和一个非凡的创意（Idea）。所有的交流过程都可以通过远程通信来完成，甚至 3D 打印机可以活灵活现地展现出模型的样子给设计者看。

对于前文所述的 3 类企业来说，互联网核心企业的主要价值会集中在技术开发、销售和人力资源上；天生互联网化企业可能会根据自己的优势将价值集中在某一个环节上，但不一定是所有环节都会涉及；而传统行业则需要将自己的价值集中在技术开发和生产环节，因为互联网完全可以帮助其实现采购、物流、销售等环节。

除此之外，企业的外部价值链也就是供应链、战略联盟乃至行业结构也在随着互联网的进步而变化。本书的产业平台论一章将对此进行详细的阐述。甚至有一天，传统的价值链理论也要被重构，价值链图的形状都要有所改变。正如年前的"小红马"大战，只是浏览器开放了区区一个用户自主视频快进功能，就引起整个视频行业的轩然大波，更让几大视频巨头强强联手对傲游这个小浏览器公司进行抵制，原因绝对不仅仅这么简单。因为"小红马"们彻底改变了视频行业的价值链分配：以往的视频行业都是以流量来获得利润，前提是这些流量下的用户会在一定的时间段内较为有效地收看视频前、中的广告；一旦广告可以被快进，流量价值转换就毫无意义，视频企业在靠流量来卖广告的行为就没有价值，广告主也不会买账，可谓断了视频公司的一大"米源"。难怪视频企业群起而攻之，非要将这个行为在引起更大范围的影响（例如用户要求的体验革命）之前，扼杀在襁褓之中。

案例　傲游"小红马"的"原罪"与视频业的"救赎"

傲游与优酷之间的视频广告屏蔽战争则是一场互联网行业内部的战争，引起了行业大讨论，各路媒体、评论、大仙儿都开始站队了，硝烟弥漫、杀声震天。傲游的 boss 陈明杰做了十年技术男和温柔善良好姐夫，在傲游推出一个叫"马上看"的视频快进功能之后，与资本家古永锵进行了一场进行中的、知道会发生的、结果难预料的视频版 3Q 大战。

2014 年 2 月的某天上午，微博上有网友爆料有傲游粉丝在优酷办公楼抗议，有一种时空感和 Cos 感，照片中两人骑马踩踏含"60 秒烂广告"字样的宣传页，他们为什么要骑马不得而知，也许是找不到小红，就找来了骑马场的大马了，驱动之家报道说这可能是用户对于傲游发起的"保卫小红马"活动做出的响应。如果带上优酷的 slogan，还有一种搞笑的味道，"世界都在看"。

事件经过快速扫描在 2 月 20 日，傲游老板陈杰明（外号陈姐夫）在微博宣告了"傲游浏览器·马上看"的出炉，并表示自己对烂视频广告早就看不下去了，拯救常年被烂视频广告折磨的广大用户。

做了 10 年浏览器的"陈姐夫"自然很了解浏览器领域的广告屏蔽领域的各种纠纷和声音，而且他在不用问姐的情况下，也一定很清楚国外广告屏蔽插件 adblock 使用量已经非常大了，更知道傲游浏览器·马上看的视频快进会带来视频网站们的强烈反弹和对抗。

21 日上午 11 点，傲游官方微博兴高采烈地抽奖宣传自己的"马上看"功能，同一天下午 4 点 41 分傲游就收到优酷、土豆集团的言辞激烈的恐吓式抗议（通常这类事情法务部发邮件的可能性比较大），这下子事大了，"陈姐夫"怒了，他决定不妥协，干到底了。

从这里开始，好戏开始，优酷开始防守了，并且屏蔽了傲游浏览器，搜狐、爱奇艺等也采取了类似的策略。优酷不止屏蔽了"马上看"版本，也屏蔽 2 版、3 版，甚至连优酷自己的付费用户都无法使用傲游浏览器观看。3Q 大战的发起者 360 公司旗下的浏览器也很快推出类似视频快进类的广告屏蔽功能，不过这次 360 很快妥协了，战局变成傲游浏览器单挑优酷等，这无疑是 3Q 大战在视频网站领域的再现，这次的主角换成了傲游和优酷。傲游打用户牌是抓住了蛋蛋，优酷用大棒思维是臭棋片头广告作为优酷等视频网站的最核心收入模式，一旦浏览器用户形成屏蔽片头等待广告的习惯，如果这种习惯被大规模用户采纳，那么优酷的收入会出现塌陷，这是优酷的生死线啊。故优酷对傲游的广告快进插件的反映剧烈在预料之中，媒体报道也很清晰地集中两点：快进功能还用户选择权问题；未来视频网站广告盈利模式问题。用户有没有选择浏览器插件的权利？当然有，我很多时候也是开启广告屏蔽插件，虽然我知道这是网站收入的重要来源，但是弹窗、满屏浮动、超长片头广告让用户十分受不了，我本来是要上网看信息的，你却让我从广告丛林里找信息，这是反人类的、不科学的广告投放方式。在过去，由于中国网民对电脑知识的了解程度低，广告屏蔽只有少数人会用，而现在网民不再是什么都不懂的层次了，他们很容易找到广告屏蔽的插件和使用方法，即便是傲游等浏览器厂商不出品，也有很多第三方广告屏蔽插件可供选择。

一匹"小红马"让视频行业炸开了锅，因为这直接动到了视频网站的奶酪，于是视频网站也推出了各种屏蔽傲游浏览器的反制功能，傲游也不忘记再反制，同时双方大打口水仗，一方是傲游以捍卫用户体验的用户利益代言人义正词严，另一方是优酷为代表的视频网站以行业健康发展为由晓之以理。傲游的此款广告快进功能的推出可以看出是有备而来的。

一是 2013 年末，优酷诉金山猎豹浏览器最终以金山被认定构成不正当竞争并判赔 30 万元告终，而事件的起因也是猎豹浏览器提供了视频贴片广告的拦截功能而遭到视频大佬的起诉，傲游在推出该浏览器功能时，不可能不对该案进行深入的分析，以免重蹈覆辙。

二是视频广告越来越长，而用户们则怨声载道，这些都是不争的事实，傲游看准这一切入点推出广告快进功能，可谓一石三鸟：提高产品及公司美誉度；占领舆论制高点；增加浏览器市场占有率。

三是大面积的分众传媒广告投放本身也表明了，这是一次有充分预案的事件营销，顺带还让江南春为广告主表个态，为进一步的传播尽点力。

笔者也用傲游浏览器，认为傲游并未如猎豹浏览器一样对视频广告进行拦截，不构成不正当竞争：

首先，广告快进影响广告展示效果，进而会影响或干扰到视频网站的正常商业模式，因为已经有广告主要求视频网站对于被快进的广告进行统计，在最终的广告费用结算中对被快进广告数量从展示总量中进行扣除。

　　其次，虽然快进广告这一动作本身是由用户来进行触发，但是傲游为干扰视频贴片广告播放提供了工具，如同某些软件的 keygen，按下运算序列号等破解动作也是由用户来触发，但这种软件本身在著作权法上属于绕开保护措施的行为，同样构成侵权。

　　最后，优酷诉金山猎豹案法院最终引用的是《反不正当竞争法》的第二条，即公平原则。换言之，由于该法过于老旧，法官一般会依据立法的基本原则来进行裁判，同理，对于目前傲游的行为，与猎豹浏览器的拦截属于同一性质，都是对正常贴片广告的一种干扰，而这种干扰本身让其他的市场主体商业利益受损，所以依法仍然可以构成不正当竞争。

　　而以优酷为代表的视频行业也应当自此开始一展自我救赎的过程。因为，网络广告完全处于视频网站自律的范围内，而自律往往也是最不靠谱的，来自投资人、股东等各方面的盈利压力，让视频网站不得不将广告时长从之前的 10 秒一直延长到目前的 60 秒甚至更多，热播剧集还要在中间插播广告。此次，傲游事件可以被看作这种用户意愿的强烈反弹，如何提高用户体验？如何提高广告的展示量？如何让广告主满意？视频行业将面临一次如何采用大数据，分析用户习惯，从而投放符合其偏好的广告，简单地拉长广告时长已完全不符合目前的大数据及提倡用户体验时代的特点，视频及广告业需要顺应这种改变。

　　综上所述，视频业有视频业的苦衷，用户有用户的怨气，浏览器也有自身的商业目标，以此事为契机，让视频行业在阵痛中进行改良，进而与世界接轨，或许才是傲游与优酷有关"小红马"之争的进步意义吧。

资料来源：周宾卿律师专栏.艾瑞网，2014-3-6。

业务模式效应：非理性？——互联网经济效应

成功地实现"互联网思维"商业模式创新的网络企业，往往受互联网特有的一些规律支配。网络企业运营中的诸多现象经常与传统经济学的理论大相径庭。网络企业的商业模式创新及网络企业的运作方法，也常常跟传统企业的运作背道而驰。比如，用户在网络上搜索、浏览信息以及使用很多在线服务都是免费的，不少网络企业早期都不考虑收入与盈利，而是依靠风险投资（VC）大规模"烧钱"。这些看似不理性的互联网规律，对传统经济学产生了巨大冲击，也是认识研究网络企业商业模式创新的"钥匙"并构成其理论基础。

注意力经济

稀缺（Scarcity）理论是经济学的基本假设之一。在互联网里，稀缺理论不再是颠扑不破，注意力经济更能反映互联网的基本特征和规律。

注意力经济也经常被称为眼球经济，是指在网络时代信息过渡超载情况下注意力成为稀缺资源。这一理论解释了信息超载和注意力缺乏，使得帮助网民快速找到所需信息成为现实的需求；对网络企业来说，则要求不断改进服务质量，向网民提供其所需信息和服务，以便把网民的注意力吸引过来，才能获得经济利益，实现商业模式创新。注意力理论是许多网络企业商业模式中采用免费收入模式的根据之一。

注意力经济理论催生了许多网络企业的商业经营模式，搜索引擎服务就是注意力理论的一个典型应用。在信息超载的情况下，对网民来说，最有价值的服务就是能够帮助他们对所需信息进行定位、过滤，以便让他们能及时获得所需要的信息，这就是搜索引擎服务这种经营模式变得很有价值的原因。

经验产品

信息的生产成本很高，但是复制和传播的成本很低，花费上亿美元制作的好莱坞大片，在网络上复制传播的成本几乎可以忽略不计。信息产品的这种高固定成本、低边际成本的成本结构，使得传统的以成本为基础的定价已经不起作用，信息产品的供应商在商业模式上只能根据顾客的价值而不是生产成本来为产品定价。

如果消费者必须尝试一种产品才能对它进行评价，这可以被称为"经验产品"。在传统企业里，几乎所有新产品都可以被称为经验产品，企业对这种样品常用的推广方式是免费样品、促销定价等。对于信息产品来说，每一次被消费的时候都是经验产品，用户尝试了这种经验产品，就不需要再次尝试它。这对网络企业的商业模式创新包括经营模式、客户模式和收入模式各个环节都有一定的影响。作为信息传播的载体和提供者，网络企业的商业模式创新必须充分考虑经验产品的特点。

网络效应

有的产品和服务，使用的用户越多，对其中每一位用户的价值体现越大，这被称为产品和服务的网络效应，网络效应机制的实现过程也被称为正反馈。

互联网许多产品和服务的发展就显示出网络效应和正反馈。电子邮件就是这样的一个例子。全球第一件电子邮件是 1969 年出现的，但是直到 20 世纪 80 年代，电子邮件都只是在技术人员中使用，之后便呈现爆炸式的增长，因为使用的人多了之后，电子邮件的作用就会增强，其通信功能就会发挥得更充分。在只有一个人使用电子邮件的时候，电子邮件是毫无价值的。其他的像即时通信、短信服务等都经常会出现这种网络效应。

网络效应对网络企业商业模式有着极为重要的影响，首先，从收入模式上看，网络企业在推广其产品和服务的时候，往往需要采用免费的形式提供产品和服务，以便加速其用户量尽快增长达到网络效应和正反馈。其次，网络效应也影响到网络企业商业模式的有效性，在互联网没有显示出网络效应的时候，由于用户数量比较少，再完美的商业模式都很难成功。但是，在网络效应出现的时候，网络企业商业模式成功的可能性就比较大。从中国网络企业的实践来看，很多网络企业创立一段时间之后，难以坚持下去而倒闭破产或被并购，往往不是因为它们的商业模式有问题，而是没有把握住企业运作的节奏，在网络效应出现之前，消耗了太多的资源。

锁定效应

在网络信息时代，锁定是一种经常见到的现象。锁定指的是当用户从一种品牌的产品和服务转移到另一种相同或类似品牌的产品和服务时，需要付出包括心理、经济等方面的成本，这些成本越高，说明锁定效应越强。

锁定在本质上是一个动态的概念，转移成本会随着时间增长或减小，但是它们不会一成不变。顾客一旦习惯了试用品牌，产生了偏好，然后就进入锁定阶段。在进行下一个品牌选择的时候，很显然，顾客如要选择其他品牌，会面临转移的成本，包括失去偏好的痛苦甚至经济成本。

锁定有利于创新的网络企业商业模式的成功，但同时对后出现的商业模式创新和实现往往会产生阻碍。

微创新

网络效应使某家网络企业容易形成一家独大的市场格局；锁定效应则解释了一旦一家网络企业通过商业模式创新获得市场优势，则会对后进入者形成强大的市场壁垒，可能成为商业模式创新的阻碍。在中国互联网领域，网络企业的商业模式创新为何仍能够不断出现？这种结果或许受益于"微创新"。

微创新理论最早是由奇虎 360 公司创始人周鸿祎提出的。他认为，对于网络企业尤其是创业型企业，要想对其他已经拥有优势的企业和模式进行颠覆性创新非常困难，一种商业模式创新要想成功，可从用户体验入手，持续地改进产品和服务，挖掘用户的需求，积小成大，从而能够实现商业模式上的成功创新。

微创新规律的核心有两点，一是从小处着眼，贴近用户的需求心理；二是专注一个方向，快速出击，不断试错。微创新并不意味着就能一炮走红、一招制敌，微创新需要持续不断地寻找用户的关注点，然后持续地去发现和满足用户的需求，积少成多，实现商业模式创新。

案例　传统企业必须理解互联网的 4 个经济特点

今天越来越多的传统行业正在受到互联网的冲击，众多企业面临着互联网的挑战，希望更好地理解互联网。于是，"互联网思维"这个词不胫而走，也越来越热，但我很担心互联网思维最后变成了"包治百病"的万能药。其实，面对互联网的飞速发展，我们都还是在它的海边玩耍的小孩子，即使有互联网思维，那也是海边的几个小浪花。

但作为在互联网里从业近20年的创业者，笔者认为传统企业必须要理解互联网经济的特征，与传统经济不一样的地方，这样才能更好地迎接挑战。如果以传统经济思维进入互联网里去竞争，那无异于鲨鱼爬到陆地上去跟豹子搏斗，肯定是要输的。因此，准备向互联网转型的传统企业，必须理解以下几个互联网经济的特点。

第一，用户至上。

传统经济的企业强调"客户（顾客）是上帝"。这是一种二维经济关系，即商家只为付费的人提供服务。然而，在互联网经济中，只要用你的产品或服务，那就是上帝。因此，互联网经济崇尚的信条是"用户是上帝"。在互联网上，很多东西不仅不要钱，还把质量做得特别好，甚至倒贴钱欢迎人们去用。最近，有两个叫车软件打得不亦乐乎，乘客用软件成功下单，你敢给乘客5元，我就敢给10元。①

很多传统企业都看不懂这种游戏规则，认为这倒贴钱的行为简直就是疯子。但互联网经济就是这样，如果不能汇聚海量用户，那就很难建立有效的商业模式。所以，在抢夺用户上，互联网公司是绞尽脑汁，使出十八般武艺，发展到极致就是像叫车软件这样"看谁敢砸钱，看谁砸钱多"。

传统积极的思维到了互联网领域就会失效，遭遇挫折。例如，2002年前出现过电子邮箱大战，当时占据市场主导地位的263邮箱全面转向收费，其实这就是传统的"客户就是上帝"的思维。结果是，用户纷纷放弃263邮箱，转向免费的网易邮箱。最后，263邮箱的用户数量大幅下降，现在市场上已经很难听到它的声音了。

第二，体验为王。

大家要知道，互联网时代是一个消灭信息不对称的时代，是一个信息透明的时代。在互联网时代，顾客的消费行为发生了变化。在没有互联网的传统时期，商家跟消费者之间的关系是以信息不对称为基础的。通俗地讲，买的没有卖的精。但是，有了互联网之后，游戏规则变了。他们鼠标一点就可以比价，而且相互之间可以方便在网上讨论，消费者变得越来越

---

① 作者注：周鸿祎在发表此演讲时期，"嘀嘀—快的大战"还没有进入白热化阶段。这两大打车软件在高峰时期曾经一度有过单笔叫车补贴14元，通过转发分享等方式最高可获补偿20元的超高补贴额度。

有主动权，越来越有话语权。传统的基于信息不对称的营销，其效果会越来越小，而在互联网经济里，产品的用户体验会变得越来越重要。

今天，所有的产品高度同质化，但最后你发现能胜出的决定性要素，其实是用户体验。

什么叫用户体验？举个例子，我打开一瓶矿泉水，喝完之后，它确实是矿泉水，这叫体验吗？这不叫体验。只有把一个东西做到极致、超出预期才叫体验。比如有人递过一个矿泉水瓶子，我一喝原来是 50 度的茅台。这就超出我的体验。假设它真的发生了，我还要写一个微博，绝对转发500 次以上。

在互联网时代，如果你的产品或者服务做得好，好得超出他们的预期，即使你一分钱广告都不投放，消费者也会愿意在网上去分享，免费为你创造口碑，免费为你做广告，甚至让你变成了一个社会话题。

在过去，厂商把产品销售给顾客，拿到了钱，厂商就希望这个用户最好不要再来找自己。然而，在这个用户体验的时代，厂商把产品递送到用户手里，产品的体验之旅才刚刚开始。在今天，比广告等各种营销更重要的，是顾客在使用你的产品时产生的感觉。苹果公司很少做广告，但苹果手机每次出新品都会有大量顾客重复购买。如果你的产品在体验方面做得好，用户每天在使用它的时候都感知到你的存在，这意味着你的产品每天都在产生价值。

第三，免费的商业模式。

互联网上的商业模式总结起来无非 3 种：电子商务、广告和增值服务。但这 3 种商业模式，都有一个共同的前提，那就是必须要拥有一个巨大的、免费的用户群。在互联网上，只有拥有一个巨大的用户群作为基础，百分之几的付费率才能产生足够的收入，才有可能产生利润。

因此，互联网经济强调的，首先不是如何获取收入，而是如何获取用户。这正是传统厂商容易误读互联网的地方。很多厂商进入互联网的时候，一上来就想着怎么赚钱，简单地认为只要有了互联网的技术，有了互联网作为分销、推广的平台，成功就会水到渠成。这样的认识一定会导致失败。

硬件也正在步入免费的时代。但硬件免费不是指的白送人，而是指硬件以成本价出售，零利润，然后依靠增值服务去赚钱。为什么互联网硬件可以不赚钱？那是因为硬件不再是一个价值链里的唯一一环，而是变成了第一环。电视、盒子、手表等互联网硬件虽然不挣钱，但是变成了互联网厂商与用户之间沟通的窗口，只要这个窗口存在，互联网厂商就能创造出新的价值链，就能通过广告、电子商务、增值服务等方式来挣钱。

最后的结果是只会生产硬件、卖硬件的厂商，如果学不会互联网的思维，它的价值链被互联网免费掉了以后，可能只能变成代工，赚取微薄的利润，而高附加值的价值链则被提供互联网信息服务的厂商拿走。

这不是危言耸听，它不会立马发生，但在下一个 5 年会看到这个趋势。

第四，颠覆式创新。

在互联网上，颠覆式创新非常多，也发生得非常快。不一定要去发明一个可口可乐秘方，也不一定要去弄一个伟大的专利。现在颠覆式创新越来越多地以两种形式出现。一种是用户体验的创新，另一种是商业模式的颠覆。商业模式颠覆，用大俗话说，就是你把原来很贵的东西，能想办法把成本降得特别低，甚至能把原来收费的东西变得免费。我讲了淘宝、微信、360，这种例子太多了，免费的商业模式包括互联网手机、互联网硬件，颠覆的威力非常强大。什么叫用户体验的创新呢？也特别简单。就是你把一个过去很复杂的事变得很简单。

对于消费者来说，你要想做一个巨大的消费市场，如果能够降低门槛，刚才说了一个是钱的门槛，一个是使用障碍的门槛。它能产生奇迹的力量。

你要评价苹果的成功，我们就做一个特别简单的实验。如果各位有一个 3 岁的孩子或者有一个 70 岁的父母，你给他一个苹果设备，再给他一个传统电脑。3 分钟，哪一个最容易上手使用？我研究了很多例子，最后为什么苹果能颠覆？因为人性一个最基本的东西：喜欢简单，我们都是最懒的。人性中还有另外一个最基本的东西：喜欢便宜。你要把东西做得便宜，甚至免费；把东西做得特简单，就能打动人心，就能赢得用户超出预期体验上的呼应，就能赢得用户。你赢得用户了，就为你的成功打下了坚实的基础。

很多时候，从用户的角度出发，从你的身边出发，观察你的用户，观察你的供应链，观察你的上下游，你会发现还有很多很复杂的问题没有被简化，很贵的东西没有更便宜，甚至免费。这里面就一定蕴含着颠覆的机会。

案例来源："宁波企业家"，根据周鸿祎演讲改编而成。

业务模式应用：战略地图组合矩阵

业务模式的多组合使用

互联网思维对于 3 种类型的企业来说，从价值视角来看无非是 3 种思路：要么提高用户对企业的黏性，扩大用户群，延伸出不同的用户价值，通过手中的用户后向收费模式进行流量变现（用户就等于价值）；要么从为用户提供超越其他用户的特殊体验来进行收费，例如会员服务，这需要企业不断深挖已知客户的未知需求；要么直接在互联网上进行买卖并从为买卖双方提供交易平台而收取建设和服务费用。3 种类型的企业围绕 3 个商业模式的维度，将所有层次的企业都分为 3 种区间；不同区间的企业的互联网思维是有不同侧重的，是结合不同商业模式基本要素产生的思考结果。最终形成一个 3 相和由内向外三圈的模型，笔者称之为"企业互联网思维定位图"。企业可以根据已知的自身类型和进行基于互联网的商业模式创新——也就是进行互联网思维的主要要素，确定自己进行互联网思维的模式和方向。

具体来说，对于互联网核心企业和天生互联网化企业，主要可以看要素之间两两结合的方面，也就是互联网已知业务模式的组合。已知社交网站、垂直网站、门户网站、游戏、电商、通信、工具、智能电视等是互联网的常见业态，如果将"企业互联网思维定位图"加以应用，这些业态基本上也是三种类型商业模式的一种或多个的综合，无论是基于互联网还是移动互联网（见表 4-1、表 4-2）。

而对于传统企业来说，它们有已有的技术核心，这个是不能够也是不需要抛弃的，需要改变的是对现有商业模式的创造性破坏。互联网化是一种企业变革，是企业管理创新（Managerial Entrepreneurship）的一种。这就要求传统企业直接通过核心企业或者间接通过天生互联网化企业进行互联网化。引领传统企

表4-1　互联网的商业模式

基本商业模式	互联网							
	社交网站	垂直网站	搜索平台	门户/综合性网站	电子商务平台	游戏	工具	通信
流量变现（客户价值变现）	√（广告）	√（广告）	√（竞价排名）	√（广告）	√（首页广告）	√（客户端广告）	√（广告）	√（弹出广告）
增值服务	√（VIP特权）	√（会员特权）			√（运费险）		√（人工翻译）	√（红钻、蓝钻特权）
电子商务	√卖皮肤	√（付费点播）	√（文库付费下载）		√	√（道具买卖）	√（积分换奖品）	√（QQ秀商城）
举例	Facebook，人人网	优酷，威锋网	百度	网易门户	天猫，京东	英雄联盟	杀毒，字典，下载	QQ，MSN，邮箱
交叉举例	LOFTER，威客网，天使汇（众筹众包平台）							

表4-2　移动互联网的商业模式

基本商业模式	移动互联网						
	社交	垂直	门户	游戏	电商	通信	工具
流量变现（客户价值变现）	√（广告）	√（编辑推荐）	√（广告）	√（广告插入）	√（首页广告）		√（广告）
增值服务	√（VIP特权）			√（免广告）	√（运费险）	√（公共账号）	√（公共账号）
电子商务	√（皮肤商城）	√	√（金币商城）	√（买道具）	√	√（微信支付）	√
举例	手机微博，微视	豌豆荚	新闻客户端	手游	淘宝客户端，彩票	微信	支付宝，手机管家
交叉举例	音乐客户端		91手机游戏		微信商城		

业寻找合适伙伴的力量，正是"企业互联网思维定位图"的3个力量，企业应该顺着这3种力量顺藤摸瓜，厘清互联网化的思路，找寻自己最需要那个商业伙伴。

　　具体来说，传统企业从价值力量上可以确定自己的互联网化是重新定位给哪些用户，或者是这些用户的哪些需求。传统企业可以通过互联网找到新的消费者群体，或者发掘现有消费者身上在互联网上体现出的新价值。例如，餐厅传统的外卖业务原本主要针对的可能是本店1公里范围之内的消费者，通过与互联网本地服务商淘点点或生活半径的服务，将点餐和送餐环节交给合作伙伴进行，能够波及的消费者群体可能覆盖整个大型社区（如北京的回龙观地区或天通苑地区），除此之外，还能够提供"隔天送"、在线付款和多商家会员共享积分服务。

而传统企业从概念力量上可以重新设计价值实现的方式，要么为了互联网上呈现出的新价值设计新的产品或服务，要么将互联网作为新的产品或服务的渠道，总之找出新的价值结合点。例如苏宁大卖场已经拥有了对供应商的强大的议价能力，当它建立起苏宁易购网站之后，客户不仅可以足不出户地挑选产品，在网络上完成在苏宁卖场能够完成的一切行为：进行多种产品、服务的组合，让产品以最方便的形式送货到家，并且自主选择三包套餐；还可以通过苏宁向供应商进行订购或者团购活动，这种消费行为是传统的大卖场难以做到的。

传统企业从能力力量上可以结合多方利益相关者，形成多边合作，找到新的利润分配方法，整合多种利益兑现模式。例如近来激烈的两大打车软件嘀嘀打车和快的打车之战，这两家企业在整合出租车公司和第三方支付平台两个类型的利益相关者之外，还整合了出租车司机和乘客这两个利益相关者，最终每个相关者都从平台上得到了自己的既得利益：嘀嘀、快的争取了市场份额，支付宝和微信增加了用户绑定的同时，也获取了用户的用车出行方面的行为数据；出租车司机和乘客得到了补贴和实惠。

除了这以上 3 种力量引导传统企业寻找不同的互联网核心企业或者天生互联网化企业进行互联网化，传统企业在与上述两种企业的合作强度上也有所不同。根据与互联网核心企业或者天生互联网化企业合作的强度不同，可以分为以下四种合作模式类型：首先，将互联网作为一种除传统渠道之外销售更多产品或服务的渠道；其次，与上述两类企业形成委托代理关系，通过合同让上述两类企业帮助自身完成互联网化的部分工作；再次，与上述两类企业进行战略联盟，形成长期的合作关系；最后，也是最紧密的合作方式，是与互联网企业利益共生，例如互相持股或兼并等。表 4-3 对传统企业的不同行业和上述两种企业的不同合作类型进行了列举。

表 4-3　互联网与传统企业的合作

与互联网企业合作模式	合作传统企业行业（举例）					
	物流运输	银行	快消品制造业	汽车	数码产品制造商	专业咨询服务行业	……
将互联网作为一种渠道	自建官网和客户端，在线下单	网上银行	自建官网商城（M18）	自建官网商城	自建官网商城（节操手机）	在线人工服务	……

续表

与互联网企业合作模式	合作传统企业行业（举例）						
	物流运输	银行	快消品制造业	汽车	数码产品制造商	专业咨询服务行业	……
委托代理	电商平台/卖家	互联网金融（在线金融超市）	虚拟专卖店（天猫、尚品、乐蜂）	专业汽车网站（易车网）	虚拟专卖店（天猫手机卖场）	分类门户；垂直门户	……
战略联盟	电商	互联网金融（余额宝）	共同开发（九阳—小米）	产品—渠道—服务三方合作（车—卖车—购险一步到位打包价）	共同开发（Nike + 和苹果；梅赛德斯奔驰与Carplay）	社交网站圈子（强关系型；弱关系型）	……
利益共生/相互持股	本地化服务	互联网金融（北京银行—小米）	再工业化	车厂/4S 店与在线销售平台	M&A（微软和诺基亚）	客户增值价值	……

支持业务模式的决策特点

综上所述互联网思维驱动商业模式创新。2013 年在复星公司的年会上，周鸿祎说高速、互动和免费就是互联网的经营思想。也见马云对媒体说，平台、互动、开放之类的话。还有雷军和董明珠同台打擂的时候说到，互联网思维的核心不外乎是平台、互动、多元。

诸多说法包含了互联网的若干特点，一是资源，丰裕替代稀缺；二是行为，互动替代单向；三是渠道，平台替代管道。概括就是实现了所有人向所有人的传播，因而也就成为一种宽泛的信息产业的哲学。类似这样的产业哲理，新产业的抬头都会出现，200 多年前工业革命爆发的时候，相对于农耕经济，流行的就是工业化思维，诸如效率、标准和规模成为一种管理的意识形态。于价值和交易成本的改变，造成的业务模式不断推陈出新，唯一不变的就是"变化"，所以对企业的战略决策提出了新的要求。接受新的商业意识形态，用以调整自身的管理理念，换言之就是互联网化，但是不能照搬互联网企业的做法，而是需要吸取互联网企业思维的精髓。总结下来，虽然"互联网思维"被一提再提，众说纷纭的版本中，无论企业是何种类型，什么规模，生产的是什么产品或服务，无非也逃不开以下几个方面。

快速度：网飞

雷军的互联网思维的"七字诀"中，只有"快"这个概念是单独成词的。

虽然只有这么一个字，却是涵盖了许多方面。

第一是企业的快速意识能力，也就是高敏感性。高敏感性是所有互联网思维的首要因素。现在的商战中已经没有绝对的蓝海，所以企业想要获得超额利润必须迅速察觉到别人没有发现的事情。企业不仅仅需要主动地通过多方角度来获取信息，对市场上出现的机会快速察觉，还需要储备大量知识，以预测今后行业的发展动向。企业的信息触角的深度和广度都达到前所未有的程度：一个茶余饭后的聊天，一个地铁上的见闻都可能是发现新商机的契机。

第二是企业的快速反应能力，也就是高应激性。这里涉及快速学习和创新的能力。企业能够快速觉察到新的机会只是第一步，最重要的是如何把这个机会中的价值真正地创造、发掘出来。互联网大佬们生活在一个与我们相同的世界中，但是他们可以从"互联网思维"中获益的根本区别在于，他们可以迅速地通过高执行力将想法变成现实。这里面，非凡的创新能力和学习能力是不可或缺的。

在速度上，网飞毫无疑问是优于百视达的，因此，前者迅速地抢占了后者的市场是毫无争议的。

案例 生存之战——网飞 vs 百视达

无论企业使用何种战略都需要持续改进以维持竞争优势。以百视达（Blockbuster）为例，2010年，百视达挣扎求生，许多分析专家认为它可能会倒闭。这个曾经是电影租赁行业的领军者怎么了？我们可以用另一个问题来回答这个问题。还有人愿意开车去商店租上电影，然后开车回家，看完之后的几天内再还回店里吗？答案是"几乎没有人"，因为他们能够坐在家中通过邮件点播或者通过有线电视系统或者卫星电视系统点播电影。换句话来说，百视达怎么能忽略网飞公司（Netflix）和视频点播系统呢？

经过多年的成功增长，世界最大的录像出租连锁店百视达从其母公司维亚康姆（Viacom）公司独立出来。录像和DVD租赁的销售额已显著减少，市场所需求的包括数字电影在内的新技术，正威胁着百视达原本的核心业务。为了生存，百视达需要一个新战略。

大卫·P.库克是一个年轻的创业者，他建立了第一家百视达录像租赁店。为了和原有的录像带租赁"夫妻店"只能提供主题种类游戏、时间短的录像带和少得可怜的服务进行竞争，库克建立的现在被人们所熟悉的超级录像店形式：宽敞又明亮的百视达店。他为顾客提供了一个可以从成百上千的录像带中挑选的环境，类型包括古典、外语片、音乐剧、西部片、

连续剧和动画片。百视达通过收购和开设新店迅速而广泛地进行扩张。最终，它约50%的门店是特许经营。

在数年间，百视达获得了巨大的成功，但娱乐行业和新技术的变革导致了竞争加剧（例如卫星电视和数字点播技术）。TiVo和Replay TV这样的产品使在家录制和观看自己选择的电影成为对顾客有吸引力的选项。类如网飞（Netflix）这样的企业同样也带来强力的竞争。网飞并不会收取滞留金，而会按月收取订阅费，顾客能够想看多少电影就看多少。为了与网飞竞争，百视达建立了它自己的在线服务和固定收费服务。然而与网飞不同，公司因为有着8700家真砖实瓦的门店而担负着庞大的成本。

百视达最近显然陷入了麻烦。网飞的股票价格盘旋在70美元每股上下，而百视达每股价格只有30美分。百视达在2008年和2009年间失去了9.32亿美元的市值，并且其市值一直在蒸发。许多分析者预计，不久的将来这家公司就会申请破产。

尽管有些亡羊补牢，但公司最近还是为应对竞争以试图重新夺回失去的市场份额做出了很多举措。举例来说，公司最近与TiVo签订了一个协议，通过TiVo的机顶盒系统实现公司的网络在线订购服务。百视达也与主要的电影制作公司签订了协议，为店里和网上收集畅销电影。最后，百视达还推出了在SD卡上出租电影的服务。这是为了和大受欢迎的红盒子电影租售亭进行竞争。

百视达能否成功免于破产的威胁并有所转机？此处我们还不好说。从某些方面来说，这是典型的熊彼得所说的创造性破坏。一些竞争者设计了更好的系统，其中有些能够使用独特的新技术来满足客户的需求。网飞公司是最初的"破坏者"，但还有许多其他的竞争者用其他的新创意破坏原有市场，比如"红盒子"（Redbox），而百视达却反应缓慢。

资料来源：财富中文网，2014-3-2。

第三是企业的容错性，因为现在的市场不可能有时间把决策所需要的所有信息都收集到。因为没办法慢慢地进行论证，直觉性决策更多，造成了市场上涌现了一大批天才型英雄：马化腾、马云、李彦宏、周鸿祎、雷军……快速占领市场称为企业的重中之重；所以在干得快的同时，企业会不断试错，不会一次性把事情做到完美。

可靠性：阿里巴巴

《数据化决策》一书的作者道格拉斯·W.哈伯德认为，"数据无孔不入，大数据时代，谁掌握了数据，谁就能把握成功"。"一切皆可量化"，道格拉斯这个大胆的宣言是解决诸多生活和商业问题的关键所在。中国的领先企业，尤其是互联网公司，已经开始将大数据运用到自己的战略决策中。

阿里巴巴的创始人马云在 2012 年秋宣布公司应关注未来业务的三大支柱：电子商务、金融（向中国的中小企业提供贷款）和数据挖掘技术。2013 年 1 月，阿里巴巴经历了重组，成立了一个拥有约 800 名员工的数据平台部门，开始对通过其 B2B 电子商务站点和淘宝网生成的大量用户数据进行初步的分析。在中国，只有部分拥有大量用户生成数据的公司，如阿里巴巴和百度，掌握着主导权并有可能将那种有价值的信息卖给其他供应商从中获利。中国大多数公司没有足够的数据，更不用说知道如何利用、分析数据或将其货币化了。从这个方面来说，企业需要用数据化确保商业模式创新决策的可靠性。

案例　阿里巴巴"数据战"

平台型企业的大数据应用策略有何特点？阿里巴巴、百度、腾讯等一批平台型企业汇集了海量用户和商家，聚集成富有张力的生态系统，它们的大数据应用不再仅仅局限于企业本身，正逐渐成为滋养整个大生态系统的血液，为平台上寄生的众多企业提供更多的数据产品和服务，同时也是这些平台企业未来收入的增长引擎。

2005 年，阿里巴巴开发出主要供内部运营人员使用的数据产品——淘数据，阿里巴巴由此进入了数据化运营阶段，此时的阿里巴巴在大数据方面关注的重点，是怎么利用平台上海量的消费者和商家数据来改进自身经营，大数据仅仅局限于企业内部。2009 年，阿里巴巴的大数据应用开始走向外部，让淘宝商户分享数据。2011 年，阿里巴巴开发数据魔方，通过淘宝数据魔方平台，商家可以直接获取行业宏观情况，自己品牌的市场状况，消费者在自己网站上的行为等情况。2011 年 4 月，"页面点击"诞生了，它可以监控每个页面上每个位置的用户浏览点击情况。紧接着，天猫携手阿里云、万网宣布联合推出聚石塔平台，为天猫、淘宝平台上的电商及电商服务商等提供数据云服务。2012 年，马云正式公布了阿里巴巴三步走发展策略："平台、金融、数据。"

从数据化运营到运营数据

阿里巴巴的大数据策略意味着什么？阿里巴巴数据委员会主席车品觉一语道破，"在数据化运营阶段时，数据就产生价值，你有意识地用它，但却没有关注它。而当你发现数据已经和战略融合后，你认识到要有意识收集它，管理它"。如果将阿里巴巴的大数据比作食材，那么自己用原料做菜，将食材提供给其他厨师，对原料的关注度完全不同。

由此，阿里巴巴的大数据应用策略正从数据化运营向运营数据转变。集团首席战略官曾鸣预测，"阿里本质上，未来会是一家数据运营公司"。前者，是如何将大数据用好，而后者则意味着，如何让大数据更好用。

从淘宝创立之时，阿里巴巴就开始收集平台上的数据，直至支付宝、聚划算、一淘等平台随着业务的爆发式增长，阿里诸平台上的数据成倍增加，汇集成海。这些数据包括交易数据、用户浏览和点击网页数据、购物数据等。当海量数据开始聚集时，它们也变得良莠不齐、鱼龙混杂，充斥着大量失真、标准混乱的数据。另一问题是，当海量数据在一起，它们是无序的，不能直接使用，必须要提炼加工。再者，阿里巴巴纵有海量数据，却也只是大数据之海中的一个孤岛，无法全部满足平台商家的数据需求，比如商家需要了解用户在其他平台上的购买情况，阿里巴巴迫切需求外部数据。

车品觉称："一开始，我们在用好数据，但是随着数据战略与平台战略紧密结合，我们开始刻意地去管理数据（保证数据安全、质量和对于商家的可用性），养数据（有意识地收集外部数据），沉淀数据。"

让大数据更好用？阿里巴巴是如何实现这种转变？从6个地方入手：确保数据安全（保护商家和个人的隐私）、保证数据的质量（去除虚假数据）、实现各个部门数据标准的统一（如转化率）、让原始数据变得更精细化（更符合商家的应用情景）、获得外部数据（如并购新浪微博，和其他平台合作、购买数据信息等）、建立数据委员会。阿里巴巴在这6个方针的指导下，采取了如下的做法：

第一，去除源头污染，净化数据质量。

自阿里巴巴数据委员会建立以来，数据质量就成了部门的核心工作，车品觉认为数据质量是大数据的命门，如果将大数据比作水流，"来自任何支流的数据，如果质量有问题，都会带来整个水源的污染"。由于淘宝等平台上的数据往往良莠不齐，不少数据虚假，带来很大的噪声干扰。"有时，在淘宝平台上，对于一个人，我们会看到两个手机，一个iPad，三张信用卡，五个淘宝账号，收集数据时，以为是多个人，但实际上就是一个人。但如果依照这个数据，商家可能就将红包给了一个不活跃的账户"。为此，阿里巴巴试图剔除虚假的数据，让收集的数据能反映真实的消费情景。比如上面的案例，就要鉴定所有这些账户、信用卡等是否为同一个人所有。

再如，阿里巴巴经常要做产品界面测试，有时临时修改界面，会一下子多出一个按钮，这就会带来大量误点击操作，数据收集时，就会得到很多失真的用户行为数据。阿里巴巴的数据人员目前的工作就是要将这些失真的数据剔除，或者将数据还原到真实的场景。

第二，打破分割，统一数据标准。

统一数据标准，就是让净化后的数据流得以汇集。阿里巴巴下属各个部门业务重点不同，对数据的理解不同，因此数据标准往往各不相同，比如转化率。要将这些数据汇集成大数据之海，就必须统一标准，这也是阿里巴巴数据委员会目前重点推行的项目。

第三，精选＋加工——让数据精细化。

"目前，我们需要的用户数据，平台还给不了。"阿里巴巴平台上的一个企业如是说。很多企业希望阿里巴巴能将用户属性的标签分得更细（不仅仅按男女用户，还进一步按不同消费特点、收入细分）。小也化妆品创始人肖尚略认为，"平台数据的细分是基础，细分好，企业才能用好"。数据就像炒菜的食材，不同细致程度的食材炒出菜的口味不一样，车品觉这么看。

如何让数据精细化？阿里巴巴根据各个商家的应用场景，将原始数据打上更细致、对商家更有参考价值的标签。以淘宝平台为例，一方面在收集用户信息时，专注对商家更实用的内容，比如对于大学生用户，除了收集他们的地址信息外，还通过其他渠道收集其房租的租金，从而了解对方的消费水平，将这些数据提供给相应的商家。另一方面根据商家的应用情景，对数据材料做初加工。"比如，如果我们筛出一个人是否戴眼镜、戴多少度的数据，就对卖眼镜的商家起到了很大作用"。再如，如果一个人夫母婴超市里面买东西，不一定能证明他有孩子，但如果这个人是女性，年纪又合适，这个人有孩子的可能性就很大。不断加入的其他证明信息让这个消费者的数据变得越来越精细化。

在数据精细化的思路下，2011年底，阿里巴巴的支付宝平台开发黄金策产品，车品觉带领团队处理了1亿多活跃的消费者数据后，拿出500个变量，试图用它们来描述消费者，最终让企业能够随时调用变量获得用户信息，比如某一类包含使用信用卡数量和手机型号等具体信息的客户数目。

2013年，天猫开始研发适用于天猫商家的CRM系统，通过对会员标签化，让商户了解店铺会员在天猫平台的所有购物行为特点。

第四，海纳百川，纳入更多外部数据。

在阿里巴巴平台上，大多时候收集的是顾客的显性需求数据，如购买的商品和浏览等数据，但顾客在购买之前，就可能通过微博、论坛、导购网站等流露出隐性需求。仅仅做好自己的大数据是不够的，还需要纳入更多外部数据。

2011年以前，阿里巴巴曾尝试通过收购掌握中国互联网的底层数据。2013年4月，阿里巴巴收购新浪微博18%的股权，获得了新浪微博几亿用户的数据足迹。5月，阿里巴巴收购高德软件28%股份，分享高德的地理位置、交通信息数据以及用户数据。而其他并购，包括对墨迹天气、友盟、美团、虾米、快的、UC浏览器，都招招不离数据。通过这些并购，阿里在试图拼出一份囊括互联网与移动互联网，涵盖用户生活方方面面的全景数据图。

第五，加强数据安全的管理。

很多淘宝卖家希望阿里巴巴能加大数据开放的步伐，对于阿里巴巴平台来说，这并不是一件容易的事情，因为这关乎商家和消费者的隐私。商家不希望竞争对手获得自己的机密信息，消费者也不希望被更多干扰。

阿里巴巴内部专门成立了一个小组，用来判断数据的公开与否，把握"谁应该看什么，谁不应该看什么，谁看什么的时候只能看什么"。

第六，组织体系支持——建立数据委员会。

阿里巴巴的数据来自各个部门，无论是数据材料的质量、精细化的保证，还是数据安全，都不是单个部门能完成的，需要全局性安排，迫切需要一个上层组织结构。但是成立什么样的组织机构合适？在阿里巴巴看来，数据的工作实际上主要还是由各个部门的责任，毕竟它们把控着源头，如果另成立一个凌驾于各部门之上的中央数据管理机构，容易让各个部门把责任直接推卸给新机构。

2013年，阿里巴巴成立了虚拟组织——数据委员会，委员会包括底层数据负责人、支付宝商业智能负责人、无线商业智能负责人和一名数据科学家，数据委员会更多以协调会的形式来指导、协调各个部门形成合力，实现从大数据运营到运营大数据的转变。

资料来源：赵辉，《中国企业家》网站。

灵活组织结构：小米

任何企业的组织架构都是在特定的环境中逐步建立起来的。那么当外在环境发生变化后，就需要及时调整组织架构以适应这种变化。在互联网时代，企业需要重新审视自我，整合资源，调整结构，提升核心竞争力。所谓穷则变，变则通，通则久。基于互联网业务模式的特性，企业在组织架构上，需要一定的突破：资源集中化，层级扁平化，管理灵活化。

在传统模式下，企业通过自上而下的层级设置，实现层层指挥领导。这样虽然职责明确、步调一致，但是由于层级过多，信息传递的速度变慢，反应迟缓。而互联网市场要求最高的决策层尽量与市场端贴近，准确把握市场动向和信息变化。因此，企业的组织架构就需要朝着资源集中化、层级扁平化的方向改进。一方面，加强对技术资源、用户资源的集中管理，通过网络资源的管理权逐步上移，可以让更多的一线公司轻装上阵，集中力量做好业务工作。通过对用户资源的管理，能够加大用户信息的挖掘力度，强化用户需求的捕捉能力；同时可以在一定区域内实现用户服务的集中化，降低成本，实现高效管理。另一方面，企业内部的组织层级必须减少，实现扁平化。与此同时，在纵向层级减少之际，横向部门的沟通协调就显得尤为重要。为了让这种横向的信息传递和彼此协作更加顺畅，业务流程的重塑和优化工作不可避免。通过流程穿越工作，让前后台、部门之间的流程衔接更加紧密，在扁平化组织的过程中，推动信息的快速传递，实现对市场的及时反应。

总之，互联网对企业的冲击是全方位的，在这种冲击下，组织架构作为企业的核心骨架，调整改变是必然的，只有在前期未雨绸缪，才能避免败北后的"壮士断腕"。

案例 小米内部是如何做组织创新的

小米在商业模式尤其是营销手段上有很多"毁三观"的做法，所以造就了它现在的成功。其实雷军在组织形式和管理文化上也做了不少出格的事：没有 KPI，他们的管理层很少，不开会，甚至做出的决策都不发邮件。尽管方法不同寻常，但小米取得的成绩确是有目共睹的，文章详细解析小米如何做适应移动互联网的企业。

第一，小米没有 KPI。这在传统企业看来是很不可思议的，即使在互联网公司也没有哪家企业是不做绩效评估的。

第二，他们的管理层很少，七八个合伙人下面分别有个主管，管理着七八个小组，然后就是普通员工。不管你在别的公司做总监还是经理，在小米都是工程师，级别都一样。表现好就加薪，但是没有晋升。也就是说，他们的管理异常扁平化，把职能拆得很细。这也对合伙人的能力提出很高的要求，因为意味着他们要管的事情很多。就目前看来，他们几个合伙人都还顶得住。

第三，不开会，甚至做出的决策都不发邮件，有什么事情就在米聊群里解决，连报销都在米聊截个图就可以了。

因为我做过人力资源管理，所以对他们的这种组织创新比较感兴趣。一开始我觉得这些可能是宣传，后来从不同渠道都证实了他们确实有这样的做法。于是我就很认真地对待这件事情。但是我又开始纳闷，雷军之前在金山的时候，不是一样有那么多管理层、一样开会、一样做绩效管理吗？怎么到了小米就变了呢？

我跟雷军聊过一次，最近也跟小米的一个朋友提到这个问题。他说，在金山，一年才更新一次版本，MIIUI一个星期就得升级一次，这两个速度是完全不在一个级别的。他一下提醒了我，时代不一样了。

与互联网和工业时代相比，我们现在所处的移动互联网时代有很大的改变，其中最重要的体现就是速度发生了变化。第一，在互联网时代，你还可以慢慢做一件事情，有了好产品再发布出去，但是如今你的产品两三个月不被人所接受，可能就死掉了。第二，移动互联网时代的生产者和用户之间的界限被打通了，现在有一种新的说法叫"先进用户引导型创新"。这意味着组织要更贴近用户，不是从上往下，也不是平行关系，而是融为一体。过去的工程师都是闭门造车，小米的文化是工程师必须面对用户，必须在微博、论坛、线下等渠道与用户沟通。小米把管理员工的权力从老板身上转移到用户身上。

其实企业文化说到底是由你所处的生存环境来决定的。如果后者发生变化，而组织不做出调整，那么企业是很难生存下来的。移动互联网时代必然要求企业的组织结构要扁平化，每个部门要小巧且灵活。

对于传统行业来说，组织创新面临两个问题：一是原来由工业文明时代引进的组织形式已经失效了，但他们没有意识到；二是任何一个组织不管处于什么时代，随着时间的变化，组织必然会变得官僚、涣散和僵化。这是根本没有办法解决的，因为一个组织是很难自我改变的。

互联网企业会不会好点呢？不见得。我最近与很多互联网公司的老大们聊天，他们企业的各项数据都挺好，但他们极其焦虑。在移动互联网时代，他们找不到感觉，找不到落脚点，因为互联网的组织形式和文化也已经不适应移动互联网时代了。在原有的体系内，用原来的人、原来的组织形式做一件不同的事，成功的概率是很低的。绝大多数凤凰涅槃的企业基本都是靠组织创新。像乔布斯那样凭一己之力塑造企业文化的毕竟是少数。

作者：酷6网创始人李善友，http://business.wincn.com/Corporate Design/2013/028157384.html.

业务模式本源：众说纷纭，核心只有一个

在本书总结的数十个案例之中，对于核心企业来说，互联网思维可能需要企业把握好较为集中的技术资源和人才资源，控制创新步调，引领全行业发展。核心企业对已有模式的创造性破坏是尤为重要的，可能它们的比对标杆很少，需要企业不断的摸索和自我挑战。对于天生互联网化企业来说，由于其需要"寄生"在核心互联网企业上，可能要从两种发展方向中确定自身份的发展方向，找出发展重点，建立发展壁垒：要么纵向做"深"，也就是往专业型企业发展；要么横向做广，也就是为多个行业的传统企业服务，横跨多种业务模式，大而不倒。而对传统企业的启发将是更加深远的。"互联网思维"和"互联网化"并不仅仅是一句口号，更是思维模式的转变以及执行各个环节的转变，企业将会面临的是"全方位的挑战"：传统内部价值链的每个环节都可能发生变化，被粗暴快速地打破或重组；交易成本发生改变，传统建立的竞争优势由于壁垒的打破也可能迅速失去；行业格局也可能发生了翻天覆地的改变，与利益相关者之间的关系变得多元化、复杂化。这一切的变化可能是瞬息之间的，不留任何喘息和停歇的时间。传统企业如果学习能力、吸收能力不够高，柔性和创新能力不够强，很可能就不能在这次的互联网冲击中完成华丽的转身，最终被市场所淘汰。核心企业在互联网思维的大潮中，需要在业务模式方面不断突破自我。虽然企业发展各有侧重，但是不能忽略有增长潜力的市场。因为这再也不是一个抱着核心技术就能当作铁饭碗的时代，而天生互联网化企业也要随时跟上互联网核心企业的改变步伐，可以选择两种发展思路：纵向做深（专业型）和横向做广（建立全产品线模式）。对于传统企业来说，需要再次萃取企业的核心能力，并打破原有思路，乘上互联网的东风扶摇直上。

业务模式实践：读透腾讯，仰视一个行业

腾讯作为国内市值最大的互联网公司，其快速地非常规高速发展以及高效的市场反应能力引起了广泛的研究。目前，腾讯已形成了即时通信业务、网络媒体、无线互联网增值业务、互动娱乐业务、互联网增值业务、电子商务和广告业务七大业务体系，并初步形成了"一站式"在线生活的战略布局。

腾讯公司成立于 1998 年 11 月，是目前中国最大的互联网综合服务提供商之一，也是中国服务用户最多的互联网企业之一。成立十年多以来，腾讯一直秉承"一切以用户价值为依归"的经营理念，始终处于稳健发展的状态。2004 年 6 月 16 日，腾讯公司在香港联交所主板公开上市（股票代号 700）。

通过互联网服务提升人类生活品质是腾讯公司的使命。目前，腾讯把为用户提供"一站式在线生活服务"作为战略目标，提供互联网增值服务、移动及电信增值服务和网络广告服务。通过即时通信 QQ、腾讯网（QQ.com）、腾讯游戏、QQ 空间、无线门户、搜搜、拍拍、财付通等中国领先的网络平台，腾讯打造了中国最大的网络社区，满足互联网用户沟通、资讯、娱乐和电子商务等方面的需求。截至 2010 年 9 月 30 日，QQ 即时通信的活跃账户数达到 6.366 亿个，最高同时在线账户数达到 1.187 亿个。腾讯的发展深刻地影响和改变了数以亿计网民的沟通方式和生活习惯，并为中国互联网行业开创了更加广阔的应用前景。

三相之一：价值

目标顾客

腾讯的典型用户群体是年轻且追求时尚的用户，他们有向别人展示自我以及自我娱乐的需求。通过腾讯，用户能够展现自己个性的一面。同时，腾讯提

供了大量的娱乐内容，用户能够在娱乐中打发时间以及交友。大量的新闻类内容源也是用户群获取知识以及了解信息的一个重要渠道。另外，腾讯的在线商城也能够满足用户群体的在线生活渴求。

价值内容

顾客价值。腾讯 QQ 作为一个即时聊天通信软件，客户的重要性是不言而喻的。青年群体作为即时通信软件的主要群体，在腾讯眼中就显得尤为重要，所以腾讯往后推出的绝大部分业务就是面向青年群体的。找到了自己的目标客户，就应该思考怎样去吸引客户了。于是在 1999 年腾讯实行了免费注册战略以及以客户为中心的企业战略，首先腾讯将 QICQ 软件挂在网上供大家免费下载，然后 OICQ 解决了 ICQ 信息只能保存在单机上的问题。在这样的环境下，腾讯在不到两年的时间里用户就达到了 3000 万个。到 2004 年注册用户已经达到惊人的 3 亿个，这时的腾讯俨然已经成了拥有中国最大即时通信客户群的企业。

既然已经得到了如此多的客户，在一个以客户为中心的企业应该想的便是怎样提高客户忠诚，这就需要更多地了解客户需求。于是腾讯在自己研究与学习之后推出了一系列的互联网服务，如 QQ 秀、QQ 邮箱、QQ 空间、腾讯网、搜搜等，在这些功能里面尽自己最大的努力满足客户的上网需求，以便最大限度地提高客户忠诚度。

案例 1 用户体验价值是微信的根基

4 月 4 日，微信面向公众账号发布公告，推出了新的"微信公众平台运营规范"。在这一规范中，对利用其他账号、工具或第三方平台进行公众账号推广，强制或诱导用户分享等行为进行了大量限制规定。

随着对这一规定在多家自媒体及媒体平台上的曝光，大量的解读与争议也开始不断涌现。事后微博账号"@ 微信公众平台"于 9 日发布长微博对相关内容进行了解读，表示"规范"中相关的规定主要是针对非法、虚假、恶意营销等信息的传播，以及违规刷粉、恶意互推等公众账号进行管理和规范，而并非盛传的封杀类似行为。不过这也再一次让腾讯"限制公众账号"的举动进入了大众视线。

事实上，这并非腾讯第一次限制公众账号。早在 2013 年 6 月，腾讯微信产品总监曾鸣就曾公开表示过，微信公众平台不是营销工具，将执行"造精品化战略"，着力解决公众账号信息泛滥的问题。而微信 5.0 版本上线后，订阅号信息被折叠，服务号收取审核费，以及此次"规范"的制定

实施，都是这一策略的延续与推广。

在此次更新的"规范"中，腾讯将微信公众平台运营的基本原则归结为"建立良好的用户体验"与"值得信赖"。而这不仅是微信公众平台严格管理公共账号的原因，也是腾讯对于用户在自身价值体系中地位的维护。

自创建超过 15 年以来，腾讯这个以 IM（即时通信）软件起家的互联网企业，已经成为中国互联网行业的一个传奇，QQ 超过 8 亿的用户量让其在中国乃至世界范围内都是举足轻重的企业。而腾讯在移动互联网大潮来临之际的 2010 年，面对已经具有庞大用户数量的手机 QQ，仍然决定开发一款新的即时通信应用——微信，与自己展开"左右互搏"，则是其重新审视移动互联网时代用户需求的开始。

移动互联网的出现让网络生活整体向移动终端转移，无论是以触摸为主的交互方式还是小屏幕的展现形式都与 PC 端呈现出巨大的差异。而微信完全基于移动端的"永远在线"设计理念，以手机通信录及熟人关系为基础的强关系社交，语音留言、LBS 与移动推送机制等创新交互方式，都是针对移动互联网时代用户新增需求的设计，并最终使其借助智能手机与移动互联网在中国的普及获得了爆发性增长，成为同样具有数亿活跃用户的"超级应用"。

作为移动端的"另一个 QQ"，微信也在逐渐向平台化转变。然而不同于 QQ 在 PC 端曾经的一日千里，微信的平台化却一直走得小心翼翼。一方面，由于智能手机等移动设备的屏幕较小，用户体验高度集中，移动端应用的任何商业化行为都极易影响到用户的使用体验；另一方面，移动设备的应用安装卸载难度相对较低，在大量同质应用可选时，用户忠诚度也明显不如 PC。因此，对于用户体验的维护，就成为微信生存与发展的第一要务。这也是此次微信几次三番限制公众账号的原因所在。

事实上，在设备与应用一起"爆炸"的移动互联网时代，"颠覆"正在越来越快的到来。创办 4 年的 IM 应用 Whatsapp 被 Facebook 以 190 亿美元收购，而 Facebook 自己的移动端桌面系统 Facebook Home 仅收获了可怜的安装量与大量的差评，让很多人认识到具备优秀的用户体验对于移动应用来说具有多么重要的意义。对于移动应用来说，失去了用户，也就失去了构建在应用之上任何商业链条的价值。马化腾说过，"如果一款应用不能在 5 到 10 秒内吸引住用户，用户就很可能抛弃这个应用"。而这就是腾讯对微信的不断调整，一直将用户体验摆在最根本位置的原因。

资料来源：互联网周刊，http://www.ciweek.com/article/2014/0429/A20140429563385.shtml.

案例 2　QQ 客户端价值

腾讯的整体盈利模式可以简单概括为以 QQ IM 软件为中心发展关系链，保持用户黏度；同时在线游戏、无线通信以及在线广告等业务部门充分利用庞大的用户群挣钱，反哺 QQ IM 业务部门。

说得具体一点，QQ IM 部门主要负责即时通信类软件的开发以及用户关系链的维护，对于他们而言，用户注册总数、活跃用户（不同的公司有不同的计算方法，一般定义为 3 天内有至少一次登录为活跃用户）以及同时在线等业绩指标是创造价值的核心指标。庞大的 QQ 在线用户数以及之间的关系链创造了价值体系的基础框架。

围绕着 QQ 用户之间的沟通需求，QQ 用户的消息体系被打通，随着用户沟通的深入以及攀比需求的挖掘，QQ 等级也被引入 QQ 客户端框架。现在我们再总结一下 QQ IM 里面包含的基本业务支撑框架（图 4-6）。

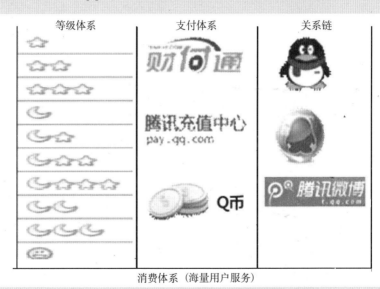

图 4-6　QQ 基本业务支撑框架

资料来源：王啸枫（2010），腾讯社交网络商业模式分析（天津大学硕士学位论文）等。

伙伴价值。腾讯在掌握庞大客户群的同时，应该开展更多的盈利模式来为企业获得利润。在这样的思考下合适的合作伙伴变得不可缺少。要寻找合适的合作伙伴首先要做的是明白自己的企业优势。

第一，拥有庞大而活跃的客户群体。庞大而活跃的用户群是腾讯业务的成

功要素之一，不但为腾讯的用户提供可透过即时通信及其他增值服务而互相交流的庞大社区，而且在保留现有用户的同时亦可吸引新用户加入。

第二，独特的网络社区。透过 QQ 平台，用户可以自行设立个性化形象，并与其他用户在自主的互动环境中保持联系及交流。各用户均以 QQ 号码、用户名称及用户资料作为识别。本集团用户于登入 QQ 网络后，可利用自己的好友选单侦测其他在线用户，并可通过文本信息、图像、视频、语音、声音及图片等各种媒介互相进行即时通信。

第三，极具吸引力的创新增值业务。不断开发创新的增值服务，以扩展及丰富本集团用户的体验，并提高用户对 QQ 社区的忠诚度。除基本即时通信服务外，其他增值服务包括移动 QQ、移动电话聊天、QQ 交友、QQ 秀、QQ 邮箱及在线游戏。服务可发挥 QQ 客户软件的特点，将各式各样的增值服务与 QQ 接口结合。透过不断开发新增值服务及内容（尤其是信息及娱乐领域）以应付中国不断增加并日趋成熟的互联网及移动电话消费者需求。

三相之二：概念

腾讯的价值体系是立体多维的（如图 4-7 所示），用户可能会接触腾讯的价值体系的不同等级，但是不影响框架的定位，底层的基础服务和金融体系主要作用在做支撑体系，赢利目前不是关注的重点，更多地强调可用性和灵活性。

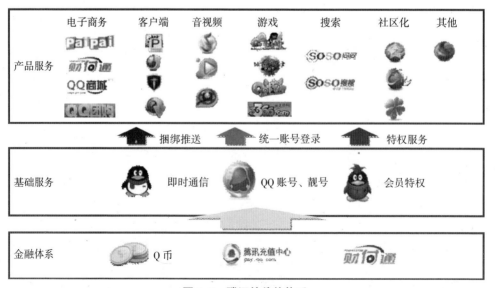

图 4-7　腾讯的价值体系

用户和产品之间的交互是现金流的主要切割点，用户通过腾讯的产品服务把金融系统里面存储的钱或者其他第三方的账户钱消费，给腾讯带来了滚滚财源，而且在使用过程中还能够充实基础服务的数据库，方便针对性地进行商品和业务进行精准营销。

整个互联网的产业链是极其庞大而且冗长的，但是腾讯在整个环节里面紧紧抓住业务运营这一关键点，做互联网上的内容运营商，精确的定位加上庞大的用户量确保了稳定的增长。

我们来看一个简化的业务产业链，蓝色底框的就是腾讯涉足的业务，基本还是瞄准主要业务在做，花精力做好研发，提高技术竞争力；对于外部的业务也有一些合作，目前主要集中在游戏的联合运营；考虑到腾讯是一家互联网公司，销售的任务没与传统行业那么强势和明显，所以在整体的业务流程或者组织架构里面，销售线的人员都不是很突出，这一点需要多加留意。

腾讯会在熟悉自己优势的情况下寻找到自己的优秀合作伙伴。腾讯的一系列并购、合作活动，都是紧紧围绕其战略布局来进行的。

例如，2005 年 2 月 4 日，腾讯与 Google 业务合作，启用 Google 提供的网页搜索服务。2010 年 4 月腾讯向俄罗斯互联网公司 Digital Sky Technologies 投资 3 亿美元，后者拥有美国社交网站 Facebook 和游戏公司 Zynga 的股票。此外，该公司还在印度和东南亚市场进行了投资。2010 年 7 月，腾讯联手风投基金公司 Capstone Partners 在韩国投资 7 家游戏公司，总额达到 184 亿韩元（约 1 亿元人民币）。这七家网游公司分别是 Stdio Hon、Reloaded Studios、Topping、Nextplay、Eyedentity Games、GH Hope Island 等。其中韩国 EVEDENTITY GAMES 公司开发了《龙之谷》，目前是由国内最大的游戏运营商盛大游戏所代理，似有打造网游"围城"之势。2010 年 8 月，腾讯并购康盛创想科技有限公司，为搜索广告联盟的发展铺路。在更加社区化方面。同时 QQ 账号与论坛 ID 捆绑，这无疑让 QQ 打通了腾讯内部与外部的壁垒，大大增加腾讯产品黏性。同阿里巴巴一样，打造一个庞大的电子商务帝国，将拍拍和财付通与 discuz 完美对接。2011 年投资了鞋类产品电子商务网站好乐买，亦与总部位于美国的全球最大团购网站 Groupon 在中国成立合资公司——高朋网。

Foxmail 客户端是最成功的国产软件之一，在 2005 年加入了腾讯公司后，持续进行优化和发展，目前除基础的邮件管理功能外，新增了全文检索、邮件档案、支持 IMAP4 协议、待办事项等特色功能，为邮件用户不断提供更好的体验。腾讯公司还与广东东利行合作，推出了 Q-Gen 品牌服饰系列。如今，Q-Gen 已有 200 多家品牌连锁店，每月营业额超过 3000 万元。腾讯公司更是与巨无霸中国移动密切合作，在中国移动推出移动梦网的情况下积极响应，在中国

移动的二八法则下（企业占两成，中国移动占八成）获得丰厚的回报。2010年，腾讯亦收购了美国知名网游戏开发商和发行商 Riot Games，成就了今天红遍大江南北的 MOBA 游戏"英雄联盟"。

案例 腾讯收购京东，一场蓄谋已久的联姻

3 月 10 日，腾讯于今日将收购 351678637 股京东普通股，占京东上市前在外流通普通股的 15%，成为其一个重要股东，联姻后，京东依旧保持独立。

在这次交易中，腾讯和京东的资产将进行整合，腾讯支付 2.14 亿美元现金，并将 QQ 网购、拍拍的电商和物流部门并入京东。而现阶段，京东会持易迅少数股权，并且同时持有未来独家全部认购权，易迅将继续独立品牌运营。

除了资产外，腾讯将向京东提供微信和手机 QQ 客户端的一级入口位置及其他主要平台的支持，双方还将在在线支付服务方面进行合作。腾讯同时承诺不再进行若干电商业务。

此次交易中，京东将向腾讯发行新股。交易完成伊始，腾讯将获得京东约 15% 的股份。未来，腾讯将在京东进行首次公开招股时，以招股价认购京东额外的 5% 股份，此认购预计与京东的首次公开招股同时完成。

据知情人透露，京东和腾讯双方高层最早接触是在 2013 年 1 月华兴资本在香港举行的中国 CEO 年会上，之后刘强东远赴美国游学，此事搁置。2013 年底刘强东从美国回来后重启谈判。

双方认购权利细节

在管理层方面，腾讯总裁刘炽平将进入京东董事会。腾讯在符合协议所载若干条件的前提下根据股份认购协议持有至少 80% 的京东普通股，在京东首次公开发行完成后直到协议签署之日起三年内，腾讯有权向京东董事会提名一名董事。

协议限定，截至 2015 年 6 月 30 日京东仍未能完成首次公开发行，腾讯就首次公开发行认购的义务可能失效。

腾讯授予京东认购期权，京东可根据以下两个价格中较高的一个收购易迅保留权益：①人民币 8 亿元；②京东形式认购期权后易迅的公允市场标价。如果双方在京东送达形式认购期权的书面通知后 10 个营业日内未能就价格达成一致，则该公允市场价应由一家或多家获得国际认可的评估方根据协议厘定。

此次腾讯转让的资产还包括拍拍、QQ 网购，该业务的员工、商业合

同、知识产权、许可也在转让资产范围内。

根据截至 2013 年 9 月 30 日止 9 个月，以及分别截至 2012 年及 2011 年 12 月 31 日的个财年未经审计财务资料显示，此次腾讯转让的资产总价值超过人民币 3.98 亿元。根据 2013 年 9 月 30 日未经审计合并财报显示，上海易迅赴京东资产价值总额为人民币 6.22 亿元。

出售完成时，预计腾讯将于其综合损益表中确认未经审计税前收益约人民币 19.34 亿元。

美银美林和华兴资本在此交易中担任京东集团的财务顾问。世达国际律师事务所担任京东集团的境外法律顾问，中伦律师事务所担任京东集团的中国法律顾问。

巴克莱银行有限公司在此交易中担任腾讯的财务顾问。达维律师事务所担任腾讯的境外法律顾问，汉坤律师事务所担任腾讯的中国法律顾问。

腾讯意在入口控制权

在公告中，腾讯称承诺不从事若干电商业务，尤其是将通过在微信、移动 QQ 上向京东提供一级接入点以及其他重要平台的支持，来促进京东在实物电商业务方面的发展。这就是双方看重的未来。

根据金额和交易业务来看，京东和腾讯双方都应该做了让步，而腾讯将眼光放在了微信这个入口上。

这意味着传统电商的依靠对象开始发生改变，在 PC 时代，以京东为代表的电商平台们首先的依靠是百度，然后是各种广告联盟，但到了移动端，搜索带来的流量微乎其微（这或许是腾讯放弃搜索的根本原因）。

根据公告所言，在未来腾讯会通过在微信、移动 QQ 上向京东提供一级接入点以及其他重要平台的支持与京东合作。那就意味着京东 PC 端的流量来源被百度控制，而移动端则会被微信控制。

京东压力大需要靠山

对于入股事宜，京东 CEO 刘强东表示："通过此次与腾讯在移动端、流量、电商业务等方面的战略合作，京东将在互联网和移动端向更广泛的用户群体提供更高品质、更快乐的网购体验，同时迅速扩大我们自营和交易平台业务在移动互联网和互联网上的规模。

仔细分析，京东业务前景上最大的压力来自移动端，如果说上次腾讯入股大众点评是后者用股份买了微信的一个入口，那京东这次也有类似的地方。

根据协议，腾讯在微信等移动端产品为京东提供一个一级入口，结合

支付上的合作，微信为京东在移动电商市场打开了一扇窗。

从去年对微信的排斥到现在的引入，刘强东大变化的态度让 IPO 路演受冷一说显得更为合理。对于刘强东来说，电商业务费用率降低空间已经基本没有，招股说明书上实现的盈利更是依靠利息收入难以持续。

加上账期问题，持续不断地拖欠货款纠纷，京东在资金链条上的供应链金融压力依然较大。老刘需要一个靠山，而这次，他找到了。

腾讯下一个出嫁的会是谁？

在微信成长、开放平台走入佳境的时候，腾讯的并购模式开始向"联邦式"转型，不在追求全业务、不再追求控股，腾讯开始变得敢于拿出一些业务去联姻，这次京东股票交易中，腾讯电商业务就是嫁妆。

包括 2013 年完成的搜狗搜搜事件，腾讯砍掉搜索业务，加上一部分现金换来了搜狗这个护城河。大众点评入股案例中，腾讯实际上也放弃了自己投资的团购部分。

腾讯的联邦式收购慢慢成形，在保有自己核心业务包括 QQ、微信、安全和游戏的同时，将外部的、垂直的业务和外部盟友合作。

那么下一个会是谁？每一个非核心业务都是有可能的，包括视频、内容、音乐、微博等。

资料来源：新浪科技专题，2014-3-10。

三相之三：能力

从盈利能力来看，腾讯的收入模式还是较为多花样的，通过图 4-8 我们能

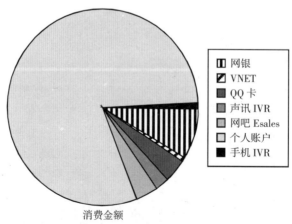

消费金额

图 4-8　腾讯收费渠道占比

够简单地看到现存的一些收费渠道以及占比。

现有的商业模式已经出现了增长"瓶颈"，同时行业内已经有很多企业为腾讯做好了榜样，腾讯可以考虑在合适的时候做一个转型，紧紧抓住 QQ 平台这个基础，敞开胸怀，做开放平台，靠行业的力量把平台上的业务做大，拉动整体收入的提升。

现在腾讯收入的主要来源互娱、无线以及广告部门，我们都可以简单地归结为增值业务部门，充分利用上述我们描绘的 QQ 基础服务来实现盈利的（图4-9）。

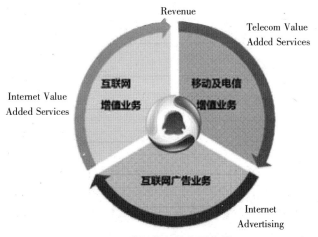

图 4-9 腾讯收入的主要来源

除此之外，腾讯还拥有一系列的建立利润壁垒，保护收入的能力，例如：

伙伴关系

目前腾讯自己的研发速度跟不上用户的需求，而且特定的业务都有自己的生命周期，故目前合作伙伴这一块集中在互娱部门的内容供应。联合运营游戏一方面带动了整个产业链的发展，同时也为自己节约了宝贵的研发时间，能够快速占领市场。另一方面腾讯还有大量的运营类内容需要上游供应商提供，例如媒体或者音乐类的业务，通过腾讯的平台，很多传统业务在互联网平台上又得到了量的变化。

隔绝机制

既然腾讯那么成功了，而且商业模式也较为明显，那么为什么短期内霸主地位很难撼动呢？有如下一些原因：

稳定的关系链。通过十多年的积累，用户的关系链就是自己的社会联系纽带，QQ 在一定程度上充当了通信录和名片的功能。

海量用户的运营经验。大家往往都揪住腾讯的用户关系链不放，认为是有了关系链用户才不走。这儿有另外一个很大的较为容易被忽略的原因就是稳定的基础服务，首先，需要做到能够接纳海量用户的同时在线，这一块的技术积累是很多公司不具备的；其次，在服务受到影响的时候要做到有损服务，例如 QQ 秀坏了不能影响我 QQ 正常聊天；最后备份容灾机制，在出现机器损坏的时候要保证数据业务的安全性和一致性。通过这些机制保证了用户在腾讯的线上生活不受影响。

快速复制能力。用户流失的一个原因是有更吸引人的内容，但是腾讯内容的快速反应和技术储备确保了能够在最短的时间做到产品复制。同时在做的过程里面充分结合 QQ 业务以及用户群的特点，开发一些新特性，做到模仿并且创新。

腾讯的互联网思维总结

互联网市场变化非常快，从一个没有商业模式的产品，到逐渐、逐渐成长为丰富的商业模式。很多企业觉得互联网是虚拟经济。实际上，互联网已经不再是新经济，将是主体经济不可分割的一部分。作为中国互联网的领军人物，腾讯虽然没有总结一个寥寥数字、便于记忆的互联网思维口诀出来，却在其灵魂人物马化腾的多次公开演讲中体现了如下的几个方面。

连接：一切人、物、钱、服务

这两年移动互联网手机成为人的一个电子器官的延伸，这个特征越来越明显，摄像头、感应器，人的器官延伸增强了，而且通过互联网连在一起了，这是前所未有的。不仅是人和人之间连接，未来看到人和设备、设备和设备之间，甚至人和服务之间都有可能产生连接（微信的公众号是人和服务连接的一个尝试）。所以说 PC 互联网、无线互联网，甚至物联网等，都是不同阶段、不同侧面的一种看法，这也是我们未来谈论一切变化的基础。统计移动互联网的人均使用时间，现在人除了睡觉，几乎 16 个小时跟它在一块，比 PC 端多出 10 倍以上的使用时间，这里面空间无比巨大。从 2012 年 7 月，PC 互联网的服务增长已经开始低于手机上服务的时候，不管是 QQ、门户网站、微博、搜索引擎等，这一年来已是 10 倍的增长了，现在甚至超过 70% 的流量来自移动互联终端。但来自移动互联终端的收入，全行业看应该不超过 10%~20%，它的商业模式还不清晰，但使用时长多了 10 倍。因此，"互联网+"创新涌现，"+"是各种传统行业。"+通信业"是最直接的，"+媒体"已经开始颠覆，未来是"+网络游戏、零售行业"。过去认为网购是电商很小的份额，现在已经是不可逆转走向对颠覆实体的零售行业，还有现在最热的互联网金融。为什么一定要加上你？我认为，传统行业每一个细分领域的力量仍然是无比强大的，每个行业都可以把它变成为工具，也会衍生出很多新的机会，这是理所当然。

颠覆：产品、服务乃至整个行业

颠覆是让你之前的产品和服务受到很大的挑战，这样产品几乎都是一样的东西，可以学习过去很多失败的案例，比如搜索，腾讯的团队就完全照着百度做，就没有想到别的路径，像搜狗就很聪明，拼搜索拼不过你就拼浏览器，浏览器靠什么带？输入法，输入法带浏览器，浏览器带搜索，迂回地走，走另外的路，就比腾讯做得好：搜狗花的钱是腾讯搜索的 1/3，最后成效是腾讯的 2.5 倍。

《第三次工业革命》中提到，未来的各大组织架构将会走向一个分散合作的模式，有人说："大公司应该不存在了吧，中小企业不是更有效率？"以现在大公司的形态一定要转型，聚焦核心模块，其他的模块和更有效率的中小企业可以分享合作。

未来互联网会对金融产生什么变化？前不久，平安马明哲的预测，让人印象深刻：第一，金融机构会小型化、社区化、智能化、多元化，因为大的网点已经很难经营了。第二，未来 5~10 年现金和信用卡会消失一半。第三，再大胆一点预测，20 年内，银行或者是大部分的银行营业网点的前台将消失，后台也将消失，保留中台（即服务，因为服务的核心是中台），前后都可以外包出去。就像苹果，它自己不生产手机，委托富士康做，成本只有 68%。所以金融机构要生存下去，在逆差很低时，不得不把很多业务外包，让你生存下来。

试错：每个企业要给自己多一个准备

坦白地讲，微信这个产品出来，如果说不在腾讯，不是自己人打自己人的话，是在另外一个公司，腾讯可能现在根本就挡不住。回头来看，生死关头其实就是一两个月，那时候腾讯的几个核心的高管天天泡在上面，说这个怎么改，那个怎么改，在产品里调整。这再一次说明，在移动互联网时代，一个企业看似好像牢不可破，其实都有大的危机，稍微把握不住这个趋势的话就非常危险，之前积累的东西就可能灰飞烟灭了。

近期观察各行业和互联网的结合，有很多潮流来了，知道该怎么变，但是好像做不到。因为有时候会跟自己的既得利益，或者说 DNA 不适应，其实坦白讲,最大的区别是,可能 10 年以后再回头看到底能做什么,不能做什么,或者说现在应该改变什么,可能会有更清晰地认识,但现在往往是人在其中没有切肤之痛,其实很难去放弃自己的一些利益。

怎么样能够给自己多一个准备。因为你不做的话,对手或者想抢你市场的对手一定会做。像当时微信推出来,手机 QQ 部门反对,甚至也有一个团队已经在做类似的产品,只是最后谁跑出来受欢迎而定,最后手机 QQ 的团队失败了,做出来的东西不好用。

现在的通信行业从过去 PC、手机相对分隔的状况走向统一。最近腾讯把手机安全和 PC 安全整合在一块,放在移动互联网事业群(MIG)。在 MIG 做几次手术背后,腾讯开始重塑其核心使命,管理干部重新规划职责。在安全方面,整个国防都放在 MIG,也是为整个腾讯下一个 10 年移动互联网商业模式的保驾护航。

用户至上:搞不懂年轻人,就不搞定产品服务

互联网把传统渠道不必要的环节、损耗效率的环节都拿掉了,让服务商和消费者、让生产制造商和消费者更加直接地对接在一块。消费者的喜好、反馈是快速地通过网络反馈,同时还代表着互联网精神,就是追求极致的产品体验,极致的用户口碑。国内的小米手机、"雕爷牛腩"打造的就是一种 SKU 种数不多,但很精,有大量的用户反馈,有自己的粉丝。消费者的参与决策对竞争力是如此重要。

腾讯内部看到团队有什么想法,都是极为鼓励,因为没准就抓住了一个未来的机会。有时候,创新层出不穷,各行业都搞不清楚到底哪一个会冒出来。马化腾说他最大担忧是"我越来越看不懂年轻人的喜好"。"虽然我们干这行,却不理解以后互联网主流用户的使用习惯是什么。包括微信,没有人保证一个东西是永久不变的,因为人性就是要更新,即使你什么错都没有,就错在太老了,一定要换。怎么样顺应潮流?是不是没事把自己品牌刷新一次。现在有时候要问小孩,测试一下,你们会喜欢吗,你们的小伙伴喜欢吗,比我们还看得准"。

数据成为资源

数据成为企业竞争力和社会发展的一个重要的资源,为什么电商的数据可以转向金融、转向用户信用、商家信用、提供信贷等,这些都是大数据在后面起作用。包括社交网络平台,对于一个用户他的信用会产生什么影响?设想考虑在不知道这个用户的情况下,就根据他朋友的信用,通过算法来算出他的信

用？搜索引擎有一个算法是"Page Rank"，根据每一个页面的调度指向来算出这个页面的值，并影响到他的排序。

我们想象说人的社交属性，是不是可以成为一个信用排序和算法迭代的思路？以后大家会知道有一个"人品排名"，所谓的"拼人品"就出来了，这是一个前瞻性的研究。

微信里面有大量的语音对话，如果后面有一个云端，就像婴儿还没有发育成熟的大脑，而它能够存储这些信息，开始分析、理解人输入的语意、语音，随着软件技术的不断升级，在整个云计算的网络，云端是有可能逐渐进化到 2 岁、3 岁，甚至 5 岁人类大脑的水平。这样的话，相当于你有什么问题可以问公共的智能大脑，以后的搜索引擎可能真的不是这种传统搜索，跟它沟通，等于后面有一个庞大的云助理帮助你。

还有深圳华大基因生物公司，我听到了一个挺震撼的想法，他们用 BT+IT 的技术生物技术，用大数据的方式把每个人测出来的基因数据全部存储，尽量多地测上千万的数据。他的理论就是抛弃以前对医学的假设，全部用大数据来算，看他得病的特征跟哪些吻合，哪一段基因出问题就拿治这一段的药去治，忽略病症以基因数据为准，这个思路很开放。

大而不倒：巨人倒下，体温都是暖的

一年半前想象不到诺基亚会倒得这么快，2000 亿欧元市值的公司最后低价卖掉手机业务。这就是发生在我们身边血淋淋的案例。虽然我们摸了 1000 亿美金这个线，市值很高了，其实很恐怖的，很多公司稍微没有跟上形势，可能分分钟就会倒下，巨人倒下后体温还是暖的。

以人为本：不拼爹，只拼团队

有些业务做得不是太好，回头看不是资金或资源没有给够，很关键的还是团队的精神。尤其是带团队的将帅相当重要，否则真的会有"将帅无能累死三军"的感觉，下面的同事会很失望，觉得公司为什么很多东西决策这么慢？

在传统行业会有资金密集型扭转的机会，但移动互联网基本不太可能，因为这个市场不是拼钱，也不是拼买流量，更多是拼团队。

腾讯从激励手段上就刺激内部的团队不断进行创业。像腾讯内部的有些业务可能会转给投资公司，只要那个公司做得好，然后持有股份 30%、20% 都可以转给那个公司，不一定全部都放在自己手上。保持内部人员的高流动性也是激发整个内部团队的积极性的一种尝试。

腾讯的体系架构

如图 4-10 所示，腾讯牢牢把握住自己的核心资源，即 QQ 用户之间的关系链和支付体系，通过这两个方法确保用户和金钱不会流失，同时通过强大的消息体系以及云平台降低用户的开发和部署成本，利用消息体系来做推广以及交叉营销，提高产品的销售额。应用类业务，不管是自研的还是外部导入的，都通过统一的接口开发，一方面保证了自己对于重要战略产品的控制，另一方面也加快了业务的开发速度和扩充了业务的种类。通过这种开放式的体系结构，就在保证自身优势资源不变的情况下，拉动了整体销售额的提升，给股东创造最大的价值。

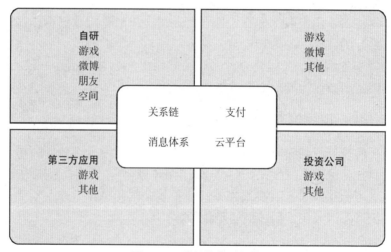

图 4-10　腾讯的体系架构

第五章

体验新法则（3）:

产业平台论与 P–V–A
多边平台交易模型

　　互联网最大的经济特性就是平台经济。互联网市场是由一类可称为平台企业的运营商提供平台商品与服务，两类或者多类用户通过平台实现交换行为的双边市场或者多边市场。因此，平台战略、平台领导、平台竞合、平台模式等就应运而生。

多边特性与多边经济

针对互联网，我们主要可以从双边（多边）市场、战略联盟、平台竞争等角度来看互联网经济运行的特性。

互联网的双边（多边）市场经济特性

从互联网平台的角度分析，互联网市场是明显的双边市场和多边市场。以移动应用商店涉及的终端用户和移动应用为例，移动应用的种类越丰富，就能吸引更多的终端用户；而终端用户越多，移动应用提供商（开发者）也就越有动力，因为同一个应用的下载量会更多，获取的收益当然就更大。上述双边市场的情景可进一步扩展到三边市场：移动应用平台接入的终端用户、移动应用越多，则会吸引更多的广告商家接入，而广告商家的增加可能会影响终端用户接入平台和使用移动应用的兴趣，同时广告的增加则给移动应用带来的收入，但也可能会降低应用的易用性。

双边市场广泛存在于传媒、中介等很多行业中。"双边市场"与传统的"单边市场"不同的特征可归纳为三个方面："交叉网络外部性"特征（Cross-network Externality）、双边需求的互补性和相互依赖性、平台对两边定价结构非中立性等特征。

交叉网络外部性

交叉网络外部性包括直接网络外部性和间接网络外部性。直接网络外部性指的是某个产品（或服务）的价值与使用该产品或服务的用户数量有关（正相关或负相关）。间接网络外部性则主要由互补性的产品和服务带来的外部性效应，比如打印机和墨盒、录音机和磁带、计算机操作系统和应用软件等互补性的产品和服务。这种基础产品和辅助产品的之间互补性关系也被称为"硬件—

软件范式"。所以说，"双边市场"的网络外部性常常具有"交叉"的性质，融合了直接网络外部性和间接网络外部性的共同特征，即交叉网络外部性。用户从平台获得的价值，既与平台同一边（同一类型）参与者的数量有关，也与平台另一边参与者的数量有关。

双边需求的互补性和相互依赖性

所谓"相互依赖性和互补性"，指的是平台向两类用户提供产品，这些产品对两类用户来说互为补充和依赖。只有这两类用户同时加入平台并对其提供的产品有需求，平台才有价值。比如房屋中介机构（平台）只有卖房者和买房者同时对交易有需求时，房屋中介才有价值。比如电子商务平台，消费者和供应商对电子商务平台的服务是相互补充、相互依赖的，缺少任何一方（消费者或供应商），平台就失去了存在的意义。双边市场中，交易平台对双边用户制定适合的总价格固然重要，但在总价格的前提下，在双边用户间进行合理的分配更为重要。

平台对两边定价结构的非中立性

单边市场中，销售者获得的利润和实现的交易量，往往只取决于销售者制定的价格，与不同消费者之间的价格分配比例无关。而在双边市场中，因为必须使两边的用户对平台的产品产生需求并同时加入平台，平台就需要调整价格结构。比如电子商务平台必须同时吸引供应商和消费者加入平台进行交易，如果只有供应商或消费者，平台就无法成交。平台运营者通常的做法是，在发展初期，通过免费或低价提供交易"场地"的方式吸引供应商，同时通过低价的方式吸引消费者到平台交易，随着消费者用户数的增加，平台又通过调整商户的"租金"或分成比例获益。

多视角下的互联网平台战略联盟

我们常常可以观察到，互联网企业形成的联盟现象以股权或契约合作方式形成。例如，2013年中国互联网行业共完成并购案例44起；腾讯入股了同程网、艺龙、好乐买、社交游戏公司热酷、嘀嘀打车等公司；阿里巴巴以5.86亿美元收购新浪微博18%股份、2.94亿美元投资了高德地图，此前还成功参股或控股生活信息服务平台丁丁网、团购网站美团网、打车APP"快的打车"等。

我们可以从交易费用、价值链、社会网络、企业生态关系等不同视角，解释战略联盟的形成与存在。还可以观察到，互联网企业多项应用或多个企业之间形成联盟所产生的"系统锁定"效应。

战略联盟与交易费用的节约

交易费用理论从经济学的角度回答战略联盟产生和存在的原因。从交易费用理论来看，战略联盟介于市场和企业之间，是一种典型的中间组织，是"企业中的市场"和"市场中的企业"。战略联盟的建立就是为了寻求一种节约交易费用的制度安排，企业之间通过联盟合作来稳定交易关系，进而减少交易费用和市场风险，纠正市场缺陷，防止"市场失效"；同时它又可抑制"内部化"倾向，从而避免"组织失效"。

战略联盟与价值链的整合

根据价值链理论，价值链环节中存在共同的因素，企业之间的相关业务单元能对价值链上活动进行共享，从而通过这种共享可有效地降低业务活动的成本或增强其差异化竞争的优势。当这种共享收益超出其中的共享成本时，即可获得所谓的"净竞争优势"。但在价值链的某一共享环节中获取共享利益，同时也将不可避免地产生共享成本（即包括协调成本、妥协成本和僵化成本）。

社会关系网络与企业战略联盟

"社会资本"、"关系资本"以及"声誉"等概念被越来越多地运用在有关企业联盟与网络的分析中。联盟的优越性主要体现在：联盟是一种较为稳固的社会关系，它是企业的一种社会资本，可以提供更多发展新技术的资源储备。

企业间生态关系与企业联盟

企业生态系统理论认为，企业所处的生态系统的运行符合自组织机制的规律，即通过核心企业和核心生态系统的经营运行，以长期稳定的共同利益为核心，围绕最终顾客要求，以契约关系（包括显性契约关系和隐性契约关系）为纽带，形成包括最终顾客在内的多方利益共同体的运行规律。自组织机制是隐性契约关系作用的结果，而隐性契约关系主要源于对共同利益、游戏规则、相互影响关系的默许。各方分工协作，各负其责，形成食物链与共生协作体系。

"系统锁定"并不是一个新概念。在 20 世纪末至 21 世纪初，卡尔·夏皮罗和豪尔·瓦立安、阿诺德·豪斯和迪安·怀尔德提出了以信息技术为基础的新经济行业的通用战略——"系统锁定"。前者认为锁定在公司为客户创造高转换成本时发生；后者认为公司通过吸引辅助厂商达到公司标准并弥补公司的产品和服务时发生。

互联网多个应用之间的合作会形成明显的"系统锁定"效应。例如，微信占据移动即时通信的需求的同时，引入了嘀嘀打车、大众点评、电影票等生活场景服务，用户的朋友圈、兴趣圈、生活圈都跟这个微信平台日益形成紧密关系，于是这些应用服务共同给客户设置了高转换成本，使用户很难舍弃这个平台。

互联网的平台竞争

由于存在多重注册（Multi-homing），即用户可同时加入多个平台，也称为对平台的多归属，所以我们可以看到多个平台之间的竞争。即互联网竞争已经不是传统单个公司或者同行业组织的竞争，而是整个生产、经营链条之间的竞争与对抗，而我们把此称为"商业生态系统"的竞争与对抗。

这些行业都有共同的特征，即以平台企业为核心，以双边市场或者多边市场为参与主体而形成的复合体。它不是由传统的一类企业作为供给方和一类用户作为需求方所构成的单边市场，而是由一类可称为平台企业的运营商提供平台商品与服务，两类或者多类用户通过平台实现交换行为的双边市场或者多边市场。

由于这些行业独特的性质导致平台企业在定价、投资等竞争策略上与单边市场企业有着很大的区别。传统的产业组织理论中利用市场结构将产业划分为特定类型从而来判定行为和绩效。平台企业为了吸引足够多的双方用户，扩大交易量，常常采取价格倾斜、单边补贴、平台定价共谋、产品差异化等竞争策略。

联盟与对抗——平台价值优势

基于前述对互联网平台的经济特性的研究，我们可以尝试提出一个基于产业平台论的互联网 P-V-A 模型，即平台—价值创造—优势（Platform-Value creation-Advantage）模型，如图 5-1 所示：

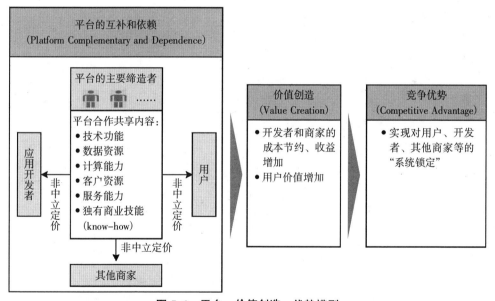

图 5-1 平台—价值创造—优势模型

在这个模型当中，我们可以看到其基本的逻辑是：多个企业（或多个应用）之间存在的互补性和相互依赖性，所以结成同盟，共同打造平台；然后通过平台合作，实现交易成本节约、为客户增加新的价值，吸引更多客户不断使用平台企业的产品或服务，从而为平台应用开发者、其他商家带来更多的商业需求和价值。形成客户同应用开发者、其他商家之间的良性互动，使得三者如果离

开平台都面临高转换成本，最终实现对三者的"系统锁定"。

平台的主要缔造者是两个或两个以上的企业或应用。要缔造平台，企业（或应用）首先应考虑与其他企业（或应用）之间的如何实现互补和相互依赖。也即哪些内容是相互之间可以甚至必须合作共享的？通常，在这些企业或应用之间，合作共享的内容主要包括：技术功能、数据资源、计算能力、客户资源、服务能力以及独有商业技能（know-how）。

技术功能

比如说，Salesforce 是一家客户关系管理领域的软件巨头，它把自己的底层能力经过封装后开放，包括供应链管理、货物跟踪、品牌管理、应收账款、投诉管理、人力资源管理等诸多的能力，可以由自己的合作伙伴所调用，这些合作伙伴大多是一些咨询公司、软件公司和系统集成公司。一方面，Salesforce 把自己的独有应用技术，充分地开放给了自己的合作伙伴，使自己的 CRM 解决方案被更多的客户和更多的第三方合作伙伴所调用；另一方面，这些合作伙伴也不断地丰富着 Salesforce 的软件应用。当然，随着合作伙伴的需求增多，也不断会给 Salesforce 的开放能力带来更多要求，这个也推动着 Salesforce 逐渐优化完善自己的底层计算平台，使之日趋强大。

数据资源

企业把自己所掌握的一些底层的资源拿出来，供自己的合作伙伴调用，以此来打造一个全新的生态体系。电信运营商正在越来越多进行对底层资源的开放。比如开放通信录，也就是电信运营商把自己的通信录以 API 的形式供一些社区网站、视频网站、电子商务网站、邮件服务商调用，这些第三方应用程序可以把用户应用账号和电信通信录账号绑定，从而形成一个统一通信录，帮助用户实现在互联网虚拟层面和在实际人际关系层面的融合通信功能的实现。此外，运营商开始越来越多地考虑要开放自己对于用户的状态的管理，包括用户的网络活动，如开关机、忙闲、漫游等；包括业务的使用状况，比如通信记录，业务的当前开通状态；包括终端能力，比如像屏幕大小、操作系统这样的一类信息。包括定位能力，就是说对于用户定位状态及位置信息的开放。这些通过有序地封装之后，进行向外的开放，能够很有效地支持第三方合作伙伴的开发。

计算能力

亚马逊对外提供的云计算服务里面，它是向用户提供带宽、服务器、存储等基础应用，现在这一块已经成为亚马逊第二大收入，这部分很大程度上来自亚马逊对自身底层存储、计算能力的开放。再比如谷歌，谷歌在推出 App Engine 之后，任何企业用户都可以像以往使用 Windows 操作系统一样，现在可以在谷歌全球 100 万台服务器上开发编写自己需要的应用软件。这些庞大的服务器所拥有的超强计算能力，甚至比 IBM 所拥有的顶级大型机的能力还要强大。

客户资源

目前，传统银行同电商合作开展互联网金融服务，很多都是共享客户资源。例如，2011 年中信银行同阿里巴巴达成战略合作，中信银行通过阿里巴巴的电子商务平台，共享数百万的中小企业客户资源。阿里巴巴将向中信银行提供包括云计算在内的数据分享，这将成为中信银行加大中小企业信贷投放的重要渠道。

服务能力

淘宝开启大物流战略，为淘宝卖家提供物流服务，是平台缔造者共享服务能力的一个典型。淘宝网大物流计划包括三部分内容，分别是基于物流信息、交易消息和商家 ERP 系统全面打通的淘宝网物流宝平台，淘宝物流合作伙伴体系，物流服务标准体系。淘宝物流宝平台是指由淘宝网联合国内外优秀的仓储、快递、软件等物流企业组成服务联盟，提供一站式电子商务物流配送外包服务，解决商家货物配备（集货、加工、分货、拣选、配货、包装）和递送难题的物流信息平台。同时，淘宝也整合多种社会物流服务企业资源，满足淘宝不同卖家多样化的需求，降低卖家的成本。

独有商业技能（know-how）

一个企业把自己在某领域取得的营商经验和理解进行产品化，提供给商业体系中的生态伙伴就是独有商业技能开放。在电子商务领域，一些先行者已经开始把自己的经验转化为平台服务输出，比如亚马逊，它通过对自己在商业体系中层次的下沉，把自己在电子商务方面中的一些 know-how 开放给了更多的合作伙伴。亚马逊把自己获得非常好理解的电子商务运营过程，比如建立网站、规划交易流程、管理订单、管理商品上架、管理搜索等整个服务进行打包，提供给企业用户，也就是亚马逊的开放延伸到整个电子商务环节，甚至还包括客户服务、库存管理、征税服务、支付服务、第三方认证服务等支持性商业技能。美国第二大零售商 Target 就把自己的电子商务所有的全套流程，从建立网站到后台物流到订单处理到交互都外包给了亚马逊。这一项开放型服务在亚马逊的收入占比日渐提升。淘宝也有同亚马逊类似的独有商业技能合作。

平台成功的关键因素之一是对应用开发者、其他商家、用户等的非中立定价。传统单边市场的依据成本定价原理不再适用。具有平台特征的产业中平台企业的定价分析有别于传统企业定价的分析框架，主要表现在：双边用户的需求是联合需求，是不可分割的，因此对任何一边市场的定价都应该考虑另一边市场的特征，以及定价行为对另一边市场构成的影响等因素，不能割裂市场两边来对一边市场进行定价。定价的焦点问题是为交易平台的两边吸引尽可能多的用户。因此，平台往往不拘泥于某一边的盈亏，而采用不对称的定价策略以低价大力培养客户群，从而吸引更多的用户到平台来，并对另一边收取高价保证平台的收入。因此，在现实中，平台往往是对用户和应用开发者免费、低价甚至补贴，而对其他商家收取高价（例如，平台向商家收取广告费用、数据服务费用等）。

那些年，那些平台运营的故事

Evans 将双边市场划分为以下三种类型，得到了很多研究者的认可。

市场制造类型（Market Makers）。买卖双方存在市场需求，平台撮合了买卖双方实现了交易，比如房屋中介、商场、电子商务网站等。

观众创造类型（Audience Makers）。平台的主要职责是服务于观众，比如报纸、电视、门户网站等。随着观众人数的增多，广告商、内容商也就愿意加入平台；相反没有观众，则广告商等企业也没有兴趣加入平台，双边市场也就不存在了。

需求协调类型（Demand Makers）。平台通过协调双边用户的需求而完成双方交易，比如银行卡市场、第三方支付市场，平台通过协调双方的共同需求而促使双方在平台上充成交易。

我们也将从这三种类型来剖析互联网平台运营的典型案例，分析在这些典型案例中 P–V–A 模型的应用，探讨值得学习借鉴的平台模式。

市场制造类的互联网平台运营典型案例

顺势而为的阿里巴巴移动电商战略

电子商务平台的分类。"电子商务"这一名词已经耳熟能详。电子商务是利用网络的平台属性的典型行业。电子商务有 B2B、B2C、C2C、B2B2C 等几种模式。

无论是 B2B、B2C 还是 C2C，目前都是以第三方电子商务模式为主。第三方电子商务模式是指由商品或服务交易双方之外的第三方中介建立并控制交易网站，交易双方将交易过程中的部分或全部业务外包给专业的第三方，以提高交易的公正、公平和效率、专业化水平。在这种模式中，交易双方利用第三方中介提供的交易平台，发布供求商品或服务信息，或者利用网站上的交易工具完成询价、洽谈、签约、交易、支付、配送和售后服务等业务。第三方电子商务模式由于其交易网站由中介控制，平台控制方对网站上的交易产品不拥有所有权，其作用是保证交易平台的安全、高效和交易过程的公正、公平，通过促成交易从中提取中介费用，它不会偏向交易的任何一方，能够最大限度地保证交易的流畅、信息的对称和交易的公平。

在本篇中研究探讨的电子商务平台主要是指第三方电子商务模式的平台。如淘宝、天猫、京东、苏宁易购、1号店等。

第三方电商平台有一个重要的市场特征，那就是高度集中。从2013年QI的B2C电商市场份额图中，我们可以看到B2C电商的80%交易集中在天猫、京东、腾讯和苏宁易购上。而C2C平台市场集中度就更高了，淘宝一家就占据了80%以上的市场份额，腾讯拍拍次之，约占11%的份额（图5-2）。因此，第三方电商平台市场是个寡头垄断市场，是少数巨头之间的角力场。

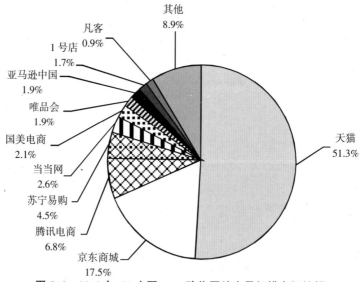

图 5-2　2013 年 QI 中国 B2C 购物网站交易规模市场份额

因此，可以这样说，研究中国的电子商务平台，首先要研究阿里巴巴的淘宝与天猫平台。中国电子商务的最大驱动力就是阿里巴巴这家公司。

建设商业生态系统：组织跟随战略的调整。2013年1月10日，阿里巴巴宣布对集团现有业务架构和组织将进行相应调整，成立25个事业部，具体事业部的业务发展将由各事业部总裁（总经理）负责。

阿里巴巴集团表示，新的组织结构将具备更大的决策权和更灵活的市场反应体系，强化独立业务的活力和创造力，使之在管理和运营上更具有效率和成长性，并能从中不断地发现人才，为阿里巴巴集团培养出未来的领导者团队。

这 25 个事业部将会承担阿里巴巴集团内同类型业务整合、拓展的任务，打通子公司或事业群间界限，使阿里巴巴的商业生态系统建设从上到下一以贯之。

基于上述构筑商业生态系统的需要，阿里巴巴集团的原有业务决策和执行体系亦将发生变革，新体系由战略决策委员会（由董事局负责）和战略管理执行委员会（由 CEO 负责）构成。集团战略管理执行委员会成员中的姜鹏、张勇、张宇、吴泳铭、张建锋、陆兆禧、王坚、叶朋、吴敏芝代表集团层面分别分管相关联的业务事业部。

阿里巴巴集团董事局主席在随后向全体员工发出的信件中做出诠释说，本次组织变革的方向是把公司拆成"更多"小事业部运营，"给更多的阿里巴巴年轻领导者创新发展的机会，我们不仅仅需要看见相关业务的发展和他们团队、个人的成长，我们更希望看到他们各自的小事业部可以把我们的商业生态系统变得更加透明、开放、协同、分享，更加美好"。

马云表示，"希望各事业部不局限于自己本身的利益和 KPI，而以整体生态系统中各种群的健康发展为重，能够对产业或其所在行业产生变革影响；真正使我们的生态系统更加市场化、平台化、数据化和物种多样化，最终实现'同一个生态，千万家公司'的良好社会商业生态系统"。

阿里巴巴集团还表示，此次调整的核心在于，确保以电子商务为驱动的新商业生态系统全面形成，以及适应互联网快速变革所带来的机遇和挑战，从战略到运营层面为阿里巴巴集团的健康、稳定和可持续发展提供保障。

马云认为，变革不是一时的，而是时时的。把大公司拆成小公司运营，阿里巴巴给市场，给竞争者更多挑战我们的机会，同样是给自己机会。阿里巴巴永远坚持，各事业部以客户和用户利益最大化为目标，因为只有他们的利益最大化，才有自己的利益和存在的价值。通过这次的拆分，希望组织结构松而不散，汇报给谁以及权力有多大不重要，但人和事，热爱和责任，信任和协同显得越来越重要。希望阿里巴巴人一起努力把他们个个变成小而美，对生态发展有重大作用的群体。

这亦是阿里巴巴集团一直强调的"建设商业生态系统而不是商业帝国"的思想在组织结构上的落地实施。

阿里巴巴的移动电商战略：逐步清晰的战略。

● 战略的迷局。

关于阿里巴巴的战略，在 2013 年有一个热点不得不提，那就是强推"来往"。9 月，阿里巴巴正式对外发布自己的社交工具"来往"，向微信直接叫板。

特别是 10 月中下旬，马云开始通过"人民战争"的方式铁腕推动"来往"：阿里巴巴内部员工必须使用"来往"且外部（非阿里员工）好友数量必须大于 100 人，否则就没有红包（年终奖）。马云甚至扬言"杀到企鹅家去"，在阿里巴巴论坛内部发出杀气腾腾的号召，向腾讯宣战。

但是，在 2014 年 1 月底、2 月初的农历春节期间，微信的红包火了。从除夕开始，至大年初十六止，参与抢微信红包的用户超过 500 万，总计抢红包 7500 万人次以上。领取到的红包总计超过 2000 万个，平均每分钟领取的红包达到 9412 个。在"微信红包"这个功能的设计上，遵循了简单的原则。发送方通过"新年红包"公众号，选择发送红包的数量和金额，以及祝福的话语，通过"微信支付"进行支付，就可以发送给好友；接收方则在打开后获得相应收益，只需要将银行卡与微信关联就可以在一个工作日后提现。这样一来，绑定微信支付的用户数量大增。

从 2004 年支付宝起步，再到 2005 年进入全额支付领域，支付宝的"起步+定位"用了两年，之后至少又耗费了两年之久，才完成了对于网游、航空机票、B2C 等网络化较高的外部市场的整合。而支付宝真正实现用户破亿，完全统治整个电商交易平台，则是在 2008 年 8 月，距离最初的上线时间用了整整 4 年。与之相对比，微信让用户自觉绑定银行卡的速度是指数级增长，银行卡的绑定破亿迅速被实现了。随着这种模式的延续，腾讯借助微信在移动支付站稳脚跟只是时间问题，而这一过程只用了 10 天。

微信红包真可以说是一种病毒式营销——没有花一分钱，就网罗了大量的有价值数据，这对于支付宝来说，才是真正可怕的问题。

阿里巴巴和腾讯一直想要互相渗透入对方的壁垒之下，腾讯攻坚移动支付，阿里则想要借由来往冲击微信的地位。从来往和微信的战役结果来看，腾讯彻底地占据了上风。这次微信红包的发展模式恰恰又是腾讯运营 QQ 的拿手好戏——借由强势平台，整合新鲜服务内容，增加用户黏性以及延伸企业服务。

• 战略的重新思考。

在经历了强推来往的热情和微信红包的冲击之后，2014 年春节过后，在 2 月的最后一天，阿里巴巴董事局主席马云给全体员工发出邮件，和员工分享了其和管理团队对移动互联网带来的改变的一些思考。在邮件中其提出移动电商将必定是移动互联网时代最重要的领域，而云端（Cloud+App）将是未来移动互联网的关键，2014 是"云+端"，阿里巴巴 ALL IN 移动电商。

马云说，从 5 年前确定"开放数据平台"为集团战略目标起，阿里巴巴一直在重兵布局云（云计算和大数据）。通过这一积累，目前拥有"全球最大的商品、用户、交易数据库；全球最大的支付平台，信用体系；全球最安全高速的云计算平台"。马云认为，这极大提升了集团运营效率，而且支撑了近千万企业的电子商务平台及无线产品开发者，并越来越多地成为金融、医疗等诸多行业以及海量互联网用户的基础服务和应用。

而在移动互联网时代，马云提出阿里巴巴"必须与数亿客户一起移动到 DT（Data Technology）"，而就具体的做法则是"端带动云，云丰富端。数据创造价值，提升体验。快速建设移动电子商务的生态系统"。旨在"构建更加低成本、高效率的商业社会，enable 更多人参与和建设新的商业文明"。

马云也坦承，"阿里从来不是一家追求热点的公司，成立 15 年来，我们放弃了短信、门户、游戏……一心一意专注于电子商务"。他也进一步指出，正是这种坚持和努力才得以让电子商务成为当下大家追逐的热门对象。

"移动电商将必定是移动互联网时代最重要的领域"，针对此点，马云表示，以控制为出发点的 IT 时代正在走向激活生产力为目的的 DT 数据时代。"我们 10 年的目标：建立 DT 数据时代中国商业发展的基础设施"。

●趋于理性的移动战略。

从 B2B 到 C2C 再到 B2C，打造了完整的产业生态，服务国内外众多电商公司。严格来说阿里巴巴并不是电商公司，而是一家电商产业服务公司，他所做的一切都是为电商产业参与者提供服务。不管是针对 B 还是 C，都只提供增值服务，并不出售实际商品。在帮助中小企业发展电子商务的同时，也成就了今天的阿里巴巴电商王国。

很多人说，阿里巴巴做不好 C 端产品，因为这家公司没有基因。这话似乎确实正确，阿里在 C 端产品没有建树，搜索引擎的雅虎，生活服务的口碑，SNS 的雅虎关系等不一而足，往往都是高调入场黯然放弃。哪怕是国内第二大 IM 的旺旺，如今主要服务对象还是 B 端。但话说回来，为何旺旺能够长青？不管怎么说也是第二。因为，旺旺是为电商在服务。

不是说阿里做不好 C 端产品，而是阿里的基因确实是电商，电商以外不论 B、C 都无太大成就，但只要是电商有关的无论 B、C 都还不错。道理非常简单，阿里确实什么都想做，但那根本不是他擅长的事，就好比让讲相声的人去搞科研，能够成功只能说是运气，不成功也就理所当然了。

马云在邮件中重点强调的"云"，还是属于服务的范畴，属于基础建设的服务，作为一个幕后的支撑者。对于更多的企业来说，自然没有力量去投入建设云，但又存在巨大的需求，这恰好是阿里现在和未来要做的。阿里巴巴跟其他剧透的明里竞争看得见，但还有很多暗里的竞争看不见。比如，某款微信用户热捧的应用，其使用的却是阿里云产品。不管这些产品在哪些平台，但基础的服务却用的阿里，这才是阿里要做的。

在这个时候，阿里巴巴清晰地明确移动战略，其实就是服务思维的战略，至少看来更加清醒理性，不再是剃头挑子一头热。或者说，与其授人以鱼，不如授人以渔。阿里巴巴不再争做入口，而是帮助别人争入口，或成为入口的一个出口。

阿里巴巴的核心优势在哪里呢？大数据。

市场终究是一个消费的市场，阿里巴巴所掌握的消费者数据至少比国家统计局更庞大、更精准，这才是阿里巴巴真正意义上的无价之宝。马云提出一个"DT"的概念确实充满了无穷的想象空间，而且着实是未来的发展趋势，阿里巴巴的重心应当是挖掘和利用数据的价值。

不论是移动电商，还是小微金融，对数据都天生充满了依赖。放着这么宝贵的数据不充分挖掘利用，不为整个产业服务，那才叫暴殄天物。所以，马云在邮件中提到了分享，数据服务肯定也会纳入阿里巴巴的电商版图，加强阿里巴巴在电商生态的服务能力才是王道。

利用云计算将大数据落地，让抽象变得更加具体。比如，商家的资料全部都在云端，包括供应链、商品、用户等，其目的是让信息更流通，让企业可以获得更好的效益。传统的商业形态其实就是流，人流、信息流、资金流、物流等组成了完整的商业。云，其实就是数据的流，包含了传统的"流"，因而形成了一种新的生态。

对于马云提到的"端带动云，云丰富端"，通俗理解就是用商家的需求来带动服务，用更好、更全面地服务来帮助商家获得更多的成功。所以，在这封邮件中重申了"客户第一"的原则。

阿里巴巴的战略内核：顺势深化的平台战略。不管马云提到的云还是端，阿里巴巴的移动战略还是一种生态系统或者说平台战略。阿里以自己的电子商务平台为核心，营造一个商业生态，让商家和消费者更好地交易，自己也可以从中获得商业价值。

无论是一系列的收购、开放合作，还是提倡大数据服务，阿里巴巴的战略内核都是打造一个强大的平台商业模式。

平台商业模式的精髓在于打造一个完善的、成长潜能强大的"生态圈"。它拥有独树一帜的精密规范和机制系统，能有效激励多方群体之间互动，达成平台企业的愿景。综观全球许多重新定义产业架构的企业，我们往往就会发现它们成功的关键——建立起良好的"平台生态圈"，连接两个以上群体，弯曲、打碎了既有的产业链。

平台生态圈里的一方群体一旦因为需求增加而壮大，另一方群体的需求也会随之增长。如此一来，一个良性循环机制便建立了，通过此平台交流的各方也会促进对方的无限增长。而通过平台模式达到战略目的，包括规模的壮大和生态圈的完善，乃至对抗竞争者，甚至是拆解产业现状，重塑市场格局。

● 收购打造互补共荣共生的生态圈。

过去一年里，阿里巴巴动用资金逾 20 亿美元，或入股或直接收购了超过 10 家规模较小的公司。它是全方位布局，不仅吃大鱼，连小鱼也不放过：社交方面投资陌陌、新浪微博；收购 O2O 基础应用高德地图、打车应用快的软件；音乐方面收购虾米网、天天动听；以及投资众安保险、天弘基金等。这份榜单中包括地图、社交、工具、金融等多个领域。从阿里巴巴的投资策略来看，其投资策略极为灵活多变，涉及领域也非常广泛，只要有价值的企业（大部分与电商直接相关），阿里巴巴都会收入囊中。

2013 年阿里巴巴被外界广泛看好的两起收购分别为新浪微博以及高德地图，地图和社交媒体的相关属性可以为阿里巴巴的电商业务带来流量入口，并且吸引线下商户入驻，同时可以对腾讯在移动互联网的布局产生制衡。

阿里巴巴资本董事总经理张鸿平对外表示，阿里巴巴的投资思路可以分成两部分：一是和阿里巴巴业务能较强整合的，只要对阿里巴巴本身有益，控股也好，收购也好，占股多少，都可以谈；二是与阿里巴巴打造生态圈、平台有关的公司，强调布局和共生关联性。

打造生态圈和平台、强调共生关联性，这一点从阿里的收购行为中有着集中的体现：阿里巴巴系一直尝试通过"自有＋投资"的方式建立起阵容强大的移动产品家族，完成"寻找优惠—地理定位—移动支付—社交分享"整个本地生活服务链条的布局。为此，阿里巴巴先后进行了多笔投资，在团购领域，阿里巴巴拥有了美团和聚划算，在优惠环节拥有了丁丁优惠。移动支付方面拥有支付宝，社交领域则发力来往。而伴随着高德的加盟，阿里巴巴本地生活服务领域的最大弱项被弥补。

值得注意的是，阿里巴巴在 2013 年推出了两个重要的产品——微淘和淘点点，这成为阿里本地生活服务业务的急先锋。通过微淘频道，用户可以自主订阅由各类商家、达人、媒体为其推荐的资讯、商品和店铺。

而阿里巴巴随后宣布，正在和部分线下传统零售企业商谈尝试 O2O 项目，基本合作内容将包括线下引流、会员管理、分成机制、成交转化、数据挖掘 5 项。这意味着微淘除了发展线上淘宝商家之外，正在将线下商铺作为扩张的新领地。而伴随着高德地图的加入，可以预见，整合线下商铺，提供基于地理位置的商户服务将会大幅提速。

此外，阿里巴巴还推出类大众点评的产品淘点点，该产品在 2014 年 6 月 25 日正式上线，支持用户自助点菜并通过二维码扫描下单。淘点点已开通北

京、上海、杭州 3 个城市的业务，包括一茶一坐、巴国布衣、阿婆家常菜等在内的一百多家餐厅已经入驻。而高德地图则是淘点点重要的底层地图信息支撑。

· 进一步开放合作，打造繁荣的电商平台。

阿里巴巴早在 2011 年 9 月就宣布其淘宝商城的平台将对所有零售形态开放，意在搭建新的 B2C 生态系统。同时，包括一号店、银泰网、库巴网、乐淘等在内的 38 家垂直 B2C 企业将在淘宝商城开设官方旗舰店。

淘宝商城总裁张勇表示：新战略是要建设开放的 B2C 平台，构建一个由品牌商、供货商、零售商及包括物流商在内的各类第三方服务提供商进行分工协作，形成新的 B2C 生态体系。淘宝商城不做零售商，同时欢迎各种形式的零售商进驻淘宝商城平台。他给淘宝商城的新定位，是"B2C 生态系统营造者"。

之前，淘宝提出所谓的"大淘宝"战略，就是进一步打造繁荣的电子商务平台。在这个平台上，不仅要通过开放来吸引更多的商品供应企业，还会进一步吸引、整合服务提供商，形成平台可共享的强大的服务支撑能力，从而提高对商家的吸引力和锁定效应。

例如，作为淘宝电商平台的主要缔造者，阿里巴巴在数据分享、服务能力分享方面进行了许多努力。

在数据分享方面，2012 年 7 月，阿里巴巴集团在集团管理层面设立首席数据官岗位（Chief Data Officer，CDO），负责全面推进阿里巴巴集团"数据分享平台"的战略举措，由阿里巴巴 B2B 公司 CEO 陆兆禧出任上述职务并向集团 CEO 马云直接汇报。当时，阿里巴巴集团表示，在阿里巴巴内部，"将阿里巴巴集团变成一家真正意义上的数据公司"已经是战略共识，而支付宝、淘宝、阿里巴巴金融、B2B 的数据都会成为这个巨大的数据分享平台的一部分。如何挖掘、分析和运用这些数据并和全社会分享，则是这个战略的核心所在。在过去十余年的运营过程中，阿里巴巴集团所积淀的商业数据将会获得深度发掘和应用，并会逐步地向社会开放数据资源，更好地推动电子商务生态圈的繁荣。CDO 的主要职责是负责规划和实施未来数据战略，积极推进支持集团各事业群的数据业务发展。此举意味着，阿里巴巴集团一直强调的"数据分享平台"战略全面提速。

在服务能力建设方面，托管分销与物流集成是淘宝发展可共享的服务能力的核心内容，而淘宝主要是通过"淘拍档"计划去实施对服务能力的提升，即淘拍档计划。通过淘拍档品牌，召集为数众多的电子商务外包供应商，在 IT、渠道、服务、营销、仓储物流等电子商务生态链的各个环节，为淘宝卖家、企业提供个性化产品、个性化服务。例如物流问题，不同类型的产品从包装、到仓储、到运输、到投递，每个环节都不同，淘宝原有的第三方物流无法解决这样的难题。淘宝的解决方式是提供一个平台，让第三方物流公司、专业物流公司，甚至品牌公司的物流都加入进来，解决淘宝现有第三方物流公司服务能力不足的问题。而淘宝是一个数据管理公司，通过对公司资质认证、公司发展历史的分析，以及对其服务质量，包括到达率、损耗率、用户满意度等进行跟踪，来管理这些物流公司。淘宝最终目的是，让物流就像自来水一样，以便消费者与品牌厂商可以随时采购。

● 核心是为商家和客户创造更多价值。

阿里巴巴打造这样的一个庞大而复杂的电子商务平台有三个特点：第一，存在大量的互补同盟。由于阿里巴巴公司自身力量的不足，所以需要吸引更多的合作伙伴。如开展"淘拍档"计划，为开展商品交易的商家提供全流程的服务；又如，并购高德地图、新浪微博等公司，弥补自己在地理定位、社交分享等环节的不足。第二，非中立定价在平台的缔造和发展中一直存在。为吸引更多的用户，淘宝平台一直对用户免费，对平台应用开发者低价、免费甚至补贴，让电子商务服务提供商（指"淘拍档"合作者）免费进场。而淘宝平台主要靠向商家收取广告费用以及交易佣金来盈利。第三，核心是为商家和客户创造更多价值。由于淘宝平台（包括天猫商城）的不断扩充商品和服务范畴，对客户的服务能力不断提升，吸引客户不断在平台上购买产品和服务，一方面带来客户价值的提升，另一方面也不断产生更多的商业需求，吸引更多平台应用开发者、商品服务提供者的加入。平台对各方的吸引力都在增强，实现对各方的"系统锁定"。

回归商业本质的"商务电子化"——O2O 及巨头的竞争

对电子商务市场，我们选择当下最热的发力点来剖析平台运营模式。那么电子商务市场什么最热？非 O2O 莫属。

O2O 是什么？O2O，即线上到线下（Online to Offline，O2O）模式，指的是互联网平台引导消费者在线上平台（Online）完成消费决策，甚至预订和支付后，再到线下（Offline）实体店进行消费的过程。从 2012 年起，随着线上到线下（O2O）概念兴起，包括餐饮、美容、电影、酒店等在内的本地服务领域被认为是纯电商之后的又一个"万亿"级别的市场。

而智能手机和移动互联网的发展为 O2O 模式插上了翅膀。再加上位置服务（LBS）、客户关系管理系统（CRM）、移动支付等技术的成熟，O2O 模式正进入了一个黄金发展时期。

什么是 O2O 的典型消费场景？可以这样来描述：

一位消费者想寻找一家中档餐馆，与朋友共进饭餐。他掏出手机，用"百度地图"搜索了一下周边的餐馆，立即搜到了周围 2 公里内的 30 余家餐馆。哪一家更合适呢？这位消费者通过"大众点评网"对比了一下餐馆类型、人均消费、餐馆位置、餐馆照片、推荐菜，以及过往消费者对该餐馆的评价，然后选择了一家有"团购"优惠活动的餐馆。随后这位消费者在线购买了团购券，用"支付宝"完成了移动支付，并使用"订餐小秘书"的在线订餐功能完成了预订。晚餐时，他向餐馆服务员展示了预订和团购信息，获得了相应的服务和优惠。用餐结束后，他在"大众点评"平台上对此次消费体验进行了评价，供其他消费者参考。

目前 O2O 主要是在用户的本地生活场景中发挥重要作用。所以对 O2O，我们首先选择本地生活来进行典型案例分析。

O2O 的重大意义。过去，我们认为线上、线下在过去十年中，这两个商业形态是两条平行线。但是走到今天，当 O2O 出来的时候我们发现两条平行线交汇了。这个交汇点之前的时代是工业时代和互联网时代，交汇点之后的时代是数据时代。

所以，在这个交汇点上将形成一个信号，可以这样说：O2O 是工业革命结束的红灯，信息革命结束的黄灯。

信息革命指互联网商业，互联网商业所带来的具有数据化商业的形，但是不具有数据化商业的魂，那么它是未来数据时代的绿灯。从 O2O 开始，数据时代的大门打开了。O2O 是电子商务向传统商业的靠拢和回归，是商业的数据化。所以可以称 O2O 是"商务电子化"。

传统的企业无法抗拒互联网、数据时代的到来。而在昔日互联网巨头今天倾力角逐 O2O 的时候，平台经济与平台运营模式在其中更加突出。

O2O 平台，作为一种风起云涌的新兴商业模式，我们应该如何去理解它，驾驭它，并获得成功？就本地生活 O2O 平台而言，需要回答三个层面的重要问题。

布局：互联网企业如何构建完整、系统的本地生活 O2O 平台，使其形成正向循环，快速增长？

竞争：互联网企业应该采取什么样的策略与对手展开竞争，才能取胜，甚至实现赢家通吃的局面？

重构：在本地生活服务行业重构的过程中，互联网企业与传统企业如何才能获得各自的成功？

O2O 布局的五阶段。[①]与传统的消费者在商家直接消费的模式不同，在 O2O 平台商业模式中，整个消费过程由线上平台和线下商户两部分构成。线上平台为消费者提供消费指南、优惠信息、便利服务（预订、在线支付、地图等）和分享平台，而线下商户则专注于提供服务。在 O2O 模式中，消费者的消费流程可以分解为五个阶段（图 5–3）。

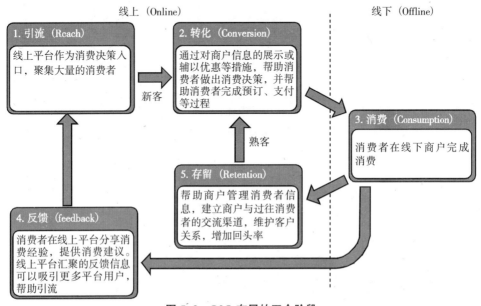

图 5–3　O2O 布局的五个阶段

第一阶段：引流。线上平台作为线下消费决策的入口，可以汇聚大量有消费需求的消费者，或者引发消费者的线下消费需求。常见的 O2O 平台引流入口包括：消费点评类网站，如大众点评；电子地图，如百度地图、高德地图；社交类应用或网站，如微信、人人网。

第二阶段：转化。线上平台向消费者提供商铺的详细信息、优惠（如团购、优惠券）、便利服务，方便消费者搜索、对比商铺，并最终帮助消费者选择线下商户，完成消费决策。

第三阶段：消费。消费者利用线上平台获得的信息到线下商户接受服务、完成消费。

第四阶段：反馈。消费者将自己的消费体验反馈到线上平台，有助于其他

---

① 靳达谦，陈威如. 本地生活 O2O 商机的平台战略分析［EB/OL］. http://www.techxue.com/techxue-5622-1.html，2014.

消费者做出消费决策。线上平台通过梳理和分析消费者的反馈，形成更加完整的本地商铺信息库，可以吸引更多的消费者使用线上平台。

第五阶段：存留。线上平台为消费者和本地商户建立沟通渠道，可以帮助本地商户维护消费者关系，使消费者重复消费，成为商家的回头客。

在上图中，外围箭头形成的闭环代表一般消费者（新客）的决策、消费流程；内环箭头形成的闭环则表示熟客的消费过程。

从五阶段模型中可以看出，只有在全部的 5 个链条上布局和完善，O2O 平台才能最有效地形成正向循环，实现平台的快速滚动增长。

互联网巨头的 O2O 平台搭建。在本地生活 O2O 领域的布局上，各大互联网公司各自采取了不同的策略，但都是基于自身已经积累形成的核心能力。其中阿里巴巴以交易闭环为核心，腾讯以微信为核心，百度以搜索和地图为核心。

2013 年百度先后收购 91 无线、糯米网、PPS 等公司，更早的时候百度还投资齐家网、安居客、去哪儿网。阿里巴巴集团则投资了新浪微博、高德地图、快的打车、美团等公司，2014 年初则对高德地图全资收购。2013 年腾讯将搜狗纳入囊中，投资嘀嘀打车。更早的时候，腾讯还收购了团购网站高朋网等。

2014 年 3 月，腾讯公司和京东商城共同宣布达成战略联盟，腾讯获得京东约 15% 的股权，并在后者上市时追加认购 5% 的股权，至此京东成为腾讯子公司。微信＋京东＋大众点评＋微信支付，腾讯的这个电商布局将改变中国电商的格局，即阿里巴巴占中国 80% 电商市场份额的格局将被打破，中国电商格局或将变成阿里巴巴 40%，腾讯 40%，其他 20%。

移动互联网最大的想象空间是 O2O，腾讯凭借微信已经悄然成为最大的 O2O 入口，这是腾讯的优势；腾讯的劣势则是 O2O 服务品类不全。

在实物电商领域，阿里巴巴集团凭借旗下淘宝、天猫具有绝对优势，腾讯旗下易迅与之相比完全不在一个量级；投资京东商城，可帮助腾讯丰富实物电商品类。

京东对于腾讯同样有需求：京东如果想有流量，想上市估值更高，想与阿里巴巴、亚马逊在全球一较高低，联盟腾讯是最佳选择。

在生活服务类电商方面，腾讯资源更为稀缺：百度投资的糯米网覆盖商家约 7 万家，月交易额约 3 亿元；阿里巴巴投资的美团网覆盖商家约 10 万家，月交易额为 17 亿元；腾讯投资的高朋网仅 3000 万元交易额，微信尚未公开其二维码覆盖的商家数量。

腾讯一直努力丰富生活服务电商品类，补足这一短板：微信 5.0 推出了微信支付，微信还与深圳天虹商场合作，入股华南城开展商超 O2O 探索，腾讯旗下还有微生活、微购物等，2014 年春节期间，微信红包成为春节热门话题。

但有这些远远不够。根据大众点评网官网的信息，大众点评网收录商家超过 800 万家，移动客户端用户超过 9000 万个。大众点评网董事、联合创始人龙伟称，2013 年其团购的交易额近 100 亿元。投资大众点评网，可助腾讯丰富生活服务类电商品类。

而大众点评网对于腾讯也有需求。一是获得腾讯 4 亿美元的资金支持；二是获得了微信这个移动互联网时代最大的 O2O 入口，除了通过微信公众服务获得用户外，更重要的是获得用户银行卡内的固定位置。目前微信"我的银行卡"上仅有 8 项服务，分别是手机话费充值、理财通、嘀嘀打车、精选商品、Q 币充值、新年红包、电影票、AA 收款。

获得了微信在用户和支付资源上的支持，能为大众点评网未来的独立 IPO 带来更大想象：首先是用户量的增多；其次是微信的便捷支付给大众点评网的销售带来更高的转化率；最后是腾讯的用户层级非常纵深，能够给大众点评网带来三、四线城市的业务拓展。

本地生活服务的交易爆发力已主要来自三、四线城市，而不是一线城市。来自团 800 的数据显示，2013 年一线城市的本地生活服务的交易额同比增长 48.3%；二线城市交易额同比增长 69%；三、四线城市则同比增长 93%。而腾讯纵深的用户层级能够为大众点评在三、四线城市的业务增长上带来帮助。

投资京东，腾讯则希望与时间赛跑，在短时间打造一个品类丰富（包括实物电商与生活服务类电商）的 O2O 生态链，赶超阿里巴巴集团。

通过这些企业相互之间的利益诉求点分析，我们可以看出，企业之间在资源和能力上的互补性和相互依赖性，决定了能否结成战略同盟、共同缔造平台。而结成联盟之后，互联网平台能够为客户提供更丰富、便捷的产品及服务，从而吸引来更多客户，进一步吸引更多商家参与其中，激发更大的商业价值，实现平台对客户及商家的"锁定"。这是互联网平台 P-V-A 模式的典型展现。

O2O 的平台模式内涵解析[①]。

● 生存的前提：构建信息闭环。连接并满足各边的需求只是 O2O 平台商业模式成立的基础，能不能获得持续的发展还要看其能否建立有效的盈利模式。

目前，O2O 平台的收入主要来自向商家收取的营销费用（如团购、优惠券、广告等）和服务费用（如预订服务、在线支付等）。线下商家往往需要 O2O 平台量化对其销售额的影响，才支付相应的费用。但是，大部分交易的过程和最终的服务是在线下完成的，这就意味着大部分的交易信息和消费结果无

---

① 靳达谦，陈威如. 本地生活 O2O 商机的平台战略分析［EB/OL］. http://www.techxue.com/techxue-5622-1.html，2014.

法反馈到 O2O 平台上。那么，这个消费过程是无法形成有效的信息闭环的。

假如一个消费者根据大众点评网的商户信息，进行消费决策，并到商户的店里消费了。这是事实，但是他的决策结果和消费情况，大众点评是难以跟踪的，这样就难以与线下商户分享收益。因此，当商户与消费者发生交易时，O2O 平台能否从中受益，关键是看其能否构建出有效的信息闭环。

团购服务要求在线支付，天然地使交易信息形成闭环，因而成为现阶段本地生活 O2O 平台主要的销售额来源。预约预订、会员卡、在线点餐和结账等形式也逐渐形成了一定程度上的信息闭环。在未来 O2O 平台的竞争中，还需要探索更有效的闭环形式与盈利模式。

除此之外，值得指出的是，O2O 平台的商业模式是基于线上与线下的结合，这就意味着，O2O 平台企业难以像电商等互联网平台企业一样完全依赖于线上平台。同时，本地生活类线下商户的需求是多样而复杂的，如果 O2O 平台仅仅提供标准化的线上服务是难以满足大部分线下商户的需求的。

一方面，O2O 平台需要在线下与商户进行沟通、合作，为他们提供一定的定制服务；另一方面，对于 O2O 模式的认识，大部分线下商户仍停留在比较初级的阶段，需要一个进一步教育提升的过程。

出于以上两个原因，O2O 平台普遍需要大量的线下推广，以及庞大的商户咨询团队支撑，这就使得 O2O 平台模式变"重"了，线下成本随之增加。这也是 O2O 平台在盈利上，需要解决的问题。

• 制胜的关键：赢家通吃的条件。O2O 领域风起云涌，平台之争已经愈演愈烈。本地生活 O2O 平台如何制胜，乃至实现赢家通吃？

平台模式中的网络效应包括两大类：同边网络效应和跨边网络效应。

同边网络效应：某一边市场群体的用户规模增长时，将影响同一边群体内的其他使用者所得到的效用。

跨边网络效应：一边的用户规模增长将影响另外一边群体使用该平台所得到的效用。

平台能够形成赢家通吃的格局，通常需要具备以下三个条件：拥有强大的正向跨边网络效应；在平台重要的"边"中形成正向同边网络效应；平台重要的"边"具有较高的转换成本。

下面以电商、团购、打车软件和购物中心为例，分析形成"赢家通吃"的三个条件。

在表 5-1 中，所有的平台都具备了一定的跨边网络效应。但只有 C2C 电商同时具备了较强的正向同边网络效应和较高的转换成本，最终实现了赢家通吃。

相比于 B2C 电商平台，C2C 电商平台的同边网络效应更强，这是因为当消

表5-1　形成赢家通吃的条件

平台	跨边网络效应	同边网络效应	转换成本	领先者市场份额
C2C 电商	强	中强（依赖其他消费者的点评做判断）	高（商家）	淘宝（>90%）
团购（美）	强	中强（需要一定数量的其他消费者的参与才成交）	低	Groupon（>60%）
团购（中）	强	弱（无要求）	低	美团（35%~45%）
打车软件	强	弱/负向	低	嘀嘀打车（30%~45%）
购物中心	中等	弱	低	<20%

费者购买知名度较低的小商家的商品时，需要参照大量以往消费者的点评。只有更多的交易数量和消费点评才会吸引更多的消费。

同时，C2C 电商平台的转换成本更高，这是因为个人卖家 C 的知名度低于具有一定规模或品牌的大型商家 B，当转换平台时，需要重新积累信用。另外，个人卖家 C 还需要熟悉平台的运营管理方法。

因为这些原因，淘宝在 C2C 领域实现了赢家通吃（>90%市场份额），而天猫在 B2C 领域却难以实现赢家通吃（约 50%市场份额）。

显然，要实现赢家通吃的市场格局，不仅仅取决于是否具备跨边网络效应，还要取决于平台双边是否具有较高转换成本，以及平台是否拥有正向的同边网络效应。上表中，与 O2O 相关的中国团购平台、打车软件，缺乏同边效应，转换成本也较低。甚至因为在高峰时段打车者，互相竞争有限的计程车，导致负向的同边网络效应。它们都无法形成赢家通吃的局面。

那么，未来互联网公司的 O2O 平台应该如何激发同边网络效应？如何提高双边使用者的转换成本？

如何激发同边网络效应？

同边网络效应的激发，包括两种：一种是消费者同边网络效应的激发，另一种是商家同边网络效应的激发。

首先是同边网络效应的激发。激发消费者中的同边网络效应是 O2O 平台能否冲破引爆点，实现赢家通吃的关键。能够在平台上产生同边网络效应的常见形式包括：社交和用户生成内容（User Generated Content，UGC）。O2O 交易过程本身并不具备同边网络效应，若要激发消费者之间互动，并产生同边网络效应，需要借助 O2O 交易以外的活动。

其次是商家同边网络效应的激发。商家之间一般产生负向的同边网络效应，即当更多的商户加入同一个 O2O 平台时，可能产生过度竞争，使得平台上商户获得的收益降低。为了减少负向的同边网络效应，需要采取的重要手段包括：维护公平的竞争环境；流量不过度集中于少数有影响力的商户；有意识地保证

新商铺和一些非热门商铺的曝光率。

如何提高使用者的转换成本?

类似的,提高转换成本也分成两种:一种是提高消费者的转换成本,另一种是提高线下商家的转换成本。

先看一下消费者转换成本的提高。那些已经在平台上贡献内容,或进行消费的用户,如果更换平台是具有一定转换成本的。但是,如果其他平台的质量超过了该平台后,这部分转换成本并不能有效地阻止用户流出。O2O平台需要设置有效的激励机制,以提高消费者的转换成本。例如,对于高等级会员,需要提供更多有吸引力的奖励和特权服务。

接下来是线下商家转换成本的提高。一般平台为商家提供的工具有两类:一类是营销工具,比如团购、优惠券;另一类是运营软件和工具。相比较而言,后者的转换成本更高,更容易让线上商家产生依赖。例如,如果商家使用了平台提供的客户关系管理系统(CRM),那么当转而使用其他CRM系统时,就会面临原有数据对接等问题。也因此,商家CRM成为了整个O2O平台之中转换成本最高的环节之一。

正是出于对这个关键点的卡位,腾讯收购了CRM行业领先企业之一的通卡。阿里巴巴订餐软件淘点点的设计出发点,也是通过与商户CRM系统互联,占领商户资源。大众点评则为商家提供订餐工具以及电子会员卡等服务。

O2O平台之间的竞争分析。百度、阿里巴巴和腾讯三巨头都在构筑自己的互联网帝国,军备竞赛呈愈演愈烈的势头。

互联网有4大平台类型——信息、人、商品、服务。百度为代表的信息平台解决人与信息的关系,以腾讯为代表的SNS等社交平台解决人与人的关系,以阿里巴巴为代表的电子商务平台解决人与商品的关系,而本地生活消费平台即O2O解决人与服务的关系。

历经过去一年的"军备大赛"后,阿里巴巴集团在基础设施层有支付宝和高德地图,实力与百度相当;在信息层,强大的商户资源本就是阿里巴巴集团的强项;在用户层,尽管有新浪微博、来往等产品;在连接人与人关系的社交层面逊色于腾讯。

腾讯基础设施层有搜狗地图和微信支付;信息层通过将电商、团购与大众点评网整合已初具规模;用户层,腾讯凭借微信、手机QQ、QQ空间等产品的优势更不用说。入股大众点评网,腾讯完成了O2O布局的关键一环。

百度在基础层有百度地图;凭借搜索引擎、91助手、去哪儿网、安居客的信息入口体系,百度在信息层有优势;在用户层,百度处于弱势。

后进入者的平台模式创新——去哪儿网挑战携程

行业背景。中国旅游总产值 2012 年占全国 GDP 比重达到了 5%，成为支柱性产业；但中国旅游产值占 GDP 的比重依然不高，远低于美国旅游产值占 GDP 比重 10%。世界旅游组织研究表明，当人均 GDP 达到 2000 美元时，旅游将获得快速发展；当人均 GDP 达到 3000 美元时，旅游需求出现爆发性需求；当人均 GDP 达到 5000 美元时，步入成熟的度假旅游经济，休闲需求和消费能力日益增强并出现多元化趋势。2012 年，中国人均 GDP 为 6000 美元，进入了多元化旅游的发展时期。

在房产、汽车、旅游这些大行业里面，都会出现一些大的垂直互联网公司，如房产领域的搜房，汽车领域的汽车之家、易车等。在旅游领域，携程从 10 年前至今一直保持着在线旅游领域老大的位置，不过从 2008 年开始，特别是在 2010 年以后一批新的在线旅游企业开始发展了起来，老牌企业艺龙也重新焕发活力；这主要是因为中国在线旅游从早期的商务旅游时代进入大众休闲旅游时代；中国大众的旅游需求开始爆发，同时这其中又有一大批熟悉互联网的年轻人，所以在线旅游市场也迅速膨胀，行业增长率都达到了 37%。

根据艾瑞的统计数据显示，中国在线旅游市场从 2008 年的 486 亿元增长至 2012 年的 1709 亿元，年复合增长率 36.9%；在线旅游的市场份额从 4.2% 增至 6.6%。虽然中国在线旅游在过去几年发展速度这么快，但其在整体旅游业中的占比只提升了 2.4 个百分点，并且远低于欧美等发达国家的水平（美国 2011 年的在线旅游市场份额已经达到 40%）。艾瑞预计，今后几年中国在线旅游仍将保持快速增长的趋势，2016 年将达到 4000 亿元的规模；届时在线旅游的占比也依然只有 10.6%。因此，在线旅游市场在未来几年依然有广阔的发展空间。

在线旅游市场的后起之秀：去哪儿网。去哪儿网成立于 2005 年，由戴福瑞、马来西亚人 Douglas Khoo 和庄辰超共同创办，是一家旅游垂直搜索网站。去哪儿网成立后得到过金沙江创投、雷曼兄弟、Mayfield、纪源资本的三轮投资。2011 年 6 月，百度出资 3.06 亿美元购得去哪儿网 62% 的控股权，原创始人戴福瑞和部分老股东退出，庄辰超接任 CEO。如今，去哪儿网已经超过携程，成了中国流量最大的在线旅游网站。

专栏　去哪儿网

去哪儿网现在的业务模式

去哪儿网主要做的事情是将各大小 OTA（Online Travel Agent，在线旅行商）汇集到其网站上；让用户可以很方便地找到低价的机票、酒店产品，以及冷门产品信息；之后又引入航空公司和酒店官方网站直接在上面销售产品。随着接入的产品越来越多，吸引的用户也不断增长，去哪儿网就可以向那些 OTA 网站收一些流量导入费用，也就是我们通常所说的 CPC 点击付费收入。

之后去哪儿网又发展了酒店团购业务，还与商家直签了一些酒店，所以现在又还有部分按效果付费的 CPS 收入。另外，作为一家网站，去哪儿网也会卖一些广告，有一些广告收入。

据去哪儿网招股书数据显示，以 CPC 为主的效果广告是其最主要的营收来源，2010 年以来都占据公司 83% 的营收，2013 年上半年占比更是上升至 88%；展示广告业务营收从 2010 年的 12% 下降至 2013 年上半年的 7%；其他业务是包括了团购、谷歌 Adsense 广告联盟等业务在内的收入，2012年这部分的营收占比最高达到 7%，但 2013 年上半年又下降至 5% 左右。

去哪儿网引入 TTS 交易系统后，其网站上有站内完成的闭环交易和跳转到 OTA 网站进行倒流的两种模式；但在 TTS 内完成的交易大多也是按点击付费的 CPC 模式，只有一些与去哪儿网直接签订协议的酒店是按效果计费的 CPS 模式；不过这部分收入占比在提升，已经从 2010 年的 7% 提高至 2012 年的 20%。去哪儿网的效果付费模式与携程、艺龙等 OTA 稍有不同的是，除了接受按成交间夜收取佣金的模式外，还接受按成交订单收费（一个订单通常包含几个间夜）。

作为一个搜索平台原本只需要完成信息查询的功能；像百度一样，大家找某个网址，或者使用百度知道找某个答案，搜索出来的结果就满足了用户的需求。但涉及交易的旅游产品搜索不一样，用户找到某个航班或者酒店之后是想要预订这个产品，这就涉及用户信息的填写，支付安全和服务追踪等许多环节。在没有 TTS 之前，用户在去哪儿网站找到某个产品后都是需要跳转到 OTA 的网站去完成预订的，一些小的网站速度很慢，常出错就会导致用户体验很不好；甚至出现一些用户与 OTA 之间的纠纷，去哪儿网也很难判定是不是通过去哪儿网的渠道出去的，与供应商的协调会出现许多纠纷。所以，去哪儿网便推出了 TTS 系统希望解决这些问题。

所谓 TTS（Total Solution）系统其实是一套集合了产品信息展示，交易信息留存，支付等在内的销售系统解决方案；去哪儿网在其招股书中也成为 SaaS。有了 TTS 系统以后，用户可以在去哪儿网上完成预订，用户预订完之后也会在去哪儿网的系统里留存一份预订信息。这样，不但用户预订过程中的体验好了，支付的安全有保障了；之后的客服环节，去哪儿网也可以更有针对性地与商家交涉相关问题。TTS 系统的引入不但优化了用户体验，也让一些小 OTA 减少了很大的成本开支。一些小的 OTA，几个人的小团队要让他们单独开发一个交易网站并且花时间做推广是一项很大的成本，效果却不是很好；有了去哪儿网的平台后，他们把交易和支付的环节都放到平台上省去了很多事情，只需要集中精力做好产品供应端的事情就可以了。所以，TTS 系统也受到小 OTA 的青睐。2013 年上半年，去哪儿网机票交易有 84.5%是通过 TTS 系统完成，酒店交易有 52.3%是通过 TTS 系统完成。

去哪儿网推出 TTS 的初衷是为了解决用户体验的问题，但到了移动互联网时代就变成了一项重要的战略路线。智能手机里 App 跳转到网页的体验比直接在 App 内完成交易差得太多；如果是去哪儿网依然像 PC 一样采用跳转到 OTA 网站的方式，那它的用户体验就会下降很多，转化率自然也会下降。而在移动旅游时代，移动端的市场又将是一个大于 PC 端的市场，如果去哪儿网不能在移动端实现更好的用户体验，那它未来可发展的市场规模将会小很多。所以，推行 TTS 成了去哪儿网的一项战略性举措。

虽然 TTS 系统对许多小 OTA 有很大的好处，去哪儿网非常希望所有的 OTA 都能接入 TTS 系统；但对大 OTA 而言 TTS 有个不好的地方是它会将用户截留在去哪儿网的平台内。虽然去哪儿网会把所有的用户信息都提供给供应商，但用户停留在去哪儿网站内部之后，对供应商的品牌是一种弱化，供应商也不能进行二次营销。这点对小 OTA 比较无所谓，它们本来就没有什么品牌，二次营销也不好做；但是对于携程、艺龙、同程这样的大 OTA 它们就不一样了。不管是不是接入去哪儿网，它们都需要推广维护自己的网站，进入 TTS 不能降低他们的成本；而如果用户在去哪儿网平台完成交易，他们就不能对用户进行二次营销，也弱化了给用户的品牌印象，相当于是降低了流量价值。当然，让大 OTA 更担心的是，用户在去哪儿网上预订成了习惯之后，他们对去哪儿网这个入口的依赖太大而失去主动权。所以，现在去哪儿网站现在依然有跳转到 OTA 网站的倒流模式。

去哪儿网未来的模式

在 PC 端，去哪儿网现在有 TTS 和跳转两种倒流模式（主要还是 CPC 收费）；但是在移动端，跳转到浏览器的体验极差，所以基本就废除了，就只能用 TTS 模式（也还有少量嵌套 WAP 页面模式）。

在机票领域，去哪儿网的供应商大部分都已经接入了 TTS 系统；所以这种模式发展下去没什么问题。但是在酒店领域，虽然有很多 OTA 已经接入了 TTS 系统，但携程和艺龙还没有接入（PC 有接入，用的是跳转模式），而行业中又只有这两家公司有好的库存，所以去哪儿网在移动端的酒店产品丰富度会低很多。为了解决这个问题，去哪儿网一方面引入酒店官方网站直销，另一方面也与酒店直接签约销售（签约酒店数量已经与携程、艺龙差不多）；不管价格怎样至少让用户能够预订到相关的产品。

与酒店直接签约后，去哪儿网就有了多种模式可以选择，一种是继续保持目前的 CPC 导流为主，OTA 作为补充的平台模式；另一种是直接做 OTA，还有一种是等艺龙或者携程中的一家网站接入后慢慢弱化直到放弃自己发展 OTA 的模式。当然，还有一种最终极的模式是：只连接航空公司和酒店，短路 OTA 的大平台。相信去哪儿网未来的商业模式演变不是一种现在可以设定的路线，更多的是在商业之间博弈的一种结果。比如艺龙如果很快能够把所有库存都接入到去哪儿网，他就可以慢慢弱化自己签约酒店的业务；如果携程、艺龙还是一直抵制，不将好价格的酒店放到去哪儿网的平台卖，那去哪儿网为了提高用户体验也可能干脆做大 OTA 业务直接替代携、程艺龙的作用。

去哪儿网的平台颠覆。中国旅游业与美国的旅游业发展处于不同的阶段。美国旅游业占 GDP 比重达 10%，市场已经成熟稳定，寡头化格局已经形成，集中度高；而中国旅游市场还处于快速发展的阶段，在线旅游所占比重还很低，市场非常分散；所以中美在线旅游领域里的竞争格局也不尽相同。

因为美国 OTA 的发展远早于旅游搜索，Expedia、Orbitz、Priceline 等 OTA 发展起来之后才出现旅游搜索，所以 Expedia 和 Priceline 等 OTA 的流量都高于作为搜索平台的 Kayak，所以 Kayak 需要不断地投放广告，购买流量来增强自己的品牌知名度。所以 Kayak 虽然投入了大量的资金进行营销推广，但其流量依然比前两名的 OTA 低不少。

但是在中国旅游市场上，去哪儿网 2010 年的流量已经与中国最大的 OTA 携程相差不多；2011 年百度入股去哪儿网后又拉大了与携程的差距。在市场最关注的移动端业务上，去哪儿网 App 1 亿的安装量也超过了携程的 5000 万。在品牌上，中国旅游搜索与 OTA 的差距也不会像美国那么明显；在百度指数的关键词搜索排行上，"去哪儿""去哪儿网"与"携程""携程网"等搜索量是相近的。

作为一个垂直搜索平台，流量是最关键的指标。通用搜索引擎是流量最大的网站，美国的谷歌收购了 ITA 与 Kayak 有竞争关系；而中国的百度是去哪儿网的控股方，双方有很好的合作关系。此外，去哪儿网已经完成了 TTS 的闭环设计；在对供应商的控制力和用户体验方面都有所提高（TTS 闭环模式似乎是旅游平台发展的趋势，旅游点评网站 TripAdvisor 也在力推在其网站内完成闭环交易）。所以，这些各种不同因素决定了去哪儿网在中国旅游市场的品牌知名度、行业地位、竞争优势这三方面的竞争力都会强于 Kayak 在美国旅游市场的竞争力；中国的在线旅游领域各模式之间的较量也会出现了与美国不完全一样的竞争态势。

中美竞争环境的不同导致了去哪儿网与同为搜索平台公司的美国 Kayak 在中美的在线旅游市场地位的不同；相应的，他们与 OTA 之间的竞争关系也会不同。Kayak 在美国主要为 Expedia、Orbitz、Priceline 等大 OTA 导流量，而去哪儿网则主要是聚集众多的中小 OTA 做成一个搜索平台；特别是在机票搜索领域，在携程没有入驻前就已经形成了一股强大的势力。

在中国的 OTA 领域，携程十几年来一直在中国保持着一家独大的优势；虽然近几年的市场份额略有下降，但依然占据 47.3% 的市场份额。这与美国市场也比较相似，2011 年的时候 Expedia 占据 43% 的份额；不过排在其后的 Orbitz 和 Priceline 分别占 22% 和 11% 的份额，这个市场占有率远高于艺龙、同程、腾邦国际的 OTA 的份额；这就为去哪儿网的发展提供了更好的空间。在一个分散的市场下搜索平台的价值会更大。Kayak 前五大客户为它贡献的营收超过了50%，而去哪儿网没有一个客户为其贡献的营收超过 6%。

如今，去哪儿网在机票领域的平台出票量已经超过了携程，酒店领域的平台预订间夜量达到携程一半左右，与排名第二的艺龙相当，超过之后的腾邦国际和同程。

从去哪儿网的平台颠覆看平台竞争关键点。国内在线旅游产品的来源越来越多样化：不仅包括携程、艺龙这样全国性的大型预订平台，主要航空公司和品牌酒店也相继推出了自己的直销平台，此外还包括拥有大量地方旅游资源的地方性在线旅行社。竞争形势看上去很激烈；但是，因为浩繁的信息量增加了消费者选择的难度，而对这一问题的解决正是去哪儿网的机会所在和存在价值。事实上，去哪儿网的商业原理并不深奥：它所从事的是类似于搜索服务提供商 Google 的工作，即通过技术手段即时抓取并实时更新整个网络上的相关信息，并在后台进行智能化的整理和有效组合。然而，去哪儿网和 Google 最大的区别在于：前者将搜索范围仅局限于机票、酒店之类的旅行产品，并且以价格和其预订情况为主要排序依据来整合结果。通过和多家旅行网站及机构的合作，目前在去哪儿网上可以进行包括机票、酒店等在内的多种旅行产品的搜索，并且很容易地按照价格或离开/到达时间进行归类。此外，去哪儿网还能对某些搜索结果进行跟进，以确定其广告是否真实可信，剔除坑害网上顾客的虚假信息。因此，去哪儿网的平台可以被概括为是"一个中立的第三方平台"，这是去哪儿的一个重要立足点。所以，去哪儿网的 CEO 庄辰超说，去哪儿网"永远不会介入旅行产品的代理和销售"。

值得我们关注的是，在去哪儿网与携程之间，发生了非常有趣的"平台覆盖"现象，正是这种"平台覆盖"使得去哪儿网冲击了携程的利润来源，有力挑战了携程的行业地位。

在线旅游预定市场中，从事机票酒店预订服务的携程旅行网，连接了消费者与航空公司或酒店等商家，透过双方的交易得到收入分成。此时，旅游导航平台，例如去哪儿网，原本是在线旅游网站在产业链上带来客源的一方，它本无须直接与机票酒店交涉，盈利模式通常来自导引人流后的分成，本质上是透过广告来盈利。

随着用户的聚集，去哪儿网开始将人流引导至许多具有细分产品价格优势的新兴中小在线旅行社，由此侵蚀了传统行业领先者如携程、艺龙的市场份额，随着导航平台知名度的上升以及流量的剧增，它们以广告费为主的利润优势就会逐渐覆盖传统在线旅游网站等依靠电子商务为主的利润池。

类似的覆盖情形也发生在团购导航平台与独立的团购网站之间，这两者同样分属垂直价值链的上下游，它们原本盈利模式不同，但前者却易于直接覆盖后者的利润池。

观众创造类的互联网平台运营典型案例

大数据时代媒体平台的模式创新——百度收购爱奇艺与 PPS 后的模式创新

媒体平台的双边市场特征。在现实经济生活中，媒体产业类型的双边市场很常见。传媒产业的特点在于，平台通过提供丰富的内容服务（如新闻、时评、娱乐节目等）来吸引受众（读者、观众、网民）的注意力，进而通过平台拥有的受众的规模来吸引广告商来平台投放广告，如报纸、杂志、电视、门户网站、博客等。显然，观众与广告商间存在交叉网络外部性，并且影响媒体的定价策略。

百度收购爱奇艺与 PPS 体现的平台互补性。 2012 年 11 月 2 日晚，百度宣布收购美国私募公司普罗维登斯资本（Providence Equity Partners）所持有的爱奇艺股份。

爱奇艺是百度和普罗维登斯资本的合资公司，在成立时曾获得后者 5000 万美元投资。2013 年初的信息显示，百度持有爱奇艺 53.05% 的股份，已经是第一大股东。对爱奇艺而言，随着此番百度的资本出手，让爱奇艺从原来一个合资公司变成了百度旗下的子公司。

从百度层面来看，一方面，在这次股权收购完成后，百度将成为爱奇艺的绝对控股方，这有利于百度更独立自主地扶持爱奇艺的发展；另一方面，虽然现在爱奇艺尚不能为百度带来很大的收入，但这绝对是百度需要战略投资的一块领域。毕竟市场已经证明视频是一个强需求应用，只要能化解商业化运作"瓶颈"，实现盈利，将带来无限商机。

值得一提的是，此番动作也是爱奇艺在过去几年烧钱竞赛中的必然结局，一年多来，56 网被人人网并购，土豆网被优酷吞并，风行网也被百视通战略注资。虽然爱奇艺发展不错，但也难以承受视频行业无止境的烧钱竞赛，这也一定程度上凸显出国内视频行业的整合趋势正在加剧。有行业内人士称，爱奇艺此前每个季度烧钱近 3000 万美元，再度融资遇到一些困难，现金流非常紧张。此次私募所持股被百度收购相当于爱奇艺变相从百度处成功融资。

在将爱奇艺变成全资子公司以后，仅半年多的时间，在 2013 年 5 月，百度宣布以 3.7 亿美金收购 PPS 视频业务，并将 PPS 视频业务与爱奇艺进行合并。合并后的公司仍叫"爱奇艺"，只是采取双品牌运作模式。

百度公司强调："规模效应、移动化是视频业务成功的非常核心的战略要素。百度收购 PPS 并和爱奇艺合并，使两者的用户时长和移动用户量均达到行业第一，与 PPS 的资源整合可以加强爱奇艺的竞争力。我们相信爱奇艺和 PPS 的整合具有高度互补性，对用户、客户和整个行业健康发展都会带来很大的好处。"

爱奇艺创始人龚宇指出："合并所产生巨大的协同效应将很快体现在新公司为用户提供更多、更好的内容、更优秀的用户体验，以及为广告主提供更大的营销价值和营销手段。"

百度为什么瞄准 PPS？其一，PPS 在桌面客户端和移动端拥有入口优势；其二，PPS 在流量变现方面也有独到之处，游戏相关收入是其业绩中的一个亮点。

视频网站大体可分为三个入口：浏览器入口、桌面客户端及移动客户端。

浏览器入口为优酷土豆的"天下",而后两者则是作为网络电视概念的 PPS 擅长的领域。据易观数据显示,PPS 在 iPad 以及 iPhone 平台中下载量位居第三位和第一位,而爱奇艺则分别位居第六位和第四位。

收购 PPS 无疑将弥补爱奇艺在移动视频方面的短板。PPS 此前曾宣称累计客户端装机量达到 5 亿,月度活跃一个多亿。另有数据显示,2012 年 10 月,PPS 在移动端的装机量突破 1000 万,占行业 1/3,移动市场浏览量预计占总浏览量 25%~30%,而且年增长量在 70%~150% 左右。

此外,PPS 的流量变现手段比在线视频网站更为丰富。其营收主要包括广告收入和用户付费两部分,其中广告收入占 2/3,游戏付费为主的用户付费收入占 1/3,后者去年收入预计在 2 亿元以上。

实际上,当前视频行业已变成"拼爹"市场,拥有低成本流量来源对视频网站非常重要,除了"领头羊"优酷、土豆外,无论是爱奇艺还是腾讯视频,背后都是大流量平台,优势十分凸显。

"此次收购反映出百度在投资收购方面清晰的战略布局。"业内分析人士指出,爱奇艺与 PPS 在视频行业的不同领域分别占据优势地位,同时双方各自拥有不同类型和特征的视频用户,合并后的双方无论在 PC 端还是移动端的用户时长都占有绝对领先的市场份额。此次收购 PPS 将帮助百度进一步巩固在视频领域的既有优势,并且从技术、客户端入口、市场占有率等方面为百度移动战略增加多重砝码。

大数据时代下的媒体转型。我们已经进入大数据时代:谷歌每天处理的数据超过 24 拍字节,相当于美国国家图书馆所有纸质出版物所含数据量的上千倍;Facebook 上每天上传的照片超过 1000 万张;YouTube 每天的访客超过 8 亿人;Twitter 每天发布的微博超过 4 亿条,国外媒体把 2013 年称为"大数据元年"。

所谓"大数据"分析是指基于"总体"的巨量数据基础上致力于回答"是什么"的分析方式,这迥异于传统的数据分析方式,传统的是基于抽样统计的样本数据并致力于回答"为什么"的分析方式。对于媒体而言,大数据分析能够有效地实现智能信息匹配,真正帮助传统媒体实现媒介形态转型。并且,在本质上具有对数据和信息进行有效挖掘和专业化处理能力的大数据分析必然和云计算相伴而生,除了能够实现分析的高度智能化,改变之前的市场调研和数据分析相对滞后的模式和方式的优势之外,更突出地表现在于大数据分析高度依赖于用户规模和技术,直击传统媒体的短板。当前,最大的数据分析公司无疑是谷歌、Facebook、阿里巴巴以及腾讯等具有高科技技术的互联网公司。

根据 IBM 调研白皮书显示,各类组织目前开展的大部分"大数据"项目都旨在改善客户体验,贴近客户并提升用户体验是大部分组织(49%)实践"大数据"的首要目的。其主要使用者主要可以分为网络广告商及广告主、社交网络、技术开发商、电子商务四个方面。

网络广告商及广告主是大数据的首要使用者。因为，大数据能实现精准广告、定向广告的突破。

当前国内网络广告投放正从传统的面向群体的营销转向精准化和个性化营销，从流量购买转向人群购买。移动互联网与社交网络的兴起给大数据分析带来重大机遇，互联网营销将在行为分析的基础上向精准化、个性化时代过渡。"大数据"分析可以准确告诉广告商在正确的时间向正确的用户投放正确的内容，这不仅能够很好地解决广告的精准投放问题，而且能够大大地降低成本。例如，大型征信机构益百利（Experian）提供了一种可以根据个人信用卡交易记录来预测个人收入情况的服务，一般的机构证明一个人的收入状况要花费 10 美元左右，而益百利预测结果的售价不足 1 美元。这类公司的典型代表主要有好耶 idigger、秒针系统、Google 的 DoubleClick 等。

百度收购爱奇艺和 PPS 后基于大数据的模式创新。

"视频＋搜索＋移动＝大数据"。

近年来，中国网络视频用户数量和广告规模继续保持高速增长，移动网络视频市场迎来井喷，表现出与传统视频截然不同的创新营销价值和丰富营销模式。通过大数据来挖掘网络视频用户的营销价值已成为未来网络视频的营销趋势。新爱奇艺在 2013 年视频营销分享会上提出：作为网络视频行业的领导者将应用海量搜索数据和用户收视数据，重新定义和书写视频营销价值。

爱奇艺展示了如何通过大数据来挖掘网络视频用户的营销价值。依托百度海量搜索数据，打通爱奇艺和 PPS 的数据，在独一无二、真实可信的大数据平台基础上，国内最为精准的贴片广告形式"一搜百映"正式投放市场。此种形式创新的以搜索行为作为定向依据，通过挖掘百度搜索引擎海量数据来优化视频广告服务，加速其广告变现能力，对企业广告主的投放和回报有着精确的支持能力。"一搜百映"的技术核心，在于通过巧妙地挖掘搜索引擎海量数据价值来优化视频广告服务，同时减少对非目标用户的广告打扰。用户的搜索关键词被认为是一个个信号，爱奇艺据此对用户进行进一步购买需求的定向，并通过"云交互贴片"广告技术，让用户在爱奇艺贴片广告上直接实现注册、游戏、SNS 分享等多种互动功能，有效提高了用户购买及产品试用转化率。

实际上，这正是百度完全控股爱奇艺后，除流量导入之外给予爱奇艺更有价值的支持。基于百度海量用户搜索数据，百度也有能力通过整理分析大数据并将其输送给爱奇艺，令其实现精准广告的投放。

爱奇艺官称，"一搜百映"的推出有效规避了传统广告"画像"的缺陷——依靠对比分析百度搜索海量数据和爱奇艺站内数据，广告主在爱奇艺上进行贴片广告投放，区分的不再是带有共同特征的模糊群体，而是一个个具有切实购买意愿的个人。

美剧《纸牌屋》的大获成功与制作方 Netflix 基于网站用户大数据的分析密切相关。在国内，搜索引擎、社交网站及视频网站是目前用户观看视频最主要的三个入口。百度作为国内最大的搜索引擎，能够第一时间获得用户的搜索诉求。而爱奇艺背靠百度，其未来基于大数据下的内容推荐和广告营销都将领先于其他网站。

此前有媒体报道称，PPS 移动端千万级的装机量是吸引百度收购其主要原因之一。爱奇艺在移动端的装机量并没有 PPS 那么亮眼的成绩，二者合并后的业务互补也是业内最津津乐道的一件事情，但恐怕百度的想法还不止这么简单。

百度在移动互联网的弱势是众所周知的事情，PPS 过千万的装机量绝对是一个不小的诱惑。收购 PPS 后，百度能够用其在移动端做很多事情，如产品推广、移动数据分析等。爱奇艺与 PPS 后台也将打通，届时 PPS 移动端数据也将被纳入"一搜百映"范畴。目前，移动端视频网站的营销模式还未定性，虽然移动端流量激增，但谁也没有贸然在移动端大举推行广告营销。因为，移动互联网视频并不能全盘照搬互联网视频模式，屏幕大小、观看方式的不同导致移动端需要新的盈利模式。

此前土豆网首席战略官曾在接受采访时透露，土豆网正在测试一种新的移动端视频营销模式。不过到目前为止，土豆的新营销模式还未对外发布。眼下，各大视频网站移动端产品几乎都已经试水短时间的贴片广告，属于照搬互联网模式。而如果爱奇艺今后将"一搜百映"功能应用到移动端，那么基于移动互联网特性的大数据搜索可能会给移动视频营销带来新的机遇。

爱奇艺与 PPS 的合并实际上是百度抓住 PC 端最后一个赚钱稻草以及补足移动端弱势的权衡之举。合并后的爱奇艺能够给百度带来的远不止广告收益那么简单，爱奇艺首席内容官马东就曾在接受采访时称，视频网站为什么烧钱？因为视频网站的价值在那里，价值越高烧钱就越多。

互联网视频领域平台创新的特点。从百度收购爱奇艺和 PPS 后基于大数据的模式创新上，我们可以看到互联网视频领域平台创新的深层特点：平台以"开放合作"为表象，以建立"垄断"优势为目的。这是互联网视频领域平台创新及竞争的最大特点。当然，这种现象也存在于其他领域。

前面我们分析了百度在收购中体现的平台互补性，但值得进一步分析的是，这是以建立寡头垄断为目的的"开放"。

互联网一度是中国的充分竞争市场之一。而在经历自由、自然竞争的阶段之后，以腾讯、百度、阿里巴巴（及旗下淘宝）为代表的企业在互联网不同细分领域的垄断支配格局业已形成。与之对应的是，在各自领域形成垄断的同时，三大巨头也不约而同地大谈"开放"。

百度 CEO 李彦宏说，"我们花了两年的时间，从数据开放平台到应用开放平台，而今年我们会一次性推两个，一个是连接开放平台，另一个是互动开放平台"。然而，仅仅是视频领域，就有多家视频网站在多个场合指出，百度搜索正在为旗下视频网站"爱奇艺"，提供搜索结果上的便利。

"一个很有趣的现象是，以开放为口号的，都是第二梯队互联网企业，例如网易、搜狐、360，而以开放平台为口号的，都是有垄断嫌疑的互联网企业，例如腾讯、百度、阿里巴巴。"DCCI 互联网数据中心 CEO 熊伟表示，"打的都是平台的牌，目的都是更紧地'圈养'住用户，因为垄断型互联网企业最怕流失的，是用户，而不是业务"。

从平台竞争的趋势来看，一个建立了平台生态圈的企业最后确实很可能都走向寡头垄断。

自媒体平台的争战

自媒体平台的兴起。自媒体又称公民媒体，美国新闻学会媒体中心于 2003 年 7 月出版了由谢因波曼与克里斯威理斯两位联合提出的"We Media（自媒体）"研究报告，里面对"We Media"下了一个十分严谨的定义："We Media 是普通大众经由数字科技强化、与全球知识体系相连之后，一种开始理解普通大众如何提供与分享他们本身的事实、他们本身的新闻的途径。"简言之，即公民用以发布自己亲眼所见、亲耳所闻事件的载体，如博客、微博、微信、论坛/BBS 等网络社区。

美国著名硅谷 IT 专栏作家丹吉尔默的专著《自媒体：草根新闻，源于大众，为了大众》（"We the Media: *Grassroots Journalism by the People, for the People*"），充分体现着自媒体的特点。

2006 年年终，美国《时代》周刊年度人物评选封面上没有摆放任何名人的照片，而是出现了一个大大的"You"和一台 PC。《时代》周刊对此解释说，社会正从机构向个人过渡，个人正在成为"新数字时代民主社会"的公民。2006 年年度人物就是"你"，是互联网上内容的所有使用者和创造者。

从"旁观者"转变成为"当事人"，每个平民都可以拥有一份自己的"网络报纸"（博客）、"网络广播"或"网络电视"（播客）。"媒体"仿佛一夜之间"飞入寻常百姓家"，变成了个人的传播载体。人们自主地在自己的"媒体"上"想写就写"、"想说就说"，每个"草根"都可以利用互联网来表达自己想要表达的观点，传递自己生活的阴晴圆缺，构建自己的社交网络。

自媒体分为广义的自媒体和狭义的自媒体，广义的自媒体可以追溯20世纪末，当时的 BBS、个人专辑都可以叫自媒体，然后就是博客、微博等。而狭义的自媒体则是可以微信公众号为标志，再加上之后的百度百家、搜狐、网易、腾讯等自媒体写作平台。国外最有代表性的托管平台是美国的 Facebook 和 Twitter，中国的则有 Qzone、新浪微博、腾讯微博和人人网、微信公众平台、皮皮精灵等。

毫无疑问，自媒体近一年火了。不论是博客写作者、媒体专栏作家，还是给各大网站投稿的写手都开始自称自媒体人了。

一支笔、一杆枪要的是一座可以攻下的城池。风云际会，自媒体之火越烧越凶猛，科技圈周边的自媒体人得益于互联网的天时地利与人和，更是将自媒体的这团火烧得火光冲天，成为了一股不可忽视的力量，也形成了一个庞大的受众群体。随之而来的是各大互联网巨头的入局，纷纷推出了自媒体平台，以图借助这股强大的力量继续攻城拔寨。

自媒体本质上是移动互联网时代的产物。随着移动互联网的发展与智能手机的普及，用户的阅读习惯开始朝着移动化、碎片化、个性化发展。正是得益于移动阅读浪潮下的这几大特性，自媒体获得了相对于 PC 时代有了更多的机会覆盖更多的受众人群，而载体则是各大巨头麾下的社会化媒体平台。

自媒体的特点。在自媒体时代，各种不同的声音来自四面八方，"主流媒体"的声音逐渐变弱，人们不再接受被一个"统一的声音"告知对或错，每一个人都在从独立获得的资讯中对事物做出判断。

自媒体有别于由专业媒体机构主导的信息传播，它是由普通大众主导的信息传播活动，由传统"点到面"的传播，转化为"点到点"的一种对等的传播概念。

概括来看，有如下几大特点：

第一，平民化、个性化。我国著名新闻传播学者喻国明形象地将自媒体的兴起描述为"全民 DIY"："简单来说，DIY 就是自己动手制作，没有专业的限制，想做就做，每个人都可以利用 DIY 做出一份表达自我的'产品'来。"自媒体成为了平民大众张扬个性、表现自我的最佳场所。

第二，低门槛易操作。对电视、报纸等传统媒体而言，媒体运作无疑是一件复杂的事情，它需要花费大量的人力和财力去维系。同时，一个媒介的成立需要经过国家有关部门的层层核实和检验，其测评严格，门槛极高，让人望而生畏，几乎是"不可能的任务"。但是，互联网似乎让"一切皆有可能"。在新浪博客、优酷播客等所有提供自媒体的网站上，用户只需要通过简单的注册申请，根据服务商提供的网络空间和可选的模板，就可以利用版面管理工具，在网络上发布文字、音乐、图片、视频等信息，创建属于自己的"媒体"。拥有自媒体，不需要你投入任何成本，也不要求你有任何的专业技术知识。其进入门槛低，操作运作简单，让自媒体大受欢迎，得到发展迅速。

第三，交互强传播快。作品从制作到发表，其迅速、高效是传统的电视、报纸媒介所无法企及的。自媒体能够迅速地将信息传播到受众中，受众也可以迅速地对信息传播的效果进行反馈。自媒体与受众的距离是为零的，其交互性的强大是任何传统媒介都望尘莫及的。

第四，良莠不齐，存在可信度低的现象。个人的千姿百态代表着个人的自媒体也有良莠不齐。人们可以自主成立"媒体"，当媒介的主人，发布的信息也完全是按照自己的意愿随心所欲地编辑。自媒体取消了传统媒体编辑决定发表的权力，让各种信息"肆意"传播。网络自媒体的数量庞大，其拥有者也大多为"草根"平民，网络的隐匿性给了网民"随心所欲"的空间。在平民话语权得到伸张的今天，"有话要说"的人越来越多。也有的自媒体过分追求新闻发布速度或者为了追求点击率而忽略了新闻的真实性。

第五，相关法律不规范。让个体声音得到充分释放的同时，势必也会让一些与宪法、社会道德规范相悖的声音得以散播。虽然我国已经有很多法令管制网上活动，但是还只是停留在对网站的管理上，这些法令就显得不够全面。如何在法律上对自媒体进行规范与引导，迫切需要全社会来共谋良策。

互联网巨头的自媒体布局。不得不说，每个互联网巨头心里都住着一个自媒体平台的梦，期望开出别样娇艳美丽的花，包括 360、搜狐、新浪、百度、网易等。

互联网的巨头们其实都已经悄悄地布局自媒体领域。无论出于公关、内容、市场，抑或是何种居心。

一起来，看看都有哪些互联网巨头们留意上了自媒体。

第一，奇虎 360。奇虎 360 的自媒体平台"360 百科"已经上线，通过搜索引擎对微博和微信公众平台内容进行抓取，并将获得的内容聚合，在 360 搜索、导航等重点页面推广。除了直接抓取之外，360 正在与很多自媒体人建立联系，希望得到内容授权甚至独家授权，360 承诺一旦建立合作，将在页面重点推广合作自媒体人的账号。

与此同时，360 还提供了自媒体脱离于微博、微信，独立建立入口的另外一种路径。这是一种更加令人心动的路径——App。此前，360 投资了自媒体 App 生成公司微窝。自媒体们可以以免费或低价的方式，自动将自己的自媒体生成为 App，这一 App 既可以获得微窝内部的推广，也可以自己发行，当然主

要是在安卓平台上。

不过，亦有人指出 360 自媒体平台对自媒体定义比较宽泛，从程苓峰这样的行业标杆，到冷笑话精选这样的营销大号都在其内容抓取的范围内，这让他们感觉不够高端大气上档次。但这恰恰体现了 360 的平台野心。

第二，百度。2013 年 12 月 24 日，百度旗下自媒体平台百度百家正式上线，下一步将会登录百度新闻移动客户端。百度称："百度百家作为百度新闻原创栏目，借助百度大数据和自然语音理解技术等用户个性化新闻推荐独创功能，用互联网模式首次建立完整的自媒体生态链，在内容和广告的良性交互转换下，实现了作者、读者、传播者之间的无缝对接。"

百度百家主要是以聚合为主，在盈利模式上是采取广告分成的方式进行分配。将引入百度联盟的广告模式，给予入驻作家根据流量多少分享广告的收成。除此之外，百度百家未来还将依托百度新闻流量资源，为入驻作家提供流量、渠道、内容方面的推广。

在入驻作家的条件方面，首批入驻作家采取被邀请机制，这样的方式是为了最大限度地保证原创内容，避免一些不具备质量的营销文章发布。百度百家所邀请入驻作家阵营囊括互联网、时政、体育、人文等多个领域，并且为入驻作家开发了可视化的专用 CMS 内容系统。

第三，新浪。新浪的自媒体计划分为两部分，一部分是新浪微博，另一部分是新浪门户。

新浪微博想争回"自媒体头号阵地"的野心是路人皆知的。私信推送是新浪微博所能想到的最有效、最受质疑的方式。私信推送的 UI 都和微信公众平台的几乎一模一样。不管是淘宝鬼脚七的蓝 V 账号，还是新浪自己的苹果汇高官方账号，它们的私信推送都引发了部分用户的高度反感，很多用户直接对推送信息的账号取消了关注。如何解决推送问题成为新浪微博接盘自媒体的最大障碍。

而新浪门户也坐不住了，新浪的各个频道已经开始维护自媒体资源，并注重向自媒体约稿，以此与自媒体走得更近。

第四，搜狐。搜狐对自媒体的重视程度是显而易见的。搜狐董事局主席兼 CEO 张朝阳曾公开赞扬了自媒体，他表示："自媒体，发挥个人创造性的媒体，如果有好的商业模式支撑，中国的媒体可以摆脱混沌水的状态，成为素质教育与民族智商提高的推动力。"

与此同时，搜狐也在挖掘各种自媒体人才，比如，知名自媒体人潘越飞加入搜狐就是最好的佐证。另外，搜狐新闻客户端也正在与各界的自媒体接触，力求良好合作，并实现产品化。

第五，腾讯。微信公众平台是一个最为重要的自媒体平台，不过腾讯志不在此而已。腾讯显然是想把自媒体的重任交给新闻客户端。据说，腾讯新闻客户端未来将上线订阅机制和自媒体平台，并与微信公众平台打通，即微信公众平台发布的信息可自动同步至腾讯新闻客户端和 PC 端的腾讯网。

微信和新闻客户端在自媒体平台成效方面则令人瞩目且成绩斐然。微信已不用说，从公众账号诞生的那一天起，不少自媒体人便纷纷跟进，并发挥着自己的聪明才智以二维码、微博等各种方式进行推广，发展粉丝，可以说是不遗余力，也出现了一些相互推广、抱团取暖的自媒体联盟，较为知名当属青龙老贼等一伙人搞起来的"We-Media"。虽然有人多势众、包揽业务、利益分赃之嫌，但是在自媒体江湖也算有名有号有人买账。对个体自媒体来说，有名的也不少，如自称罗胖的罗振宇，参禅悟道打算归隐的程苓峰，人称寰寰姐的 IT 名记李瀛寰等。虽然微信 5.0 后订阅账号开始折叠，但是自媒体人的热情依旧，产出数量似乎有增无减。

第六，网易。网易拉拢自媒体的方法也主要靠新闻客户端。运营网易新闻客户端的新媒体部门与门户各频道是独立关系，这导致网易新闻客户端运营部门不具备内容的生产能力，所以其也瞄上了自媒体生产的内容，获取形式则是通过约稿的形式进行。

另外，网易旗下的有道云笔记似乎也有自媒体的欲望。有道云笔记已在试水"公众平台"，一个名为"罗辑思维"的公众账号已经开放阅读。

第七，其他。除了上面的巨头外，其实米聊和知乎也想在自媒体中分得一杯羹，不过规模略小而已。

比如，米聊正在邀请自媒体人入驻，自媒体人只需要填写一个表格，即可获得 VIP 账号权限，VIP 账号支持发送图文、语音等内容，为了体现差异性，米聊甚至宣称可以为 VIP 们开放无限推送权。一个值得注意的有趣细节是，著名营销大号冷笑话精选也出现在了米聊的 VIP 账号列表中。

再比如，知乎。知乎这类的信息聚合平台也很适合接盘自媒体，除了本身的问答平台，知乎还上线了知乎日报，算是建立了信息推送渠道，目前知乎日报已有冯大辉等明星自媒体人入驻。

自媒体平台的创新特点

第一，传统媒体平台式微，向新的媒体平台迁移。产业融合、媒介形态多样化导致原有产业领域内领军者的能力结构出现了缺口，要想维持优势地位，必须寻找能力互补的合作伙伴。因此，合作将成为新传播技术推动下大众传媒演变的必然趋势，如何从竞争优势的打造转向合作优势的打造将是全球传媒业

新思维 体验互联网新思维
Experience the New Thinking of the Internet

面临的共同问题。

在新媒体时代到来之前，在相对封闭的区域或者行业垄断环境下，中国传媒业都是非常自信的，都喜欢全资、单干。但是现在为什么有这么多的能力缺口需要弥补呢？新媒体的背景在这里起到了催化剂作用。新媒体对信息接触平台的不断挖掘，模糊了原有的传媒业边界。以前传媒业在某个领域里可能非常强势，但是当产业的边界模糊的时候，我们会发现，尽管传媒业同样努力，但是其原有的市场地位却似乎一下子就被瓦解了。现在传媒业合作创新成为主流的基础就在于产业之间的融合，它使原有市场上的霸主不能成为现在的霸主，它造成了传播的盲点、能力的缺口。在这样的情况下要想继续成就传媒业在既有市场结构下的霸主地位，只有通过与融合市场上的那些能够提供独特价值的公司合作。这一结论，特别是在所谓的"全媒体战略"成为各个媒体集团争相进军的当前，尤其具有启发意义。

我们可以看到，越来越多的传统媒体会纷纷入驻自媒体平台。

第二，自媒体平台的联盟化与团队化。互联网媒体的发展，大致可划分为三个阶段：门户时代、博客时代和自媒体时代。这三个阶段的递进隐含了两条媒体权力变迁的线索。

首先是读者与作者的权力。在传统媒体和门户时代，作者为媒体机构垄断，机构和渠道居于控制地位，作者和读者之间存在严实的信息屏障。博客时代解放了作者，却因无法构建传播渠道而勃兴忽亡。自媒体时代依靠社交网络建立传播渠道，同时解放了作者和读者。自媒体时代的个人身兼三职，同时是作者（如微博、微信上的被关注者）、读者（其他被关注者的粉丝）和渠道（通过转发和分享），读者与作者的权力融为一体，无法区分。

其次是网络媒体与传统媒体的权力，门户时代的网络媒体实际上依附于传统媒体而存在，到了自媒体时代，随着从作者到读者链条的打通和信息的双向流动，网络媒体的自循环形成，传统媒体被晾在一旁，式微的命运已不可避免。媒体权力由传统媒体转移至网络媒体，更确切地说，是自媒体。

权力的变迁揭示了互联网对于媒体行业的解构与重建。首先是信息的低成本、高效率传播优势解构传统渠道；其次是信息的低成本、高效率生产优势解构传统内容生产模式；最后是去中心化的思想解构媒体、渠道、作者与读者之间的落差，重建内容生产与消费关系。自媒体作为媒体重建的产物，展现的是权力平等和传播自由。但是，当前遍地开花的自媒体很可能仅仅是个开始——新一轮的解构与重建已如箭在弦不得不发。

人类社会天然没有均匀、单一结构的容身之处，如同一堆沙子，风吹之后总会形成一定形状、起伏或疏密。自媒体同样如此，微博大V和微信大号伴随着这两种自媒体平台而出现，不同的粉丝数即意味着不同的权利。出于兴趣、地域、专业等方方面面的原因，粉丝不断分散与聚集，展现出一种动态的、错综复杂的结构。这种结构的变化往往意味着：更具个性和质量，更能与粉丝融为一体的自媒体不断获取新的权力，而持续服务能力差的自媒体将趋于消亡，毫无意外的是，目前的大部分自媒体都属于后者。

现在的问题是，在这轮大浪淘沙、去芜存菁的自媒体重构浪潮中，普通的自媒体处于什么地位？新媒体又处于什么地位？

一个明显的趋势是自媒体的联盟化，实力接近的自媒体抱团取暖，试图通过分享权利的形式来维持权力。另外一个趋势是自媒体的团队化，我们所看到的许多自媒体，已经不是个人媒体，而是团队运作的结果。这种权力的重新集中是否会打造出自媒体的新生态，目前尚不得而知。

第三，自媒体平台之间的竞争，最终很可能还是取决于根平台的社交网络吸引力。伴随科技的进步，可以预见的是，互联网未来的发展将形成以个人为中心的社会化网络，人们通过社交网络来消费内容、进行无缝隙沟通的趋势愈加明显，这也必然带来"个人门户"的兴起。

从内容制作方来看，PGC（专业内容生产）与 UGC（个人自制内容）并存。PGC 以虎嗅、爱范儿、钛媒体、36 氪等弱组织化平台为代表。它们不同于传统媒体有着严谨制作流程、统一风格的专业化内容生产，而是一个聚合自媒体信息内容的平台。UGC 主要是自媒体"个体户"，比如罗辑思维、程苓峰、李瀛寰、万能的大熊、鬼脚七、青龙老贼等。

从传播主体来看，无论是官媒体还是市场化媒体，或是个人自媒体还是"虎嗅们"，无论是电视、平媒还是门户网站，下一步都将进入全媒体混战时代。

与此同时，由于信息传播渠道及其内容的丰富多彩，以及人们信息消费需求的个性化，以鲜果网、今日头条等为代表的新一批信息聚合、分发及"私人订制"的个性化阅读服务提供商也将参与到竞争中来。当然技术色彩将加重，比如"私人订制"必将结合大数据对人们信息消费偏好分析技术。

可以畅想的是，在这一过程中，传媒业必将像零售、快消、鞋服甚至艺术设计等行业一样，不断颠覆，不断融合，而后裂变、异化成为或自媒体，或非媒体。在这一变革与裂变中，"新"、"旧"媒体不再是对立的概念，大家只是承载信息内容的形式不同。

如果说，媒体之间区别只是在于承载信息的形式不同，那么自媒体平台之间竞争的结果，就只取决于承载形式的被接受程度。这一接受程度意味着流量之争。也就是说，谁能吸引到更多的流量，谁就能胜出。吸引流量的关键因素，固然有差异化内容这一因素，但根据对消费者在互联网时代的行为分析，社交因素才是人们消费内容的决定因素。例如，有调查数据显示，目前38%的视频被观看是因为朋友的推荐，22%的受访者向朋友推荐视频，这些比例还在进一步的提高之中。所以，我们可以预测，未来自媒体平台胜出的关键在于其"根平台"是否能够具备更多的社交元素。例如，微信公众号作为自媒体平台，由于微信带有的强社交关系很可能在自媒体平台的竞争中具有天然优势。

需求协调类的互联网平台运营典型案例

第三方支付平台的大战——支付宝与财付通的竞争路漫漫。在需求协调类型（Demand Makers）的市场方面，近几年以第三方支付平台为最热。因此，我们选择以第三方支付平台为研究对象。

第三方支付平台的基本现状和分类

第三方支付平台主要是交易支持平台，是一些具有实力和信誉优势的独立机构，这些第三方机构与各大银行进行签约，待客户选购商品以后，双方通过这个平台提供的账户进行货款支付。这种不同于传统的由买者直接付款给卖者的方式，而是把第三方支付平台当作中介使用，第三方支付平台的责任是通知卖家货款何时到达、准时发货，客户在检验商品合格后通知付款给卖家，第三方支付平台要把款项转移到卖家账户。通过这个支付中介平台，交易双方不用面对面就可实现交易。

第三方支付平台是伴随电子商务的发展而产生并逐渐发展壮大的。第三方支付平台有效地解决了电子商务中交易信用问题，加快了网上交易的便利性，降低了网上交易风险的不确定性，提高了网上交易的诚信度，从而增加了网上交易的可能性，因此第三方支付行业与电子商务行业相互促进。在第三方支付行业规模壮大的同时，其功能也在悄然发生变化，行业已经不满足服务于电子商务，也进入了更广泛的便民生活与商务服务。让客户满足更方便、更快捷以及更安全的需要，甚至第三方支付行业开展部分金融服务。同时，鉴于第三方支付平台的发展前景，许多企业也相继进入该行业，推动了行业的发展。

对第三方支付平台可以进行不同分类：根据支付的工具分为线上支付与线下支付，线上支付主要是通过互联网进行支付，线下支付主要是通过 POS 机等工具进行支付。根据主导功能与模式划分，第三方支付平台可分为支付网关模式和信用中介模式。根据服务对象与功能可划分为两种类型，一种类型是依托大型电子商务网站，为其提供互联网、移动互联网等在线支付工具的企业，其代表企业有支付宝、财付通等；另一种类型是聚焦行业需求，将金融支付与行业应用相结合，为其提供行业定制的支付企业，其代表有快钱、汇付天下、银联支付等。

目前，第三方支付市场上是以互联网支付为主，而支付宝、财付通、环讯、快钱、银联、易宝、网银在线、贝宝等具有一定影响力的第三方支付企业保持稳步增长势态。目前，支付宝稳居第一，在互联网支付市场占到了将近一半的市场份额，其次是财付通。据艾瑞咨询数据显示，2013 年第一季度，在个人电脑端的互联网支付领域，支付宝市场份额为 48.3%，财付通占 20.1%；而在手机客户端等移动支付领域，支付宝的市场份额达 67.6%，财付通的份额仅为 7.3%。

第三方支付市场的竞争很激烈。支付宝、财付通相继推出了生活服务类开放平台，通过产业链资源整合的方式进行业务扩展。快钱凭借其丰富的支付产品和全面的解决方案让涉猎的细分市场不断增加，市场交易规模有了较大幅度的提高。另外，各家支付企业依托自身优势在航空、游戏、基金、保险等市场加大了创新和开发力度。其中 Chinapay 推出了网上商城，易宝支付推出了车险"理赔通"和团购联盟，环迅推出了跨产业链的支付产品"付联网"等。尤其是，随着支付牌照发放带来的行业洗牌，以及盛付通、网易宝、电信运营商等巨头的加入，第三方支付市场的竞争在 3~5 年内会持续变得激烈。

支付宝与财付通——两个"富二代"的平台化扩张

在第三方支付的"圈子"里，支付宝和财付通是两个"非富即贵"的"创二代"——分别依靠淘宝和腾讯这两大"母体"平台的资源，含着金汤匙创业，获得不少直接的支持。

用户黏性高、新用户转换成本低，这些都是人们对这两家公司先天优势的解读。的确，在淘宝购物的用户已习惯性地用支付宝付款，而除将腾讯注册用户转换成财付通用户以外，用"QQ 钱包"一键转换便能实现，还有微信也为财付通带来大量用户。

海量的用户规模并不代表能够高枕无忧：B2C 电子商务发展迅速，淘宝、腾讯能给予"荫泽"的领地也会萎缩，可以看到的是包括招商银行、光大等商业银行纷纷力推专业版移动证书，改善用户体验，支付宝要笼络住用户，维持第三方支付的龙头地位，必须要强化用户黏性。

每个第三方支付公司的优势不太一样，导致发展思路也不太一样的。支付宝、财付通更多的优势是后面集团的优势，有大量注册用户的优势，这是快钱、汇付天下所没有的。总的来看，目前支付宝和财付通走的都是平台化扩张道路。

2011 年，支付宝推出了一个名为"快捷支付"的产品功能。所谓"快捷支付"，即无须开通网银，只要在支付宝端输入姓名、卡号、身份证、手机号等信息，与银行信息比对一致，通过回填动态验证码即可轻松完成支付。

据支付宝统计，网银平均支付成功率不到65%，由此导致网购领域一天损失近10亿元交易额，采用快捷支付后，借记卡快捷支付成功率达到93%，信用卡支付成功率高达97%。

所谓"快捷支付"提供的是一种类似"网关"的服务，为商户提供一个银行的接口，"你接我一家，便可以连接很多家的银行，支付宝和各银行，类似一个批发零售的关系"。其盈利模式是，支付宝从收款的商户中按比例提取佣金，再与银行进行分账。一般的网上支付，支付企业收取费率大概为千分之三。

而财付通则强化的是"生活好帮手"的概念，强调对用户个人生活的服务。财付通总经理曾表示，财付通定位的方向是"贴近QQ用户的基本需求、打造本地化生活服务平台"。在2010年7月财付通推出开放平台之后，一年之内已吸纳了245款余款服务类应用（如订牛奶、搬家、租车、保姆、家教等）入驻。这样一个思路，是基于腾讯打造八大开放平台，根据客户需求引入相关的服务应用开发。

可以看到的是，支付宝通过类似"网关"的服务，提高了用户账号与银行卡的兼容性，以牺牲资金沉淀时间来获得更好的用户体验。而财付通的开发平台则是通过引入贴近用户基本需求的应用，提高用户的使用频次。而两者在本质上都希望进一步增强客户黏性来维护这个庞大用户群的体验。

"快捷"不是支付企业的唯一诉求。借助于支付，支付宝希望能为个人用户建立"账户体系"。支付宝账户不仅仅是"出纳"，更是一名"会计"，"支付宝账户就是生活助手，完成信用卡还款、水电煤缴费等一系列业务"。

而财付通"生活好帮手"的设想，与支付宝有着相似的地方。两者最强大的资源都是寄居在各自母体上海量的用户资源，牢牢锁定这个群体，无论是商户开发，还是与银行谈判，都能无往不利。但是，服务范围不能就"掉在钱眼里"。

之后，支付宝又力推了"快捷登录"的服务。在该模式下，支付宝账号可直接登录合作的B2C网站，并且共享一些基础信息，同时，支付宝还孵化了"积分宝"，用于实现不同商户间积分的兑换。"如果要在网上买双鞋，凭支付宝账号登录，选定商品后，用户可以不填收货地址、收货人姓名，信息我们会共享给商户，进入支付页面，也不用跳转到网银，直接就是快捷支付，输入密码、手机校验码，攒的积分还能去其他网站用"。

例如，开心人网上药店开通了"快捷登陆"的服务，总经理史文禄表示，为用户提供的便利，商户一般不会拒绝，积分互换，彼此也是互利互惠，客观上增加了支付宝的黏性。那么，支付宝会掌握用户在其网站上的浏览轨迹吗？"应该不会，当然商家也不希望支付宝掌握所有的信息。"史文禄说。在开心人网上药店，第三方支付占支付总量的 65%，其中支付宝的占比约为 40%。

　　一旦支付宝账号越发普遍，使其成为互联网的一种"Open ID"，那么随着其集合的有效信息的越来越多，支付宝账号有可能进化为某种新"网上身份证"。金融业竞争的本质是信息战争——一切有关资金流动和信用变化的信息。在这种情况下，支付宝就是一个集资金和信用一体的新信息系统。

　　像支付宝和财付通这类第三方支付平台，不仅在壮大传统电子商务的商品交易服务，还在扩展更多的生活服务功能，与信用体系和金融服务等进行结合，使得平台承载的功能在不断加重，使得参与平台的各方之间互补性与依赖性更重。

重构移动互联网生态圈的竞争

　　移动互联网正在改变许多行业，同样，第三方支付也是如此。如何在移动端占据更大的市场份额是第三方支付公司新的竞争重点。支付宝和财付通均为此在努力重构移动互联网的生态圈。

专栏　支付宝和财付通重构移动互联网生态圈

支付宝的创新

谈起支付宝的创新，不得不提"余额宝"。

余额宝是由支付宝为个人用户打造的一项余额增值服务。到 2014 年 2 月，余额宝规模已超过 4000 亿元，余额宝的用户量已突破 8100 万户。天弘基金靠此一举成为国内最大的基金管理公司。通过余额宝，用户不仅能够得到收益，还能随时消费支付和转出，像使用支付宝余额一样方便。用户在支付宝网站内就可以直接购买基金等理财产品，同时余额宝内的资金还能随时用于网上购物、支付宝转账等支付功能。

支付宝依托阿里巴巴的支持，近两年在努力推广支付宝钱包，即手机端的移动支付平台。除了将余额宝引入支付宝钱包外，新版钱包的亮点还在于与众多第三方应用的结合。

据阿里巴巴小微金融集团无线事业部运营总监范驰介绍，新钱包按照功能不同分为四大板块，贯穿始终的是"开放账户"理念。首屏"支付宝"区域新增了可接入第三方应用的"应用中心"，当用户通过支付宝钱包登录应用时，可直接调用用户的支付宝账户，以免去注册步骤。同时，当用户需要在这些应用内支付时，可直接调用支付宝账户信息进行快捷支付。目前，支付宝钱包已接入的应用有丁丁优惠、iReader 等。

拥有 8 亿注册账户的支付宝向第三方应用开放账户体系，很可能在移动互联网领域惠及开发者。类似"余额宝"效应对天弘基金的利好，一旦受到支付宝的"加持"，普通开发者也能分享到上亿的优质用户资源，有可能改变整个移动互联网生态圈。

事实上，新版钱包账户体系的开放并不局限于接入应用。"账单"栏目上列出了所有的交易支付记录，钱包还支持按照"交易对象"像短信对话一样进行新的支付。

支付宝钱包产品经理透露，"未来我们将开放这一区域资源，商户可以自行添加服务等功能板块"。而且"移动支付的场景很多，支付宝做自己擅长的支付，做移动支付的动力源、始发站，让用户自由选择使用场景。支付和生活应用场景的边界已经模糊，我们希望撬动移动生活圈"。

财付通的发力

支付宝推出的新版钱包、开放账户体系、对接应用，也是在应对微信支付的冲击。微信支付就是财付通借助微信推出的移动支付创新产品，也是财付通追赶支付宝的最重要武器。

作为腾讯旗下第三方支付企业，财付通与支付宝几乎同时获得央行的第三方支付牌照，但尚无法与支付宝的优势地位相比。虽然财付通能直接接触到微信的 4 亿存量用户，但能否快速追赶支付宝的市场份额关键取决于微信的商业化进程，如果微信与航空机票、酒店等大额消费商户及行业对接，提高每单支付金额，在支付量上实现追赶的步伐将更快。

在 2013 年腾讯合作伙伴大会上，微信团队宣布将在微信 5.0 版本推出微信支付，捆绑同为腾讯旗下的财付通为支付工具。腾讯微信产品助理总经理曾鸣透露，微信支付将包含三个场景：通过微信公众账号购物；通过第三方应用程序购物；二维码支付。

截至目前，微信支付初步可实现的应用场景包括公众号支付、扫二维码支付和 App 支付。目前包括微团购、麦当劳、QQ 充值等微信公众号已可通过微信支付进行交易。据悉，首批上线的商户将涵盖电商的多个细分领域，包括机票预订、网购、交通卡充值等绝大部分品类的商品和服务，用户均可通过微信支付实现购买。

财付通的最大优势在于可借助微信平台在移动支付上有极强的延展性。

财付通声称：未来将在移动端投注 50% 以上的精力，接入微信和手机 QQ 平台，结合金融机构的一些服务更好地提供给用户。"将为开发者在移动支付领域提供良好的解决方案和更多支持；微信支付的推出，将推动微信商业化、平台化以及微信商户的商业变现，实现移动互联网的 O2O 闭环"。

依据腾讯的海量用户积累的大数据，微信支付后台能够及时判定用户的支付行为存在的风险性。同时微信支付将通过腾讯手机管家，包括保险公司等多家厂商组成的业态联盟来保障用户的安全。另外，微信的硬件锁、支付密码验证、终端异常判断、交易异常实时监控、交易紧急冻结等一整套的安全机制，最大限度地保证用户交易的安全性。用户在使用微信支付遇到问题时，均可拨打财付通服务热线或联系微信公众账号"微信支付助手"寻求帮助。

为保障广大微信用户的安全，微信支付的接入十分严格，首批入选商户均有良好信誉和规模的企业来试点。"开通微信支付的商户账号需要经过严格的审核，要满足多项审核条件才可以进驻微信成为微信支付的商户，目前我们只针对一部分通过认证的大企业开放了支付功能。同时在用户对商户进行付款时，经过认证的商户支付页面均会显示微信安全支付字样。这些细节和措施均是为了最大限度地保证用户交易的安全性"，财付通相关负责人介绍。据悉，未来将加入保险公司为微信支付用户提供赔付支持。

目前微信支付确定将面向综合商城。服饰鞋包、运动户外、美妆用品、家装家纺、汽车及配件、数码家电、母婴、图书等约 10 个大型类目开放微信支付申请。微信本次先向相对成熟的行业开放，后续会根据平台的运营情况再考虑向其他行业逐步开放。

除了全面开放支付接口，微信还将推出线下 POS 机——微 POS。微 POS 主要面向本地生活服务商家提供支付解决方案，商家通过服务员端输入金额后，自动生成二维码，消费者使用微信扫码进入支付页面，输入密码后完成支付。

支付宝与财付通的新一轮较量

在支付费率方面，目前微信支付对所有类目商户的费率均为 0.6%，低于支付宝。不过，相比支付宝，微信支付需要向所有类目商家收取 2 万元的保证金，而支付宝并不收取这一项费用。这是微信支付在收费方面的差异化。

而目前支付宝已全面停止受理微信场景下的支付接口申请。一些商家在微信中建立的电商平台不能接入支付宝支付，未来或将被逐步清退，在

微信平台上营业的商家需被迫另择支付渠道。支付宝对微信支付的"封杀"由此开始。

谁能笑到最后？取决于平台战略的深化执行

如果说支付宝是通过线上连接隔海相望的买家和卖家交易连通桥梁，那微信支付就是交易公路上架起的高架，只是微信支付短时间内还挑战不了支付宝。

支付宝的出现有其特殊和必然的原因，是电子商务催化的产物，买卖双方要达成交易，诚信和支付的环节必不可少，诚信是基础，支付是手段。可以说，电子商务平台倒逼支付宝的产生。而微信支付貌似在已经修建好的城市公路中拔地而起的一座高架，是在原来有路可走的前提下另辟蹊径，开拓一条快速通道加快车辆的通行速度。

目前银联和支付宝已然做大，快钱、富友等第三方支付工具已形成不断夹击包抄态势。即便没有微信支付工具，也不会对当前线上支付基础造成本质的影响，但是微信支付会分流一部分流量，甚至因为这条便捷快速支付的行车通道，激活更多潜在买家的支付欲望，增加客户的支付意愿，同时巩固夯实已有买家的支付行为，为客户增加多一个支付的可能。

但微信支付还是有其自身的优势：

第一，微信支付的出现会扩大整个线上交易和线上支付"蛋糕"的半径，带来的积极影响是会再次创造一个线上交易的盛世狂欢，微信支付并非只是一个搅局者，而是共同做大线上支付市场的参与者，客户因为在玩手机的时候，顺带着就进行支付消费，提升消费支付体感，带来价值增值。

第二，微信支付如果能够绕开银联，直接跟占银行发卡90%市场份额的前十家银行谈判，将其数据接口直接与银行链接，那么在支付比例分成方面会减少银联的份额，从而为降低支付费率创造了可能，直接受益的是卖家。卖家成本会降低，卖家的热情更加高涨，卖家更愿意在线上销售，因为渠道费用的降低，也为线上商品价格降低提供了一种可能。

竞争格局的近期走势。总体来看，支付宝作为第三方支付市场老大的地位短时期内不会被撼动。

我们不能仅仅只看第三方支付工具本身，还要看该工具所应用和适用的环境。支付宝的出现是因为淘宝网和天猫的背后支撑。目前，淘宝网和天猫分别已经占领C2C的8成和B2C的5成份额，巨大的用户流量无可替代。

虽然腾讯的流量大且质量高，但其流量的来源并非电商，并不能将流量瞬间转化为潜在买家和转化支付行为。微信的用户更多是把它当成一种消遣和社交工具，是作为社交网络移动端的延伸应用，并非为了购买和支付而来，就目前来看，更多的是新增了一个可以移动支付的工具，将微信上可交易的商品和服务进行支付购买。微信并不能指望支付工具来吸引流量，但可以在用户玩微信的时候顺带购买自己喜欢的东西。

微信支付在支付安全方面如何考虑，以及支付资金池的使用至关重要。余额宝的出现是双赢的，既为支付宝巨量的资金池使用提供正规的渠道，同时也为零散的消费者带来了效益，但是余额宝背后是天弘基金在投资市场的运作，在资金量一定的情况下，还可以为用户带来较为稳定且回报率较高的收益，但投资市场的总量在一定时期内是不会有较大增加的，天弘基金能不能持续保持较高的收益率还是一个未知数，一旦零散客户的收益率出现了波动或者维持在一个固定比率，那么这些客户的耐性能不能保持，同样值得考虑。如何为微信支付所产生的资金池资金寻找出路，同时还要兼顾用户的利益，这是微信支付布局所不能不考虑的。

微信支付若真想如支付宝一样坐实线上支付市场，腾讯必须作为第三方支付的监管平台，为双方交易承担风险。一旦出现货到款未付或者款付货未到的现象，微信支付必须第一时间将其矛盾进行解决。同时如果想进一步蚕食支付宝市场，微信支付还必须有自己的独家秘籍，出其不意方能制胜。

从短期来看，微信支付不会撼动支付宝地位，微信支付也未必一定非要抢夺支付宝的市场，毕竟对于支付宝和微信来说，消费者的使用习惯是不一样的，微信可以完全凭借其优势培养用户自己的使用习惯和消费习惯，进而让用户成为微信支付的坚定使用者。只有将客户的习惯建立起来，那么微信支付离成功也就不远了。

财付通的品牌突围。实际上，做支付企业就是要不断创新，因为谁的支付方法更便捷、更安全、商户更多、增值服务更多，谁就能获得更多的用户。财付通的平台化与支付宝略有不同，可能在社会化营销上找到突破。

财付通需要聚焦年轻人的市场，需要更加创新和有活力的感觉。品牌推广也必须能够玩转更多媒介，包括互动性的社交媒体、自媒体等。大众媒体不再具有垄断的掌控力，而是要跟消费者互动，用有趣的内容、有价值的"点子"来抓住消费者。

从财付通的调查数据来看，白领和大学生对财付通有更强烈的品牌偏好度。针对这部分人群，财付通进行多种社会化营销的植入。2011年，财付通请来深受大学生喜欢的主持人梁文道，赴各大高校开展《阅读如何造就我》的主题活动，这是互联网与文化界的跨界联合，引发大学生疯狂追捧，14所高校活动场场爆满。

财付通还尝试影视剧植入。2012年10月，章子怡、张柏芝、张东健主演的电影《危险关系》上映。上映前，电影中怀旧唯美的 20 世纪二三十年代十里洋场上流名媛的着装，成为网民和粉丝的关注对象。在论坛中，有众多粉丝讨论，希望有一套张柏芝在电影中的戏服。财付通抓住时机，抢先与出品方达成合作——拍卖电影戏服！此消息一出，粉丝相当疯狂，数十万微博疯狂转发和评论。

除了利用自媒体和多媒体进行植入式营销，财付通还曾试水跨界营销。与阳澄湖大闸蟹养殖基地达成合作，在阳澄湖水域专门辟出一片专有水域，养殖供给财付通用户的大闸蟹，并在中秋节前抢先上线品蟹达人活动，将美食与文化紧密结合起来，获得了用户的广泛参与；与南方航空合作，抢先体验唯一拥有空客 A380 这一机型的南航航班，得到了数百万微博用户的关注。

借助腾讯公司在社会化方面的强大优势，财付通采用跨界营销，可以较小的付出来获得广泛的用户关注。这将会是财付通未来实现品牌突围的一个重要方式。

平台战略的深化与执行。未来，微支付能否打败支付宝，取决于微支付能否构建起新的强大的生态体系。而这个生态体系或者新的支付平台，取决于支付所服务的"消费场景"能否成熟而强大。

支付宝的强大有其必然性，因为支付只是一种工具，需要消费场景来支撑。而阿里巴巴的淘宝与天猫，本身就是中国最大的电商消费平台，所以消费者在此消费场景中，必然会优先选择阿里巴巴提供的支付工具支付宝，这也是支付宝作为支付工具在 PC 端地位难以被撼动的根本原因。

而在移动互联网中，阿里巴巴也有绝对的"消费场景"优势，淘宝系在移动购物中仍占据 50%（根据艾瑞等第三方数据显示）左右的市场。阿里巴巴在移动端也构建了绝对的电商消费场景，根据艾瑞、易观等第三方平台数据显示，支付宝钱包在 2013 年上半年仍占我国移动支付领域 80% 的市场。

在这个时代，没有牢不可破的霸主，只有不断涌现的颠覆者。拥有微信 6 亿用户的腾讯也渴望成为移动端支付的霸主，但是仅仅加入一个"支付功能"是远远不够的，腾讯需要构建一个新的"消费场景"——一个以微信为核心工具的"消费场景"。

目前来看，腾讯的选择是 O2O，结合微信 LBS 与"二维码扫描"等功能特征，开拓一个新的"消费场景"。

与腾讯公开 O2O 合作的企业已经有两家，分别是服装业的绫致与家具业的宜华木业。腾讯目前 O2O 合作的对象都是已经上市的行业巨头，这样做的好处是：第一，这些企业标准化高，有数据化管理需求，且都是零售业，面对电商的冲击变革的欲望强烈，能够全面地配合腾讯 O2O 改造；第二，都是行业巨头，有着极好的示范效应。

腾讯为了构建良好的微信 O2O 消费场景，亲自派出技术团队长期进驻企业，根据企业的需求量身打造 O2O 应用，梳理企业的数据，为企业搭建微信平台。作为一直号称自己是"纯互联网公司"的腾讯，用如此大的手笔进行"地推"还是头一次，也可以看出腾讯做 O2O 的决心之大。

但是，做 O2O 没有那么容易。国内的传统企业实施 O2O，限于体制障碍，微信选择绫致这个没有体制负担的企业做实验，并不代表没有困难。这是一件说起来容易，做起来很复杂、很费劲的项目。比如 POS 机的改造，现在的 POS机是扫描条形码的，虽然也可以，但是二维码是更方便的；还有原来的零售系统现在加入了无线业务，当顾客在微信端付款之后，拿走商品，怎样跟店铺系统对接，自动去掉库存数量，都需要改造。几千家店铺、四大品牌的 POS 机改造方案要费多大劲？

腾讯这家互联网公司为了构建自己的 O2O 消费场景，将可能全面走入线下，腾讯为了成为"移动端支付霸主"，其战略路线图已经跃然纸上，基本可以概括为三个步骤：

第一，坐拥有 6 亿微信用户，加入适当的支付和电商功能。

第二，围绕微信的功能特征去构建 O2O 电商体系，创造新的"消费场景"。

第三，依靠强大的消费场景，颠覆用户支付习惯。

目前腾讯正在第二战略步骤中深耕，形成战略纵深。为了完善这个体系，腾讯还有很多工作要做。O2O 本质也是电商，想要在电商领域获得更好的用户体验，就必须在商品管理和物流配送两个方面做到可控，腾讯后续必然会有更多配套动作。例如，在 2013 年 11 月，腾讯电商旗下易迅网将与顺丰速运达成全面战略合作，资本市场也传出了腾讯有购并顺丰的野心。

如果这个以微信特质为起点，以 O2O 为闭环的"消费场景"真的构建成功，那么微信成为移动端第一支付工具也不是不可能。

但是，这个"消费场景"的构建还是一条非常漫长的道路，需要腾讯整合并吸纳诸多力量。而且，也会有遭遇政策监管的风险。例如，央行在 2014 年 3月暂停支付宝的二维码支付和虚拟信用卡。

归于沉寂，生于沉思

平台商业模式的精髓在于打造一个完善的成长潜能强大的生态系统。据哈佛大学托马斯·艾斯曼（Thomas Eisenmann）教授评估，全球最大 100 家企业有 60 家企业主要收入来自平台商业模式，其中包括谷歌、苹果、日本电报电话等。

平台企业通常都具有"双边（多边）市场"的架构，通过对一边用户实施补贴，吸引人群聚集，然后向另一边用户收取费用，从而营建一个极具内生力的生态系统。

平台企业之间的竞争体现为利润池的争夺。所谓利润池，是指一个企业主要的赢利管道，也是该企业商业模式、赢利模式的核心：如果利润池遭劫，就等同于战场上补给线被直接切断，结果不言自明。

对于平台企业而言，其战略核心就是补贴模式。它们往往会运用从其他渠道补给而来的利润放手一搏，直接以高补贴，甚至是完全免费的战略来破坏你的利润池。

显然，平台商业模式的最大威胁是，自身平台的营利来源"付费方"变成对手的"被补贴方"，从而被对手抢夺了利润池。这种现象被称为"覆盖"。[1]确切地说，"平台覆盖"意指平台企业透过自身优势，袭击邻近产业——甚至是毫无关联的产业，透过捣毁对方企业的主要利润来源，瓦解目标企业对市场的掌控度，进而吸收市场资源。例如，奇虎 360 在 2008 年对中国网民提出杀毒软件永久免费，短短 2 个月间，装机量超过 5000 万个。目前 360 安全卫士已占国内 70%以上的市场份额，吸引超过 2.5 亿个用户，据此奇虎透过商家刊登广告及网民下载软件等服务向开发商抽成实现获利。

更多的平台战争正在孕育之中，以覆盖为特征的平台战争将会愈演愈烈。我们会看到，看似毫无关联的企业可能在大家毫无预期的情况下一夜之间成为

---

① 陈威如，余卓轩.平台战略：在席卷全球的商业模式革命［M］.北京：中信出版社，2013.

了竞争对手。例如，腾讯的微信提供免费简讯与语音通信服务，开始覆盖电信公司传统的短信及语音收入；又如去哪儿网作为导航平台逐渐覆盖传统在线旅游网站等依靠电子商务为主的利润池，侵蚀了传统行业领先者如携程、艺龙的市场份额。

第六章

体验新法则（4）：

网络社会论与 S–I
社交价值创造模型

　　互联网社会由网络中的个人、连接的各类上网设备、群组、社区和网络中存在的各种虚拟治理机构组成。它分为四个层级：人与设备、群组、社区、类型社会。"关系（Social Relation）"和"兴趣（Interest）"是互联网社会中的演化驱动力，就像工业社会中"石油"一样重要，他们的交互作用创造了互联网的网络社会价值。

一个社会，两张地图

互联网社会的形成及层级特点

人类是群体性动物，是高级动物，是具有社会性的动物。因为依靠个体是无法战胜和适应自然界，人类要想生存下去，就必须依靠群体的力量。所以人类就为了共同的生产和发展，组建了群体，这个群体就是一个个的人类小社会。社会就是通过各种关系汇聚在一起的群体系统。在传统的实体社会里，人类主要依赖血缘、宗族、地理居住位置、宗教、工作就业、衣食住行等基本生活和工作需要建立各种人际关系，并通过这些关系形成群体属性，具有相似和共同需求的群体汇聚就形成阶层，阶层通过代表他们利益的政党，以竞选、战争等手段获得国家执政地位，建立对本阶层最大利益和最有生存发展机会的制度、政策，并通过国家暴力机关和机器来维持统治，确保执政的长期合法性。传统社会学从社会的基础组成单位，家庭（血缘关系）、村落（宗族居住关系）、社区（地理位置关系）和工作单位（就业关系）等研究起，研究人类群体—社会的基本特征、分类、运行规律、分布情况和稳定运行所需要的治理。那么互联网社会是怎么形成的？它有什么属性，它与传统社会是什么关系？是对传统社会的替代还是延伸？互联网社会存在的意义和价值是什么，我们该如何认识它，并借助这一人类社会发展的新趋势进行有效的社会服务和社会治理呢？

互联网已经形成网络社会

社会是由基本组成单元（人、家庭、社区、村落、城市和国家）组成的复杂关系体。互联网实现了人与人、人与物、物与物的全面链接，已经形成了虚拟的网络社会。互联网社会依托关系建立群组，只不过是基于网络的虚拟化群组。所依托的关系就不是线下实体社会的那些关系，而是通过信息的交互而形成的朋友关系、爱好关系、商业交易关系、信息传播关系等，这些关系是对线下实体社会关系的补充和延展，而不是简单的替代和颠覆，所以互联网社会是现代实体社会的发展和延伸，而不是颠覆和替代。

互联网社会有四个层级

互联网社会由网络中的个人，连接的各类上网设备，群组、社区和网络中存在的各种虚拟治理机构组成。其中第一层级是个人，连接的智能信息发送和接收设备，它们形成了信息收集、整理、分发和交互的自媒体，而且具有主动延展特性；第二层级是群组，它是网络中的个体人因为各种连接关系和信息交互关系而形成的群体，如亲情圈、朋友圈、同学群、爱好群、老乡群、职业群、顾客群等；第三层级是社区，它是基于群组而产生的，群组与群组之间因为各种关系而形成的更大范围的群体，社区往往具有特定的功能目标和一致性利益诉求，比如小米的线上客户论坛、社区，阿里巴巴的商家论坛，新浪等门户网站的聊天社区等。社区具有和线下社区的类似功能，只不过形态虚拟化，比如有坛主、管理者、秩序维护者、公共规则、特定的界限范围，要求统一的会员与认证等。社区有企业社区、产品社区、爱好社区、各种基于地理位置的社区（商城社区、学校社区、居民小区社区、CBD 工作社区、宗教社区等）、项目社区等；互联网社会的最高层级，也就是第四层级就是类型社会和阶层社会，比如虚拟城市、智慧城市、美丽乡村上网工程、流动人口服务平台、大学生就业网、中国进出口贸易网络交易平台等。

互联网社会的形成机理与驱动力

互联网社会的形成机理

互联网是最大信息交互网络。处于网络节点中的各类主体，包括人、连接设备、群组、社区、类型社会单元、网络运行和管理机构等相互之间在时刻进行各种信息的传递和交互，有些是有目的的，有些是无目的的，有些是自发的，有些是被动发送的。不管怎么样，信息的交互就必然带来连接关系，主体间会产生各种关联，这些关联有些是持续稳固的，有些是松散暂时的，有些是特定范围和时段的，有些是单对多的，有些是多对多的，有些是单对单的。各种各样的关联就产生了各式各样的关系，如情感分享关系、商业合作关系、资金交易关系、知识分享关系、秩序管理关系、工作协作关系、娱乐互动关系等，这些关系会随着网络的技术能力，交互主体的变化，外部的环境，时空关系等的转换而发生变化和演进，由关系带来了主体之间的相互作用，这些作用体现了互联网社会中的各种功能形态、应用服务和管理方式。这些作用会以各种社会活动形式存在，以各个主体的行为方式存在，因此就会带来活动或者行为的作用结果，这些结果或者成效就是互联网社会的价值体现，是它存在的最大意义。如果互联网社会的各种关系活动所产生的效果是稳定的、可持续的、得到合法性认同的，那么互联网社会就是稳定态，如果是变化的、动荡的、经常发生诱发性或者突变性的调整，那么互联网社会就是不稳定的，是混沌的。互联网社会的混沌是常态，稳定是暂态。

互联网社会的发展驱动力

网络技术的演进是互联网社会变革和发展的外生动力。由于互联网技术的快速发展，使得网络的功能日益强大，智能化程度日益提高，能够对线下世界的替代越来越多，我们已经进入实物和虚拟的二元化时代。

关系及建立在其基础上的衍生应用服务是互联网社会发展的自驱力。互联网具有社会属性，就是因为在互联网第三代，特别是基于群组关系所产生的各种应用服务层出不穷时所形成的。微博、微信、陌陌、来往、飞信、易信、淘宝、天猫、腾讯游戏、多米音乐、百度地图、网易云阅读、阿里医疗、嘀嘀打车等，越来越多的互联网应用在基于各种用户关系进行开发功能，创造新的商业服务，满足人类简洁、便利、优惠、多样的基本诉求，从而最大限度地解放人类的束缚，推动人类向更高级的阶段进化。关系，可谓是互联网经济的关键驱动力，就像石油是传统工业社会的最重要的能源一样，关系是互联网社会的"新石油"。现在的互联网巨头竞争表面上是对用户资源的争夺，是对流量入口的争夺，是对用户大数据资源的占有和控制，其实根本上是对用户关系的掌控，长期占有用户就需要从用户的关系入手，把握群组的根本利益联系纽带，才能牢牢控制用户群体。这些群体关系可以表现为用户的基本资料、交易关系、需求特点、行为方式、信息获取特征等，对这些数据信息资源的占有、控制和开发，就能够创造巨大的商业价值，就能够获得收入。当然，收入的方式包括会员费、平台服务费、功能费、交易佣金、商业分成收入、广告收入、管道流量费（传播信息和分发信息的收入）等，所谓的最新互联网商业模式无非是找到如何获取这些收入的方法和途径而已。所以设计商业模式并不难，关键是你要对什么群体进行开发，满足什么需求功能，所依赖的关系资源和背后的信息数据什么，如何获取并进行商业服务的转化，这些服务可以获得什么样的收入来源，如何对这些收入进行合理的初次和再分配而已。

网络文化是互联网社会有序发展的重要保障。网络文化是网络社会中各种规则、制度、习俗、礼仪、符号、象征、价值观、世界认知的沉淀和固化，目前已经形成了动态、开发和不断扩展的规则体系。网络文化是一种制度力量，是一种精神约束，是互联网社会秩序维护的软手段。

网络社会的节点自媒体属性让网络社会的主体不断延展各种交互关系，造成了互联网社会的不断延伸。这是互联网社会发展的基本驱动力。互联网本身具有虚拟性，通过各种网络节点实现了泛中心化、多节点化、开放化和标准化，它通过信息的传递和流转实现各种功能，随着它承载和传递的信息媒质越来越多样化，如语音、文字、数据、图片、视频等，各种非结构化数据在上面承载和流转，导致互联网的功能越来越强大和多元，从最早的媒体功能向商务功能、娱乐功能、金融功能、教育功能、医疗功能、公共服务功能等升级和跃迁。未来会进一步转向政治服务功能，因为它所具有的信息公开性、网络上无权利管控关系、没有行政层级、言论自由性和信息的快速传播性等都会强化民主政治的作用。因此，互联网社会也存在 1.0 版本、2.0 版本、3.0 版本，第一代互联网社会是网络化的自媒体社会，主要是实现信息的流转功能；第二代互联网社会是网络化的现代商业服务社会，主要是实现信息消费和加工产品的传播；第三代互联网社会是网络化的现代民主政治社会，主要是实现虚拟社会中各类阶层网民的政治利益表达。

互联网社会的价值目标与价值实现方式

互联网社会的价值目标。人们追求的自由、平等、安全、公平、正义、合作、民主、博爱这些终极目标，在互联网社会中同样适用。不管是实体的社会，还是虚拟的社会，最终都是人类在参与和主宰，都是服务于人类社会生存与发展需要的。也就是说，社会存在的目的就是人类的生存与发展。

互联网社会的价值实现方式。人类的生存价值体现在自由和安全的目标上。自由是可以实现无国界、无边界的流动，言论不受约束，可以获取任何自己想要的东西；安全是打破信息的不对称性，能够对周边未知的、不确定的环境进行及时的信息获取，准确预判可能的变化，了解自己的状态，消除未知状态下的恐惧感。互联网的特性和功能就能够满足这些基本诉求，它造就了信息的充分流动、易于获取，知识和经验分享，网络上没有强权和管制力，没有严格的行政等级和权力制约，互联网是无国界的，而且信息不是独占的，信息可以轻易地流动和交易，这些都有助于人类实现自己的自由和安全目标。人类社会的发展价值体现在公平正义、平等的地位、民主参与式的管理或者治理，由充分合作带来的团体力量，克服和战胜自然。在互联网社会中，信息的公开、透明、自由流动和相对的免费获取确保了公平正义的实现，泛中心、多节点、扁平化带来了每个个体的利益自由表达，创造了相互自由组合的一切可能，网状的连接让协作发挥了最大的效率，每个个体都可以通过群组、社区、类型社会来参与政治过程，表达利益诉求，而且互联网社会的普遍平等性让所有参与者的地位是一致的。这种民主参与的可能性确保了互联网社会的集体行动是体现大多数人权利与意志的行为，当然是在相互制衡后实现的，一旦互联网让集体行为凝聚了最大限度的共识，那么行为带来的结果就是符合最多数人利益最大化的，人类社会发展的终极目标就实现了。

互联网社会形成机理图与互联网社会价值创造图

基于以上分析判断，可以形成两个图，一个是互联网社会形成机理图（图6-1），另一个是互联网社会价值创造图（图6-2）。

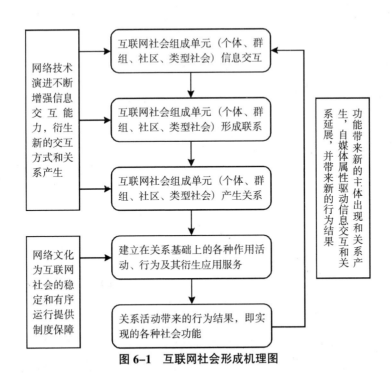

图6-1 互联网社会形成机理图

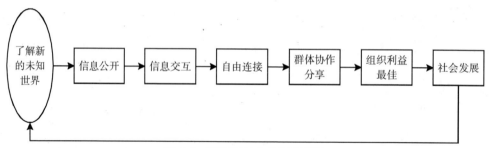

图 6-2　互联网社会价值实现图

社交与兴趣图谱

社交网站是互联网社会的典型体现。在互联网 2.0 时代，以 Facebook 为代表的社交网站掀起了网站社交化的风潮，之后的"社交化媒体"以及"社交化营销"都是时下最热门的话题。

然而，对比社交网站井喷式的用户增长，其盈利能力却是乏善可陈，举个例子来说，Facebook 在 2011 年上半年净利润是 5 亿美元，而 Google 占据了世界互联网广告市场的半壁江山，仅 2011 年第三季度的净利润就是 27.3 亿美元。国内的许多社交网站也面临着同样的局面，用户价值很高，但商业利益不易实现，以上这些现实情况都显示了社交网站在商业模式上的探索进展缓慢。

面对这样的情形，我们应该追本溯源，探寻社交网站的独特之处——社交网站的核心价值是什么？它是否有被忽视的商业价值存在呢？

社交网站的核心元素分析

社交网站（Social Networking Site）有两个核心元素：一是社交关系（也称社交图谱）；二是兴趣图谱。以 Facebook 为例，社交关系是指好友（Friends），而公共主页（Fan Page）和群组（Group）就是兴趣图谱。社交网站与传统网站的差异在于，社交网站的核心是基于信任的社交关系与兴趣图谱的结合，而以往的传统网站只具有其中一个元素。[①]

对社交网站的分析，人们往往将社交关系和兴趣图谱混杂在一起，混淆了关系与兴趣这两个不同的社会学概念，也就难以展开更为深入的探讨了。举个例子，与朋友聊起各自喜欢的手机，即使各自的喜好不同，甚至截然相反，也

---

① 程然. 未被发掘的"社交网站"核心商业价值〔EB/OL〕. http://www.alibuybuy.com/posts/73226.html，2012.

不会特别在意，不会因为这个原因而解除好友关系。但当一个用户发现他关注的某个手机品牌并不符合他的需要时，他就会解除对这个手机公共主页的关注。这也可以解释为什么一个人好友的数量增减并不明显，而一个品牌机构，粉丝数量却会大涨或大跌。

在社交网站的发展初期，好友是有着紧密联系的亲属、同学、朋友和同事，其特征属于强关系，好友间的新鲜事自然是用户关注的焦点。其后社交网站在发展过程中为了增加用户黏性，推出了许多吸引用户兴趣的内容，常见的是公共主页或是兴趣小组，这些也就形成了最为真实，同时具有非凡价值的兴趣图谱。正是这些社会化的内容使得社交网站具有了公众媒体属性，以及进行商业营销的可能性。

社交网站的盈利模式

以 Google 为代表的搜索网站和垂直型的社区网站，以其精准、简单的商业模式获得了互联网广告"蛋糕"的大部分份额。而作为新兴势力的社交网站，必然在盈利模式上展开竞争，去争取自己的利益。

但是，综观从社交网站产生出来的购买需求，到最终实现购买行为，这期间的路径过长，越接近最后的购买行为，就越有可能流失到搜索网站或垂直社区网站。这样的问题一直困扰着社交网站在盈利模式上的探索。

社交网站虽然极具用户价值，但最终能否在商业模式的竞争上超越 Google 的搜索模式，尚未可知。或许能为社交网站助力的是电子商务、移动互联。

社交关系与兴趣图谱的结合产生出"核心商业价值"

粉丝是核心价值吗？ 在社交网站上进行的商业推广，许多人会聚焦在粉丝的数量上。诚然，粉丝数量是信息传播广度的重要工具，但社交网站的核心DNA 是朋友间的信任关系，如果商业推广中传达出的信息不被信任，再多粉丝也无价值，甚至起到负面作用。

已知的核心商业价值之一：多重互动。 社交网站对商业机构和品牌提供了一个与用户直接沟通互动的舞台，用户之间、机构与用户之间会产生多重的互动关系。社交网站中用户与机构之间的多重互动已有许多深入的分析，这里不再多说。

被忽视的核心价值：被信任的信息。 既然社交网站核心 DNA 是朋友间的信任关系，而朋友间产生出"被信任的信息"也就是核心价值所在。只有被信任的人，才能产生"被信任的信息"。

近百年来，商业社会的发展让营销广告已经无孔不入，其极致的表现是：即使是无聊时间也会被广告侵占。但这样武装到牙齿的广告越来越不为人所信。或许我们可以看到，在社交网站两个核心元素的相互作用之下，结出一个非凡价值的果实——"被信任的信息"。

正如美国社会化媒体营销专家 Wilson Kerr 指出："品牌不能再向消费者简单地宣传产品的好处。推送已经过时，拉动才是正道。消费者需要的是那些来自与他们一样的消费者所提供的被证实、可信任的信息，并且知道在哪里能找到这些信息。"

"被信任的信息"是社交网站突破盈利困局的起点

"被信任的信息"如何分类？"被信任的信息"基本有两种：一种是由商业机构发出，被用户认可的信息，比如转发、评论、收藏都是信任的表示；另一种则是朋友间聊天时，所提及的商品名称、类别、品牌或是机构的信息。

用户关系的差异自然会导致信任值的差异，比如同学、同事、商业伙伴的信任度就差异很大。

如何挖掘、产生、利用"被信任的信息"？对"被信任的信息"的挖掘，一方面是技术水平的提升，而另一方面又与商业模式挂钩。有些很好的营销案例值得学习，比如汉堡王"卖友求堡"就是一个极致的典型例证。汉堡王曾在 Facebook 上做了一个应用，只要你删除 10 名好友，即可获得一个免费汉堡。被删除的好友会收到一个通知：我为了一个汉堡，从好友中删除了你。"卖友求堡"活动大热，在 23 万好友被删除的情况下，被 Facebook 紧急叫停。

"被信任的信息"还需深入发掘。"被信任的信息"，这个看起来有点玄虚的概念如何能实现切实可行的商业运作，帮助社交网站突破盈利模式的困局呢？这才是真正的难题！

"关系"，值得深度挖掘

互联网 S–I 价值创造模型的提出

基于把互联网作为一个网络社会的视角的思考，我们可以提出一个互联网 S–I 价值创造模型（图 6–3），即 Social Relation & Interest in Value Creation。

图 6–3　互联网 S–I 价值创造模型

在这个模型中，我们可以看到，互联网作为网络社会，围绕着两个核心元素：关系和兴趣。需要管理者们进行社区管理、内容开发以及实时分析，从中筛选出值得信任的信息，然后对这些信息进行分类、挖掘，开发出其商业价值。

"关系"及其商业价值开发：强关系网络的困境

在社交网络诞生之初，就有研究者借鉴社会学方面的研究成果把这些网络划分强关系网络和弱关系网络。强关系网络的特点是用户之间联系紧密，互动频率高，功能上以维持老朋友为主，典型代表是国外的 Facebook 和国内的开心网、人人网；弱关系网络正好相反，功能上以结识新朋友、获取新信息为主，典型代表是国外的 Twitter 和国内的微博。

近期的许多事实表明，强关系网络的发展进入迷茫期，国内外皆然，其中最具代表性的就是 Facebook 被多家唱衰。从 2011 年开始，青少年正在逃离 Facebook 的报道就开始出现。截至 2013 年 4 月底，数据统计表明 Facebook 在英国和美国的活跃用户均在以每月百万量级的数目下滑。以至于 6 月 2 日，知名评论人 BobLefsetz 撰文称"Facebook 就是给老年人玩的"。默多克老先生则在 Facebook 上市一周年之际的 5 月 18 号语重心长地说："大家快来看 Facebook 啊！用户的停留时间正在严重下降，你们可不要学砸在我手里的 My Space 啊。" 国内方面开心网和人人网的衰败早已是不争的事实，无须再引用报道来佐证。

强关系社交网络的发展注定不会一直顺遂，这是由人们的社交心理和最低成本动机决定的，观察以 Facebook 为代表的强关系网络，可以发现它们正在遭遇以下"瓶颈"：①

圈内同质化严重

由于强关系圈内的成员必然具有某种生活、工作或兴趣上的强联系，所分享的话题难以超越圈子本身的属性，时间一长要么无话可说，要么天天说同样的话，用户的新鲜感丧失殆尽，厌倦感随之产生。

原创内容数量下降

大多数普通用户很难持续生产高质量的内容，因而转为最低成本的交流方式。据 Facebook 自己的研究，信息在其平台的传播更加依赖于弱关系而非强关系，这不能不说是一个讽刺。

过强的社交关系引发社交焦虑

用户喜欢分享，但这不意味着希望任何人都看到他的分享。青少年逃离 Facebook，原因除了感觉到 Facebook 不酷之外，还在于对父母"监视"、同学竞争的焦虑。

负面心理导致氛围压抑

2013 年 2 月德国的一项研究显示，1/3 的人在浏览 Facebook 后感觉心情更糟，对生活更加不满。这种情况源于看到好友赤裸裸地显摆帖后所引发的嫉妒心理，其结论是："用户时常感觉 Facebook 氛围压抑，长期来看，这会危及这个社交平台的持续发展。"

---

① 强关系社交网络的迷局［EB/OL］. http://www.meihua.info/knowledge/article/6143，2013.

为什么会这样？

问题的核心在于社交关系的价值。通过网络平台和朋友们保持便捷联系、分享生活瞬间确实具有很高的价值，但这种价值只存在于心理层面。获得最初的满足感之后，朋友们没有兴趣再看你唠叨，你也只能把这些内容作为自己的生活记录（对，就是 timeline！），这就完全脱离了社交网络的初衷。对于强关系社交网络来说，其中的人际关系的价值是随着时间的推移下降的。或者说强关系网络着重于维护存量，难以产生增量，时间和负面因素却会损害存量。

反观 Twitter、微博等弱关系网络就没有类似问题（当然，它们也有自己的问题），这是因为在产品的设计上，弱关系网络与强关系网络创建者具有完全不同的初衷。弱关系网络着眼点于信息的有效传播，社交关系只是促成这一目的的工具。因此弱关系网络普遍展现出较强的媒体属性，在媒体中内容为王，因为内容可以创造新的价值，至少在理论上弱关系网络更容易为用户带来关系与价值的增量。

强弱关系关注重点的分野并非理论上的分析，Facebook 和 Twitter 创始人的言论早已揭示出他们的不同理念。扎克伯格认为社交是一切的中心，威廉姆斯认为内容才是。从深层次来看，这种分野背后是截然不同的哲学：事物的定义源于内在还是外部关系？相信随着时间的推移，这种区别会愈加明显。

尤其具有说服力的是强关系网络的一个反例——LinkedIn，该公司连续两年被福布斯评为美国增长最快的科技公司，其未来 3~5 年的每股收益预期年增长率高达 51%。LinkedIn 的成功源于它对职场社交关系价值的挖掘，使自己成为一流的企业招聘平台。饶是如此，它还收购了新闻阅读应用 Pulse，并通过一系列产品设计展现出增强媒体属性的强烈企图。

图片或视频分享能挽救 Facebook 们吗？

图片应用和图片社交是近期的热门话题，各个社交网站纷纷加强这方面的投入，甚至准备更进一步向视频分享发展。漂亮的图片应用确实会降低内容生产成本，提高用户黏度，然后呢……没有然后了。原因很简单，强关系社交网络的问题不在于用户黏度。把用户黏住只对运营公司有利，它可以更多地依靠流量获得更多收益，却依然无法提升用户自身及社会关系的价值。事实上，图片分享的大面积流行只会降低内容的质量。"咔嚓"一声，一切都有了。不用敲键盘、不用思考，高质量的内容从哪里来？从摄像头来吗？

Tesla 的埃隆·马斯克曾对此发表意见："对于图片分享之类的 Apps，我并不是看不起它们。有许多东西能够带来很少量的价值，有大量的人们在使用，这样就会以某种形式累加起来。和朋友、家人分享是很棒的一件事；如果这一点意味着一家公司有非常高的价值的话，那么好吧。但我认为真正伟大的是如果那些（做图片分享的）人能够进入其他领域，发挥他们的才华。"Twitter 的威廉姆斯更是逆其道而行，把注意力转向了文字，甚至是长篇文字。在威廉姆斯的新玩意儿 Medium.com 中，"为质量而非为流行而优化"才是产品的重心。

从这个角度来看，图片应用不过如同之前的社交游戏、时间线一样，是 Facebook 们把用户摁死在网站上所付出的努力。该努力的最大价值很难超过图片流量给网络造成的负担。一日不重视高质量的原创内容，一日不能增加用户的实际价值，强关系社交网络就只能在求关注、求合体的康庄大道上疲于奔命。

强关系网络的商业价值依然在于内容

社交与内容的关系不是一个新话题。从早期的 BBS 和 MailList 到后来论坛、博客以至当前的社交网络，这个问题贯穿始终。分享与互动本身就是互联网的一个重要特征，分享的是内容，互动则会形成关系。

早期论坛的兴衰无疑都遵循这样一个路线：先有高质量的内容形成内容网络，吸引来大量用户。大量用户建立紧密的圈子形成关系网络，关系网络反过来残害内容网络。于是内容质量下降，论坛价值沦丧，用户逐渐逃离。博客大潮的到来，"内容控"们倒是得到一个清静自在、我行我素的内容生产环境。只是这个环境几乎完全摒弃了社交，写得再好也没人来看，看了也没人理，理了说的也是废话，怎么办？接着逃吧。

媒体属性极强的新浪微博事实上也经历了"社交 V.S. 内容"的挣扎。早期新浪为了吸引用户，采用的是以社交为主的发展路线，在内容上侧重于投其所好，对于质量是丝毫不关心的。因此迅速发展壮大的新浪微博也迅速遭遇发展"瓶颈"，加上微信的冲击，不少用户逃离。好在新浪做出了一定的调整，大号的清理、平台关注度的降低反而使得微博的内容开始沉淀下来，利用微博做真正有价值事情的人逐渐增加。

社交网站的社交只是基础，真正的价值在于 UGC

如果 UGC 只对发布者自己有意义，对于提升他人和关系价值无意义，那么社交网站的困境就不可避免。如果非要选择的话，大多数人更愿意停留在好内容（当然是自己喜欢的好内容）的清静网站，而不是光有朋友没有内容的嘈杂场所。

社区：从客户到企业

巴宝莉：品牌通过社交媒体焕发新的生命力

在利用社交媒体创造商业价值方面，巴宝莉集团（Burberry Group）的实践是一个值得称道的案例。[①]

150多年来，巴宝莉这家奢侈服装公司的成功秘诀就是拥有一下子就能辨认出的品牌以及永恒又不失现代气息的设计。而如今，一种新的决定性要素显露出来：品牌化数字和社交媒体体验。巴宝莉大刀阔斧地重新构思其时装秀，所以今天我们可以看到，巴宝莉以流媒体的方式将时装秀呈现给其在 Facebook 上的粉丝（截至 2012 年 9 月共有 1370 万名粉丝）和 YouTube 上的观众（截至 2012 年 9 月，不重复视频浏览量达 1649 万人次，订阅巴宝莉频道的用户大约为 4.2 万人）。这家公司还与知名社交网站 Twitter 合作，开设了"Tweet 走秀"（Tweetwalk），这一实时内容展示了在 T 台上亮相前夕的新设计。这让巴宝莉在 Twitter 上的关注者（截至 2012 年 9 月数量超过 125 万）有机会得以"先睹为快"。巴宝莉成功地运用这些平台，将时装秀变成了内容丰富的社交经验，吸引着千万粉丝和有兴趣的消费者，而不是寥寥几位业内人士。

正是借助这些举措，巴宝莉牢牢地立在数字和社交媒体领域的最前沿。其他许多公司也同样致力于提升其在社交媒体领域中的形象，加强相关能力。2011 年夏天和秋天，博斯咨询公司（Booz & Company）联合社交企业软件提供商 Buddy Media 对 117 家领先的公司做了一项定量调查，并对资深营销和媒体主管做了一系列详细深入的采访。结果表明：有 40% 的受访公司将社交媒体摆上了 CEO 的议事日程，有 60% 左右的受访公司认为社交媒体是营销方面的重中

---

① 白欣慧. 利用社交媒体创造商业价值 [J]. IT 经理世界，2012，19.

280

之重。78% 的受访公司认为，在社交媒体方面付出的努力能改善营销效果，95% 的公司预计会加大针对社交媒体的投入。

现在，67% 的受访公司将数字营销开支中的 5% 或更少的部分专门投入社交媒体。不过在未来 3 年内，56% 的受访公司预计会将数字营销预算中 10% 或更多的部分投入社交媒体；更有 28% 的公司预计这个数字会超过 20%。

如果公司旨在充分利用社交媒体开支不断增加的这一形势，那么就要加强 3 项重要能力：社区管理能力、内容开发能力和实时分析能力。对于像巴宝莉这样力求创新的公司来说，这些能力常常被结合起来，作为一个相辅相成的体系，在营销职能部门的领导下统一运作。巴宝莉有意注重培养面向数字媒体的这些能力，因而得以与广大粉丝和消费者建立起牢固的、直接的、多平台的关系，从而在品牌树立、产品营销和消费者互动方面带来前所未有的机会。这种致力于将公司品牌和消费者体验实现数字化和社交化的战略深远地改变了这家公司。创意主管克里斯托弗·贝利（Christopher Bailey）说："巴宝莉现在不仅是一家设计公司，还是一家媒体内容公司。"

对各行各业的公司来说，社区管理、内容开发和实时分析为自己与消费者直接联系提供了一条新的途径，因而也为创造商业价值带来了很好的机会。

社区管理

随着许多公司开始在 Facebook、Twitter、YouTube、Google+ 以及最近出现的 Pinterest 上打造品牌，它们很快认识到，建立社交媒体形象只不过是开了个头。社区管理（面对多个平台，召集和接待社交媒体粉丝的方法和技巧）迅速成了一项至关重要的技能。

这项技能对于建立一个健康、活跃、不断壮大的社交媒体社区来说至关重要。此外，一旦访客变成粉丝，公司就有责任倾听他们的声音，并且以"随时在线"的体验回馈他们的付出。管理实时社区需要具备一些专长，包括倾听粉丝们反映的意见；组织并监管编辑工作；确保品牌的主旨和形象一致连贯；对照业务目标和品牌目标，评估品牌活动取得的效果和积极创新，预测品牌的广大粉丝接下来会使用什么样的内容、工具或数字媒体平台。

这些新的要求同时带来了问题，这不足为奇。大约 50% 的受访公司表示，自己缺少足够的社区管理资源，这是社交媒体方面取得成功的一大障碍；55% 的受访公司担心，自己会对品牌传达的信息失去控制权。一家知名服装品牌公司的高级主管特别指出："你要做到 24×7 随时'待命'。你要随时回应顾客。顾客的问题会迅速层层上报，你可能被使用社交媒体的某个人扣为人质。"

因此，许多公司在四处物色，招聘能够帮助管理影响重大的社区的人才。

社区管理专业人员既是品牌负责人，又是主要倾听者，还是品牌的超级粉丝，他们始终是"指挥中心"，负责把各种技能运用到实际工作中。社区管理是一项动态的、复杂的、需要大量人员的工作，需要结合分析专长和创意专长。

内容开发

为了打造强大的内容开发能力，公司要经常重新考虑客户沟通和营销活动的做法。据一家知名饮料营销商称："以前的品牌经理只操心电视这一块，现在的品牌经理得从社交媒体方面考虑开展的每项工作。他们有没有足够的可以与社区共享的内容？"

传统的广告内容，其目的常常是冲着品牌意识或品牌再现，而社交媒体关注的则是可以共享的、注重参与的内容，这种内容可以促进消费者交互，让消费者参与品牌叙事（brand storytelling），并与之联系起来。一个生动、有力的例子是耐克的绿茵争程（"The Chance"），这项以 Facebook 和 YouTube 为中心的国际比赛由知名广告公司雅酷（AKQA）策划。在 8 个月内，来自 40 个国家的 7.5 万名尚未被发掘的年轻足球运动员同场竞技，争相与耐克足球学院签订一份改变人生的合同。耐克鼓励满怀抱负的球员报名参赛，在网上通过视频和照片宣传自己，以便吸引广大粉丝。耐克和雅酷把注意力集中在适用于每一项竞技运动的消费者洞察：运动员都希望有机会与最厉害的对手过招。社交媒体让耐克得以将范围扩大到全世界，为数百万运动员打造一种引人入胜的数字媒体体验。正如雅酷主席兼创始人阿贾兹·阿梅德（Ajaz Ahmed）解释的："想传达'想做就做'（Just Do It）的意思，没有比让球员变得更优秀、给予最好的奖励更合适的方法了。"

领先的社交媒体团队正采取措施培养出版商所具有的能力：就像媒体公司那样，通过价值很高的内容竞相获得消费者的注意、互动和忠诚。许多营销人员表示，他们打算不遗余力地增加内容开发工作人员。调查发现，在有专门社交媒体工作人员的公司中，49%拥有自己的创意人才，另有 35%在积极组建内容开发团队。在打算一年内聘请社交媒体人才的那些公司中，72%认为招聘创意人才（制作和编辑人员）是优先考虑的事情，比招聘其他人才还要重要。

实时分析

营销人员越来越需要实时了解自己的受众和内容产生的影响，以便了解在社交媒体方面开展的工作方向是否对头。想了解这方面的信息，成熟可靠、精心设计的分析工具和度量指标至关重要。

社交媒体分析工具的实时功能通常是经历 4 个阶段成熟起来的，每个阶段越来越复杂。第一个阶段是评估品牌覆盖范围。在这个阶段，营销人员需了解品牌在社交领域的规模，知道自己有多少粉丝、关注者、用户、访客以及他们的浏览量。第二个阶段是跟踪顾客互动。营销人员不能仅仅满足于简单的统计，还要分析什么因素促使顾客参与在线社区，并且制造声势；分析哪几种可以共享的内容效果最好。比如说，他们要潜心研究留言评论、共享内容、视频播放、注册及其他用户活动的模式。第三个阶段是分析品牌客户支持。这里，营销人员需要搞清楚粉丝的哪些行为与品牌承诺、品牌相关性、品牌权威性和社会资本有关，比如写一些推荐性评论；目的是知道哪些用户在推动品牌交互以及品牌认知，哪些用户是品牌"造势者"，能够吸引其他粉丝和用户参与品牌交互，并且给品牌行为带来积极的影响。第四个阶段是计算投资回报率。最先进的公司力图利用社交媒体分析工具实现战略性业务目标。调查显示，如今只有约 40% 的公司落实了度量指标，衡量侧重于投资回报率方面的关键绩效指标，比如购买意向、线索、转化率或实际销售额。企业界的几个开路先锋已经证明了这一点：社交媒体能够给业务带来重大的影响——换句话说，它们正把"赞"（likes）和"粉丝"（fans）变成实实在在的价值。比如说，可口可乐公司整合营销传播高级副总裁温迪·克拉克（Wendy Clark）曾公开透露，这家饮料业巨擘的社交媒体分析能力非常先进，可口可乐的社交媒体粉丝进行消费的可能性是非粉丝的两倍，购买可口可乐的可能性更是后者的 10 倍。

巴宝莉公司认为，社交媒体带来了大好的机会，让公司可以直接第一时间了解消费者信息，进而有助于品牌树立、客户服务和产品开发。由于 56% 的受访公司在大力投资，积极提高来自社交媒体的这些消费者信息的质量和数量，因此这项分析能力应该会变得越来越强大。

随着更多的公司日益完善对社交媒体的使用方法，这种更具动态性的营销方法会显著改变它们将品牌与消费者相联系的方式。如果能培养这些独特的能力，公司将不仅可以为顾客营造丰富新颖的社交媒体体验，还可以像巴宝莉那样，成功改造组织，发掘领先市场的能力。

巴宝莉等公司的案例是将互联网网络社会属性中的"兴趣"这个元素进行了极致开发。通过对兴趣图谱所聚拢的粉丝进行社区管理、内容开发与信息实时分析，开发出高质量的"被信任信息"，并进一步对用户反馈信息进行分类、挖掘，挖掘出信息的商业价值。

腾讯：社交平台的商业价值变现

腾讯社会化营销平台的开放式进化

2012 年 3 月，腾讯社区开放平台上线。接着，腾讯社会化营销平台上线——中国最大社交平台将在营销方面全面开放，其中备受关注的 QQ 空间和腾讯微博将全面融合。

"腾讯社会化营销平台的上线，是腾讯社交化变革最主要的动作。"腾讯对外表示。

腾讯社会化营销平台的核心是开放，目的是让腾讯的用户成为广告主的客户。其社会化开放战略有 3 个维度，即平台、工具以及数据的开放。

平台：平台开放之后，为广告主带来的是对粉丝的巨大曝光。腾讯认为，腾讯社会化营销平台内外开放是全网范围内的最大曝光和最大粉丝覆盖，同时满足了多样化、个性化社交营销需求。

工具：平台的开放给出了一个大前提，而广告主还需要找到一个管理与优化粉丝的工具，通过腾讯的社会化平台赢得品牌的好口碑。工具开放的主要价值体现在，帮助提升粉丝活跃度，塑造品牌口碑和形成二次传播效应。

数据：开放战略的第三个维度是数据开放。腾讯提供用户属性、行为分析与效果分析，实现精准和高效的广告投放。

腾讯此次推出社交广告系统，把内部最优质的流量对外开放，或将改善互联网营销的生态环境，同时也会给互联网创业者带去有力的支持。

值得一提的是，QQ 空间的开放平台和微博的微空间都已经开始为第三方提供开放式的自主营销服务。而腾讯已经借助 Discuz 等平台覆盖的众多社区建立广泛的社交广告联盟。

同时，顺应社交化的趋势，腾讯网还着力于向社交集成、产品智能、资讯交互 3 个方向发展，腾讯微博朝着展现智能化、内容简约化等方向发展，腾讯视频朝着移动化和社会化发展。

2011 年，Facebook 创造了 40 亿美元的收入，据相关数据显示，在美国社交平台的流量和用户时间均已经和搜索引擎并驾齐驱。社会化营销的价值需要继续挖掘——至少对腾讯来说必须要这样。"不少财务投行认为，我们流量的商业价值没有被更好地应用起来。"腾讯网络媒体业务系统总裁刘胜义表示。腾讯即将通过一场社交变革整合社会化媒体和社交网络资源，打造一个集用户、产品、技术和方法论于一体的"社会化营销平台"。

专栏 微空间打通腾讯微博与 QQ 空间

实际上，腾讯存在 QQ 空间和腾讯微博两大社交平台，并分属腾讯两个不同的业务系统。在腾讯的业务体系中，QQ 空间属于互联网业务系统，其商业模式聚焦于个人用户，比如在其盈利来源项中就有以小额支付为途径的互联网增值业务。

另外，腾讯微博与腾讯网、腾讯视频一同都归属于腾讯的网媒业务系统，长期专注于针对广告主的在线广告市场，商业模式上以 toB 为核心，而且拓展广告客户市场一直是网媒业务的核心。

QQ 空间与腾讯微博是两种不同的定位，其运作路径也迥然不同。那么，如何实现两者的有机兼容呢？社会化媒体和社交网络的兴起让两大系统在商业模式上的融合成为可能，腾讯微博可以说是融合的开始。衍生于腾讯网媒业务的腾讯微博实际上面对的是个人用户市场，但是又兼具社交的自媒体特色。2011 年，腾讯微博率先和 QQ 空间打通，两大业务平台携手为个人用户提供兼具媒体和社交功能的服务。现在，两大平台在社交营销系统方面全面打通。

这种打通体现在：在腾讯社会化营销平台的设计中，社交广告可以同时投放在 QQ 空间和微博上；QQ 空间和微博上的社交广告可以选择链接到企业微空间，也可以到 QQ 认证空间。而在功能上，两者能实现内容互通，双方的模块之间能够互通；在权限上，用户管理的后台能实现互通。在不断打通与融合的操作下，腾讯社会化系统中 toB 和 toC 的界限更加模糊，全新的市场空间因此被打开了：微空间。

通过将微博平台与 QQ 空间、IM 等众多优质平台打通，"微空间"旨在为企业提供一个基于用户泛关系链营销的全平台社会化 CRM 工具。腾讯微博事业部总经理邢宏宇表示："通过微空间这一社会化 CRM 工具，企业将能精准洞察并把握用户舆论走势与网络行为轨迹。从而为建立良好、顺畅的社会化客户沟通与客户管理奠定基础。此外，微空间还将会通过与企业 QQ、Qzone 认证空间的逐步整合，借势腾讯全平台开放战略，协助企业在微博平台上实现多重网络应用与平台的无障碍接入，为企业搭建一站式社会化 CRM 营销新平台。"

腾讯"微空间"属于一款企业营销级别的产品，因此在产品特点上充分考虑了企业在营销过程中对品牌知名度、互动、口碑、销售等多维需求。

在后台为企业提供了个性化定制、热点关键词订阅、数据分析报告、舆情监控等实用功能。在微博与 QQ 空间被打通后，企业在微空间发布的微博信息可引来更多用户围观与分享，从而实现品牌信息的裂变式传播。

对于腾讯来说，让渡是手段，共赢才是目的。随着社会化变革概念的日益普及，广告主对社会化营销有了更多更高的要求，他们希望利用腾讯社会化营销平台上好友间的关系链条，进行互动和口碑传播品牌，从而扩大品牌的影响力并拉近品牌与用户的关系。

强弱关系链互相配合，品牌传播最大化[①]

案例 宝洁、奥利奥

宝洁将伦敦奥运会的市场营销项目定为"为母亲喝彩"，并联合腾讯作为其互联网战略合作伙伴。宝洁公司的目的很明确，就是希望通过腾讯网、腾讯视频、腾讯 QQ、腾讯微博等腾讯社会化媒体平台，在伦敦奥运的助推下将"为母亲喝彩"的活动推广到全国消费者当中。

在很多业内人士眼中，腾讯社会化营销平台最大的优势之一就是多年沉淀下来的社交关系链。就社交广告而言，基于 IM 强关系链的老用户社交圈，对于真实好友的推荐更有信任感，品牌的美誉度会更高；与此同时，基于微博的弱关系链互动不断产生新的社交圈，病毒式的扩散会更快。

由此，腾讯社会化营销平台的新关系链推荐机制也能够保证品牌点击率会有大幅度的提升。

快消品牌奥利奥看到了腾讯社会化营销平台的这一优势。从 2011 年 3 月开始，为了进一步提升品牌知名度，扩大奥利奥在饼干市场上的占有率，并且让用户熟记奥利奥推崇的食用习惯，奥利奥借助腾讯社会化营销平台发动了一个"童真时刻齐分享"的社会化营销战役，由此引导用户感受奥利奥的童真时刻。

当时腾讯给出了一个基于 QQ 空间，即 Qzone 平台的关系链解决方案。通过"魔方日记"这一创意的提出，腾讯设计了"童真时刻在线互动——齐分享传播平台——关系圈 SNS 扩大传播"这 3 个基本环节，从而最终让奥利奥植根于消费者的日常生活中，从而增强了用户对奥利奥品牌的选择

---

① 麻震敏，冯利芳. 社交 + 关系链商业价值变现［EB/OL］. http://bschool.hexun.com/2012-04-10.

偏爱。

腾讯根据妈妈用日志记录孩子成长的网络行为，开创性地打造了"魔方日记"首例合作案例，"魔方日记"自动出现在 QQ 空间用户使用最多的写日志板块，用户可直接使用。

通过精准的媒介平台无缝覆盖妈妈受众，并利用姚明的童真日志引爆关注；QQ 空间用户选择奥利奥模板写下 3000 万篇"魔方日记"，每个参与活动的 QQ 空间用户平均完成 1.5 篇奥利奥魔方日记，在 54% 的女性用户中，有 50% 的用户为妈妈受众。

其实这个案例中最值得一提的是，基于腾讯社交关系链的好友点名活动。腾讯认为，通过用户好友点名的方式形成人际传播，展示真实用户关系网的强大影响力，让奥利奥迅速渗透到用户的好友关系圈，让用户成为奥利奥的自主传播者，通过社会化影响力拓展品牌。腾讯给出的数据显示，"魔方日记"好友点名数量超过 1900 万，体现出了腾讯在关系链上的绝对优势。

数据库的社交化运营：用户变客户

案例 耐克

实际上，除了关系链，腾讯社会化营销平台的另一大法宝就是庞大的数据库，不难发现，积累多年的数据挖掘技术在腾讯社会化营销平台中处处可见，除了基础的年龄、性别、地域，还有上网场景等维度的定向。广告主不仅可以进行用户属性分析，而且对用户的行为也能进行有效把握，比如用户的互动行为数据的挖掘，像发微博、参与活动、用户接触点分析，等等。

其实对于腾讯来说，用户数据挖掘是一个敏感的问题，毕竟涉及亿万用户的信息安全。腾讯给出的方案是，对于客户要求的精准广告，腾讯开放平台不提供给客户直接的用户数据，而是提供准确的用户画像，即说清楚用户是那样一群人。很多人认为，所谓给用户加标签或给用户"画像"，与传统的依赖关键字的搜索广告仍无根本差异。但腾讯的刘胜义认为，之前的广告解决的是"知名度"问题，而社交网络广告解决的是"可信度"以及"可爱度"问题。

腾讯将用户数据进行了分层保护，底层数据和基础用户信息不做商业化处理。他们认为，倡导客户精心化运营，倡导"通过社交化运营获得的

用户才是客户自己的"。

在成本方面，腾讯社交广告点击成本平均低于业内40%以上；注册成本则平均低于目前的60%。在引流方面则是达到日引流百万以上。

腾讯的社交广告系统在打通QQ空间和腾讯微博后，根据Bshare等机构的第三方分享数据，已经成为全网最大、最活跃的社交网络。这为广告主的营销效果提供了保证。

耐克作为运动品牌的领导者，在2011年提出"用运动"精神，并发起全民"超级运动大挑战"，在互联网中，如何为这场运动盛事造势呢？又如何动员全体网民一起加入并实践"用运动"精神呢？腾讯作为主要合作伙伴，帮助耐克动员三大平台，例如腾讯QQ、腾讯空间以及腾讯微博用户一起参与，由三大平台的常用入口，让用户每天能够便捷地进入活动站，通过超强的关系链传播加上持续的互动性，使用户体验到了从运动菜鸟变成高手的过程。

目前，基于社交网络的广告营收已经有了明显的增长势头，随着变革的不断深入，社交广告的高成长态势将继续，营收的增长会和流量、用户数的增长相一致，未来的市场空间值得期待。

通过全新构建的营销方法论对腾讯MIND营销理念进行全面升级，腾讯社会化营销平台为广告主的营销效果提供了重要的方法论和效果衡量标准，亦给广告主第三方带来实际的效果。更精准的广告，打通后的腾讯多平台，沉淀了互动营销用户，并挖掘用户再次营销价值，提高ROI。

开放营销平台网络游戏大受益

案例　上海恺英、"空中花园"、Zynga

对游戏、电商等效果类广告主而言，腾讯社会化营销平台更加强调赋予他们一定的广告管理自主权。通过一定的赋权与价值让渡，腾讯开放平台的社交广告让很多注重直接效果的广告主灵活制定投放策略，不断提升广告精准定向能力和病毒营销能力，大大缩减社交游戏开发商收支平衡周期，进一步提升了ROI。

上海恺英是国内知名的社区游戏开发商。在恺英，有专门的推广团队去研究腾讯平台社交广告及其病毒营销辐射力。《最武侠》的转化率一直保持在60%以上，《神马三国》安装成本曾一度低到0.3元，各款游戏的平均点击率都高于市场平均水平两倍以上。

实际上，恺英网络并非社交游戏的个例，VNG 公司和北京奇快娱动共同在腾讯的开放平台上重点推广一款名为"空中花园"的游戏，自接入腾讯开放平台以来，其用户数量以及活跃用户数获得显著增长。春节期间，"空中花园"进行社交广告试投，获得日均 70% 的安装率，而这个比率远高于行业平均水平，通过社交广告的病毒传播影响，每天获数量高达 5 万的新用户。点击成本以及安装成本均大大低于行业平均水平。

广告主自主性的提升不仅有利于提高企业营销活动运作的灵活性，让企业的营销传播实现个性化操作，而且腾讯社会化营销平台数据、工具的开放，让企业有了自己的"责任田"。企业通过数据采集、语义分析等技术进行用户的数据挖掘，制定出更加科学有效的推广策略。

就拿 Zynga 来说，它根据不同的节日和突发热点策划了各种应时的广告版本，比如圣诞版、情人节版、穿越版以及根据电影《亲密敌人》制作了一系列的主题营销。它还依托于腾讯社会化营销平台强大的数据采集和分析系统，不断去完善和调整主题活动，通过科学的规划与执行，《星佳城市》的点击率远高于业界平均水平，非常精准地定位到目标用户，取得了较高的 ROI 水平。

电商行业高 ROI 回报与精准营销

案例 美丽说、蘑菇街、韩都衣舍

电商网站是腾讯社会化营销平台的重点开放对象之一，腾讯通过管理和营销工具的开放能帮助电商网站提升平台粉丝的活跃度与忠诚度，让更多的粉丝使用口碑和二次传播，最终让腾讯平台的粉丝沉淀为品牌价值与实实在在的销售。

时尚购物分享社区美丽说和蘑菇街通过开放平台社交广告找到了和品牌精神高度契合的用户群体，并不断在同兴趣好友关系中辐射。伴随社交广告系统精准度和病毒传播能力的不断提升，美丽说和蘑菇街的广告点击率均高出行业水平数倍；注册成本低于传统渠道 50% 以上，低于搜索引擎 80% 以上。

对 C2C 卖家而言，高 ROI 的回报更是迫在眉睫。2012 年，韩都衣舍选择腾讯开放平台社交广告，通过定向年轻女性消费者，精准定位和社区关系链传播，点击率超过 1%，ROI 超过 5。

现在结论再明显不过了：腾讯社会化营销平台将开启全新精准效果广

告模式，越来越多的商家涌入也证明商家对全新的效果广告模式的认可和渴求。社会化营销平台将在精准投放能力和关系链传播辐射力上持续提升，社会化营销的长尾效应蓄势待发，新的营收潜力即将引爆。

正如马化腾在《互联网开放平台白皮书》所说的那样："互联网的魅力在于永远充满了可能性，永远没有后来者。机会就在眼前，只要你有足够的创意，有足够感知市场的能力。"

企业级应用：社交创造新价值

美国著名未来学家约翰奈斯比特曾经说过："未来的竞争将是管理的竞争，竞争的焦点在于每个社会组织内部成员之间及其与外部组织的有效沟通上。"

在当前日益激烈的商业竞争环境中，现代企业需要以最快的速度应对复杂的市场需求，最大限度地发展和利用各种商务关系，无缝地衔接各种业务流程。与此同时，商业体系却越来越复杂，工作方式越来越具有流动性和移动性，客户越来越分散，上、下游伙伴的联系越来越紧密，但地理位置却越来越分散。这无疑对企业实时、有效的沟通与协作提出了更高的要求。

随着近年来互联网技术与应用的快速发展，尤其是移动互联网、SNS、云计算的发展与应用，以及由国际 Twitter、Facebook，国内开放式微博等一系列 SNS 社交网络所引发的 SNS 社交热正在向我们生活和工作进行纵深渗透。

不可否认，社交网络正在改变着人们交往的方式，也在慢慢改变着人们的生活。如今这种改变已经渗透到了商务领域。"企业社交网络""企业社交""社交化企业"的概念也应运而生。在此基础上，国外 Yammer 和国内的金蝶等许多企业已推出了企业社交网络。

IBM：社交商务，对企业应用的新变革①

2011 年 2 月 1 日，IBM Lotusphere 2011 在美国奥兰多举行，在此次大会上，IBM 创新性地提出了"Social Business"（社交商务）的概念——社交商务（Social Business）的出现将是堪比电子商务（E-Business）的一场商业变革。

IBM 的社交商务理念。为获得 5000 万名用户，广播用了 38 年时间，电视

---

① 丁常彦. IBM：社交网络时代企业如何让商务更生活 ［EB/OL］. http：//soft.cuinabyte.com/338/11840358.shtml，2011-03-02.

用了 14 年，互联网用了 4 年时间，而 Facebook 只用了 9 个月时间。IBM 社交商务暨协作解决方案全球副总裁 Mark Guerinot 表示："社交网络带来了一场令人难以置信的变革。"这场变革给企业带来了压力，企业需要更快速地与客户沟通，用更专业的知识为客户服务。

自 IBM 提出社交商务理念以来，"Get Social，Do Business（用社交，做商务）"即成为社交商务的主题。如今，微博、微信等社交网络应用越来越多地被当作人们获取信息、沟通、交友的常用工具，那么社交网络对企业意味着什么？如何用社交做商务呢？

在社交网络的作用下，CEC（首席执行客户）变得越来越名副其实。客户可以轻而易举地通过社交软件影响企业，影响企业的生产、销售、服务等全部流程。反过来，企业也意识到必须有所改变，更为积极地利用社交软件改善客户体验，为客户服务。据 IBM 全球首席营销官（CMO）调研显示，82%的首席营销官计划在今后 3~5 年内更多地使用社交媒体与客户进行沟通与交流。

2013 年 4 月的 IDC 研究报告显示，IBM 已经连续 4 年在全球企业社交软件市场中处于领先位置。IBM 如何看待社交软件对企业的影响呢？在"2013 IBM 移动社交商务高端峰会"上，Mark Guerinot 表示："凭借社交商务，企业一方面可以打造更为智慧的工作团队，另一方面可以创造更为卓越的用户体验。"

Mark Guerinot 认为，客户体验包括两个方面：一方面是企业从外部为客户提供服务；另一方面是在企业内部，员工可以获得有效的工具和正确的信息，从而完成业务目标并为客户服务。

Mark Guerinot 说："我们推出了 IBM Notes and Domino 9.0 社交版，它为用户提供了一系列融合的社交化体验。通过内嵌用户体验模式，将 IBM 提供的广泛的社交能力展现在 Notes/Domino 环境中，大幅度提高了用户融入企业社交环境的能力。"通过将企业的业务信息流程与邮件、流程处理紧密结合，极高地提升了业务处理的效率。这就为企业的营销、开发、人力资源等部门的一线业务人员提供了访问所有协作工具的单一接入点，促使其创建更为有效的工作团队。

从招聘到激励，打造智慧团队。正如 Mark Guerinot 所说，企业的社交商务之旅是将内部与外部整合，从客户服务到团队建设皆有显著提升的过程，二者相互作用，不可分割。Mark Guerinot 认为，要通过社交商务和人才管理打造更为智慧的团队，首先要识别并训练合适的人才，然后让员工进行持续的合作、分享和实践，最后在客户参与的情况下让员工获得洞察力并快速行动。

2012 年 12 月，IBM 宣布收购提供招聘、培训、绩效等人力资源管理方案的供应商 Kenexa，就是为了帮助企业更好地实现内部协作能力和团队建设的提升。Kenexa 提供深度行为分析学方法，帮助企业更好地吸引和激励人才。IBM

则可以通过包括 Kenexa 在内的社交商务平台，帮助企业打造智慧团队。

随后，IBM 还推出基于 Web 的社交网络环境，它将 IBM 企业社交网络平台与 Kenexa 的解决方案相融合。IBM 员工体验套件则可以帮助人力资源主管吸纳更多与企业文化相适应，并可真正为公司业绩做出贡献的各类人才。

强化移动完善社交商务平台。值得一提的是，"社交商务"这个理念与"移动"二字更加紧密相连。IBM 收购了 Worklight、Tealeaf 等公司，并声称 IBM 社交商务平台的移动能力将进一步增强。

目前，部分企业已经开始探索将社交商务能力整合到核心业务流程之中。企业对社交商务的认识已经逐渐从获取信息、业务上的锦上添花到深刻变革企业的流程和文化，使企业内、外部有效整合。很多企业已经通过部署社交商务解决方案实现了构建智慧的团队、打造卓越客户体验的目标。在 IBM 为企业提供的完整社交商务平台中，就包括了社交网络、社交分析、社交内容、社交整合 4 个维度，将人员、内容、数据等各方面资源有效连接起来，以满足企业不断增长的业务需求。

IBM 社交商务的应用案例：新奥集团，覆盖万人的社交网络协作。新奥集团经历了 2004 年到 2006 年基于 OA、邮件、即时通信的基本沟通协作阶段，2007 年到 2011 年基于行政、财务、业务等管控流程、企业搜索的流程管控和知识管理阶段，到 2012 年进入社交网络协作阶段。

新奥集团第一个阶段实现的是人与人、人与企业之间的基本沟通协作，第二个阶段实现的是基于流程的管理协作，而第三个阶段则要实现人与人的知识协作、多对多的社交化网状协作。

新奥集团作为一个集团型企业，涉及能源分销、智能能源、太阳能源、能源化工等产业。截至 2012 年 12 月，集团拥有员工 3 万人，100 多家全资、控股公司分布于国内 20 余个省份及亚洲、欧洲、美洲、大洋洲等地区，总资产超过 600 亿元。为了提升集团员工的协作能力，新奥集团建立了名为 COME 的实名制社区，目前已有 10770 个用户。其中既有工作类社区，又有由员工自发组织的非工作类社区。新奥集团高管称："我们希望整合分散的系统，把员工聚合在一起。不光是通过工作聚合，还要通过兴趣调动他们的主动性，发挥他们的潜在价值来做事情。"

新奥已经在集团层面和专业系统层面对社交商务平台做了整合，由于成员企业众多，完全部署还需要一个过程。据了解，新奥集团应用了 IBM Notes、IBM Sametime、IBM Traveler 以及 IBM Portal 等诸多产品实现了企业内部的协作、移动化以及门户整合。

新奥集团称目前在社交方面的主要工作集中在企业内部，未来将逐渐拓展

到企业外部，利用社交的手段为客户服务。

其他典型的企业社交网络

企明岛。企明岛是专业的企业社会化协作平台，以"平台＋应用"的理念满足企业多样化的业务需求，不仅能解决企业内部沟通、协作的问题，还能帮助企业解决办公、项目管理、客户关系管理等具体业务问题，让企业不用花费精力管理多套系统，极大地降低了资金和人力成本；同时，把互联网的先进理念和优秀的用户体验引入企业中，调动员工的积极性，打破沟通壁垒，从而达到提高工作效率的目的。通过先进的移动开发技术，提供 iOS、Android、Mac、Windows 客户端，让用户随时随地掌控业务动态，使移动办公和远程协作更加便捷。

iWorker 工作家。iWorker 是国内首创的社交化任务管理工具，由深圳工作家网络科技有限公司提供。iWorker 集多年信息化与互联网经验之结晶，构筑了一个聚焦任务管理的企业社交网络，为提升企业执行力而服务。

目前，iWorker 拥有包括团队微信和团队微博在内的 2.0 沟通平台，为企业搭建了私密的工作沟通和分享空间，以及任务、日程、客户、项目、签到、报销、请假等多项结合社交网络与企业管理的应用功能。任务管理是 iWorker 工作家的核心功能，将企业（团队）任务划分为日常任务、项目任务、流程任务、客户任务等，进行精细化全过程管理和考核，使得企业战略能通过对日常工作的有效监控而达成。

UU 企业社区。UU 企业社区是一个企业社交网络平台，其所提供的"Facebook＋Yammer＋ERP"的企业社交模式是当前中国乃至全球最完整的企业社交模式。在社会化网络架构的基础上，融合了企业 2.0 理念。通过企业社区可实现企业与企业、企业与人、人与人的沟通、协同、交易等社会化商业活动；通过企业空间可帮助企业建立全新的以人为中心的社交管理模式，实现更加高效、透明、便捷的沟通与协作；通过应用中心（App Store）聚合众多 ISV，为企业和个人提供管理、电子商务、全员协同、客户互动、社会化营销等方面的云应用服务。它把众多企业、组织、个人的资源高效聚合，构建出社会化企业全新的商业和运营模式，打造出高客户价值的企业社交平台。

云之家。"云之家"是由金蝶集团提供的一项企业社交网络服务，寓意为客户构建"云端之家"，通过云技术和社交网络，为企业打造温馨和谐的内部社交化工作空间，使需要协作的员工更方便、更有效地进行交流与分享，降低沟通成本，提高工作效率，帮助企业获得成功。

社交企业。社交企业是国内市场份额第一的企业社交网络平台。"社交企业"基于云计算 2.0 技术，既是一款全新的协作应用程序，也是构建协作应用程序的社交管理平台。它集企业微博、即时通信工具、OA、CRM 等企业软件于一体，在平台中员工可以分享心得、交流沟通、传递文件、查阅信息、递交审批，是一个完全可以取代传统 OA 的新一代企业社交管理平台。

Yammer。Yammer 是 2008 年 9 月推出的一项企业社会化网络服务，但随着 Yammer 平台功能和应用程序的逐渐增多，令 Yammer 不再仅是一个通信平台。这些新的应用程序包括投票、聊天、活动、链接、主题、问答、想法，等等。它提供的 Activity Feed（活动源）可以聚合同事们在所有企业应用程序中的活动，而且用户还可以对内容进行关注。

Crowdroid for Business。这是基于移动终端的微博型企业社交系统，支持日文、中文、英文 3 种语言，而且为外资企业或进军海外市场的企业提供了最合适的简易翻译功能。微博不仅可以轻松地发布和获取文本信息，还可以附上图片和附件一起发送，消除了只通过邮件或只通过聊天这种不顺手的 N∶N 的沟通方式，使得把握企业内部的实时状况变得更容易。

Linkwedo。Linkwedo 致力于做"高响应、高要求"的企业全面经营管理工具。借助移动端和互联网应用，独创的信息展现方式——活动流，简单易用，用灵活的活动流来促进工作执行和企业管理，抓住了工作场景中"人—事情—时间"这 3 个要素。它提供了泛项目化的管理工具和强大的信息分类整理功能，为企业提高执行力提供了切实可行的方法。

i8 小时平台。i8 小时是一款社交型 OA 产品，其社交平台技术、灵活的工作流和移动办公支持可帮助企业实现沟通、管理、协作的统一，超越了传统 OA 的概念。

这样的平台可实现快速部署，支持流程自主设计，并可随组织的变化随心调整。让管理与文化融合，办公随时随地、无限畅通。i8 小时企业社交云办公平台强调企业员工之间、上下级之间的沟通。通过"侃侃社区""投票"与"群组"用透明的方式跨层次传递企业信息，打通上下级之间的沟通障碍，增进企业和员工的感情与同事之间的协作。同时，它提供 Android 版、App 版以及电脑客户端，与主站实时同步，形成一体化的信息管理机制。

微洽。微洽是免费的企业社交化工作平台，由企业社交网络（ESN）、社交化应用软件（Apps）、多操作终端（PC、PAD、Mobile）及云端服务（Cloud Services）构成。通过提供建立在阿里云平台上安全、私密的企业专属社交网络以及 SaaS 模式的各类应用软件服务，用户可以在各种终端随时随地进行更加有效的工作沟通、协作和分享。

第七章

体验新威力：

刷新管理
思维的权威

"互联网和传统企业正在加速融合，互联网产业最大的机会在于发挥自身的网络优势、技术优势、管理优势等，去提升、改造线下的传统产业，改变原有的产业发展节奏、建立起新的游戏规则。"——百度李彦宏

冲击：传统行业大震动

互联网思维冲击传统行业

互联网企业进军传统行业，正逐渐成为业界的共识。传统行业正在以裂变的速度接受着新一轮互联网浪潮的冲击。我们可以把已经或即将明显受到互联网冲击的传统行业拉出一长串名单：零售业、制造业、通信业、金融业、教育行业、出版业、广告业、新闻业、物流业、酒店与旅游行业、餐饮业、保险业、医疗业、电视节目行业、电影行业，等等。可以说，移动互联网浪潮正在改变并颠覆着当下的经济与生活。无论是旅游、租车、零售等典型消费经济，还是电信、金融、传媒、房产、医疗等传统高壁垒行业，在移动互联网的冲击下也开始了变革。

互联网最有价值之处不在于自己生产很多新东西，而在于对已有行业的潜力再次挖掘，用互联网的思维去重新提升传统行业。正如李彦宏所指出的："互联网和传统企业正在加速融合，互联网产业最大的机会在于发挥自身的网络优势、技术优势、管理优势等，去提升、改造线下的传统产业，改变原有的产业发展节奏、建立起新的游戏规则。"

也有越来越多的创业成功者开始认为，作为 IT 精英的创业者们应该"降级"去传统行业发现机会。比如，一个国际化高端大气的跨国公司 IT 工程师，"利用他在 IT 界训练出来的高效工作方式和逻辑思维能力，他可以掀起一场养猪行业的革命，使得 20 年后才会出现人性、高效、开放、协作、健康的养殖方式提前到达"。

当大量的 IT 创业青年还在为网站的转化率、APP 的活跃度而辗转反侧的时候，可能更需要沐浴互联网阳光的是按摩店、餐饮店、烧烤店、早餐店、美容美发店、花店、纺织店、成人用品店、个人护理店、汽车修理店……这些与个

人生活息息相关信息化程度却又很低的行业假如能够与互联网相结合，一定能够迸发出最接地气的应用，为消费者奉献上最智慧的产品、最优质的服务。

互联网思维对传统企业经营的主要影响

应当说，"互联网思维"所涵盖的一切都是对传统的工业化思维的颠覆。工业时代是以大规模生产、大规模销售和大规模传播为标志的。尽管企业也会根据市场反馈进行调整，但是有一个比较缓慢的周期。而在互联网时代，传统销售与传播环节已经变得不再重要，企业将直接面对消费者，消费者反客为主，拥有了消费主权，企业必须以更廉价的方式、更快的速度以及更好的产品与服务满足消费者需求，"顾客是上帝"不仅仅是一种服务概念，甚至是整个设计生产销售链条的原则。

我们谈了很多所谓什么是"互联网思维"，大家更关心的可能是互联网思维在传统企业的管理应用。但是，在探讨互联网思维在传统企业的管理应用之前，我们还需要搞清楚一个问题："互联网思维对传统企业的经营，有哪些主要影响？"明白了这个问题，也就明白了互联网思维为什么可以制胜传统后工业时代，在运用互联网思维管理传统企业的时候才能找准改造方向，找对评判标准。

在中国，阿里巴巴（淘宝）、小米等成功地改变了传统的销售渠道和营销方式，这在很大程度上是因为中国的销售成本太高。图书出版业与金融业正在遭遇相同的挑战，尤其是以数据为载体的金融业，以传统银行的低效服务与过高成本，最容易被互联网颠覆。在中国这种颠覆如此激烈，是因为传统模式非常低效，成本过高，产品和服务缺乏以人为本的理念等。而在美国，由于传统行业本身效率比较高，服务比较好，所以很多行业并没有出现像中国如此剧烈的冲击。也正因为如此，在中国，互联网对传统行业的影响首先体现在边际成本的快速下降。

相对极低的边际成本是最早从互联网渗入传统行业中的特征思维，最主要的体现就是多年前就明确的"轻模式"，那些真正在服装、电子、商贸、金融等传统行业中具有互联网思维颠覆性的企业，其首要的表现都在于产品与客户开发上，相对于传统极低的边际成本，以及由此相伴的目标客户群覆盖面与接待能力的扩增红利。

这是互联网思维能够带给传统企业的第一个关键影响：相对极低的边际成本。

传统企业最大的特征是信息被动提供导致的信息不对称，甚至某些商业模式更是依赖于信息不对称。而互联网带来的最大改变则是将一切信息依据关联性逻辑作为标准，并将其精简，最终通过程序化主动提供，让用户可自助式体验。这一点从网络购物、网络金融服务等的发展上可直接看到。

另外一个最佳体现在于企业客服工作的载体的演变。我们在分析互联网的时候常提到的"参与感"其实是对传统的客服工作以一种更具互联网思维的自助式信息体验方式的体现。

通信业的发展给客服工作带来了从传统网点到 Call Centre 的改变，典型的例子就是运营商从营业厅到呼叫中心的变化。然而，这依然是传统的信息被动式提供，互联网才给大部分客服工作提供了自助式的可能性。

这是互联网思维能够带给传统企业的第二个关键影响：相对极简的标准程序化自助式信息体验。

转变：管理四维体系

互联网思维能够带给传统企业两个关键的影响：一是相对极低的边际成本，二是相对极简的标准程序化自助式信息体验。也就是说，互联网思维体现在传统企业经营上，应该是围绕着这两点去下功夫做文章。真正要把互联网思维落实到企业经营中，又是一个系统工程。对于这个系统工程，我们可以从战略、业务、运营、管理这4个维度去解构。因为真正的互联网思维是对传统企业经营的重新审视，体现在战略、业务、运营及管理等各个层面。

将互联网思维用于战略层面的创新，相对于产品创新来说具有较高的壁垒，但是并非难以实现，更重要的是战略层面、商业模式领域的创新对旧的管理体系有一定的冲击，传统的管理体系也容易成为战略创新的障碍，所以使用互联网思维在战略上的创新往往产生于新型企业，而且新型企业进行战略选择时需要足够的勇气。

互联网思维创新的第二个层面在于去改变产品、服务或者体验。在产品上的创新能够快速成为闪亮的新星，但是如果单单靠产品、体验或者服务创造持久的产业领先地位，却是比较困难的事情。

第三个层面是将互联网思维运用于企业运营中。在互联网时代，如果企业运营层都不使用互联网工具的话，那么根本无法谈及互联网思维。

用互联网思维创新的最高层面是将变革和创新的精神深深植入管理系统中，让竞争对手很难复制。一个菜品能够模仿，一个秘方能够研究，一个装修能够抄袭，但是如果竞争对手独到的深入企业的每一个环节、深入企业骨髓的管理系统实践只有有限的、片面的、皮毛的观察，那么正如哈默所说的："正如很难用几根线指出一块美丽的波斯地毯。"

应用：平台、融合、众筹、提升幸福感

基于产业平台论的管理应用：平台战略与平台领导

平台战略与平台领导

所谓平台，指的是当某种产品或服务的使用者越来越多时，每一位用户所得到的消费价值都会呈跳跃式增加。比如电话、传真机、QQ、网上社区、微博——通过使用者之间关系网络的建立，能够实现价值激增。

平台模式的战略本质是，企业自己并不做全部内容，只是作为一个载体，进而成为综合服务平台，通过一种服务去维系一个顾客群体，变成这个顾客群体的综合服务提供商。

所谓"平台领导"（Platform Leadership），是指公司力图构建一种基础，令其他公司可以在这个基础上推出产品或提供服务。平台领导者的愿景是促进整个产业的创新，在创新的工具和知识被广为传播的今天，凭借一己之力很难做到这一点。所以，它需要同其他创新性的公司紧密合作，创造出最初的应用，然后再不断提供更多的互补性产品。平台领导者和互补性的创新者有着很强的合作动力，因为他们的协同工作会把整个"蛋糕做大"。

从平台领导者的角度来看，互补者是一把"双刃剑"。当平台领导者依赖于外部开发的互补性产品，却又无法及时得到这种产品，或是产品的质量和数量都难以满足公司要求的时候，它的业务会受到很大的打击；另外，互补性产品往往会带来新的客户，促使他们购买平台领导者的核心产品。

在以平台为中心的产业中，平台的价值随着互补者的增多而提升。使用互补性产品的用户越多，互补者就越有动力开发更多的产品，这又会促使更多的人使用平台公司的核心产品和服务，创新就这样进入了良性循环。所以，促进

和扩散互补性产品的不断创新是平台领导者的利益所系。

这种游戏不是没有风险的，因为平台公司也许无力做到掌控互补性公司的合作与创新，这会导致平台所有参与者的利益受损。平台领导者必须把握好以下4个要素。

公司范围，即决定哪些事情由公司自己做，哪些事情鼓励外部力量去做，两者之间有没有合适的均衡点？

框架、界面和知识产权，即决定平台的架构体系，平台由哪些模块构成，平台界面的开放度，有关平台及其界面的信息在多大程度上披露给互补者，等等。

与外部互补者的关系，即决定自身同互补者关系的合作度和竞争度，怎样同合作伙伴达成共识，如何处理潜在的利益冲突。例如，当平台公司决定直接进入互补性产品市场的时候，这种冲突就会浮现。

内部组织，即利用内部的组织结构更有效地管理内外的利益冲突，它也牵涉到文化和流程的问题。例如，如何在内部鼓励自由探讨，以便战略需要重构的时候能够加快这一进程；如何保持内部沟通的顺畅，使上面一旦做出战略决策，下面就能够迅速行动。

在以平台为中心的产业中，平台的参与者越多，平台越有价值。换句话说，上网的企业越多，百度越有价值；上网交易的公司和个人越多，阿里巴巴越有价值；用QQ的人越多，腾讯越有价值……

在一份《中国十大成功商业模式》的调查报告中，位居前列的分别是腾讯、阿里巴巴、百度、携程、苏宁……这些成功的商业模式特点各一，但都是平台型企业。在过去的一二十年中，它们以令人咋舌的速度横扫互联网及传统产业，形成极具统治力和强大盈利能力的商业模式。可以说，平台思维正在带来全球企业的一场战略革命。

平台企业实现有效盈利的主要方式

平台企业必须先聚合人气。选择平台战略的企业首先需要有能力累积巨大规模的用户，至少需要获得同行中规模第一的用户。

聚合人气的第一要素是低价甚至免费，这是互联网时代的第一竞争法则。

易趣向商家收费，淘宝以免费的方式快速崛起。2002年，全中国用户规模最大的263邮箱开始收费，结果，现在还有多少人记得263邮箱呢？谷歌搜索，免费；谷歌地图，免费；谷歌邮箱，免费；谷歌照片管理，免费；谷歌的手机操作系统，免费……现在谷歌是最大的互联网平台。

众所周知，几家知名的电商门户其实并不指望靠卖书挣钱。尽管他们可能因单品类的图书销量较高，进而取得相对较低的进价折扣，但图书动辄五折、六折的销售价格，再加上活动促销，出价常常低于五折，那么肯定低于进价。

其中，京东商城的刘强东曾在其微博上公开表示："今天第一次向我的团队发出威胁！我告诉图书音像部门：如果你们三年内给公司赚了一分钱的毛利，或者五年内赚了一分钱的净利，我都会把你们整个部门的人员全部开除！要打就要来狠的！"

很显然，电商的做法不仅仅是为了纯粹赔钱赚吆喝，免费游戏也得有人来埋单。其根本目的在于吸引顾客，聚集尽可能多的注意力，诱导客户购买其他种类、可以为其贡献利润的商品。

补贴就是平台企业对于某一方群体提供免费（或者普遍低于市场价格）的服务，借以吸引该群体的成员入驻自己的生态圈，并以此为筹码，转而吸引另一群体。消费者被低价图书吸引了过来，电商企业埋单。而随着大量顾客的涌入，又吸引了大量其他商户的进入，进而扩大了消费，他们与消费者一起为电商企业埋单。

找到双方需求引力之间的"关键环节"，设置获利关卡。平台商业模式的根基来自多边群体的互补需求所激发出来的网络效应。

平台战略的模式之一就是客户价值链的系统化和体现规模效应。将客户的价值系统化，就要深刻挖掘出客户的系列价值诉求点，找出客户价值链的薄弱环节，为客户带来最大的效用。扩大客户概念的外延，将客户的范围扩大，实现规模效应，包括最终消费者或中间消费者等，并且需要达到一定的主体规模。

案例1 起点中文网

起点中文网创立于 2002 年 5 月，原为起点原创文学协会，其前身是以论坛的形式存在的，目的是突破当时网络文学的发展困境，为网络作家提供更好的原创发布平台，为网络读者提供便捷的内容服务平台。

2003 年 10 月，起点中文网启动 VIP 收费，正式开始商业化运作，开创了在线收费阅读的数字出版新模式。起点中文网迅速成为网络原创文学的第一大网站，并且在流量上进入全国百强。2004 年 10 月，其被盛大网络集团收购，凭借盛大的软硬件、人才、技术、渠道、用户等资源的支持，起点中文网迅速完成了公司化的过程，开始进入一个高速发展的阶段。进入盛大的 3 年时间，起点中文网的流量增长了 6 倍，注册用户增长了 8 倍，收入增长了 12 倍。2006 年 9 月，起点中文网日 PV 量超过 1 亿。

起点中文网成功的关键是找到了可持续发展的 VIP 收费阅读的商业模式，即小说创作以连载方式出版，对网站上的优秀作品进行签约，作品前半部分免费阅读,后半部分由用户付费阅读,以章节为单位按照 0.02 元/千字的价格进行销售,作者可获得用户付费额的 50%~70% 作为基本报酬。每位签约作者只要完成写作要求,即可得到 1200 元的最低保障收入,对创作稳定的作者则增加收入的比例。

起点中文网首创的出版模式可以用图 7-1 表示:

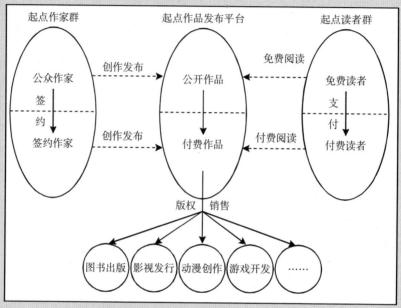

图 7-1　起点中文网出版模式示意图

起点中文网的成功并不仅仅是它能够拿出更好的作品来,而是决定于改写需求与供给间的递循环。在中文文学网站中,起点中文网是第一个将收费进行到底的。起点中文网在原创文学网站环境中引入市场化的概念,推行 VIP 收费,顺应读者需求,推动作家创作。在竞争对手跟着收费的时候,起点中文网则将部分收入兑付给作者,实现利益共享。起点中文网聚拢了大量普通用户,积极挖掘用户的创作积极性,诱导用户成为网络作者,打造出了国内最大的原创文学网,而其丰富的原创资源则为在线付费阅读奠定了雄厚的基础。此外,起点中文网还通过与图书出版、影视发行和动漫制作机构的合作把用户原创的内容进行衍生品的开发,把付费阅读由 PC 网络延伸到无线平台,通过海外分站覆盖海外华文市场,拓宽盈利模式。至此,起点中文网创造了一个由用户自己创造内容到用户自己消费内容直至用户自己培育市场的模式。

资料来源：平台时代，值得企业家借鉴的十大思路，CFW 中国服装人才网，http://cxo.cfw.cn/view/63974-1.html.

案例2 蚂蚁短租·小市场也可以搭建大平台

2013 年开年之际，"蚂蚁短租"和"小猪短租"这两家在线短租网站同时宣布获得千万元级别的风险投资。目前，短租用户大多数来自旅游客户和商旅人士，受中国在线旅游市场快速发展的带动，2012 年出现爆发式增长。

在线短租，是指房屋的承租人通过互联网和移动互联网的方式查阅及预订短期住房，并与房屋的所有者或经营者通过线上平台支付部分或全部房费，线上平台通过房租佣金或广告费模式盈利。当 2011 年国内短租网站创业潮涌动的时候，作为赶集网的 CEO 杨浩涌迅速做了一个决定：启动 mayi.com 域名，成立"蚂蚁短租"。

2011 年 11 月 8 日，"蚂蚁短租"正式上线，其全国业务也随之开展。11 月 23 日，"蚂蚁短租"的第一个香港订单诞生，两居室 3 张床，800 多元，杨浩涌兴奋地在微博上宣布这个消息。"如果不是通过短租，你在香港不可能找到这样的价格、这样的住所。""蚂蚁短租"CEO 翟光龙说。

翟光龙认为，决定在线短租能不能持续发展的一个重要因素是生态系统的构建。这个生态系统的成立和淘宝发展的逻辑是一样的——有多少需求，就有多少供给。从房东的角度来看，是能接到越来越多的订单，从房客的角度来看，是以最快的速度找到房子，而"蚂蚁短租"居于其中，起到交易连接的作用。这其中，交易的信用体系是个关键。

作为一个交易平台，用户的订金首先会打到"蚂蚁"的账上，等用户到实地住了并且没有什么问题，"蚂蚁短租"才会把钱打给房东。如果描述不符或者房东没有留房等，"蚂蚁短租"负责赔付。这种为双方担保的平台交易模式无论是对房东还是对房客来说都是安全的。

"蚂蚁短租"被杨浩涌视作赶集网下一个 10 亿美元级别的项目。而据翟光龙介绍，目前"蚂蚁短租"已占国内在线短租近四成的市场份额，领先对手20%~30%，近 3 个月来保持着 15%~25% 的高速增长势态，2012 年总体订单数已达到近 30 万间/夜。

资料来源：环球旅讯网，http://www.travedaily.cn/artick/36702_999.html.

平台企业必须做价值链的整合，连接多边群体，主导生态圈。通过挖掘多方数据拟定多层次的价值主张，促进盈利。

案例1　携程网价值链整合

携程网最开始通过机票服务构建了与顾客的联系。在机票服务过程中，携程网仅仅是提供了一个产品项目，能够满足消费者在任意一个地点去管理全旅程的机票产品项目。在这个过程中携程网是不赚钱的，因为它没有办法获得更多的资源优势，从航空公司拿到更低廉的票价，它所采取的方式就是平进平出，不赚钱，多少钱拿来的机票就多少钱卖出去。但通过这样的方式，携程网获得了庞大的顾客群体，也就是说通过这种方式，它在市场扎下了根。

携程网的管理层很快发现，人们对商务和旅游的要求越来越高，原来的机票服务提供商已经不能满足人们的需求了。与此同时，携程网在获得了庞大的顾客群体后就有了对航空公司的话语权。而更重要的是其能够整合其他的服务，去为这个顾客群体服务。或者换一种说法，就是它能用机票服务整合顾客群体，再把这个顾客群体卖给其他的商业合作机构，比如整合酒店。携程网不是开酒店的，只是代理酒店服务，即把它的顾客"卖"给那些酒店，从中获得丰厚的利润。

资料来源：环球旅讯网，http：//www.travedaily.cn/artick/36702_999.html.

案例2　车库咖啡

在位于中关村的车库咖啡，你只要花一杯咖啡的价格就能享受一整天的办公环境，这里为创业人员提供免费的iPhone、Android手机、平板电脑测试机、投影、iPad等设备。800平方米的布局，容纳150人的咖啡库，由自由交谈区、读书区、办公区等组成。

"让创业者以一天一杯咖啡的成本办公。我们也在努力整合更多办公资源和条件，尽可能降低创业者办公场地和设备的投入。"车库咖啡的老板苏菂说，"创业团队初期需要什么？资金＋社交＋资源＋人。对创业者来说，一方面降低了办公成本，另一方面降低了社交成本。晚上在这里经常会举办创业投资活动、技术交流活动，节省了创业者从办公室到活动现场的时间、交通成本；团队之间也可以相互交流、探讨技术问题，增强团队的社交能力。"

苏葯坦言，如果是靠咖啡厅的模式运转，一位创业者一天是20元左右的支出。由于水电、房租成本过高，车库咖啡第一个月处于亏损状态。"但后面的投资价值会很大，也希望给行业做一个扁平的创投渠道。"

所谓"后面的价值"，是指车库咖啡仿佛一个坐落在民间巷口的创业孵化器，其定位于创业合作俱乐部，经营者构建了投资方与创业者见面的平台，召集了大量的有好项目的创业团队进驻店内办公，再以项目吸引风投公司、投资人的介入。车库咖啡定期组织有影响力的投资人进行融资方面的课程简介，吸引大量的优秀项目与投资人。车库咖啡的盈利则是正常的经营利润，并且收取项目投资资本佣金来作为门店利润。

不仅如此，2013年5月，北京银行中关村分行还与车库咖啡签署了战略合作协议，发布了针对车库咖啡创业企业的金融服务方案，并推出"创业贷"专属信贷产品，为创业企业的发展搭建更好的金融服务平台。

资料来源：环球旅讯网，http://www.travedaily.cn/artick/36702_999.html.

打造一个多方共赢的生态圈，选择平台战略的企业需要有合作共赢、先人后己的商业模式。

所谓平台，是为别人搭建的，让别人来赚钱的。只有在平台上经营的合作伙伴良性成长，平台才能生存和壮大；只有让合作伙伴赚大头儿、自己赚小头儿，才能做成所有合作伙伴的平台。

案例1　淘宝

从某种意义上来说，淘宝网跟传统的农贸市场是一样的。在农贸市场里，你要同时招揽买方和卖方。如果只有卖方来加盟，但却没有买家来买，卖家就会转移到别的地方；同理，如果只有买方，没有卖方，买家无货可买，买方也会散去。所以，你要同时把买家和卖家同时集中到你的平台上面，这样平台才能成长。

在平台战略的商业浪潮中，淘宝网等电商平台通过扶植商家壮大、为网民提供多种商品选择而形成优势；苹果和安卓等移动平台也通过"愤怒的小鸟"等第三方应用来壮大自己。

现在越来越多的企业认识到了平台战略的优势，但却不知道其存在的风险和挑战。"做平台的公司需要有赚小头儿的心态，目标应该是追求整个生态圈共赢。"《平台战略》一书的作者陈威如先生举例说，商家和消费者之所以愿意在淘宝网交易，是因为这个平台从商家抽取的费用是很少的，这就要求平台非常了解交易双方的需求，比如淘宝网提供的小额贷款金融服务，就是了解到商家有融资需求，但从现有银行体系中又拿不到钱，因此做出战略应对。

"就像淘宝的成功一样，平台战略的精髓在于多主题共赢互利的生态圈，让成员享受福利并获得壮大。"正如陈威如阐释的那样，平台企业最关键的制胜之道在于，有能力为各方客户提供最大利益并满足最多需求，才能在竞争与整合中立于不败之地。

另外，如今的淘宝网在基础设施功能的建构中已经体现出开放的格局，平台使用者的概念已经不仅限于买家和卖家，在其中消费者、零售商家、增值服务商、物流商、电子支付供应商、商品供应商、品牌持有者和自由职业者都能找到自己的商业价值，有容乃大才组成了一个丰富的商业生态系统。

淘宝网在平台发展中所恪守的一条原则是只提供基础设施，不是什么都自己做。物流配送每年会给淘宝带来几百亿元的收入，是淘宝网一个很大的利润源，但是淘宝网自己不做，而是把这个业务开放给合作伙伴。这并不是一个姿态，而是一个合理的商业选择。淘宝网的决策者所考虑的是，淘宝网不可能什么都做好，如果全都自己做，最后只能做成二三流的服务水准，平台也不能成为一流的平台，其结果是寸草不生。只有开放给由竞争而胜出的一流服务公司，让用户用脚投票，才能形成行业的"标杆效应"。

资料来源：平台战略，中金在线网，http：//nwes.onfol.com/130614/101，1598，15318088，00.shtml.

案例2 失败的索尼

一个因封闭而被淘汰的经典例子则是所谓的"索尼不连接"（Sony Disconnect）。针对苹果的iTunes，索尼公司推出了自己的在线音乐商店索尼Connect，以及配套的随身播放器和软件，但它坚持采用自己所拥有的标准的音乐格式ATRAC3。这种文件格式既不能被应用到索尼系以外的其他音乐播放器上，索尼系播放器也不支持MP3。如果你曾是索尼录音笔的忠实用户，现在可能也在考虑放弃，因为用索尼的录音笔需要安装支持其格式的软件，而不是即插即用。

资料来源：平台战略，中金在线网，http://nwes.onfol.com/130614/101，1598，15318088，00.shtml.

案例3 小米·平台创业者的"铁人三项"

对创业者来说，做平台难，但其蕴藏的细分机会很多。在未来两三年内，SoLoMo（social 社交、local 本地和 mobile 移动的结合）和 O2O（from Online to Offline，从线上聚集用户需求引到线下消费）是能持续发展的两大趋势。

2010 年 4 月，做了两年半投资人的雷军悄然成立小米科技，以创业者的身份进军移动互联网，并构架出了一个"铁人三项"式的商业模式，同时涉足硬件、操作系统、互联网应用。

最初，小米是一家软件企业，推出了深度定制的 Android 移动系统 MIUI。凭借 MIUI 系统，它培养了一批忠实的粉丝。随后，小米在移动互联网上推出了"米聊"，以手机通信录为起点，手机社交平台初具雏形。

当在操作系统、互联网应用都崭露头角之后，雷军的"铁人三项"战略就剩下了最为关键的一步：智能手机硬件。

不过，当苹果 iPhone、谷歌 Android 的阵营牢牢地把控着市场份额之时，小米手机怎样才能获得自己的生存空间呢？雷军定下的策略是：面向发烧友打造一款高性价比的优秀手机，在不亏本的前提下尽量不靠硬件挣钱。

2011 年 8 月，以往一直低调的雷军以一种最为高调的方式发布了小米手机，这也是小米迈出的最重要的一步。

至此，小米完成了"铁人三项"布局，结合操作系统、手机终端，将智能手机的软、硬件合为一体。小米手机是终端，MIUI 作为小米手机的操作系统，"米聊"是小米手机最具人气的应用，迷人浏览器、小米分享等一系列小米产品都被集成进小米手机之中。一方面，这三大业务相互独立，MIUI、"米聊"并不依赖小米手机生存，而是面向全平台提供服务；另一方面，这三大业务又分别在用户端入口、信息分发平台、服务内容上精准落子，形成了一个完整的智能手机产业链。

事实上，平台商业模式通过多方共同创造价值，使平台形成整体价值体系。每一方创造各自的价值，寻找各自的利益点，并且随着每一方的价值不断增多，平台的整体价值也不断增大，每一方所获得的利益也就更多。这是一种良性循环的商业模式、一种好人有好报的商业模式。

资料来源：平台战略，中金在线网，http://nwes.onfol.com/130614/101，1598，15318088，00.shtml.

案例4　都市家庭

2012年,《新闻联播》播了一则消息,国务院常务会议研究部署发展家庭服务业的政策措施。孙德良看到这则新闻后,心里突然冒出个想法:我们浙江在做红娘、健康这些项目,不正是会上讲的家庭服务业的一分子吗?

于是,孙德良第二天回到公司后马上召集相关管理层开会,通过一年多的项目新建、资产重组、资本并购后,浙江都市家庭服务有限公司携其旗下健康、红娘、月嫂、汽车、婚庆五大家庭服务项目浮出水面,国内首个家庭服务业O2O模式平台就此诞生。

在健康、红娘、月嫂等细分领域中,竞争相当激烈,单个执行这些项目的企业若没有打造出细分配对渠道的框架,很可能被新的竞争对手侵蚀掉当中更为细分的某个市场。"家庭服务"为了在这些红海中杀出血路,选择了将这些相关项目联合形成平台生态圈的方式。

这种交叉配对服务能为用户带来新的信息整合,进而产生强大的效应。严格来说,打造一个健全而庞大的生态圈,本质上应该由众多细分市场堆砌而成,让质与量相辅相成。所以,"都市家庭"未来还将发展都市不动产、都市母婴、都市理财等优势项目,进一步强化家庭服务平台生态圈的建设。

资料来源:平台战略,中金在线网,http://nwes.onfol.com/130614/101,1598,15318088,00.shtml.

基于业务模式论的管理应用:O2O融合体验经济

O2O即Online To Offline(在线离线/线上到线下),是指将线下的商务机会与互联网结合,让互联网成为线下交易的前台,这个概念最早来源于美国。O2O的概念非常广泛,只要产业链中既可涉及线上,又可涉及线下,就可通称为O2O。在国外,O2O一般被称为全渠道管理,指通过消费者来拉动销售。

零售商面临的最大挑战是:消费者变得更聪明了。随着时代的发展,消费者具有更为先进的信息搜索装备,并基于个人喜好,最终决定是否购买。据调查,在中国,越来越多的人依靠新技术进行查询和购买。其中,将近33%的顾客愿意使用网站、移动设备、社交网络、可共同开发产品的零售网站、社交视频(YouTube,优酷)、有遥控的电视或者电子游戏或更多的技术进行购买,超过80%的人表示愿意利用新技术进行购买。而在感觉有利时,中国消费者愿意分享个人信息,甚至是个人财物信息。

在互联网模式下，电商对所有的行业都带来了巨大的冲击。电子商务的兴起使得国际巨头开始注重线上市场。宝洁于 2009 年建立了一个独立的网站 Elife 用以展示产品品牌形象，同时也进驻淘宝天猫。Innisfree 品牌则将社交网站上的点评直接链接过来。还有专业美容网站美丽说、聚美优品等。人们利用这些开放式平台来分享产品及促销信息，其数据可用于分析消费习惯及趋势。

线上、线下正在趋于整合，越来越多的网站在帮助消费者获得商品信息并引导他们进行线上或者线下的购买。2011 年春节期间，亚马逊推出手机客户端，消费者在实体店看完产品后，拍下产品的条形码，客户端识别后自动搜索并显示该产品在亚马逊的价格，供消费者比价，消费者若觉得合适可以立刻通过亚马逊客户端进行购买。

线上、线下的区别很简单，顾客的主要需求是体验、便利和价格。如果电商利用便利和价格拉走顾客，传统零售业可通过整合线上、线下（体验＋便利＋价格）留住顾客；通过专门的展示店、增加人手及服务来加强线下吸客能力；线下通过低价留住客户好于转让给竞争对手，线上则基于线下，实时整合线上。

案例 1　银泰百货、银泰网、银泰天猫多渠道经营

2013 年 10 月，银泰百货与天猫宣布达成战略合作，双方未来合作的重点主要是在 O2O 领域。银泰百货线下 35 个实体店将参与今年"双十一"大促。用户可实现线下体验、线上购物的 O2O 试消费。这也是银泰与天猫分别向线上、线下延伸的标志性动作。

银泰早在 2010 年 10 月就上线了自身的电商网站"银泰网"（图 7-2）。尽管银泰网拥有资金链、供应链和品牌合作商等优势，但这并未给银泰网带来持续强大的发展动力。目前，国内的 B2C 市场上仍然是天猫、京东这样的先发者占据优势。而从银泰入驻天猫、京东也不难看出，在线上渠道，后者在流量上依旧强势。

图 7-2　银泰网百货

在银泰百货与天猫的战略合作中，银泰百货线下35个实体店将参与今年"双十一"大促。最直观的是用户可以在不久后看到银泰百货里的各种天猫形象与"双十一"的预热宣传活动。银泰会在十几个主要门店设置天猫银泰店商品专区，用户体验商品事务后可通过扫描二维码就能在天猫银泰店预购商品。而在"双十一"当天，双方就可在天猫完成交易。

从实际的操作流程来看，银泰与天猫的O2O合作主要是将线下体验、线上购物的体验结合起来。以往电商一直存在无法实际体验商品的不足，而线下百货则受地域和库存的限制比较大。双方的合作也显示出，电商正在试图将自己的影响力延伸至线下，而线下实体零售亦在探索有效的线上玩法，以达到线上、线下能够协调互补甚至相互促进的局面。

未来商业零售必然需要互联网思维，因此银泰选择和电商巨头合作来进行探索。探索O2O过程的关键是借助大数据使得线上、线下的产品都变得在线可追踪、可流通。

资料来源：银泰天猫达成O2O战略合作，实体店参与双十一，新浪科技，2013-10-17.

案例2　新东方教育领域的O2O

在线教育异军突起，改变着教育培训行业的市场格局。新东方早在2000年就投资5000万元创建了新东方在线，并且其定位在起步阶段就非常明确，即要承载新东方在线教育商业化的任务。

近年来，在线教育行业有迅速爆发的迹象：来自艾瑞咨询的数据显示，2013年中国在线教育市场规模已达到924亿元，未来几年将保持每年30%的高速增长，预计到2015年将超过1600亿元。比如在K12（幼儿园到高中）领域，有互联网出身的学大教育的"e学大"易思宜学的"易题库"，也有阿里巴巴的"淘宝同学"百度的"度学堂"等。2013年有数十亿元资金进入该行业、投资案例25笔，新增近千家企业。

俞敏洪接受媒体采访时明确提到新东方在线成立早，并且持续几年盈利，新东方一直着手做课程梳理和数据整合挖掘，做线上、线下相融合的"混合式教学"，并强调新东方一直在"两条腿走路"：一方面发展商业的在线学习，另一方面用互联网思维升级传统线下教育，最终打通教育领域的O2O模式。

基于从学习能力和自制能力等角度考虑不同的需求问题，线上教育显然不可能完全取代线下教育。但是，用O2O模式打通这一领域，可以无限提高学习的便利性，仍给人很大的想象空间。有着多年线下资源的新东方进军线上是很有优势的，要警惕的是"YY"等公司主打免费牌强势加入的黑马。此外，如何从硬件上提升在线课程的用户体验也是一个重要问题。

资料来源：剖析新东方的转型挑战：打通教育领域的O2O？虎嗅网，2014-5-5.

基于技术工具论的管理应用：降本增效的众包、众筹

降本增效的众包

所谓众包，指的是一个公司或机构把过去由员工执行的工作任务以自由、自愿的形式外包给非特定的（而且通常是大型的）大众网络的做法。（就是通过网络做产品的开发需求调研，以用户的真实使用感为出发点）。众包的任务通常是由个人来承担的，但如果涉及需要多人协作完成的任务，也有可能以依靠开源的个体生产的形式出现。

众包能帮企业节约大把大把的金钱。在网络的大潮中成长起来的公司，从一开始就在战略设计上融入了充分利用网络资源的思路，而越来越多的传统商业也开始为网络的群体力量所吸引。2000年以来，发达国家的跨国公司纷纷把目光投向中国和印度，这两个国家低价的劳动力市场使他们垂涎欲滴，劳动力来自哪里并不重要，他们可以就住在隔壁，也有可能远在印度尼西亚，只要他们能上网就行。

以往架设在业余爱好者和专业人士之间的成本藩篱也由此被打破。市场的人门在一瞬间突然为爱好者、兼职者和发烧友打开，精明的公司也纷纷找到在人群中发现人才的捷径。这样的人力并不完全是免费的，但是比起传统的雇员，成本显然不值一提。外包并不能达到这样的目的，这样的趋势正是众包的概念。

案例　创新中心的解决者与寻求者

在"创新中心"（InnoCentive）的网站上，聚集了9万多名科研人才，他们被称作"解决者"（Solver），形成了这个研发供求网络用户的"半边天"。与此对应的是"寻求者"（Seeker），成员包括波音、杜邦和宝洁等世界著名的跨国公司，他们把各自最头疼的研发难题抛到"创新中心"上，等待隐藏在网络背后的高手来破译。

"创新中心"最早是由医药制造商礼来公司资助的，创立于2001年，

已成为化学和生物领域的重要研发供求网络平台。公司成员（寻求者）除了需要向"创新中心"交付一定的会费，为每个解决方案支付的费用仅为1万~10万美元。"创新中心"上的难题破解率为30%，"创新中心"的首席科技官Jill Panetta认为，在网上广招贤士的做法"和传统的雇佣研发人员的做法相比，效率要高出30%"。

57岁的Ed Melcarek是一名物理学家，但是他却经常在一个小房间里倒腾一些化学瓶罐，而且他并非受雇于任何一家化学用品公司，而更像一名自由职业者，他所做的研发工作完全是出于自己的兴趣，以及体现个人价值的需要。几乎每个周六，他都会走进这所房间，开始向科研难题发起进攻。在过去的3年里，每周他都要登录这个网站数次，看看上面贴出来的新难题。每攻破一个难题，他便赚个上万美元。

对那些苦苦寻求答案的公司来说，这同样是非常不错的交易，尤其是当它们面对日益高昂的研发费用时。"我认识的每一个R&D高管都面临着类似的问题，"宝洁公司副总裁Huston说，"每年，研发的预算增长都超出了销售的增长率。'创新中心'打破了目前的研发模式。"

2000年以前，宝洁公司的研发成本不断攀升，然而销售业绩平平，股价也下跌了一半多，Huston因而受命创新公司的研发之路，他放弃了裁减内部研发人员的做法（宝洁目前有研发部门有9000多人），决定从改变他们的工作方式入手。

Huston发现公司很多成功的产品都是不同部门合作的结果，由此他想到，如果这样的"交叉授粉"范围扩大，将会催生更好的产品。同时，宝洁也树立了一个目标，把公司外部的创新比例从原来的15%提高到50%。据Huston介绍，6年过去了，宝洁的研发能力提高了60%，股价也逐步回升至新高。"我们对公司组织的定义有了很大的改变"，Huston说道，"我们目前有9000多名研发员工，而外围网络的研发人员达到150万人，二者的界限很难界定。"

宝洁公司是设立"创新中心"最早的也是最好的企业用户之一，但"创新中心"并不是它使用的唯一研发人才交流平台，它同时还通过YourEncore和NineSigma等网站抛出自己的研发课题，寻求外援。

资料来源：革命性颠覆：外包的草根力量，《数字商业时代》，2006 (7).

其他众包案例：

• 网络零售巨头亚马逊推出了提供众包服务的平台Mechanical Turk（Beta版），企业用户针对的是那些需要以数美分起价外包简单计算任务的公司，而个人用户将通过完成某项工作获得小额的报酬。

● 标致汽车：举办标致设计大赛，发动人们设计自己梦想中的汽车，2005年的获奖作品 Moovie 出自一名 23 岁的葡萄牙学生之手。

● 乐高：这家深受人们喜爱的玩具公司一直鼓励和资助用户们参与公司的各项设计任务，从机器人操纵系统到积木套装产品。

● Marketocracy：提供金融服务的社区，拥有 6 万名在线股票交易员，追踪顶级的 100 只股票并提供投资策略参考，在过去的 17 个季度中，已有 11 个季度的指数优于标准普尔。

● 宜家：通过举办"天才设计"大赛，吸引顾客参加多媒体家居方案的设计，得奖者将获得 2500 欧元的奖励，其作品将投入生产和市场。

● 阿迪达斯：阿迪达斯的粉丝不仅加工了他们自己的跑鞋，而且还放到 eBay 上出售。

● 不列颠泰特美术馆（Tate Britain）：这家美术馆拥有 1500~2000 件丰富的美术作品，让参观者自己为展品写讲解说明，被选中的将制作成标签展出在美术巨作旁边。

将众筹的威力发挥到最大

众筹，翻译自 crowdfunding 一词，即大众筹资或群众筹资，中国香港地区译作"群众集资"，中国台湾地区译作"群众募资"，是指用团购＋预购的形式，向网友募集项目资金的模式。众筹利用互联网和 SNS 传播的特性，让小企业、艺术家或个人对公众展示他们的创意，争取大家的关注和支持，进而获得所需要的资金援助。

现代众筹指通过互联网方式发布筹款项目并募集资金。相对于传统的融资方式，众筹更为开放，能否获得资金也不再是以项目的商业价值作为唯一标准。只要是网友喜欢的项目，都可以通过众筹方式获得项目启动的第一笔资金，为更多小本经营或创作的人提供了无限的可能。

案例 1 娱乐业中的众筹

前段时间，华纳兄弟在影院和线上同时发行了电影 Veronica Mars。该片在全球仅 291 间影院中就赚得了 200 万美元，平均每块荧幕创收 6945 美元。这部影片的成功则要归功于 Kickstarter 以及电视剧制作人 Rob Thomas，2012 年他在 Kickstarter 上为该电影的制作筹得了 570 万美元。

而以 Neil Young 为代表的一众音乐人在网站上发布了 Pono 音乐播放器

和相应下载服务，他和他的商业伙伴设定的筹资额是 80 万美元，期限为 35 天。但事实上他们一天内就达成了目标，并在最初的 60 小时之内就筹得了 250 万美元。最终，该项目筹得了超过 622 万美元的资金（产品预计于 10 月发布）。

资料来源：众筹威武：看超级粉丝如何推动娱乐行业，虎嗅网，2014-04-21，http：//www.huxiu.com/article/32257/html.

案例2　游戏业中的众筹

在国外，起初在 Kickstarter 发起桌游众筹项目的主要是专业桌游公司，后来不断有业余的桌游设计者加入，越来越多的桌游众筹项目在网站上亮相，如竞拍型《新阿姆斯特丹》（New Amsterdam）、科幻类《逃脱：为自由而战》（Escape：Fighting for Freedom），探索类《文物考察：一个丛林冒险游戏》（Relic Expedition：A Jungle Adventure Game）相继在网站上发起众筹，策略型《巨石人奥秘》（Golem Arcana）以惊人的速度募到 1836447 美元。

在我国涉及桌游众筹内容的主要有"点名时间"与酷望网。目前，在"点名时间"上的桌游众筹项目有 20 多个，其中《龙王宝藏》《功夫》《心灵语言》《宾格厨房》等原创桌游已众筹成功并完成预售。而这些项目的发起人主要以工作室，专业的设计团队为主，无论是插画、项目包装，还是游戏介绍都把握得很到位。相比之下，酷望网上桌游众筹项目金额虽不高，但内容比较丰富，涉及原创桌游、集换式卡牌、卡牌插画、桌游聚会等，大多数项目都是出自大学生之手，其中大学生人气桌游设计作品《斗巫师》《一言为定》《列国志》等也相继在酷望网上亮相，创业桌游《魂灵》众筹成功并完成预售。除此之外，酷望网为显得更人性化，还设置了桌游导师区，方便有桌游兴趣的人交流。

在国内，桌游群体的规模并不算小，其中不乏优秀的独立桌游设计师、桌游人，而他们的作品往往因为缺乏专业的生产能力、发行销售渠道而被搁置。以往的桌游发行方式又面临投资成本大、市场模式不成熟、盗版猖獗等问题，使得他们望而却步。随着众筹在中国逐渐被认知，更多的传统产业与众筹进行对接，走上互联网化，这给广大桌游人带来了希望。

资料来源：浅淡国内卓游的众筹之路，创业邦网站，2014-04-11，http://www.cyzone.cn/a/20140411/256339.html.

基于网络社会论的管理应用：提升员工幸福感的互联网化的人才培养模式

在互联网思维模式下，CEO 只是一个象征的存在（如蜂巢中的蜂王），每一个成员都高度自治，依靠其周边的局部环境状况而各自做出反应。这种权利的绝对下放给组织带来了民主，带来了创新，它需要网络中单个个体和其相连的周边个体的有效沟通。

扩大你的"员工"范围，关注利益相关者

在互联网环境下，好的人力资源口碑将为企业带来"聚集效应"，而不好的口碑将表现出扩大的效应。因此人力资源管理目标不再仅是员工，也包括前员工和目标候选人，甚至他们的亲朋好友，以及所有和公司有所接触的人，尽管他们不在公司上班，不为公司创造价值，但他们也是利益相关者。客户将从他们中间产生，员工将从他们那里带来，因此服务好这些人（尽管是免费服务）也是必需的，是至关重要的。

具体来说，做好候选人体验，做好离职人员的管理，做好家庭日，都是至关重要的有价值的活动，因为他们能够帮助你吸引优秀员工，激励现在的员工，是有回报的。

预期管理也是其中不可缺少的一个维度，重视员工满意度管理。满意是达到既定的期望，尖叫则是喜出望外。你期望得到 1 万元奖金，而我却给你 1.2 万元，于是你会尖叫，跳着脚向你的家人朋友分享你的喜悦，这就是用户体验，这才能产生口碑营销和病毒传播。

但是，增加体验并不一定意味着要花更多的钱。根据不同人的诉求，用同样多的钱可以取得更佳的人才体验。比如为员工提供灵活多样的福利选择，而不是搞"一刀切"。比如在员工生日的时候为其买张贺卡，当众表彰他刚刚做出的成绩，比如在员工离职的时候，请他喝咖啡聊聊其将来的打算。

在移动互联网时代，我们应该抛弃唯利是图的想法，抛弃只看投入产出比的狭隘思想，特别是在吸引和激励优秀人才方面，在员工和候选人的感情银行里预存入更多的资金，以期日后获得双倍的回报。

由于每一个个体都是节点，每一次接触都会形成印象，提高人才体验需要关注更多的细节，覆盖更广薄的人群，即需要造势，如树立最佳雇主品牌的声誉，又需要务实，如维系每一个粉丝的关系，就需要人力资源部门带动每一位领导者在任何场合都做到表里如一，这恐怕是对企业最大的挑战。

加强情感链接，企业领导人的情商比智商更重要。当年互联网刚开始流行

的时候，有句笑话说："你其实并不知道网络那头是一个人，还是一条狗。"但移动互联网和社交网络出现了，这个故事现在变成了每一个手机屏幕后面都是一个感情丰富的人。就算是官网、官方账号，也要在发布消息的时候充满人情味儿，使自己富有个性，因为用户不喜欢和机器对话。

规则带来秩序，但爱使人们团结一致。很多企业现在极其重视领导力的发掘和培养，因为他们发现，靠制度和规则来管理只能解决常规性问题，而只有依靠领导力，团队成员才能够激情澎湃地发挥各自最大的潜能。

如何加强情感链接呢？增加沟通、展示自己的思想魅力、考虑对方的需求和感受、展示平等和尊重。

重视企业文化建设，让员工之间能够无缝沟通

员工各层级之间能够实现无缝沟通，尊重员工的判断。越来越多的企业重视雇主品牌的内外建设，对外吸引欣赏公司文化的人才加入，对内凝聚和打造强势文化，正是在朝着保证个体基因一致的方向发展，以适应充分授权的需要；而有些企业的信息管理系统正在打通员工私人的社交网络，比如鼓励员工在公司邮箱的签名栏中加上自己的 LinkedIn 账号，从而保证个体员工相互间可以无缝地沟通和交流。

海底捞授权让每个一线服务员都能够根据基本原则去处理客户投诉，或者免单，或者增加服务内容，以达到超出客户期望的目的，那么每一个服务员就是被链接在组织中的"自治体"。他的决策需要依靠观察周边的环境（投诉的顾客、周边的顾客、周边的服务员、厨房的菜肴供应），并结合自己的"本能反应"（按照自己的价值观去判断该不该赔）。

应用数据进行决策，及时进行反馈。未来将运用大数据技术，企业对于某个业务部门在某一时间节点的销售情况也许是可以"预见"的，如果预见到的销售情况不符合目标要求，就可以及时地做出战略部署，增加资源。而如果预见到某个具体工作人员的个人绩效将会下滑，你可以及时地"挑出"有问题的员工，开展人力资源辅导工作。在体育赛场上，教练员早就开始运用数据分析的方法对球员的场上发挥做出预见，在状态最好的时候派他上场，而在状态下滑的时候及时对其进行调整。这种智能"预见"系统就能够帮助系统内的个体进行更有效的自我搭配，不依靠"教练员"的指挥，就自发组成最优的项目团队，以利于"自治"式的解决问题。

运用互联网思维，我们 HR 应该成为数学家，应该采集更多的数据来辅助科学决策。比如为了决定哪个人是最佳的候选人，可以采集内部类似岗位人员的历史数据来做一个人才能力与绩效的关系模型，比对候选人的过去历史，从

而做出更准确的用人决策。

形成员工与企业共赢的生态圈

如何平衡雇主的利益和雇员的利益一直是人力资源管理的难点。互联网产品获得成功，往往是因为搭建了一个共赢的生态圈，或者在生态圈里找到了独特的适合自己的角色定位。当整个系统由各个节点上的优胜者相互链接组成的时候，各个关键节点的优胜者会依靠市场的无形之手自然而然地获取决定性的均衡，既相互依存，又良性竞争，从而变得自治而有序，犹如我们的宇宙星辰，太阳月亮。

在张瑞敏的"无边界，无领导"的组织中，每一个员工都不再被事先框定自己的角色、任务和薪酬，他依据各种环境因素（如周边员工的能力和工作意愿，自己的优势技能，客户的未来需求等）更为自主地选择自己喜欢和能胜任的角色，并且只要完成了角色，即可根据完成情况获得适当的薪酬。那么，每一个个体都能够在分布式自系统中找到适合自己的角色任务，并且被同伴信赖、依靠。

其实，每个人内心深处不仅是利己的，而且往往也是希望利他的。我们之中的大多数都是希望在满足自己需求的同时给予他人力所能及的帮助。然而，在缺乏信息的情况下，每个人的决策都面临"囚徒困境"，往往会不自觉地选择既不利己也不利他人的选项。但也许这并不符合人性，而只是无奈的自我保护。

提高组织效率，发挥每个员工的长处

在传统上，为了提高组织效率，从来都是强调发掘和培养关键人才的。每个大公司都有一套繁杂的绩效考核系统，将所有员工分为三六九等，对优等员工加倍奖励，而对低绩效的员工进行训诫甚至开除。比较著名的就是 GE 的末位淘汰法则。然而，最近微软放弃员工分级制，美国媒体一面倒地报以掌声。取而代之的是平衡计分卡和 360 度反馈。微软为什么要放弃绩效分级制度呢？是因为人们发现这将会扼杀创新。有文章评论，索尼就是被扼杀在传统的绩效考核制度中的。

每个人都有其所长，个人没有达到绩效的原因往往是由于人、岗之间的不匹配，而这种不匹配往往又是由于信息匮乏和失真造成的。如果我们相信互联网最终能够把人的思想和智慧串联起来，在人际网络里自由配对，那么我们就有理由相信，公司组织中不再存在"核心"员工，每一个员工都可以在适合自己的岗位上发挥关键作用，而每个员工是否胜任工作，则可以由其周边的环境反馈来获得证明。

如果未来的无边界企业系统能够把管理资源按照用户需求自然地、随机地投放到各个最需要自治的个体身上，让每一个自治个体都发挥其最大作用，而各个自治个体的任务和角色由系统环境做出瞬时的反馈和调整，那么由这样一群自治个体组成的、随时因应个体用户需求并发挥各自最大创造潜力的群系统就能在各个罅隙市场取得最大的竞争优势。

案例1 淘宝大学的自我教育

淘宝大学在阿里巴巴的电商帝国中扮演着越来越重要的角色。淘宝大学的官方定位是"阿里巴巴集团旗下的核心教育培训部门"，在整个电子商务生态系统中，它扮演着"为新商业文明培育人才"的角色。

与许多大学不同的是，淘宝大学没有自己的讲师队伍，而是让卖家给卖家讲课。淘宝内部员工（被称为"淘宝店小二"）挑选讲师的标准只有3条：第一，在淘宝经营的某方面有一技之长；第二，店铺经营良好；第三，愿意将自己的经验与更多人分享。到目前为止，"淘大"讲师的收入也并不高，而他们也不图这个，对讲师的积分管理更是类似于升级打怪。

更有意思的是，淘宝店小二们组织编写教材，跟义乌工商学院、潮汕职业技术学院合作办学，设立"淘宝班"。同时，淘宝推出"淘工作网商招聘平台"，帮助潜在的电商人才解决就业问题，等于一只手培养学生，一只手帮着学生找工作，左手倒右手，"自产自销"，逻辑自洽。2012年，淘宝大学又开设"企业进驻电商总裁班"，帮助传统企业解决惯性大、缺人才、经验少3类问题，继续做新商业文明的"助产婆"。

资料来源：丛龙峰. 中国人力资源开发，2013年第24期管理创新版.

案例2 万达学院群众教育群众的互联网思维

万达学院在知识管理方面做得很有特色，也较为成功。组织的核心是人，才华、能力、智慧都是以人为载体的，因此人员的流动会给企业带来能力振荡，能人走了，企业还能留下什么？这就需要知识管理，将员工个体的经验、智慧与能力转变成整个组织的共享知识。

万达是怎么做的呢？万达目前约有10万名员工、6000名干部，这些干部每年都要在万达学院封闭培训，但在培训之前，每位学员必须提交2份案例，一份是关于业务的，要求写出实际工作中一个成功或失败的故事，写出心得或教训，另一份是关于职业生涯发展的，要求写出在职场中的困惑或是成长经验，这样就有 12000 份材料。在封闭培训期间，将学员分成小组，进行组内 PK，选出优秀案例，并予以奖励，然后再把优胜者组成小组，再进行 PK。最优秀的案例将被拍成视频，放到网上供员工观看学习，而其余的大量案例也不会浪费，纳入网上的案例信息库，可供关键词模糊检索和社区互动。

通过这样的方式，优秀案例被万达员工逐渐搜索、筛选出来，而在这个过程中，员工的个体经验、知识得以在组织中分享，同时也得到了内部人的认可、尊重。

资料来源：丛龙峰. 中国人力资源开发，2013 年第 24 期管理创新版.

案例 3 京东大学站在企业的角度更长远地看待人员发展问题

2008 年，京东只有 1000 多名员工，到 2010 年有 3000 多名员工，2011 年初达到 7000 人，2011 年 6 月超过 1 万人，2011 年年底增长到 2 万人，而现在已有约 3 万人。人数之所以增长得这么快，是因为培训被提升为公司级战略。

建立京东大学的关键就是要站在企业的角度更长远地看待人员发展问题，需要通过系统的方式，借助 IT 和技术的力量，将组织中的"know how"从人脑转移到电脑，再从电脑转移到网络，使企业从经营产品的企业转变为经营知识的企业。

京东 Talk 的做法模仿了国外 TED 演讲，找到公司业务各个领域中的牛人——其中很多都是普通员工——让他们走上讲台，而且要走过长长的红地毯，登上讲台，灯光从上面打下来，"组织中真正的知识都掌握在一线员工手中，这样做能够让我们的年轻员工感受到尊重，感受到幸福"。同时，非常重要的是，通过找到他们，帮助他们提炼工作中的经验，让他们走上京东 Talk，逐步营造企业内部的学习氛围，让员工在这个庞大的组织中找到归属感，感觉到正气和向上的力量。

资料来源：丛龙峰. 中国人力资源开发，2013 年第 24 期管理创新版.

第八章

体验新前景：

布局当下，
着眼未来

　　放眼望去，互联网在技术和需求的双重驱动下，沿着一条双螺旋轨迹在上升发展。机遇与风险并存，红利与陷阱并存，控制与失控并存，但最终未来是光明的，生活是美好的。"这是一个最好的年代，也是一个最坏的年代。"——狄更斯

10 大预测

网络接入无处不在

不仅智能手机和 Pad 类的智能终端在发展，随着以 WLAN 技术为代表的"最后一段"接入技术的无线化的发展，有线宽带接入仍持续存在，但将从以往的直接提供业务接入转变为主要提供无线接入点服务。在办公室、家庭、道路、机场、高铁、飞机等各种场所，以 3G/4G/WLAN 相融合的无线接入方式，将在未来数年内，为广大用户提供灵活、可靠、无缝的无线接入环境，并持续向更宽带发展。

点评：随着 4G 的正式商用，Wi-Fi 接入的普及，人们越来越希望随时随地接入网络，可以上网浏览、观看视频、使用微信微博等各种 APP 应用。目前，对接入要求比较集中又常常遇到接入瓶颈的应用场景有密集城区的百人以上会议室、客运列车、城市地铁、机场等。无处不在的接入推动了 2G、3G、4G、Wi-Fi 网络融合新技术的发展，带来的挑战：一是基站站址需求增加，二是频率干扰问题凸显。

部署超宽带移动网络

为了应对移动网络流量爆炸性的增长，日本、韩国、北美已经大规模建设 LTE 网络，我国也将迎来 LTE 建设高峰。在这一建设进程中，除了基于 IMS 的 VoLTE 作为最终的语言解决方案之外，Small Cell 和 WLAN 将成为提升网络容量的重要手段，在超宽带移动网络部署中发挥着越来越重要的作用。在宏蜂窝全覆盖的基础上，Small Cell 将形成一个相对连续的数据容量承载层，并提升宏蜂窝边缘速率，来应对快速增长的数据流量和用户体验的要求。

点评：小基站会在 2014 年得到大量部署，用于提高网络容量。小基站的广泛应用也面临着一些难点。一是一方面，同频部署场景中，如何减少宏微之间的干扰；另一方面，如何将宏站中的业务更好地分流到小基站。二是小基站由于数量比较多，仅依靠人工管理，难度和工作量较大。三是回传与安全，对于有线部署困难的区域，需要运营商根据情况考虑回传问题。

经营数据加强竞争力

无论是电信运营商还是其他企业，ICT 基础设施都是支撑业务转型和数字化重构的基础。在信息时代，信息和数据的经营成为企业核心竞争力之一。数据分析能力成为企业制胜的关键，可为企业带来新的智能和智慧。基于大数据分析，企业可以做到深入地洞察客户、精确的产品研发、精准的市场营销、精确的企业管理、科学的管理决策等。数据成为新时期的"石油"，而数据挖掘和数据治理能力则成为企业的核心竞争力。

点评：海量信息汇集挑战主要存在于：信息和数据因为来自不同的地方且具有不同的标准，数据量、结构形式、实时性等要求不同，增加了采集、编索与整合的困难。在数据存储方面，传统的集中式数据库、数据仓库系统已经不能有效地处理大数据的存储和分析，需要做分布式处理。大量的仿真和计算任务必须协调数百个参数，大多数数据挖掘算法有很高的计算复杂度，在数据的呈现上需要可视化，最终甚至是中间的计算结果。

追求用户极致体验

移动网络高速普及，数字化内容巨幅增长，技术的沟壑正在被填平。而在这新一轮的网络和技术变革下，一个显著的特征就是用户体验日益成为驱动行业发展的原动力。以往 ICT 技术主要为普通用户提供语音服务，为专业精英用户提供高端服务，而今 M–ICT 技术为所有用户提供几乎无处不在、无所不包的服务。这些服务超越了 ICT 领域常用的直观衡量指标，必须以用户"体验"来区隔。

点评：用户体验的提升需要多种因素的综合作用，目前移动互联的网络覆盖、应用软件、智能终端的用户体验尚无科学的评估体系，但用户体验已经从企业服务、产品推出流程的最末端向中间环节迁移。注重用户体验，让用户参与到产品研发环节的新商业模式越来越受到重视，并有望催生出专业的体验师群体，从而使提升体验走向产业化。

移动视频引爆数字洪水

研究显示，19%的流媒体把播放时间花在手机或平板电脑上，消费者看电视的地点日益灵活。预计到2020年，移动视频数据流量将占到移动数据流量的70%以上。未来几年，移动多媒体业务将得到快速发展，"标清、高清到超高清"成为视频质量必然的追求。移动视频引爆数字洪水，必将催生运营商全新的流量经营模式。在移动数字洪水之下，如何为个人和企业提供更好的流量套餐服务，将巨大的流量转化为商业价值，成为运营商流量经营模式创新的核心所在。

点评：4G时代是视频的时代。视频的生产和传播由于移动宽带条件的具备会发生革命性变化，可视电话会大受欢迎。未来会出现大量更易于传输的微视频，改变传统的资讯、广告、影视等行业的传播模式。移动视频的发展会带来网络流量的暴增，从而进一步推高无线频率的价值。

"云化、智能化"网络成必然

移动智能终端、云应用等将催生数据流量持续爆炸性增长，给运营商网络带来"剪刀差"背景之下的巨大压力。SDN和NFV等概念历经炒作的喧嚣之后将开始得到应用，网络融合、软件定义、云化、虚拟化及智能化，渐渐成为引领下一轮网络技术变革的主导力量。云服务首先是一种商业模式和商业思维，不同企业的业务范围不同，云服务的表现形式也不同，有的是提供产品销售，有的提供售后服务，有的提供在线的信息服务，等等。但云服务的根本是超越产品经营本身，在更高的层面上经营用户以及用户的数据，这是云服务的本质。没有云服务，就失去了经营用户的基础，无论是什么企业，生产什么产品，云服务都是未来的基础。

点评：当前云计算、大数据谈论的人很多，其实其背后需要很多技术，尤其关键的是系统方面的技术，而中国系统技术人才相对而言是稀少的，远远不够国内云计算产业发展的需要。

互联网思维改造传统产业

当前，互联网开始向价值创造环节进行渗透，特别是向产品研发和制造等领域渗透。而且这种渗透是全方位的，包括技术的渗透，如特斯拉用信息技术

和互联网重新定义汽车，也包括用户参与的研发、众包模式的研发等研发模式的改变。制造领域也在发生着同样的事情，继蒸汽机、电力、IT 技术之后，互联网技术和先进制造技术相结合，互联网正在引领工业 4.0 的发展，实现大规模制造的高效率和手工作坊个性化的融合，这将又是一次工业革命。

点评：传统产业企业改造的核心，一是将信息技术渗透和融入传统产品中以提高其智能化、网络化与集成化程度，提高产品附加值；二是将信息技术应用到企业的研发、生产、流通等各环节，以实现企业运行的高效化、绿色化与低碳化。而传统产业企业推动两化融合，尤其是推动生产过程与研发环节的信息化，面临着复合型 IT 人才缺乏、行业性 IT 技术应用缺失等困境。

软件定义引领技术变革

软件定义和 Scale Out 计算模式成为主要的趋势，在硬件可编程的基础上，通过软件实现更加灵活的产品架构。软件定义不仅仅表现在 IT 领域，如软件定义存储、软件定义数据中心等，也进一步扩展到网络领域，如软件定义网络、网络功能虚拟化，等等。Scale Out 计算模式更是渗透到每一个领域。软件定义和 Scale Out 计算模式将重新定义 IT 和网络的架构，引领新的技术变革的潮流。

点评：没有谁可以忽略 SDN 对现有网络进行变革的力量。一方面，ONF（开放网络论坛）集中力气使网络 IT 化，硬件设备模块化、标准化、低廉化，使价值向软件转移；另一方面，传统的网络设备企业在加强网络的可编程能力，以达到灵活使用网络资源的目的，同时保持网络内部接口依然是封闭的、个性化的。两个 SDN 实现路径只为争夺网络的主导权。

物联网传感器无所不在

随着网站对密码的要求越来越复杂，要求混杂数字、字母和符号，这让人越来越难记。还好，生物统计学为我们提供了其他选择。研究发现，在智能手机用户中，52% 的人更青睐于指纹识别而不是密码，48% 的人对"人眼识别屏幕开锁"表示感兴趣，74% 的人认为带有生物认证功能的智能手机会在 2014 年成为主流。互联网虚拟世界中的互动服务已十分普及，消费者开始期待周围现实的物质世界也同样能够产生互动。大约 60% 的智能手机用户认为，到 2016 年年底，传感器可以应用于各种事物，无论是医疗保健和公共交通，还是汽车、家居环境和办公场所。

点评：作为构成物联网的基础单元，传感器质量的好坏成为物联网成败的关键。对传感器的要求是体积小、成本低、重量轻、功耗低，未来对传感器的测量范围、精确度、分辨率、灵敏度等也会有越来越严格的要求。

攻击移动设备成常态

移动互联网虚拟社会具有隐匿性、快速传播和开放互动等特点，容易导致基于虚拟身份的网络诈骗。在点对点信息传播上，个人隐私、金融财产信息等也更容易通过手机上的社交工具、电子商务工具等泄露。在 M-ICT 时代，在"服务无处不在"的背景下，网络的安全问题将更为突出，在未来网络技术的发展中，无疑将受到更大的重视。但"道高一尺魔高一丈"，当网络需要服务于社会生活的方方面面时，其对开放性的必然要求，将导致网络安全问题的解决很难有一个一劳永逸的解决方案，这将是一个长期的技术及社会关注的焦点。

点评：移动终端存储了大量个人信息以及社会关系，容易成为攻击目标。越来越多的黑客盯上了移动互联网用户，各种开放平台都会存在漏洞可被利用。Wi-Fi 应用越来越普遍，其安全风险也不可忽略。移动互联网应用的提供商数量庞大，开发者和运营商的大众化提升了客户体验和应用的丰富性，却带来了安全隐患。

走进生活

CES 爱立信展区内将设置 5 个分区，来展现 "网络社会生活"。[①]

移动生活 Mobile Life

在 "移动生活" 区，来宾可体验到互连汽车、车载资讯系统以及基于位置和身份验证的个性化包裹递送。爱立信还将展示适用于城市环境、LTE 广播、VoLTE 通信以及交互式广告的小型蜂窝基站解决方案。

工作生活 Working Life

人们曾经认为一个固定电话号码代表公司的办公地点，但移动通信改变了这一切。"工作生活" 体验区将展示如何将办公室、家、咖啡厅甚至公园的长椅作为新的工作地点。工作场所不再局限于办公桌，而是任何有连接的地点。该体验区展示的解决方案包括 WebRTC 协作、云工具、VoLTE 通信、M2M 管理系统以及室内 CPE 和管理网络解决方案等。

游戏生活 Game Life

"游戏生活" 体验区将复制一个篮球场，场内包括看台和大屏幕，展示的解决方案包括 VoLTE 通信，可用于购买食品、商品、升级票务的云服务、Wi-Fi-LTE 切换解决方案、广告解决方案和支持高容量覆盖的关键基础设施设备。

---

① 2014 国际消费电子展（CES），爱立信，网络社会生活体验有关报道。

居家生活 Home Life

新技术为保持连接带来了新机遇。与家用电器、设备及工具保持连接并进行沟通，这无疑将使居家生活变得更加丰富多彩。个性化的音乐、视频、书籍、游戏、电视、社交媒体内容可以时刻伴您左右，并呈现最佳品质。"居家生活"体验区将展示新一代电视体验、虚拟家庭网关、VoLTE 协作工具、云游戏、媒体管理和健康解决方案。

畅想生活 Imagine Life

"畅想生活"将展示各类前瞻性解决方案，这些方案将深刻地影响我们使用通信和与通信互动的方式，具体包括交互式媒体、触摸式通信、基于窗口的解决方案，以及借助现有通信系统提高天气预报准确性的概念演示。

奇葩？创新！[①]

黄药师：用最好的产品打造具有强烈精神特征的品牌

创始人：顾迅

"黄药师"的创始人顾迅曾经是益海嘉里的品牌群总监，他见证了金龙鱼从资产几十亿元到上百亿元的快速发展。顾迅35岁时辞职创业，他将目标锁定在身体清洁和护理产品，手工皂是进军这个行业最合适的产品。

"黄药师"店铺以出售泰国、叙利亚的手工皂为主。这是他在走过四十几个国家，用1年多的时间研究和试用了50种以上的皂后精选出来的。

顾迅的创业计划分为两个阶段：先卖皂，后制皂。他在我国香港和台湾两地开设工作室，以合作的方式，研发、调制更符合国人皮肤特制的产品。

尽管"黄药师"被定位为高端小众市场，但这个市场又具有无限大的可能性，"黄药师"选择最好的产品，打造具有强烈精神特征的品牌，通过既得的"小"成功击中某群人甚至是一代人的某种情节而有可能被追捧成一种大。

Wavebetter 洗脸神器：单店单品成功卡位

创始人：林泽

2012年7月，林泽代理的洗脸机品牌Wavebetter正式登录天猫，一上线便销售火热，至今仍保持着淘宝同类产品销量第一的位置。Wavebetter引人注目的一点是，店铺内只出售一款洗脸机，再零星地销售配件。新颖的打法让Wavebetter被消费者称为"洗脸神器"。

---

① 盘点2013十大电商奇葩案例，沃下网商，顾佩，2014-1-20.

相比众多大牌动辄几千人民币的洗脸机，Wavebetter 显得更为亲民，活动价格在三四百元，再加上优惠券折扣，对初试洗脸机产品的消费者来说，这样的定价方式很奏效。

Wavebetter 仅靠一款拳头产品就占据了同类产品销量第一的位置，在天猫的体系中创造了一个单店单品的成功案例。

芥末：精确定位、细分产品线

创始人：徐晓彦、赵爽

如果裂帛是细致具象的工笔画，那么芥末更像是写意画，倾向于广义的中国风，品牌的调性可以概括为：中式文化、中性范儿。创始人徐晓彦和赵爽将芥末的消费者和产品做了十分细致的划分。

裤子是服装品牌最不重视的品类，而芥末为了能更好地搭配上衣，无意间涉足哈伦裤，却成了这个类目中最具个性的品牌。中式上衣搭配哈伦裤，成了芥末的经典。

芥末用创新的搭配去增加细分受众，融入时尚的元素吸引年轻潮人，尽管它有过彷徨，但最终选择了坚守风格、拒绝平庸，赢得了一群情有独钟的客户。

欧焙客：专业的人做专业的事

创始人：江承哲、张晋铭

在欧焙客的店铺首页，首先映入眼帘的是两位合伙人的资质和履历：烘焙冠军江承哲和杯测冠军张晋铭。

两个年轻人像神农尝百草一般，在两年时间里试遍了上百种咖啡豆，对不同的咖啡豆的风味和表现风格都很清楚，以便筛选出性价比最高的豆子。

欧焙客不仅生产咖啡豆，还提供专业知识的培训课程。从 2013 年 10 月开始，欧焙客启动了线下课程。他们通过微博、淘宝发布课程讯息后，很快就招满了学员，其中相当一部分成了他们的客户。

欧焙客以专业的态度做产品，以授课的方式培育市场，同时也"黏"住了消费者。

果酷：用标准化链条做非标品

创始人：贾冉

鲜切水果属于高频次、低价格的产品，每天应对 C 端消费者一两盒的消费需求十分折腾，经历了入不敷出之后，果酷创始人贾冉把目标瞄准了企业。目前，果酷网有 200 多家企业客户，每天的送货量达到上万份。通过 B2B 的方式，果酷生意的盘子运转了起来。

有了销量基础后，果酷网建立起一套核心系统，基于创业 3 年以来的所有数据和客户反馈，运用特定的算法，自动化地为用户提供多种服务。

以自动配餐为例，果酷网每天送出的万份果盒产品并非由人工搭配而成，而是系统根据以往的数据得出在这个时节什么水果口感最好，性价比最高。这种标准化链条最明显的好处就是保证了果酷网的盈利。

果酷以企业客户为主体，用标准化链条做非标品，以精细化的流程管理确保盈利，构建了可持续的经营模式。

稀品网：坚持海外代理，扩大买手团队

创始人：谭凯亿、王俊杰

在不大的创意设计类电商圈中，稀品网从一开始就坚持海外代理，目前一共代理了 23 个独家品牌。代理模式可以保证商品的差异性，但也对采购和库存管理提出了更高的要求。

稀品网有一个上百人的买手团队，其中大多数是兼职买手，在选择商品时遵循 3 条原则：一是商品是否围绕文化这个主轴，二是是否是国内没有的，三是根据买手团队的经验来判断。稀品网要求这些商品能够在一个月内完全周转。

在移动端，稀品网正在测试一款叫作"小稀派"的 App，小稀派会重点推出一些在国内市场上比较难买到的商品，通过单个产品图片的冲击力来达成消费者浏览、喜欢、购买。小稀派总的 SKU 能达到一万以上，是 B2C 网站的 5 倍。

稀品网以海外代理保证商品的稀缺性，组建上百人的兼职买手团队分散选品风险。移动端扩大商品数，并尝试预购功能，另辟蹊径。

Creatife 创意生活：以经纪人的思路做设计师品牌

创始人：王玥明

Creatife 创意生活的骨干成员都曾是 4A 广告公司创意及市场人员，这使得团队的市场基因格外出众。Creatife 创意生活的商业逻辑如下：他们并不负责自主产品的研发设计，旗下的自主产品是通过搜罗国际设计师和国内设计师的资源研发的，他们只负责通过自身的生产链条将之生产出来，并打入市场。

因此，Creatife 创意生活更像是一个设计师产品的运营团队，扮演着设计师品牌"经纪人"的角色。

2009 年，Creatife 创意生活和国内一家设计公司合作了一个线下实体销售平台+86，在北京有 3 家概念店，扮演投资和提供产品的角色。

概念店直销并不是设计师品牌得以进入市场的主力，除了+86，Creatife 在北京还有 40 多个分销点，包括中国美术馆、今日美术馆、尤伦斯当代艺术中心、伊比利亚当代艺术中心以及各大购物中心，如北京华贸中心、三里屯 Village 等。

比起标准化生产的服装来说，设计师的产品不容易被复制，也不容易在短时间内脱颖而出。不过，随着人们对生活质量追求的提高，设计师品牌将会被更多的人关注，像 Creatife 创意生活这种聚拢式的品牌运营或许是这类产品运营的一种有效思路。

树熊：Wi-Fi 不只是入口

创始人：赖杰

树熊做的是商用 Wi-Fi，它对应的是无线路由器在家用、商用、企业用这 3 个场景中的一个。这个领域初期的产品用的是入口广告来将流量变现，而树熊的模式则是基于地理位置的商家服务。

在树熊的无线路由器技术中，会对登录 Wi-Fi 的用户手机号、物理地址进行识别。以优衣库为例，当用户使用这个手机，并在天猫的优衣库店铺有过购买行为后，那么下一次他去优衣库的线下实体店进行消费时，店里的 Wi-Fi 设备会自动识别这个手机终端，甚至识别出这个用户是不是本店会员。这样商家就能够对其进行有针对性的营销服务。

这些还只是最前端的应用表象，树熊作为 Wi-Fi 入口的真正价值在于抓取用户的信息。这意味着，只要有一个用户使用过商家的 Wi-Fi，他就会变成后

337

台 CRM 里面的一个数据。

作为一家软硬件一体的公司，树熊不止为商家铺设 Wi-Fi，更重要的是提供了基于本地地理位置的服务以及对消费者行为数据的采集，在 O2O 领域有很大的想象空间。

挖财：挖的是用户的资产消费数据

创始人：赵晓炜

作为一款工具类软件，挖财在用户体验上下足了功夫，简单至上。除基本的账目明细、报表和预算功能以外，还充分考虑了用户记账时的各种场景，研发了批量的轻量应用，如商旅记账、拍照记账和语音记账等。

2013 年 10 月，在投资人李治国的推动下，信策 CEO 顾晨炜带领团队加入挖财，补充了团队的金融能力，开始了产品商业化的全面探索。

货币基金交易服务是挖财选择的第一站，从 2013 年 2 月开始，挖财开发了基金交易服务，7 月正式上线，为有投资需求的客户推荐风险系数非常小的基金（目前可提供 5 种基金），并且收取基金公司一定的费用。

挖财由单一记账功能向理财、基金、投资等功能转向，目标是将用户所有的资产以及消费都纳入挖财体系当中，这些数据才是真正的价值所在。

下厨房：用生活理念去影响消费者

创始人：王旭升

互联网广告的模式对于"下厨房"这类 App 来说似乎有点儿遥远，但国内电商的大环境却为下厨房的商业化提供了另一种可能性。

2013 年 8 月 14 日，"下厨房"上线"有点田"频道引入北京 5 家农场入驻，为下厨房的用户提供了一个买菜平台，这是关于菜谱、内容分享、社交的平台试水电商的第一步。

对于电商品类的选择，"下厨房"的创始人王旭升的标准是品质好、议价空间高。事实上，"有点田"是在帮生产和销售终端搭建一个平台，农场上线来宣传自己的种植理念。

搭建平台、引入农场是"下厨房"实现商业化的一种尝试，但"下厨房"传递给消费者的始终是一种生活理念，使一款由吃衍生出的 App 在消费者的感知中拥有了社会价值。

人人时代的胜利

职业记者？职业编辑？职业摄影师？请别再使用这落伍的称谓！当出版不再是一种稀缺资源，当媒体不再掌控机构特权，当大规模业余化的旗帜被高高举起，当社会化工具清除了公众表达的旧障碍，当任何人在任何时间都可以发布任何事情时，这就是一个人人都是"自媒体"的时代。

"人人传播"的巨大威力在于不仅用六度分隔理论构建起有效传播的新模型，而且第一次让人与人之间形成跨越地域的社交网络。自此，全国性品牌不用跨越万水千山，也无须到强势媒体上狂轰滥炸，只要掌握新媒体的社交化属性，可以用另一种方式与目标顾客建立关系。小米、罗辑思维等是运用人人传播形成滚雪球粉丝的创新实践者。

我们正要进入并快速拥抱每个消费者的时代，人人都是设计师，人人都是创意师，人人都是裁缝，人人都是销售人员，人人都是消费者。他们越来越追求个性化，越来越追求自己的消费自己做主，这是一个新的改变。亚马逊和淘宝今天开始为每一个注册用户推出个性化首页，这就是一次重大的转折。

案例 "人人创客"的时代

什么是创客？不是DIY，而是DIT

安德森曾说，"创客运动"是一种全新的开放式的创新模式，不是简单的DIY（Do it yourself），而是DIT（Do it together），就是大家一起做，不是自己一个人做。这是互联网带给我们的理念，不管这个人来自哪里，是什么学历，之前有什么样的经历，只要他有好的想法，我们就可以一起合作。这是一种真正的任人唯贤的方法。

创客运动：人性化地满足人的创造渴望

安德森认为，创客运动是网络和实体的结合，更重要的是，它是一种

人们将自己理想中的模型转为现实的产品。创客运动是非常人性化的，它让我们自己重新去做东西，这就是"长尾理论"。通过众包和创客运动，人们可以满足自己的一种渴望，创造出在商店里买不到的东西。目前的创客空间还是独立的，但是未来它可能会被整合到我们的图书馆、学校，或者我们的家里。

创客模式：让世界上最聪明的人为你工作

安德森还说，在过去传统的公司模式中，不论你是谁，世界上最聪明的人总是为别人工作的，而不是为你。但是，有一个最佳的解决方案，那就是把你的创新模式扩展，让为你工作的人不再局限于你的员工。创客运动使你能够超越21世纪公司的模式，让全世界最聪明的人为你工作。

资料来源：克里斯·安德森在海尔的演讲，"人人创客"时代，管理智慧.微信号 shzb2010，2014-3-19.

Internet 3.0

"移动互联网的概念即将消失,因为互联网就是移动互联网。" IDG 投资公司副总裁武连峰在 2013 年安卓全球开发者大会上如此说道。

也就是说,未来的互联网不会再区分桌面互联还是移动互联,而是一种"泛在网络"的概念,是可以跨越 PC、平板、手机、汽车、手表各个终端的。

传统互联网的定义多指桌面互联 (Internet 1.0),随着智能手机和平板电脑的兴起,移动互联 (Internet 2.0) 又变得炙手可热。

新一代互联网一定是建立在物联网基础上的,我们把这种互联网形态称为"大互联" (Internet 3.0),就是一种"任何人、任何物、任何时间、任何地点,永远在线、随时互动"的存在形式。

云计算、云社会、云生活

技术格局：一云多屏，云中生活，谁也离不开那朵云。

从互联网上的微博、视频到移动互联网（手机），已经到来的家庭终端（智能电视），甚至未来的车载电视、显示屏媒体（写字楼、住宅、超市等），都将被无缝对接在多个不同的云系统之中，构成一云多屏、无缝对接的信息世界。云计算，是未来商业形态的基本技术单元。

SoLoMo（社交化、本地化、移动化），是新世界的 3 个特征，笔者认为将这个新世界称为"云社会"最精确，也就是未来的工作、生活、消费都是基于"云计算"的架构与环境，每个企业都有一朵云，每个人也有一朵云，企业的品牌资产、个人的信用资产和形象资产都是在云中呈现的。

在云社会里，一切社会生产力、生产关系及人际关系都将被重新塑造。云计算、大数据、物联网、传感器、一云多屏、社会化媒体、电商、O2O、LBS、二维码等都只是云社会的建筑材料。

智慧城市孕育互联新空间[①]

国际 IT 巨头争食中国智慧城市蛋糕

智慧城市的兴起为城市建设带来了革新，不但为信息技术产业带来了机遇，更为产业链上的各个企业带来了从提供相关解决方案到生产相应产品和设备的新需求。据住房和城乡建设部信息显示，其公布两批 193 个国家智慧城市试点共涉及重点项目近 2600 个，资金需求总额超过万亿元。面对如此巨大的市场，海外 IT 巨头积极开展相关业务，跑马圈地。

最初，智慧城市一直是 IBM 倡导的理念和业务。但现在，思科、微软、英特尔等企业也挺进了这个领域，希望从这个巨大的"蛋糕"中切走一块。

近日，思科中国总部落户杭州，被思科全球业务总裁罗卓克称为"加强在中国投资的关键一步"。其此次落地也彰显了思科掘金中国智慧城市的意图。

事实上，思科全球业务总裁罗卓克一直反复提及"智慧互联城市"这一概念，而这也确实是思科在中国市场上新的着力点。此前，思科就曾与成都省政府合作，于 2012 年建立思科中国网络运营中心，致力于智慧城市的建设。

罗卓克表示："中国是思科在全球的重要市场，多年来我们一直在不断努力加强在中国的投资，思科中国总部落户杭州可谓是关键一步。这一业务合作计划将可帮助我们在一些新的领域和细分市场上建立更强大的立足点，特别是在智能互联城市平台和解决方案领域。"

思科董事会主席兼首席执行官约翰·钱伯斯认为："智慧城市建设应注重结果，注重通过'智能互联城市'等解决方案去实现最终的目标——教育目标或政府目标和医疗服务目标，而不是销售专利和交换机。"

而作为在全球部署了 2000 多个智慧城市的成功案例的 IBM，于同期和大亚湾经济技术开发区签署了 IBM 大亚湾智慧城市研究院项目战略合作备忘录，将

[①] 国际 IT 巨头争食中国智慧城市蛋糕，通信世界网，2014-3-4.

联手打造智慧城市。

据大亚湾区委副书记、管委会主任黄伟才介绍，IBM 大亚湾智慧城市研究院项目计划总投资 1 亿元，主要分基础环境建设、绿色数据中心建设、软件平台建设、硬件平台建设、研发运营团队入驻 5 个阶段进行。项目建设以 IBM 的智慧城市研究院和智慧城市解决方案为基础，签约 IBM 智慧城市研究院的首席科学家和全球智慧城市技术专家，联合组建智慧城市专家研发和服务团队。

除此之外，2013 年年底，住房和城乡建设部数字城市工程研究中心与微软中国签署战略合作备忘录，将组建"住房和城乡建设部数字城市工程中心智慧城市技术解决方案联合实验室"，共同打造中国未来城市智慧发展的重要技术支撑平台。英特尔也针对中国智慧城市建设中的智慧医疗领域的问题推出了其解决方案和技术产品，为区域卫生管理者提供了接近实时的数据分析结果，可以广泛应用在疾病控制、医疗行为监管、医疗质量管理等领域。

智慧城市建设与 IT 技术密不可分

没有 IT 技术，智慧城市将无从谈起。同样，智慧城市的存在也为 IT 业界注入了新的创新活力。海外 IT 巨头对中国智慧城市的热潮也将促进我国城镇信息化的快速发展。

智慧城市体系中的管理层包括战略、组织流程、人力资源管理、跨部门协作等基础管理工作；资源层又细分为 3 个层面，网络层侧重于接入网和基础管理平台，能力层主要指对外开放的存储、计费、收费、短彩信、位置信息等网络能力，应用层指业务门户和各类丰富的应用，如智慧交通、智慧政务办公、智慧旅游、智慧教育、智慧城市门户、智慧商务等；运营层主要指面向市场和客户的运营工作，包括产品管理、营销推广、客户服务等。管理层、资源层、运营层这 3 个层面构成了智慧城市的运营主体工作，而运营主体工作的两边是智慧城市服务的两个市场：客户市场和提供商市场。

在这个双边市场上，电信运营商必须同时服务好这两个市场。提供商市场的出现意味着电信运营商不能仅仅把提供商看作供应链的上游，而要像对待客户一样进行服务。对此，电信运营商需要实现几方面的转变：提供商进入方面由被动审批转向积极拓展，网络架构方面由封闭系统转向能力开放，运营商对提供商的态度方面由监控管理转向服务导向，管理方面由以我为主转向因提供商而变。这样的转变势必会对电信运营商现有的运营体系产生不小的冲击。

冲击的背后是移动互联网带给运营商的转型压力，也造成了智慧城市本身复杂的基因构成。智慧城市的基因组中包括了电信和互联网这两类基因。电信基因主要集中于管理层和资源层：在管理层上，智慧城市的发展仍然具有典型的电信运营商的特点，在人员管理、薪酬设计、职业晋升方面并没有特殊政策，在绩效考核上仍然遵循年度考核方式，重点考核投资效益、收入、利润等KPI 指标；在资源层上，仍然按照传统的方式进行规划、投资计划、设备集采、网络建设；互联网基因集中于运营层，在产品研发、产品引入、营销、客户服务等方面具有更多的移动互联网特点，比如更灵活的资源配置、更精巧的病毒式营销等。

从中我们可以看出智慧城市运营中两类基因的冲突。由于互联网运营的需要，在促进智慧城市发展的过程中应该采取鼓励创新的产品研发体系、灵活的网络投资建设、更有激励性的薪酬体系和职业晋升政策，基于长远而非短期效益的考核方式等，但现在的管理层和资源层却由于体制惯性无法满足运营需要。

这两种基因的冲突本质上也是电信运营商转型的冲突，只是在智慧城市的发展中更加明显罢了。如何更好地重组而不是混合两种基因，是促进智慧城市发展的一个有效途径。

新的价值高地——大数据

大数据可以说是"计算机"和"互联网"结合的产物，计算机实现了信息/数据的"数字化"，互联网实现了信息/数据的"网络化"，两者结合才赋予了"大数据"生命力，演化出了"数据思维、数据资产和数据变现"等实用的新概念。

数据思维

大数据时代带给我们的是一种全新的"思维方式"，思维方式的改变在下一代成为社会生产中流砥柱的时候就会带来产业的颠覆性变革。

分析全面的数据而非随机抽样；

重视数据的复杂性，弱化精确性；

关注数据的相关性，而非因果关系。

数据资产

在大数据时代，我们需要更加全面的数据来提高分析（预测）的准确度，因此我们就需要更多廉价、便捷、自动的数据生产工具。除了我们在互联网虚拟世界使用浏览器、软件有意或者无意留下的各种"个人信息数据"之外，我们正在用手机、智能手表、智能手环、智能项链等各种可穿戴数码产品生产数据；我们家里的路由器、电视机、空调、冰箱、饮水机、吸尘器、智能玩具等也开始越来越智能并且具备了联网功能，这些家用电器在更好地服务我们的同时，也在生产大量的数据，甚至我们出去逛街，商户的路由器、运营商的WLAN 和 3G、无处不在的摄像头电子眼、百货大楼的自助屏幕、银行的 ATM、加油站以及遍布各个便利店的刷卡机都在收集和生产数据。

数据变现

有了"数据资产"，就要通过"分析"来挖掘"资产"的价值，然后"变现"为用户价值、股东价值甚至社会价值。

大数据分析的核心目的就是"预测"，在海量数据的基础上，通过与"机器学习"相关的各种技术和数学建模来预测事情发生的可能性并采取相应措施，预测股价、预测机票价格、预测流感，等等。

"预测事情发生的可能性"继续往下延伸，就可以通过适当的"干预"来引导事情向着期望的方向发展。

表 8-1　大数据具有应用价值潜力的行业

	综合价值潜力指数	行业内公司表现的差异性	行业内动荡情况（排名变化）	交易的密度	每家公司的数据量	公司客户和供应商密集度
信息	★★★★★	★★★★★	★★★★	★★★★	★★★★★	★★
金融保险	★★★★★	★★★★★	★★★★	★★★★★	★★★★★	★★
批发贸易	★★★★★	★	★★★★★	★★★★★	★★★	★★★★
政府	★★★★★	★	★	★	★★★★	★★★★
计算机及电子产品	★★★★	★★★	★★★★	★★★	★★★★★	★
房地产及租赁	★★★★	★★★★	★	★★★★★	★★★★	★★★
运输和仓储	★★★★	★★★★	★★	★★★★	★★★★	★★★
卫生保障和社会保障	★★★★	★★★	★★★★★	★	★★★	★★★★
零售	★★★	★	★★★	★★★	★★★	★★★★★
专业、科学和技术服务	★★★	★★★	★★★★★	★★★★	★	★★
公用事业	★★	★★	★★	★★★★	★★★★★	★
教育	★★	★★★★★	★	★	★★	★★★★★
艺术、休闲娱乐业	★★	★★★★	★	★★★	★	★★★★★
住宿和餐饮	★★	★★	★★★★★	★	★	★★★★★
制造业	★	★★★	★★★	★★	★★★	★

资料来源：Big Data: The Next Frontier for the Innovation, Competition anu Productivity-Mckinsey Global Institute Report, 2011.

案例1 亚马逊就是一家数据公司，它的零售运营是为了迎接这个"矩阵商务"时代

2013年，对零售和计算巨头来说是关键的一年。它们都拥抱云基础设施、海量数据流和内容。正如 Constellation Research 的分析师雷·王（Ray Wang）所说的，现在是"矩阵商务"时代了。

雷·王认为，亚马逊不完全是一家商务公司，它更是一家大数据公司，它开发了云基础设施，该业务是盈利的，可以援助自己的零售运营；它拥有移动设备、内容，可以快速地在用户网中传播，这些用户会付费。

雷·王在邮件中说："主旨就是通过大数据统治'矩阵商务'。在矩阵商务中，拥有来自网络的渠道、来自大数据的需求信号、来自后勤的供应链、来自界面的支付技术，还有来自数字签名的无摩擦推动者，等等。这就是未来。"

在 AWSre：Invent 大会上，亚马逊 CEO 贝佐斯（Jeff Bezos）曾说："零售客户需要更低的价格，更快的交货。AWS 客户想要可靠性和速度。我们向这些产品投资，可以从长远获得回报。用户不可能说：我喜欢 AWS，但希望它少一点儿稳定性。"

和2012年一样，2013年亚马逊也会做许多新鲜事。过去的一年，亚马逊不断投资于分销中心，它不断在大城市周围建立仓库，比如纽约和圣弗朗西斯科附近，它甚至在大零售店部署零售柜，用户在网上购物，可以到柜中取货。

2012年，AWS 推出两项大数据服务，之前只有 Elastic Map Reduce 服务，它是一个在线 Hadoop 引擎，可以分析数据。有一项新服务叫DyamoDB，它是亚马逊的 NoSQL 产品，自2007年以来，亚马逊就在内部部署，它可以优化亚马逊消费者网站。还有一个服务就是 RedShift，它是一个在线数据仓库。AWS 与企业数据中心紧密相连，它可以运行关键任务程序。它还会继续与大企业合作，如 SAP，运行企业程序。

亚马逊还亏损销售 Kindle 硬件，这样做是为了销售电子书，在该市场上亚马逊占据主导地位。另外，它还利用硬件设备进入出版市场。

亚马逊零售、云服务、进入平板市场，这些都有一个共同点：数据。对于亚马逊来说，硬件不重要，它的目标不是通过向用户销售昂贵的硬件获利。通过提高效率，亚马逊可以在零售领域、出版领域、企业服务领域进行实验。

不过，业界也有疑问，AWS 服务并非绝对可靠。它不断瘫痪，这给了对手竞争的空间。另外，低利润率不意味着一定能成功，它会给营收、整体股价带来负面影响，这些都不容忽视。

亚马逊不是一家商务公司，而是一家大数据公司。正因为如此，使得亚马逊过去一年的成功和未来一年的成功显得不同。

资料来源：TechCrunch 2012-12-31，亚马逊，搜狐IT翻译.

案例2 豆瓣网怎么做出让用户毫不抵触的广告产品

广告门从豆瓣的产品入手，研究豆瓣怎么盈利。其主要产品有以下两种。

豆瓣读书：豆瓣传统的盈利来源于豆瓣读书。它为当当、卓越亚马逊等电商导入一定的流量，从而带来一定的分成。最近，作为电子商务渠道的盈利模式中又加入了"豆瓣电影"这个产品，通过提供在线选座购票的功能，用户可在"豆瓣电影"买到北京十几家影院的电影票。随着更多影院的加入，豆瓣在这方面获得的分成收入有望增长。此外，在今年早些时候推出的豆瓣阅读可以让用户选择自己喜欢的文章、书籍，付费阅读，豆瓣与作者按一定的比例分成。这是豆瓣第一个直接向用户收费的产品。

展示类广告、品牌小站和豆瓣FM中的音频广告：差不多在两年前，豆瓣推出了自己的广告产品，主要包括展示类广告、品牌小站和豆瓣FM中的音频广告。

展示类广告直接体现在豆瓣的页面中，用户通过观看或点击广告了解品牌及产品信息。

品牌小站是指品牌以商业的官方小站形式入驻豆瓣，自由经营，发布内容，并通过一系列的互动活动来吸引用户参与的方式。

豆瓣FM中的音频广告则利用了在线音乐产品的空间和潜力。当在线电台逐渐成为主流的收听方式，音频广告未来也会像如今的视频广告一样，成为广告主的另一个网络媒介投放的选择。

广告必须跟用户"贴合"

到目前豆瓣已经与将近200个品牌合作，为他们提供定制化的广告方案。这些品牌横跨汽车、时尚、IT、家电、旅游、奢侈品、化妆品、快消品等多个领域。在豆瓣看来，合作广告最核心的原则是品牌的定位要与豆瓣的用户高度贴合。

这个"贴合"的方式和标准是什么？

一般情况下，在豆瓣的品牌推广由豆瓣、品牌和代理公司三方共同讨论，一起确定最终的方案。一个经典案例是，路虎发现4今年推出的"发现无止境，中国最美24小时"的"解密最美之地"活动。这个活动号召网友上传自己认为最美的地方的图片。活动截止后，共收到了近2100张用户自发上传的作品。这个数字不仅仅是豆瓣平台效果的佐证，也是对品牌与用户是否契合的验证。

"理想青年"小站是豆瓣上的一个原创活动，目的是希望能够挖掘出一些活跃在豆瓣上的有理想、有才华的青年。巧合的是，联想的 ThinkPad Edge 品牌看上了这个活动，成为这个小站的赞助商和合作者，将"理想青年"小站变成了品牌信息传播平台。

豆瓣成立7年，广告服务才推出两年，由此不难看出豆瓣在广告上的权衡与抉择。豆瓣副总裁黄亮曾说："我们的要求是每一屏只能显示一个展示类广告，且不能出现强制类广告和动态广告。或许豆瓣是业内唯一一家只做静态类展示广告的网站，比如像弹窗，全屏，富媒体，甚至 Flash 这样的广告形式豆瓣都还没有做过。另外，对品牌的筛选也是非常严格的，豆瓣每年会拒绝大量的客户。我们会评估品牌或产品是否适合我们网站的用户和风格，如果非常不适合的话，再多钱我们也不会合作。"

豆瓣还坚持：广告客户要用豆瓣的语言与用户交流。豆瓣的商务团队对每一个品牌客户都要经过一定的研究后，根据豆瓣用户的特点做出定制化的宣传方案。当然，更多的情况是客户主动参与豆瓣方案的讨论当中，以最合适的方式在豆瓣推动品牌的传播。

资料来源：虎嗅网，2012-7-5.

案例3　ZARA

ZARA 平均每件服饰价格只有 LV 的 1/4，但是，打开这两家公司的年报，ZARA 税前毛利率比 LVMH 集团还高，达到 23.6%。

把消费者的声音化成数字

走进店内，柜台和店内各个角落都装有摄影机，店经理随身带着 PDA。当客人向店员反映"这个衣领图案很漂亮""我不喜欢口袋的拉链"这些细枝末节的细项后，店员会向分店经理汇报，经理通过 ZARA 内部全球资讯网络，每天至少两次传递资讯给总部设计人员，由总部做出决策后立刻传送到生产线，改变产品样式。

关店后，销售人员结账，盘点每天货品上下架的情况，并对客人购买与退货率做出统计。再结合柜台现金资料，交易系统做出当日成交分析报告，分析当日产品热销排名，然后数据直达 ZARA 仓储系统。

收集海量的顾客意见，以此做出生产销售决策，这样的做法大大降低了存货率。同时，根据这些电话和电脑数据，ZARA 分析出相似的"区域流行"，在颜色、版型的选择中做出最靠近客户需求的市场区隔。

以线上店为实体店的前测指标

2010 年秋天，ZARA 一口气在 6 个欧洲国家成立网络商店，增加了网络巨量资料的串联性。2011 年，ZARA 分别在美国、日本推出网络平台，除了增加营收，线上商店强化了双向搜寻引擎、资料分析的功能。ZARA 不仅回收意见给生产端，让决策者精准地找出目标市场，也对消费者提供更准确的时尚讯息，双方都能享受大数据带来的好处。分析师预估，网络商店为 ZARA 至少提升了 10% 的营收。

此外，线上商店除了交易行为，也是活动产品上市前的营销试金石。ZARA 通常先在网络上进行消费者意见调查，再从网络回馈中撷取顾客意见，以此改善实际出货的产品。

ZARA 将网络上的海量资料看作实体店面的前测指标。因为会在网络上搜寻时尚资讯的人对服饰的喜好、资讯的掌握催生潮流的能力比一般大众更前卫。再者，会在网络上抢先得知 ZARA 资讯的消费者进实体店面消费的比率也很高。ZARA 选择迎合网民喜欢的产品或趋势，在实体店面的销售成绩依旧亮眼。

这些珍贵的顾客资料除了被应用在生产端，同时被整个 ZARA 所属的英德斯（Inditex）集团各部门运用，包含客服中心、行销部、设计团队、生产线和通路等。根据这些海量资料，形成各部门的 KPI，完成 ZARA 内部的垂直整合主轴。

ZARA 推行的海量资料整合获得了空前的成功，后来被 ZARA 所属英德斯集团旗下 8 个品牌学习和应用。可以预见，未来的时尚圈除了台面上的设计能力，台面下的资讯/数据大战将是更重要的隐性战场。

有了大数据还要迅速回应、修正与执行

H&M 一直想跟上 ZARA 的脚步，积极利用大数据改善产品流程，成效却不彰，两者之间的差距越来越大，这是为什么呢？

主要的原因是，大数据最重要的功能是缩短生产时间，让生产端依照顾客意见能于第一时间迅速修正。但是，H&M 内部的管理流程却无法支撑大数据供应的庞大资讯。在 H&M 的供应链中，从打版到出货，需要 3 个月左右的时间，完全不能与 ZARA 两周的时间相比。

因为 H&M 不像 ZARA，后者设计和生产近半在西班牙国内进行，而 H&M 的产地分散在亚洲、中南美洲各地。跨国沟通的时间增加了生产的时间成本。如此一来，即使大数据当天反映了各区顾客意见，但无法立即改善，资讯和生产分离的结果让 H&M 内部的大数据系统功效受到限制。

大数据运营成功的关键是资讯系统能与决策流程紧密结合，迅速对消费者的需求做出回应、修正，并且立刻执行决策。

资料来源：ZARA、亚马逊、沃尔玛，三巨头大数据瓜葛，百度文库 > 专业资料 > 经管营销。

案例 4　沃尔玛

2011 年，沃尔玛电子商务的营收仅是亚马逊的 1/5，且差距年年扩大，让沃尔玛不得不设法奋起直追，找出各种提升数字营收的模式。最终，沃尔玛选择在社交网站的移动商务上放手一搏，让更大量、更迅速的资讯进入沃尔玛内部销售决策。沃尔玛的每张购买建议清单，都是大量资料运算而出的结果。

2011 年 4 月，沃尔玛以 3 亿美元的高价收购了一家专长分类社群网站 Kosmix。Kosmix 不仅能收集、分析网络上的海量资料（大数据）给企业，还能将这些资讯个人化，提供采购建议给终端消费者（若不是追踪结账资料，这些细微的消费者习惯很难从卖场巡逻中被发现）。这意味着，沃尔玛使用的大数据模式已经从"挖掘"顾客需求进展到要能够"创造"消费需求。

"沃尔玛本身就是一个海量资料系统，适用于各种商业上的分析行为，它庞大的综合功能把资讯应用提升到新的境界。"沃尔玛资讯中心副总经理特瑞尔指出。作为世界最大的零售业巨人，沃尔玛在全球有超过 200 万名员工，总共有 110 个超大型配送中心，每天处理的资料量超过 10 亿笔。由于资料量过于庞大，沃尔玛的大数据系统最重要的任务就是在做出每一个决定前，将执行成本降到最低，并且创造新的消费机会。

Kosmix 为沃尔玛打造的大数据系统被称作"社交基因组（Social Genome）"，被联结到 Twitter、Facebook 等社交媒体。工程师从每天的热门消息中推出与社会时事呼应的商品，创造消费需求。分类范围包含消费者、新闻事件、产品、地区、组织和新闻议题等。同时，针对社交网络快消息流的性质，沃尔玛内部的大数据实验室专门发展出一套追踪系统，结合手机上网，专门管理追踪庞大的社交动态，每天能处理的资讯量超过 10 亿笔。

"社交基因组"的应用方式五花八门。举例来说，沃尔玛实验室内部软件能从 Foursquare 平台上的打卡记录分析出在黑色星期五不同地区消费者最常购买的品项，然后针对不同地区送出购买建议。

资料来源：ZARA、亚马逊、沃尔玛，三巨头大数据瓜葛，百度文库>专业资料>经管营销。

领跑下一个黄金十年：企业级应用

为什么我们将要更多关注企业市场？

这是一张对过去几十年硅谷创新潮的总结图（见图 8-1），过去 60 年有一些超级成功的代表企业，他们引领了硅谷不同的创新浪潮。20 世纪 50 年代以前，电子工具诞生，惠普成为代表性的成功企业。20 世纪 60 年代，投资热点是半导体芯片，代表企业是英特尔。20 世纪 70 年代，企业软件市场大发展，造就了 Oracle、微软的成功。20 世纪 80 年代，电信市场掀起创新浪潮，代表企业是思科与 AOL（美国在线）。20 世纪 90 年代，在线信息与电子商务大发展，以谷歌和亚马逊为代表。进入 2000 年，社交网络兴起，成功企业的代表就是 Facebook。那么，下一波创新浪潮中由谁引领？

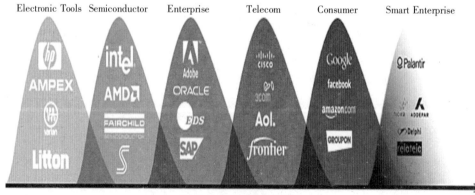

图 8-1　硅谷创新潮总结

要想知道未来 10 年谁值钱，首先要看谁最吸引投资者。硅谷顶尖的风险投资家 Fred Wilson 在 2012 年就提出 VC 投资的风向已经从消费者互联网转向了企业。也就是这张图上所预测的，所谓的"智慧企业（Smart Enterprise）"正在引领硅谷第六波创新潮。成功典范如企业解决方案 Palantir、Addepar、Tableau，商业智能平台 Birst、Looker、App Annie 等。

我们可以观察到，面向普通大众用户的消费级应用正在上演跑马圈地的血拼肉搏，而与此同时，企业级应用却方兴未艾。

CB Insights 在 2012 年便通过统计发现国际领先投资公司在 TMT 领域投资中面向企业市场的投资案占 82%。红杉资本也曾扬言："对创业公司无视一个具有 5000 亿美元市场规模的企业级市场空间而感到震惊。"

在艾瑞咨询的调查中，96% 的受访企业希望将业务部署到移动终端，93% 的受访企业希望实现移动办公。

还有很多类似的数据。从这些现象和数据中，我们可以预测：互联网下一个黄金十年将会由企业级应用领跑。

企业应用变化的趋势特点

企业应用加速互联网化，营销和渠道是重点。企业应用互联网化包括产品形态、产品部署、产品内容、开发技术、营销推广等环节的互联网化，实现其中任一环节的互联网化，即可谓企业应用的互联网化。从对市场规模的预测来看，中国的企业应用正在加速互联网化，预计 2016 年市场规模将达到 666.3 亿元，未来 4 年复合增长率（CAGR）达 65.4%。在现阶段，营销和渠道是重点，占到了企业互联网化支出的 85%。因此，我们现在可以看到开发的企业应用也大部分集中在营销和渠道环节，但企业的每一个经营环节都可以通过互联网化的企业应用实现更好的改变。

企业应用的内容越来越富有互联网色彩。从我们可观察到以及正在使用的内容来看，企业应用的内容越来越富有互联网色彩。原来的企业应用是以功能为重点的业务系统，往往有对易用性、人性化的考虑不足。而新增加的企业应用几乎都是互联网应用，例如企业社区、微博、电子商务平台等。越来越多的公司使用 SNS 技术改造传统 OA。例如，企业员工现在在自己公司的 OA 上就可以输入关键字，从谷歌、百度和新浪等网站上读取自己需要的信息。

企业应用的服务提供方式从"交付"转向"运营"。从服务提供方式来看，也正在经历重大转变，即从"交付"转向"运营"。以前往往是项目制一次性收费，根据需求定制，研发、推广、使用分离，除维保外，服务提供商几乎不再参与。但现在越来越多的企业应用服务是：低价为用户提供前台使用界面，后台持续升级、迭代，变为持续性收费。

移动办公、BYOD、IT 资源分布化，将进一步推动企业应用从 Intranet 走向

Internet。"BYOD"（自带设备办公）这个词很火，有来自思科、英特尔的成功示范。从 Forrester 的调查数据来看，有 66% 的员工正在使用两种或两种以上的移动设备办公。而自带设备办公的比例从 2011 年的 14% 快速增长到 2013 年的 30%。可预见的是，这个比例还将进一步上升。

企业应用将更多通过线上渠道销售。企业对信息化产品的消费行为变化导致信息化产品的营销推广也日益电商化，涌现了更多线上销售信息化应用的企业，例如金蝶建设应用商城、谷歌的 App Marketplace、阿里云市场。

原本 Google 已有以自己的软件开发人员为基础的企业应用软件销售商店 Google Apps，而新推出的 Google App Marketplace 允许大量外部开发者为 Google Apps 开发应用程序，用户可以直接购买这些应用程序。因为 Google Apps 的商业用户量已达 200 万，以自己的力量已经无法满足所有用户的需求，而第三方开发者则可以填补这一空白。企业应用的在线销售服务发展迅速由此可见一斑。

企业应用变化的驱动力

我们至少可以观察到四大驱动力——人、商业流程、需求与供给。互联网通过改变人对企业应用施加影响。商业流程互联网化推动企业应用互联网化。由于企业应用互联网化会带来低成本、高效、灵活的好处，所以需求日益旺盛。而越来越多的互联网公司进入企业应用市场也增加了供给，推动了这个市场的发展。

应该说，第一大驱动力是人的改变。由于移动终端快速超越固定终端，社交在各领域快速渗透，于是企业的员工、企业的用户都在改变，员工工作与生活的界限变得模糊，用户更加愿意借助移动终端及应用来介入企业生产流程中，从而使得企业应用逐步从"面向过程"过渡到"面向对象"，缩小个人消费体验和办公环境之间的差别，实现更加智能化、人性化的视觉和交互模式。例如，一个用户可以通过牛奶厂商的 IT 应用获取牛奶的安全和营养信息；又例如，加拿大航空与 GE 签署协议，GE 允许航空公司机队的管理者使用电脑或手机实时跟踪飞机发动机的状态（不论飞机是在空中还是地面），以便更好地优化机队规划，并预测发动机可能发生的故障，以提前安排维修计划。INTEL 也为其员工开发了专门用于智能手机的办公功能。从 2009 年到现在，共开发了 14 个功能供员工在智能手机上使用。而 IBM 也有类似的预测，他们认为 57% 的组织会在近期内允许他们的员工使用社交和协作工具。

企业内部流程、外部商务活动可加速互联网化，推动企业应用互联网化。随着云计算和移动互联网的发展，企业正逐步将内部的业务流程和外部的商务活动与移动互联网结合起来。

　　企业应用互联网化的一个拉动力是消费者需求的旺盛。互联网化的应用为企业带来的好处主要体现在 3 个方面：第一，降低成本。例如，招商银行用微信替代每年发送的上亿条客服短信，减少巨额服务成本。第二，提升效率。据统计，Intel 所开发的 14 个供员工使用的移动办公功能能让每人每天平均可节约 51 分钟的时间。第三，企业应用的互联网化也可以让企业更加贴近用户。例如，南航为乘务长配备 IPAD，内置安装了南航自行研发的支持网络系统软件，使其在上飞机前就能够了解到当天航班的旅客分布、喜好和禁忌等，甚至当天过生日的旅客的情况也能一目了然。

　　从供给的力量来看，越来越多的互联网公司进入企业应用这个市场，这个市场对互联网公司的吸引力越来越大。一方面是因为企业应用产品的盈利能力通常比消费者应用更强，风险也更低，因为买家往往比普通消费者更为理性，更好的产品往往会更成功；另一方面，是因为大多数的传统 IT 服务提供商还是"进化"比较缓慢的，这给互联网公司的拓展留下了空间。从 36 氪的统计来看，互联网创业公司纷纷涌入企业应用领域，加速了这个市场的发展。国内企业应用的互联网产品 1745 款，超过同期的视频娱乐、游戏。

图书在版编目（CIP）数据

体验互联网新思维/许可等著. —北京：经济管理出版社，2015.1
ISBN 978-7-5096-3436-3

Ⅰ.①体… Ⅱ.①许… Ⅲ.①互联网络—应用—企业管理—研究 Ⅳ.①F270.7

中国版本图书馆 CIP 数据核字（2014）第 242964 号

组稿编辑：宋　娜
责任编辑：宋　娜　赵　娜
责任印制：黄章平
责任校对：张　青

出版发行：经济管理出版社
　　　　　（北京市海淀区北蜂窝 8 号中雅大厦 A 座 11 层　100038）
网　　　址：www. E-mp. com. cn
电　　　话：(010) 51915602
印　　　刷：三河市延风印装厂
经　　　销：新华书店
开　　　本：710mm×1000mm/16
印　　　张：23.25
字　　　数：431 千字
版　　　次：2015 年 1 月第 1 版　　2015 年 1 月第 1 次印刷
书　　　号：ISBN 978-7-5096-3436-3
定　　　价：78.00 元